Aus der Bibliothek von
Johann Birk
11.6.1999
Reiner Ghitzelwächter

TUSCULUM-BÜCHEREI

Herausgeber: Karl Bayer, Max Faltner, Gerhard Jäger

LATEINISCHE FABELN
DES MITTELALTERS

Lateinisch – deutsch

Herausgegeben und übersetzt
von Harry C. Schnur†

HEIMERAN VERLAG MÜNCHEN

Titelvignette: Darstellung des Aesop.
Rotfigurige Schale (Vatikan).
Wiedergabe nach Ernst Pfuhl
„Malerei und Zeichnung der Griechen"
III. Band. München 1923.

CIP-Kurztitelaufnahme der Deutschen Bibliothek

Lateinische Fabeln des Mittelalters
lat.-dt. / hrsg. u. übers. von
Harry C. Schnur.
München : Heimeran, 1979.
(Tusculum-Bücherei)
ISBN 3-7765-2187-2
NE: Schnur, Harry C. [Hrsg.]

© Heimeran Verlag, München 1979
Alle Rechte vorbehalten, einschließlich die der
fotomechanischen Wiedergabe

Archiv 638 ISBN 3-7765-2187-2

Satz und Druck: Laupp & Göbel, Tübingen
Bindung: Heinrich Koch, Tübingen
Printed in Germany

INHALTSVERZEICHNIS

Vorwort: Die Fabel im Mittelalter	7
Anmerkungen zum Vorwort	21
Drei Fabeln der Karolingerzeit	26
Nikephoros Vassilakis (Byzanz, 9. Jhdt.)	32
Ysopet	34
Baldo	40
Directorium humanae vitae	42
Raimundus de Biterris	150
Gualterus Anglicus	166
Romulus Anglicus	180
Monachius Romulus (Münchener Romulus)	186
Odo	214
Avian. imit. fab.	304
Nicolaus Bozon	306
Dialogus creaturarum	312
Speculum sapientiae	326
Appendices	
Appendix I: Jüdische Fabeln	342
Appendix II: Romulus-Handschriften und ihre Überlieferung	351
Appendix III: Bewertung, Stil und Prosodie des	
– Gualterus Anglicus	352
– Alexander Neckam	353
Appendix IV: Fuchs und Rabe (Krähe)	354
Zeittafel	365
Nachwort	367

Für die Bibliographie wird auf den Tusculum-Band „Fabeln der Antike"
S. 343ff. verwiesen.

VORWORT

Die Fabel im Mittelalter

Ein Überblick über Wesen und Geschichte der antiken, „aesopischen" Fabel wurde in der Einführung zum 1. Band dieser Sammlung gegeben. In das Mittelalter ging die Fabel Europas, da die Kenntnis des Griechischen geschwunden war, in lateinischem Gewand über. Ihre Überlieferung erfolgte auf dem Weg einer Kontamination eines (allerdings hypothetischen) *Aesopus Latinus,* der bis ins 2. Jhdt. n. Chr. zurückgehen soll, mit Prosaauflösungen des Phaedrus, lateinischen Babrius-Paraphrasen, Fabeln des Pseudo-Dositheus sowie Fabelsplittern aus verlorenen Sammlungen. Zweifellos drangen auch volkstümliche Fabeln aus Gallien in das Konglomerat ein, das als Romulus-Corpus bezeichnet wird.

Romulus

Obwohl diese Sammlung schon im 1. Band der vorliegenden Sammlung besprochen wurde, soll sie auch hier erörtert werden, da sie eine Brücke von der späteren Antike ins Mittelalter darstellt. Ihr Name stammt von einem sich im Prolog vorstellenden Übersetzer Romulus, der das Werk seinem Sohn Tiberinus widmet; mit dem Prolog verbunden ist ein lateinischer Brief Aesops an einen Magister Rufus, womit Aesops früherer Herr, der samische Philosoph Xanthos, gemeint sein dürfte (Rufus = ξανθός). Wir dürfen annehmen, daß die Namen Romulus und Tiberinus ebenso apokryph sind wie der Aesop-Brief. Der von einigen Gelehrten[1] erbrachte Nachweis, daß beide Namen, wenn auch nicht als Vater und Sohn, epigraphisch belegt sind, hat natürlich keine Beweiskraft.

Die überwiegende Anzahl der Romulus-Fabeln stammt aus Phaedrus, an den sich auch ihre Reihenfolge im wesentlichen anschließt. Nun ist uns nicht der gesamte Phaedrus erhalten, aber in vielen Romulus-Fabeln benutzt die Paraphrase Wendungen, durch die das Versmaß greifbar deutlich hindurchschimmert, so daß mehrere Gelehrte erfolgreich verlorene

Gedichte des Phaedrus rekonstruiert haben; dies als „Spielerei" zu bezeichnen (Thiele *op. cit.* XLVII) ist ungerecht. Außer Phaedrus und dem (nach 207 zu datierenden) Ps.-Dositheus, der als zweisprachiges Schulbuch vorgelegen haben soll (*ibid.* LXI), hat der Redaktor des Romulus-Corpus auch einen (gleichfalls hypothetischen) *Babrius latinus* benutzt. Die Quellengeschichte des Romulus setzt also u.E. zu viele hyothetische Vorlagen voraus, als daß im einzelnen Gewißheit bestünde.

Ebenso ungewiß sind Zeit und Ort der Kompilation. Der sog. Ur-Romulus wird etwa zwischen 350 und 500 angesetzt; die auf diese (nicht erhaltene) Sammlung zurückgehenden Rezensionen könnten aus der Merowingerzeit (5.–7. Jhdt.) stammen. Keltische Lehnworte könnten auf Gallien als Ursprungsland hindeuten. Die Sprache ist nachklassisches Spätlatein[2]. In mittelalterliche Dependenzen dringen christliche Elemente ein, und einige Rezensionen sind im sehr verderbten Latein des 11. Jhdts. gehalten. Unwissende Abschreiber haben, wie so oft, den Text entstellt; auch schlichen sich Randglossen in spätere Abschriften ein. Die christlichen Einflüsse haben nicht nur Wortschatz und Text verändert, sondern auch, wie wir später sehen werden, das Wesen der Fabel verfremdet.

Mittelalterliche Romulus-Dependenzen

„Romulus" war aus den heidnischen in die Klosterschulen übergegangen, Text und Moral wurden christlich gefärbt, und bald verwendete man die Fabeln zur Auflockerung der mehrstündigen Predigten. Vincent von Beauvais (1190?–1264?), der große Enzyklopädist des Mittelalters, der in seinem *Speculum Naturale, Speculum Doctrinale* und *Speculum Historiale* das gesamte Wissen seiner Zeit vereinigte (80 Bücher, 9885 Kapitel!), verwendet 29 Romulus-Fabeln. Eigenes hat er ihnen nicht hinzugefügt, abgesehen von den Überschriften, welche die Fabeln nach homiletischen Gesichtspunkten anordnen. Bemerkenswert ist seine Erklärung, „man könne diese Fabeln in Predigten einflechten, was auch einige Verständige täten, um die Langeweile zu erleichtern; auch hätten die Fabeln ja

etwas Erbauliches. Doch solle man dies nur sparsam und vorsichtig tun, damit nicht etwa Zuhörer, die sich der Trauer, der Reue und dem Gottesdienst weihen sollten, durch solche Nichtigkeiten *(nugae)* zu frivolem Gelächter veranlaßt würden." Vincent gebrauchte also die Fabeln im Grunde für den selben Zweck wie die antiken Rhetoren. Im Predigtgebrauch vollzog sich jedoch allmählich, wie wir unten sehen werden, eine Wandlung in der Ausdeutung der Fabel.

Gualterus Anglicus
Eine unter dem Namen Anonymus Neveleti bekannte Sammlung von – allerdings stark abgewandelten – Romulus-Fabeln wurde, wohl mit Recht, einem Walter von England zugeschrieben (von Hervieux). Dieser formte die Fabeln zu elegischen Distichen um. Der Dichter war Kaplan König Heinrichs II (1133–1189) und wurde von diesem zum Erzieher seines jungen Schwiegersohnes bestellt. Die Gedichte, zur Übung des Prinzen Wilhelm von Sizilien bestimmt, dürften kurz vor 1177 verfaßt worden sein.
Bis auf zwei sind diese Fabeln dem Romulus vulgaris entnommen. Sie fanden allgemeine Bewunderung und wurden 1323 für Johanna von Burgund, die Gemahlin König Philipps VI., ins Französische übersetzt: der Übersetzer dedizierte das Werk mit folgender wörtlichen Anleihe bei Phaedrus:
> Ce livret que cy vous récite
> Plaist à oïr et si proufite.

Die Bewertung von Walters Versen schwankt[3].

Neckam
Zur gleichen Zeit wie Walter, aber völlig unabhängig von ihm, entnahm der englische Gelehrte Alexander Neckam (1157 bis 1217) 42 Fabeln dem Romulus vulgaris, 5 weitere möglicherweise direkt aus Phaedrus, und kleidete sie gleichfalls in elegische Distichen unter dem Titel *Novus Aesopus*. Obwohl seine metrischen Fabeln frei von Walters störenden Künsteleien sind, auch flüssiger und mit vielen Anklängen an klassische Vorbilder, erreichten sie doch nicht Walters Beliebtheit. Eine

vollständige Ausgabe erschien erst 1845. Immerhin wurden schon im 13./14. Jhdt. zwei französische Versübersetzungen von unbekannter Hand verfaßt; allerdings nennen sie Neckam nicht, sondern das Werk trägt den Titel *Ysopet* (bzw. les fables d'Ysopes [sic] le philosophe.)

Prosafassungen
Die Kette der Fabeltradition geht weiter. Von Walters Fabeln, die auf den Stammbaum Romulus vulgaris, Ur-Romulus und letztlich Phaedrus zurückgehen, wurden nun wiederum kurze Prosafassungen hergestellt, in schlechtem mittelalterlichem Latein, die als Epimythia die diesbezüglichen Distichen Walters tragen. Ferner war ein Romulus anglo-latinus, dessen Übersetzung ins Englische dem König Heinrich Beau-Clerc (reg. 1100–1135) zugeschrieben wird, die Grundlage einer berühmten Übersetzung ins Französische: der Versübersetzung von Marie de France. Diese stammte aus Frankreich (Compiègne), lebte aber am englischen Hof, gleichfalls im 12. Jhdt. Die Abfassung des Romulus anglo-latinus wird für das Ende des 11. oder Anfang des 12. Jhdts. angenommen. Die vorerwähnte englische Übersetzung des Romulus anglo-latinus ist zwar nicht erhalten, doch besitzen wir außer Maries Werk noch andere auf jener Übersetzung beruhende Fabelsammlungen, die es wahrscheinlich machen, daß der Romulus anglicus aus fremden Quellen auf 136 Fabeln erweitert wurde. Daneben besitzen wir den ursprünglich von Nilant (1709) herausgegebenen Romulus Nilantinus in mittelalterlichem, stark christlich beeinflußtem Latein.
Ein weiterer Romulus (Bernensis, 13. Jhdt.) ist dem ursprünglichen Corpus gleichfalls weit entfremdet (der Fuchs studiert Medizin in Montpellier!).

Das Tierepos
Im Mittelalter entwickelte sich die äsopische Fabel in zwei Richtungen. Die eine war die Tiersage, insbesondere das Tier-Epos. Es fällt nicht in den Rahmen dieser Sammlung, da es sich von der kurzen, prägnanten Fabel weit entfernt und, wenn

man literarische Gattungsbegriffe anwenden will, als Satire zu betrachten ist.

Das Altertum kannte (wie schon im 1. Band erwähnt) das Tierepos nicht: der „Froschmäusekrieg" (Batrachomyomachie) ist lediglich eine Homerparodie. Um 940 wurde die *Ecbasis cuiusdam captivi* verfaßt; wie jedoch schon der Zusatz zum Titel, *per tropologiam,* anzeigt, handelt es sich mehr um eine Parabel oder Allegorie als ein Epos. Allmählich aber gruppierten sich Fabeln um bestimmte Tierpersönlichkeiten, insbesondere um den Fuchs, die verkörperte Schlauheit; den Wolf, grausam aber dumm, und um die Feindschaft zwischen beiden. Orientalische Einflüsse sind erkennbar: der Löwe ist der König der Tiere, die Rolle des Schakals wird in Europa vom Fuchs übernommen. Ähnlich wie die Schiffermärchen und Balladen von der Heimkehr der Helden vor Troja *(nostoi)* sich um Odysseus rankten und schließlich von einem (oder mehreren Redaktoren zum Epos geformt wurden[4], bildete sich auch das mittelalterliche Tierepos – mit dem Unterschied, daß es, obwohl es auch volkstümliche Überlieferungen enthält, doch das Werk von Mönchen und anderen Klerikern war.

Kurz vor 1200 erhalten die Tiere feststehende Namen: Reinhard (Reineke) der Fuchs (so stark war der Einfluß dieses „Heldennamens", daß die französische Sprache den Stamm *-vulp* nur in wenigen gelehrten Ausdrücken benutzt, sonst aber „renard"), der Wolf wird Isengrim, der Bär Bruno (engl. Bruin), der Hahn Chantecler, der Esel Balduin, und so fort. Es entsteht das natürlich satirisch überhöhte Abbild eines Kaiserhofes und Feudalsystems. Wohl das erste Werk dieser Gattung war der *Ysengrimus* des Flamen Nivard (ca. 1148); aus mehreren anderen *branches* wurde dann in Frankreich der *Roman de Renart* zusammengefügt. In deutscher Sprache verfaßte ein fahrender Spielmann aus dem Elsaß, Heinrich de Glichezare (Gleißner) um 1170 einen nur in Bruchstücken erhaltenen *Reinhart;* um 1250 erschien schließlich der niederländische *Reinaert,* gefolgt im 14. Jhdt. von *Reinaert II;* diese Bearbeitung von Henrik von Alkmaar wurde die Vorlage des niederdeutschen *Reineke Vos.* Ältestes Fabelgut schimmert

noch durch einzelne Episoden hindurch. Hartmann Schopper schließlich veröffentlichte 1567 eine vorzügliche Übertragung in lateinische Jamben des 1544 in hochdeutscher Sprache erschienenen *Reineke*. Die Fabel ist völlig zu sozialkritischer Satire geworden, wobei die Kleriker ihren eigenen Stand nicht ausnehmen; in diesem satirischen Rahmen gleicht der listenreiche Reineke, der in jeder Notlage einen Ausweg weiß, dem Odysseus[5].

Ein interessanter Ableger des Romulus sind die „Fuchsfabeln" (*mishlé-shu'alim*) des Rabbi Berachja ha-Naqdan (Benedictus Punctator), der sie um 1190 in England in hebräischen Makamen (gereimte Prosa-Kola) verfaßte. Auch hier ist, wie unser Beispiel zeigt, die Moral der schon im Altertum bekannten Fabel ins Religiöse verlegt.

Die Fabel in der Predigt

Ganz anders entwickelt sich im Mittelalter die Fabel in der Predigt. Die antike Fabel bedurfte eigentlich keiner expliziten Moral. Sie zeigte die Tiere, obwohl mit Sprache begabt, im allgemeinen im Rahmen ihrer Fähigkeiten handelnd, und ihr Handeln verdeutlichte ein Beispiel allgemeiner Lebensklugheit. Die „Moral" war der Fabel immanent, und striche man Promythium oder Epimythium (die ja sehr oft nur Rhetorenzusatz waren), so litte das Verständnis nicht.

Allmählich aber wird die Fabel in der Predigt, entsprechend dem seit Origines entwickelten Prinzip der Bibelexegese, ein *signum*, eine *significatio*, die allein vom Wortsinn her nicht verstanden werden kann[6]. Sie muß entschlüsselt werden: die Deutung erfolgt *mystice, spiritualiter,* und „das Banalste wird Bedeutungsträger" (De Boor). Solche tropologische Erzählung ist eigentlich keine Fabel mehr: sie nähert sich dem Rätsel. Recht deutlich zeigt sich diese Entwicklung in den unten zu besprechenden Fabeln und Parabeln eines Odo von Cherington und seiner Nachfolger; bei „Bischof Cyril" und Nikolaus Pergamenus; bei R. Berachja ha-Naqdan und anderen. Allmählich sind die Tiere nichts anderes als Symbole für Menschen und menschliche Eigenschaften geworden. Sie handeln

nicht mehr artgemäß: der Wolf verkleidet sich als Mönch oder spielt Schach, die Tiere nehmen einander die Beichte ab, und selbst wo älteste Fabelstoffe auftreten, werden sie durch Bibelzitate verfremdet. Sehr deutlich zeigt dies z.B. Odo von Cheringtons Behandlung der Fuchs-und-Rabe-Fabel[7]. Die Fabel selbst wird in dürren Worten nacherzählt, und dann folgt die Deutung, die mittelalterliches Denken voraussetzt:

> So tragen viele einen Käse, das ist, die Nahrung, davon die Seele leben soll, als da ist Geduld, Gnade, Nächstenliebe. Doch es kommt der Teufel und treibt sie zu eitler Ruhmsucht, so daß sie singen, sich selbst anpreisen, sich mit Troddeln großtun; und weil sie so den Ruhm der Welt suchen und nicht den, der Gottes ist, verlieren sie die Geduld und alle Tugenden. So hat auch David, da er sein Volk aus Ruhmsucht beschenkte, ⟨seine Tugenden⟩ großen Teils verloren.

In anderen Fabelsammlungen zitieren Tiere bei ihren Auseinandersetzungen – rein scholastischen Debatten – nicht selten Aristoteles oder die Bibel; einmal machen sie sogar Geldgeschäfte miteinander. Man könnte beinahe von einer Umkehr der Fabel sprechen: zeigte die antike und früh-mittelalterliche Fabel tierisches, für den Menschen lehrhaftes Verhalten, so wird nun menschliches Verhalten mit einer Tiermaske versehen.

Odo von Cherington

Odo (Eudes) von Cherington[8], wahrscheinlich ein Zisterzienser-Abt in der ersten Hälfte des 13. Jhdts., ein Anglo-Normanne, der offensichtlich in beiden Sprachen zuhause war, verfaßte eine berühmte Sammlung von Fabeln und Parabeln, von denen wir eine größere Anzahl wiedergeben. Er schreibt frisch und humorvoll, vertritt eine hohe Moral und scheut sich nicht, Fehler und Laster von Mönchen und (sogar hochgestellten) Geistlichen scharf zu kritisieren. Nicht alle seine Fabeln sind verschlüsselt; manchmal sind es sogar bloße Anekdoten aus dem Klosterleben, zuweilen begnügt er sich auch mit der einfachen Nutzanwendung: So ergeht es denen, die... Seine Sprache ist ein handfestes Mittellatein, nicht korrekt

nach klassischen Maßstäben, aber ohne die gewollte Obskurität etwa des *Speculum Sapientiae*. Er ist nicht nur in der Bibel bewandert, sondern kennt und zitiert die Antike; außerdem schöpft er auch häufig aus dem *Physiologus*[9]. Wir finden bei ihm Verse von Ovid, Horaz, Vergil, Juvenal, Claudian sowie Boëthius neben zahlreichen mittelalterlichen (leoninischen) Hexametern und Distichen, mit denen er seine Fabeln würzt. Während seine Fabeln unabhängige Stücke sind, sind seine Parabeln in seine langen Sonntagspredigten eingestreut.

Seine Fabeln genossen hohes Ansehen. Sie sind in zahlreichen Handschriften erhalten und wurden ins Französische und Spanische übersetzt; auch wurden sie vielfach nachgeahmt.

Zwischen 1320 und 1350 übertrug ein englischer Minoritenbruder, Nicholas Bozon (auch Boson, Boïoun, Bousoun) einige von Odos Fabeln zusammen mit solchen, die er aus anderen Quellen schöpfte, ins Normannisch-Französische; diese wurden ihrerseits wieder lateinisch übersetzt.

Ungefähr zur gleichen Zeit verfaßte John von Sheppey, gleichfalls ein Anglo-Franzose, eine teils auf Romulus, teils auf Odo beruhende Fabelsammlung (73 Nummern), wobei er die oft ermüdende Länge Odos kürzt. Auch aus dieser Sammlung bringen wir einige Beispiele. Sein Latein ist kahl aber ziemlich korrekt, wie es der „praehumanistischen" Periode, der Zeit Petrarcas, entspricht.

Bischof Cyril und Nikolaus Pergamenus

Zwei weitere Fabelsammlungen[10] wurden bereits erwähnt: das *Speculum Sapientiae*, einem völlig unbekannten Bischof Cyril von Basel zugeschrieben, sowie der *Dialogus Creaturarum* eines gleichfalls unbekannten Nicolaus Pergamenus. Es wird angenommen, daß das erstgenannte Werk einem gewissen Cyrillus de Quidenone (Quidone, nahe Neapel) aus dem 13. Jhdt. zuzuschreiben ist, während der *Dialogus* frühestens auf die Mitte des 14. Jhdt. zu datieren wäre.

Das *Speculum* hat offensichtlich einen gelehrten und scharfsinnigen Theologen und scholastischen Philosophen zum Verfasser. Die Verschrobenheit, ja oft Unverständlichkeit seines

Lateins paart sich mit grenzenloser Länge. Auch hier sind die Tiere nicht mehr Tiere, sondern spitzfindige Disputanten. Der *Dialogus* stammt teils aus den *Gesta Romanorum*, teils aus dem *Physiologus;* auch sind vielfache Berührungen mit orientalischen Stoffen (Kalil ve-Dimna) festzustellen. „Auch hier," bemerkt Grässe treffend (S. 302), „werden von verschiedenen Tieren, Pflanzen, Menschen und personifizierten übersinnlichen Objekten sittliche Fragen im Gewande der Lehrfabel erörtert," jedoch ist der Stil einfacher und verständlicher. Der Autor muß ein sehr belesener Geistlicher gewesen sein. Es ist eine Eigenart des Nicolaus, daß er oft eine Tierbeschreibung dem *Physiologus* oder Isidorus entnimmt, mehrere Romulus-Fabeln in einem Dialog verbindet, und zudem noch historische Beispiele, Bibel-, Dichter-, Philosophen- oder Kirchenväterzitate anhängt. Verse zitiert er meist ohne Angabe des Verfassers, mit Ausnahme von „Catho".

Directorium vitae humanae (Kalila ve-Dimna)
Im Vorstehenden wurden orientalische Einflüsse auf die europäische Fabel erwähnt, und im ersten Bande dieser Sammlung wurde kurz von der indischen Fabelsammlung *Pantschatantra*[11] gehandelt. Die Überlieferungsgeschichte dieses Werkes ist recht kompliziert. Indien hatte eine umfangreiche didaktische Literatur, in der „Fürstenspiegel", die Herrschern den rechten Weg weisen sollten, eine bedeutende Rolle spielten[12]. Eine Sammlung von Fabeln dieser Art, deren Abfassungszeit nicht genau zu bestimmen ist aber jedenfalls nicht vor der Zeit Aesops liegt, war ein „Prinzenspiegel" *(ad usum Delphini)*, den der Perserkönig Chosru Noshirvan (531–579) ins Persische (Pählevi) übersetzen ließ. Original wie auch Übersetzung sind nicht mehr vorhanden. Im selben Jhdt. wurde jedoch eine syrische Übersetzung verfertigt unter dem Titel „Qalilag ve-Dimnag" (Sanskrit „Karataka und Damanaka"), die Namen von zwei intriganten Schakalen, die Räte des Löwen an seinem Hof sind. Durch ihre Ränke bewirken sie die ungerechte Verurteilung eines dem König befreundeten Ratgebers, erleiden dann aber die verdiente Strafe.

Das ursprünglich wohl 14 Kapitel umfassende Sanskrit-Original wurde später als „Pantschatantra" (Fünf Bücher oder Rubriken) bekannt; hieraus wurden wiederum vier Bücher „Hitopadescha" (Heilsamer Rat) kondensiert. Das in mehreren Rezensionen vorliegende Pantschatantra wanderte durch den Orient, wobei es spezifisch indische Züge ablegte, dagegen nach Art aller Volksbücher neues Material aus mehreren Kulturen aufnahm. Vom Sanskrit ging der Stoff durch das Persische, Arabische und Hebräische ins Lateinische und schließlich ins Deutsche. Aus der hebräischen Fassung eines Rabbi Joel, der die arabische Übersetzung eines Abdallah ibn Almocaffa benutzte, übersetzte der getaufte Jude Johann von Capua um 1270 das Werk ins Lateinische unter dem Titel *Directorium vitae humanae:* es wurde so populär, daß es alsbald in mehrere Sprachen übersetzt wurde. Aus der ursprünglichen arabischen Bearbeitung des Ibn Almocaffa stammt nicht nur die Johann von Capua vorgelegene hebräische Übersetzung, sondern auch eine griechische (Στεφανίτης καὶ Ἰχνηλάτης), eine altspanische und eine frühe, durch Graf Eberhard I. von Württemberg veranlaßte deutsche Übersetzung, die 1483 zu Ulm erschien (Johanns Werk wurde 1480 zuerst gedruckt.).

Als das Pantschatantra i. J. 1854 zuerst von Benfey herausgegeben wurde, fiel die bisher herrschende Ansicht Jakob Grimms, wonach die Fabel deutsch-nordisches Erbgut sei, und wurde durch die sog. Indientheorie ersetzt, nach der der Ursprung der Fabel in Indien zu suchen sei. Nachdem jedoch festgestellt wurde, daß entgegen Benfeys Annahme Fabeln sowohl aus dem Westen nach Indien flossen wie auch von dort ausgestrahlt wurden, mußte auch diese Hypothese aufgegeben werden. Die nachklassische Sanskrit-Literatur erreicht eben bei weitem nicht das ehrwürdige Alter grauer Vorzeit, das sich für uns gemeinhin mit dem Begriff „Veden" verbindet.

Das *Directorium* – oder besser, *Kalila und Dimna,* – ist schwer lesbar, nicht nur weil Johann ein schlechter Hebraist war und miserables Latein schreibt, sondern auch, weil die Erzählung nach orientalischer Weise so verschachtelt ist, daß der Leser bald den Faden verliert. Wie jene fernöstlichen Schnitzereien

– Kugeln, in denen immer weitere Kugeln enthalten sind, führt die Rahmenerzählung zu Episoden, die ihrerseits den Rahmen für neue *exempla* bilden, eine Technik, die wir aus 1001 Nacht kennen[13]. In großen Umrissen ist die Handlung wie folgt. König Amastres Casri sendet „zu den Zeiten der Könige Edoms"[14] seinen Arzt Berozias nach Indien, um ein Heilmittel zur Belebung Toter zu finden. Dieses entdeckt er zwar nicht, wohl aber findet er ein Buch der Weisheit, das er ins Persische übersetzt. König Kasri läßt viele Bücher dieser Art sammeln, darunter eines, Kalila und Dimna genannt. Dieses Buch enthält in 17 Kapiteln Fragen, die ein indischer König Disles seinem weisen Berater Sendebar stellt und die dieser beantwortet, indem er seinen Responsa „parabolas" und „exempla" (das Wort „fabula" wird nicht gebraucht) einfügt. Diese *exempla* (die lateinische Entsprechung des hebräischen *mashal*) sind von mannigfacher Art – Tierfabeln, erotische und andere Fazetien, oft durch eingeschobene Sprichwörter oder moralische Betrachtungen auf übermäßige Länge ausgedehnt – kurz, völlig verschieden von der „äsopischen" Fabel. Trotzdem finden wir manche Fabeln, die mit äsopischen Motiven auffallend übereinstimmen. Ob diese von Osten nach Westen oder in umgekehrter Richtung gewandert sind, bleibe dahingestellt. Unsere Sammlung bringt einige dieser Fabeln neben anderen, die mit Aesop keine Verwandtschaft zeigen, sowie ein ganzes Kapitel, das die verschachtelnde Erzählungstechnik demonstriert und zugleich fast so etwas wie einen Ansatz zum Tierepos zeigt.

Leider beruhen die uns vorliegenden lateinischen Texte des *Directorium* auf nur zwei gedruckten Editionen, Derenbourgs Ausgabe von 1881 und Hervieux 1899. D. benutzte ebenso wie H. nach 1480 erschienene Drucke; seitdem sind fünf weitere Handschriften bekannt, aber noch nicht für eine kritische Rezension des Textes ausgewertet worden. In der vorliegenden Auswahl benutzten wir die Ausgabe von Hervieux, da sie wesentlich besser ist als Derenbourgs Inkunabel, haben aber gelegentlich dessen Lesarten berücksichtigt.

Nachahmungen des Directorium
Um 1313 „übersetzte" der französische Arzt Raymond de Béziers die Vorlage Johanns von Capua ebenfalls ins Lateinische, und zwar, wie er angibt, für die Gattin Philipps des Schönen; diese starb allerdings i. J. 1305, und er widmete danach sein Werk, betitelt *Liber Dignae et Kalilae,* dem König. Uns liegen zwei Manuskripte vor (Franz. Nat. Bibl. 8504 und 8505); Hervieux (V, 39–74) kommt nach eingehender Untersuchung zu dem Schluß, daß die Übersetzung des Raymond auf das Jahr 1313 zu datieren ist, daß ein großer, ja überwiegender Teil seines Werkes ein wörtliches Plagiat aus dem 1270 übersetzten *Directorium* ist, während ein Teil auf einer von oder auf Veranlassung des Königs Alfons des Weisen verfaßten spanischen Übersetzung aus dem Jahre 1251 beruht.

Wieviel Spanisch der französische Arzt verstand, wissen wir nicht; daß sein Latein womöglich noch miserabler ist als das des Johann, ist offensichtlich. Er versucht (wie manchmal Studenten) sein Plagiat durch Umstellung von Worten und Sätzen zu verschleiern; aber wenn zwei Autoren denselben Text übersetzen, kann es niemals zu einer solchen wörtlichen Übereinstimmung kommen (daß die von 72 Schriftgelehrten verfaßte LXX zweiundsiebzig haargenau übereinstimmende Übersetzungen ergab, war ein göttliches Wunder). Zu der mangelhaften Latinität des Raymond kommt noch die Unwissenheit eines Kopisten, der an manchen Stellen reinen Unsinn schreibt. Ferner wurden von unbekannter Hand Verse, teilweise von erheblicher Länge, eingeflochten: Hexameter, Distichen, Zitate aus den *Disticha Catonis,* aus Gualterus Anglicus und anderen; auch leoninische Hexameter sowie rhythmische Verse fehlen nicht, so daß Raymonds Werk den doppelten Umfang des *Directorium* erreicht; auch ist es mit Miniaturen illustriert. Raymond ist ein schlechter Erzähler: seine Sätze sind schleppend, unklar und entbehren der Abwechslung. Auch dadurch hat er seine Anleihen zu verschleiern gesucht, daß er nicht nur die im *Directorium* vorkommenden Namen bis zur Unkenntlichkeit entstellte (Sendebar wird Cenceba oder Sensaba, Dimna wird Dina, Damna, Bero-

zias erscheint als Bethorias oder Belzebuus, usw.), sondern er präzisiert auch die bei Johann im allgemeinen nur als „ein Vogel, ein Fisch" bezeichneten Tiergattungen, ohne daß die Erzählung hierdurch gewönne. Die Verwendung von Worten wie *vassallus* oder *guerra* kennzeichnet seine Sprache.
Aus Raymonds Werk bringen wir einige recht derbe Fazetien, die sich bei Johann nicht finden. Da eine glatte Übersetzung ein falsches Bild vermitteln würde, haben wir versucht, den plumpen und ungelenken Stil der Vorlage nachzuahmen; zum Verständnis Unerläßliches wurde in spitzen Klammern ⟨ ⟩ eingefügt.
Raymonds Plagiat erschien also zwischen 1305 und 1313. Schon vorher, vielleicht bald nach dem Erscheinen des *Directorium,* hatte ein Italiener namens Baldo unter dem Titel *Novus Aesopus* eine Sammlung von 28 Fabeln in Versen veröffentlicht, von denen 20 dem Johann, die übrigen acht dem Romulus bzw. Avian entnommen sind; außer den uns erhaltenen 28 sind eine unbestimmte Anzahl weiterer Fabeln verloren gegangen – was keinen erheblichen Verlust für die Nachwelt darstellt. Manche sind nämlich ohne Kenntnis des *Directorium* kaum verständlich; das Versmaß ist der leoninische Hexameter mit metrischen Fehlern und auch defektivem Reim[15]. Immerhin wurden einige seiner Verse in zeitgenössische Florilegien aufgenommen. Auf Wiedergabe dieser Gedichte wurde hier verzichtet, da sie nichts Neues bringen.

Ausgang
Mit dem 14. Jhdt. ist im allgemeinen die Sammlung von alten, durch Einschub mittelalterlicher Fabeln und Fazetien vermehrten lateinischen Versionen beendet. Nunmehr übernehmen die Landessprachen die Fabel, wobei Herger, Steinhöwel wie auch Luther (der die pädagogische Wirkung der Fabel würdigte) auf dem Romulus basieren. Die Humanisten Poggio und Abstemius verfaßten einige lateinische Fabeln. Dann wurde (um 1512? In Flandern?) von einem unbekannten Kompilator eine 140 Nummern umfassende Fabelsammlung zusammengestellt. Sie ist im verbesserten Latein der

Humanisten abgefaßt; in der Reihenfolge lehnt sie sich an Romulus an, enthält aber außer 44 hier entlehnten Fabeln solche von Guilelmus Goudanus, Hadrianus Barlandus, Erasmus und anderen – alles in knapper Form. Auf diesem Kompendium, also nicht auf Romulus direkt, basieren die deutschen Reimfabeln des Erasmus Alberus, die 1534 und (erweitert) 1550 erschienen.

Hiermit schließt unsere Betrachtung. Aus der reichen Fülle von Material hat die Auswahl versucht, einen möglichst breiten Überblick über die lateinische Fabel des Mittelalters zu geben. Nicht eine Spitzenauslese, sondern repräsentative Stücke, ob gut oder mittelmäßig, müssen einen solchen Überblick vermitteln. Die Übersetzung hat demgemäß vielfach bewußt auf Glätte verzichtet, um den Stil der Vorlage in etwa wiederzugeben.

Aus der Sekundärliteratur konnte nur das Notwendigste zitiert werden, doch enthalten die angeführten Werke reiche Literaturangaben.

Um dem Leser ein authentisches Bild mittelalterlichen Lateins zu geben, wurde die Orthographie der Satzvorlagen im Zustand des jeweiligen Originaltextes belassen. Der Leser wird bald erkennen, daß im Mittelalter *e* für *ae* und *oe* stehen kann, wie auch umgekehrt z.B. *caeteri* für *ceteri*, *coena* und *coelum* für *cena* und *caelum*; ebenso, daß anlautendes *i* und das (unlateinische) *j*, *U* und *v*, mitunter *b* und *v* (*vervex-berbex*) austauschbar sind. Das häßliche *michi* ersetzt *mihi*, da Romanen das H nicht aussprechen. Ferner ist Großschreiben von Hauptwörtern, auch wenn es keine Namen sind, nicht ungewöhnlich.

Zum Schluß danke ich für wertvolle Auskünfte und Hinweise Herrn P. Dr. C.Eichenseer, O.S.B. (St. Ottilien); Herrn OStudDir Dr. Walter Haußmann (Stuttgart); Herrn Walter Simon (Tübingen); Herrn Prof.Dr. J.Ijsewijn(Löwen).

Harry C. Schnur

Anmerkungen zum Vorwort

1.
Vgl. Georg Thiele, Der Lateinische Aesop des Romulus und die Prosa-Fassungen des Phaedrus, Heidelberg 1910, pp. XIIff. Dieses im folgenden als „Thiele" zitierte Werk ist, obwohl bisweilen zu polemisch, noch immer grundlegend. Zur Hdschr.-Überlieferung siehe Appendix II.
In frühen Rezensionen finden sich die traditionellen Götter, Tempel und Opfer; vgl. Anmerkung 11 zu Avian im 1. Bd. dieser Sammlung.

2.
Die Volkssprache, das sog. Vulgärlatein, darf nicht schlechthin als ein absinkendes und korruptes „Hochlatein" betrachtet werden. Es beginnt (in literarischer Aufzeichnung) mit Plautus, erscheint danach, außer auf Inschriften und *graffiti* in den volkssprachlichen Kapiteln des Petronius, und wurde von christlicher Propaganda benutzt, um möglichst weite Kreise zu erreichen, weshalb es auch die Sprache der Bibelübersetzungen (Itala und Vulgata) wurde, obwohl viele der Kirchenväter eine gute klassische Bildung besaßen. Das „klassische" Latein, die Sprache der Dichtung und des gehobenen Stils, blieb durch fast 700 Jahre fast unverändert, entfernte sich aber soweit von der Umgangssprache, daß schon im 4. Jhdt. Erläuterungen nötig waren.
Die neuerliche Begeisterung für „Mittellatein" darf uns aber nicht die Augen vor der Tatsache schließen lassen, daß gutes und sehr schlechtes M.latein geschrieben wurde; seine schließliche Entartung rief den berechtigten Spott der Humanisten („Dunkelmännerbriefe") hervor.

3.
Für eine Analyse von Walters sowie Alexander Neckams Stil und Prosodie siehe Appendix III.

4.
Diese Hypothese wird wie alle nicht-unitarischen Homertheorien scharf bestritten.

5.
Reineke ist ein sophistischer Ränkeschmied und Lügner. Auch Odysseus, bei Homer ein strahlender Held, kommt in Sophokles' *Philoktetes* in ungünstiges Licht. – Das Tierepos, insbesondere der Reineke-Komplex, ist ein so ausgedehntes Gebiet, daß auf die einschlägige Literatur verwiesen werden muß.

6.
Wir benutzen die ausgezeichnete Studie von Helmut de Boor, Über Fabel und Bispel, Bayer. Akad. d. Wissensch., Sitzungsbericht 1966, Heft 1. – Die christliche Bibelexegese faßt das AT als Vorstufe des NT auf, z. B. die (beinahe) Opferung Isaaks als *significatio* der Kreuzigung. Aber auch die jüdische Exegese betrachtet die Bibel als mehrschichtig und findet hinter der vordergründigen Erzählung einen geheimen Sinn. Dies prägt sich am stärksten in der Mystik der Kabala aus, wo sogar aufgrund der Tatsache, daß jeder hebräische Buchstabe einen Zahlenwert besitzt, verschiedene Worte mit gleichem Zahlenwert in geheime Beziehung zueinander gesetzt werden (übrigens enthält auch die Griechische Anthologie sog. isopsephische Verse, die gleichen Zahlenwert haben). – Was solche mystische Ausdeutung zuwege bringen kann, zeigt selbst ein

sinnlichkeitsstrotzendes Epithalamium wie das Hohelied Salomons, das sich irgendwie in den biblischen Kanon eingeschlichen hat: von der jüdischen Exegese wird es als Liebe Gottes zu Israel, von der christlichen als Gottes Liebe zur Kirche gedeutet (oder mißdeutet).

7.

Eine kurze Sammlung von Fuchs-und-Rabe-Fabeln aus Romulus und seinen Nachfolgern bringt Appendix IV.

8.

Die Identität seines Herkunftsortes ist umstritten: die lateinischen Mss. haben Cyretona, Ciringtonia, Cheritona, Ciridunia und noch andere Varianten. Man hat sie – insgesamt kamen 14 Orte in Betracht – mit den englischen Orten Sherston, Sher(r)ington, (zwei Orte dieses Namens!), mit drei Cher(r)ington und Shirton gleichgesetzt.

9.

Physiologos: anonyme griechische, vielleicht schon im 2., spätestens im 4. Jhdt. entstandene Schrift, die Tiere (auch Phönix und Einhorn), Pflanzen und Steine beschreibt und sie als Symbole, z.B. von Christus oder des Teufels, erklärt. Isidorus von Sevilla (ca. 570–626) benutzt den Phys. in seinen *Etymologiae* und *De rerum natura*. – Vielfach ätiologische Geschichten aus dem Tierleben verfaßte der griechisch schreibende Römer Claudius Aelianus (ca. 170–240). Alle diese Werke beeinflußten direkt oder indirekt die mittelalterliche Fabel.

10.

Vom Herausgeber, J.G.Th.Grässe, Die beiden... etc., Tübingen 1880, (Bibl. d. Stuttg. Lit. Vereins Bd. 148) unverständlicherweise als ,,die beiden ältesten Fabelbücher des Mittelalters" bezeichnet. – Grässe nimmt an, daß die Askription an ,,Bischof Cyrillus" auf einem Versehen beruht: in der ersten deutschen Übersetzung (1520) heißt es nämlich: ,,beschriben durch Cyrillum bischoff, zu Basel us tütsch transferirt und gedruckt durch Adam Petri im jar... MDXX", und es wurden fälschlich die Worte ,,zu Basel" mit ,,Bischof" statt mit Adam Petri verbunden. – Bezüglich des Nicolaus Pergamenus wissen wir nichts. Eine Stadt auf Kreta (heute Platania) hieß Pergamia, eine Stadt in Mazedonien, heute Pravista, hieß Pergamus.

Cyrillus nennt den Aesop nicht, hat aber etliche Fuchsfabeln. Über seinen Stil und Wortwahl ist wenig Gutes zu sagen. Er ist obskur, oft fehlt das Verb, es wimmelt von Babarismen wie *ut quid (ad quid)* für *cur, uti* als Passiv. Die meisten seiner Fabeln schließen stereotyp: Nachdem er dies gehört hatte (bzw. widerlegt war), ging er fort (bzw. schwieg). – Er hat gelegentlichen Prosareim (4, 3): *fregerunt Sampsonem fortissimum, subverterunt David virum sanctissimum, et deceperunt Salomonem sapientissimum.* Ferner gekünstelte Oxymora: (1, 17) *o caliginosam lucem, obscuram diem.* Reim (3, 1): *in insatiabili cupiditate, in inquieta rapacitate, in illiberalitate continua et timiditate perpetua.* Mit grammatischem Flektionsreim verbindet er manchmal endlose Satzketten wie hier (gegen den Wein 4, 5):

Sapit in ore ardet in ventre fumat in capite contundit sensus vigorem confundit imaginationem fallit rationem destruit tollit mentem visum obnubilat, nervos laxat, linguam balbificat, os inhonestat, manus mobilitat, pectus inflammat, spumat luxuriam vim gignitivam enervat gressus inordinat, totum

vastat... vinum quippe qui primum bibit inebriatus est, inebriatus sopitus, sopitus nudatus, nudatus inhonestatus, inhonestatus derisus.

Nicolaus Pergamenus schreibt besseres Latein und einen besseren Stil. Seine Stoffe entnimmt er teils den *Gesta Romanorum* (Ende des 13. Jhdt.), teils dem Physiologus; auch sind vielleicht orientalische Berührungen (Kalila ve-Dimna) festzustellen. Viele klassische und mittelalterliche Zitate beweisen seine große Belesenheit. Er teil die mittelalterliche Vorliebe für gereimte Prosa-Kola, die oft Versrhythmus aufweisen – eine Eigenart, die sich später bei Barockpredigern wie Abraham à Santa Clara wiederfindet. Einige Beispiele:

(Dial. 2) convenit eum recidivare qui vult super omnes stare; (3) quis potest esse in honore sine dolore ... in praelatione sine tribulatione, in dignitate sine vanitate? (9) Deo damus dulcem sonum reddentes pro malo bonum; (10) nullus debet se binare cum contrario neque stare; (21) semper antequam loquamur verbum, nos intueamur; audi, vide, tace, si tu vis vivere in pace; (22) est qui bonus atque purus, semper dormiat securus; (62) procura mihi utilia et necessaria, non nociva nec contraria; cum utilitate grata sunt servitia parata; (35) bene, miser, incepisti, sed nunc male profuisti; (34) illi nos tenemur dare qui pro nobis vult orare; plus valet unus sanctus orando quam multi peccatores proeliando; (37) qui cum inimico vadit, non est mirum si tum cadit; (46) manum suam osculatur qui laudat, quod operatur; (65) prius debet se purgare, qui alterum vult damnare; (79) qui furatur et accusat, se falaciter excusat; (82) male levat se qui cadit, perit et qui falsa tradit. – (Zufällige?) Hexameter: vultis habere agnum quem portat rusticus ille? (80); ebenso (81) numquam viva tibi parcam neque mortua in archa.

Ferner (aus vielen Beispielen dieser Art) im letzten Dialog (122) diese Beschreibung des Alterns: cor concutitur, caput affligitur, languet spiritus, foetet anhelitus, facies rugatur, statura curvatur, caligant oculi, vacillant articuli, nares defluunt, crines deficiunt, etc.

11.

Wir haben die nur den Fachmann interessierenden diakritischen Zeichen des Sanskrit weggelassen.

12.

Ein bekannter Fürstenspiegel der Antike ist Xenophons Kyroupädie. Paränetische Gedichte, an Herrscher gerichtet, wurden in der Humanistenzeit häufig z.B. Johannes Murmelius (1480–1507) an den nachmaligen Kaiser Karl V.

13.

Auch die Odyssee hat ja die Rahmenerzählung in der dritten, die darin enthaltene Erzählung in der ersten Person, und in diese Erzählung sind wiederum unabhängige Erzählungen eingeschoben.

14.

„Die Könige Edoms": Edom war der rabbinische Name für den Unterdrücker, Rom. Aus den Namen ist nicht viel zu erschließen; könnte Berozias vielleicht etwa = Bar Usia oder Bar Hosea sein?

15.

An schlechten oder ganz fehlenden Reimen sei, nur aus den 4 ersten Gedichten, angemerkt:

agnovit-promit; quisquis-istis; digne-inde; partes-aptes; mentem-inertem (Prolog); aus 1.: abicit-anhelat; demens-praeceps; amissis-ipsis. 2: uxori-reponi. 3: quidam-vitam; cordi-reponi; agas-vadis; plenum-rerum; vere (Adv.) -egere. 4: damni-tyranni; somni-resolvi; und aus 11: tristaris-inanis.
Wortwahl: tristia (Subst.) statt tristitia.
Metrische Verstöße: U.a. ex morē; nīmis; iurē (Abl. v. ius).

TEXT UND ÜBERSETZUNG

Tres fabulae aevi Carolini

quae una cum variis Pauli Diaconi carminibus in codice sangallensi 889 traditae sunt

585
LEO AEGER, VVLPIS ET VRSVS

Aegrum fama fuit quondam iacuisse leonem
  paeneque supremos iam tenuisse dies.
iste feras dum rumor adit maestissimus omnes,
  regem namque suum intoleranda pati,
5 concurrunt flentes cunctae medicosque vocantes,
  ne careant tanto principis auxilio.
hic aderant bubali, magni quoque corporis uri,
  asper adest taurus, affuerantque boves,
discolor et pardus necnon pariter platocervus,
10 hic sonipes pariter hoc comitatus iter.
his nec defuerant monstrantes cornua cervi
  capreolique simul caprigenumque pecus.
dentibus hic aper est fulgentibus, asper et ursus
  unguibus haud sectis, hic lepus atque lupus.
15 huc veniunt linces, huc confluxere bidentes

  iunganturque canes atque simul catuli.
vulpis sola tamen turmis non affuit istis
  nec dignata suum visere nam dominum.
has tunc ante alios voces emittere fertur
20 ursus et has iterum sic iterare minas:
„O rex magne, potens, princeps invicte ferarum,
  auribus haec placidis suscipe verba tuis,

Drei Fabeln der Karolingerzeit

Text nach Perry *Aesopica* p. 622 ff

Die folgenden Fabeln entstammen dem cod. Sangallensis 889, der einige Gedichte des Paulus Diaconus enthält, ohne daß ihm aber diese Fabeln mit Sicherheit zuzuschreiben wären. Paulus Diaconus (720 bis 799) aus Monte Cassino lebte mehrere Jahre am Hof Karls d. Gr., so daß die erste hier folgende Fabel, eine Satire auf Palastintrigen, gut zu ihm paßt.

DER KRANKE LÖWE, DER FUCHS UND DER BÄR

Einst, so heißt es, sei siech der Löwe darnieder gelegen
   und sein letzter Tag, glaubte man, sei ihm schon nah.
Als die klägliche Zeitung zu allen Tieren gelanget,
   daß ihr König jetzund dulde untragbares Leid,
kamen sie alle zuhauf und weinten und riefen nach Ärzten,
   daß des Fürsten Schutz ihnen entrissen nicht werd'.
Büffel kamen sowie die Auerochsen, die großen,
   da ist der trotzige Stier, Rinder auch waren dabei,
auch der gesprenkelte Pardel und gleichermaßen das Rentier,
   und es kam auch das Roß hierher desselbigen Wegs.
Hier auch fehlten nicht die Hirsche mit breiten Geweihen
   auch die Gemsen zugleich und auch der Ziegen Geschlecht,
Hier war der Eber mit blinkenden Hauern, der trotzige Bär mit
   Klauen, die nicht gestutzt, hier waren Hase und Wolf.
Hierher kommen die Luchse, hier strömten die Schafe zusammen
   Hunde schließen sich an mit ihren Welpen zugleich.
Aber als einziger war der Fuchs in der Schar nicht zu finden,
   zu des Gebieters Besuch ließ sich der Fuchs nicht herab.
Da hat der Bär, sagt man, das Wort als erster ergriffen,
   und immer wieder sprach er, heißt's, dieses dräuende Wort:
„O großmächtiger König, siegreicher Herrscher der Tiere,
   Was ich jetzo dir sag, höre mit gnädigem Ohr.

audiat atque cohors tota haec, quae subdita magno,
  o rex iuste, tuo noscitur imperio.
25 quae tam dira fuit vulpi dementia quaeve

  tantillam potuit ira subisse feram,
ut regem, quem cuncta sibi pleps subdita visit,
  hunc haec sola quidem non adiisse velit?
magna est ista quidem vulpis protervia mentis
30 atque decet magnis subdier illa malis."
haec dum dicta refert ursus, rex omnibus inquit:
  „Iam moritura cito dilacerata cadat!"
tunc pleps tota simul voces ad sidera tollit:
  „Istum iudicium principis atque bonum!"
35 hoc vulpi innotuit seseque in plurima vertit

  atque diu notos praeparat ipsa dolos:
indumenta pedum multa et conscissa requirit
  inponensque humeris regia castra petit.
quam rex dum vidit, placato pectore risit
40 exspectatque diu quid malefida velit.
cumque ante ora ducum constaret, rex prior inquit
  „Quid moritura feres, quae lanianda venis?"

illa diu trepidans timidoque in pectore versans
  haec subiecta refert praecogitata cito:
45 „Rex pie, rex clemens, rex invictissime noster,
  accipe nunc animo, quae tibi dicta fero.
haec, dum namque vias terrarum lustro per omnes,
  indumenta scidi ob studium medici,
qui posset regis magno succurrere morbo
50 atque tuis magnam demere maestitiam.
tandem praecipuum medicum vix inveniebam,

  sed tibi, rex, vereor dicere quae docuit."
rex quoque ait „Si vera refers, dulcissima vulpis,

  dic mihi quid citius dixerit hic medicus."

Karolingerzeit 29

Es vernehme dies auch, gerechter König, die ganze
  Schar, die dein Regiment, wie sie es wissen, beherrscht.
Aber wie sinnenverstört war der Fuchs, wie konnte ein Tier
  wohl,
  welches so klein doch ist, so sich ergeben dem Trotz,
daß, wenn alles Volk, ihm untertan, seinen König
  aufsucht, jener allein nicht sich zum Herrscher begibt.
Ungeheuerlich ist des Fuchses Frechheit, und darum
  ziemt sich, daß man am Leib ihn und am Leben bestraft."
Als der Bär so geredet, da sprach der König zu allen:
  „Bald zerreiße man ihn: schon ist dem Tod er geweiht."
Da erhob seine Stimme das Volk empor zu den Sternen:
  „Unseres Herrschers Spruch – rechtmäßig ist er und gut."
Dies kam dem Fuchs zu Ohren: er wandte sich hierhin und
  dorthin
  und arglistig, wie stets, hat er sich Tücke erdacht.
Er beschafft sich viele zerschlissene Schuhe; die hängt er
  sich um die Schultern und geht so zu des Königs Palast.
Als der König ihn sah, war er schon besänftigt, und lächelnd
  wartet er ab, was der Schalk wiederum ausgeheckt hab.
Als vor dem Herrn er stand, da fragte zuerst ihn der König:
  „Tod durch Zerreißen droht dir: sag, womit kommst du
  hierher?"
Jener zitterte lang und erwog im ängstlichen Busen
  und sprach schleunigst dies, was er vorher schon bedacht:
„Frommer König, mein gnädiger Herr, siegreicher Gebieter,
  höre in Gnaden nun an, was ich dir jetzo bericht'.
Da ich alle Straßen der Welt durchwanderte, habe
  ich zerschlissen die Schuh, weil einen Arzt ich gesucht,
der zu heilen vermöchte des Königs schweres Gebreste
  und von großem Leid also befreie dein Volk.
Endlich, wars mühevoll auch, vermocht einen Arzt ich zu
  finden,
  aber zu sagen, was er anriet – ich scheue mich fast."
Da entgegnet der König: „Sprichst wahr du, teuerstes Füchslein,
  sage mir ohne Verzug, was dir geraten der Arzt!"

55 vulpis ad haec ursi non immemor improba dixit
„Cautius haec famulae suscipe verba tuae.
ursino si te possum circumdare tergo,
non mora, languor abit sanaque vita redit."
continuo iussu domini distenditur ursus
60 a sociis propriis detrahiturque cutis.
qua cum gestirent obducere pelle leonem,
aufugit penitus languidus ille dolor.
at cum post ursum vulpis sic corpore nudum
viderat, haec laetis dicta refert animis:
65 „Quis dedit, urse pater, capite hanc gestare tyaram
et manicas vestris quis dedit has manibus?"

Servulus ecce tuus depromit hos tibi versus.
fabula quid possit ista, require valens.

Die Versifikation, der Zeit (karolingische Renaissance) entsprechend, strebt nach klassischer Eleganz (Anklänge an Vergil, wie 33 *ad sidera tollit*), doch ist das Talent des Dichters gering. Wendungen wie *supremum diem tenere* (2) oder *vester* statt *tuus* (66) sind unklassisch. Die Tempora wechseln willkürlich (7f *aderant – adest – affuerant*; 15 *veniunt – confluxere*); 63f *cum viderat* statt conj. – Tautologie: *nec non pariter* (9). Ungeschickte Wiederholung: *asper taurus* (8), *asper ursus* (13); *iterum iterare* (20); *hunc haec* (28). Flickworte: *diu* (40; 43); in Vers 43 *diu* in unlogischem Gegensatz zu *cito* (44). 54 *dic mihi citius* ist gemeint. *Cautius* (56) entbehrt der logischen Begründung; auch *quoque* (53) ist ungeschickt.
Grammatisch: 30 *decet illam subdi(er)* wäre korrekt.

586

VITELLVS ET CICONIA

Quaerebat maerens matrem per prata vitellus.

cruribus huic longis obvia venit avis,
dicit „Io frater, cur tristis pectore mugis,
vel cur turbatus florida rura teris?"
5 cui sic respondit: „Soror, est iam tertia nunc lux,
quod lac non tetigi et famulentus eo."
verba refert ales: „Ne cures talia, demens;
nam quia non suxi, tertius annus abit."

Darauf sagte der listige Fuchs, des Bären gedenkend:
„Was dein Diener dir sagt, höre mit Vorsicht jetzt an.
Wenn ich einhüllen dich kann in das Fell des Bären, so wird dir
gleich die Krankheit vergehn, und du wirst wieder gesund."
Gleich wird ausgestreckt der Bär von der eigenen Sippe,
und man zieht ab sein Fell, wie es der König befahl.
Als man dem König das Fell gebracht und ihm übergezogen,
da verließ ihn alsbald gänzlich die Krankheit und Pein.
Als der Fuchs den Bären nun nackt geschunden sah liegen,
hat er fröhlichen Muts also gesprochen zu ihm:
„Väterchen Bär, wer hat deinem Haupt die Tiara verliehen?
Wer hat Ärmel wie die Euch an die Arme gesteckt?"

Dein ergebener Diener hat vorgelegt dir die Verse
du erforsche nur, was wohl mit der Fabel gemeint.

Metrisch: Wegen des im Pentameter krampfhaft gesuchten Reims (16mal in 34 Distichen) steht in 48 der Hiatus *scidi / ob*, siehe auch 54. Schwerfälliger Hexameterschluß: 51 *vix inveniebam*. Längung vor Pentameterzäsur 68. Unklar bleibt 14 – warum wird hervorgehoben, daß die Klauen des Bären nicht gestutzt sind (man beachte übrigens den gewollten Gleichklang *lepus – lupus*)?
Platocervus (9), klass]. *platyceros, -otis* hat nichts mit *cervus*, Hirsch, zu tun, sondern bezeichnet breites Gehörn (wie bei Elch, Damhirsch oder Rentier). *sonipes* (10), hochpoetisches Wort. *capreolus* (12) Gemse, wilde Ziege oder auch Antilope.
linces (15): *lynx* ist die gebräuchliche Schreibweise. *Pleps* (27; 33) statt *plebs* findet sich häufig in Inschriften.

KALB UND STORCH

Traurig suchte ein Kälbchen einmal auf den Wiesen die
                                                    Mutter,
    als ein Vogel es traf, stelzend auf langem Gebein.
Sprach: „Ei Bruder, warum brüllst du so traurigen Herzens,
    warum irrst du betrübt hier durch die blühende Flur?"
Sprach das Kalb: „Es ist drei Tage her schon, o Schwester,
    daß keine Milch ich berührt, hungernd drum irr' ich umher."
Sprach der Vogel: „Darum mach, Dummkopf, dir keine Sorge
    denn drei Jahre ist's her schon, seit ich wurde gesäugt."

ad quam indignatus fertur dixisse vitellus:
10   „Quo sis pasta cibo, en tua crura docent."

3 und 5: „Bruder" und „Schwester": Kalb ist maskulin, Vogel (das Wort Storch erscheint nicht im Gedicht, ist aber gleichfalls) feminin. 8. Ein säugender Vogel – offenbar ein uralter Witz, vgl. Shakespeare: A Midsummer Night's Dream, 84: „I will roar you as gently as any sucking dove."

587

PVLIX ET PODAGRA

Temporibus priscis pulix lacerasse potentes
  dicitur atque inopes dira podagra viros.
sed pulix noctu ditis dum carperet artus,
  protinus adlato lumine captus erat.
5 altera dum plantis sese occultaret egeni,
  stare nequibat egens, fessa erat illa satis.
sic quoque consumpti fatis agebantur amaris,
  ille timore necis, illa labore viae.
convenere simul, referunt sua damna vicissim
10   et placet alterne has agitare vices.
divitis interea gressus lacerare podagra,
  at pulix stratum coepit, egene, tuum;
hinc vacat et recubat. requies tibi magna, podagra, est.

  tu, pulix, tutus viscera fessa comes.

Prosodie: 7 *agebantur* – falsche Quantität; 8 wahrscheinlich Druckfehler: es ist natürlich *timore necis* zu lesen. 10 wiederum Hiat in Pentameterzäsur. Vielleicht sollte man lesen: *et pl. alternas nunc ag. vices.* 12 Apostrophe: Kunstmittel, um

ΝΙΚΗΦΟΡΟΥ ΤΟΥ ΒΑΣΙΛΑΚΗ

Ποιμὴν καὶ λύκος
Ὁ ἐπείσακτος κόσμος ἐπικίνδυνος τοῖς χρωμένοις ἐστίν.

Ἔδοξέ ποτε τῷ λύκῳ τὴν φύσιν τῷ σχήματι μεταλλάξασθαι ὡς ἂν οὕτως ἀφθονίαν ἕξῃ τροφῆς· καὶ δορὰν οἰὸς περιβεβλημένος

Darauf habe das Kalb, so heißt's, entrüstet gesprochen:
„Was für Speise dich nährt, sieht an dem Bein man dir an."

Prosodie: In 10 Versen zweimal unschöner Hiat in der Pentameterzäsur: 6 *tetigi* / *et*; 10 *cibo* / *en*, der völlig unzulässig ist.

seit: statt des korrekten *ex quo* steht hier *quod* (6) und *quia* (8)

DER FLOH UND DIE GICHT

Mächtige habe, so heißt's, der Floh vor Zeiten gebissen,
 aber dem Armen allein setzte das Zipperlein zu.
Doch als nächtens der Floh des Reichen Glieder benagte,
 machte man unversehns Licht, und er wurde geschnappt.
Als das Zipperlein sich in des Armen Sohlen verborgen,
 konnte der Arme nicht stehn, und es ermüdete sehr.
Also wurden die Beiden verzehrt von bitterem Schicksal,
 Er von der Furcht vor dem Tod, dieses von Mühe des Gehns.
Darum trafen sie sich, und jeder erzählte sein Leiden
 und sie beschlossen: „Hinfort wollen wir tauschen den Ort."
Also begann die Gicht, des Reichen Schritte zu plagen,
 und des Armen Bett hat sich erkoren der Floh.
Drum hat das Zipperlein Muße und Zeit, um gründlich zu
                                                    ruhen,
 ungefährdet verzehrt müdes Gekröse der Floh.

mittels des Vokativs die im Lateinischen seltenen kurzen Silben zu erhalten.
Lesart von 13 unsicher. Zu 14: *comes* von *comedo*; aber ein Floh frißt nicht
Eingeweide. *Quoque* (7) ist wenig sinnvoll.

Nikephoros Vassilakis (Byzanz, 9. Jhdt.)

DER WOLF IM SCHAFSPELZ

Vorgetäuschte Zier bringt ihren Benutzern Gefahr.

Der Wolf beschloß einmal, seine wahre Natur durch vorge-

μετὰ τῆς ποίμνης ἐνέμετο τὸν ποιμένα φενακίσας τῷ μηχανή-
ματι. νυκτὸς δέ γενομένης συναπεκλείσθη καὶ ὁ θὴρ παρὰ τοῦ
ποιμένος τῇ μάνδρᾳ καὶ φραγμὸς τῇ εἰσόδῳ περιετέθη καὶ ἀτεχ-
νῶς ὁ περίβολος κατησφάλιστο. ὡς δὲ ὁ ποιμὴν ἠράσθη τροφῆς,
μαχαίρᾳ τὸν λύκον ἀπέκτεινεν.

Οὕτως ἄρα τὸν ἐπείσακτον κόσμον ὑποκριθεὶς τῆς ζωῆς πολλά-
κις ἐστέρηται καὶ τὴν σκηνὴν εὗρε παραιτίαν μεγάλου συμπτώ-
ματος.

Promythium und Epimythium sind einander so ähnlich, daß eines davon möglicherweise unecht ist. – Die Ausdrucksweise ist sehr gewählt.

Ysopet

XXII.
DE CANE ET FVRE

Fure uocante canem pretenso munere panis,
 Spreto pane monet talia uerba canis:

'Vt sileam tua dona uolunt frustraque laborant

 Esse locum; panem si fero cuncta feres.
5 Fert munus mea dampna tuum, latet hamus in esca;
 Me priuare cibo cogitat iste cibus.
Non amo nocturnum panem plus pane diurno;
 Aduena plus nato non placet hostis hero.
Non rapiet nox una michi bona mille dierum;

10 Nolo semper egens esse saturque semel.
Latratu tua furta loquar nisi sponte recedas.'

Hic silet, ille manet, hic tonat, ille fugit.

täuschtes Äußeres scheinbar zu verändern, um dergestalt Nahrung im Überfluß zu bekommen. Er hüllte sich also in ein Schaffell, weidete mit der Herde und überlistete auf diese Weise den Schäfer. Als es Abend wurde, ward auch das Raubtier vom Schäfer im Pferch eingeschlossen, der Eingang wurde mit einer Umzäunung verschlossen und der ganze Pferch gründlich gesichert.
Als den Hirten Eßlust überkam, schlachtete er den Wolf mit einem Messer.
So wurde oft, wer mit falscher Kleidung schauspielerte, seines Lebens beraubt und fand, daß die Bühne ihm großes Unheil brachte.

Ysopet

Ysopet 22

HUND UND DIEB

Einen Hund rief zu sich ein Dieb und bot ihm ein Brot an,
   doch der verschmähte das Brot, und er sprach also zum
                                      Dieb:
„Schweigen soll ich, das will dein Geschenk, doch soll dir's
                                nicht fruchten:
nehm ich das Brot, so trägst alles von hier du hinweg.
Schaden bringt mir deine Gabe: es lauert ein Haken im Köder:
   jeglichen Mahles plant mich zu berauben dies Mahl.
Nächtliches Brot behaget nicht besser als tägliches Brot mir,
   hergelaufenem Feind ziehe ich vor meinen Herrn.
Tausend Tage von Wohlstand soll nicht *eine* Nacht mir ent-
                                      reißen,
nicht will darben ich stets, werd' ich dies eine Mal satt.
Weichst du nicht willig hinweg, werd' ich laut deinen Dieb-
                                stahl verbellen."
Schweigt – der Dieb bleibt am Ort – laut bellt er, jener flieht
                                fort.

Moralitas

Si tibi quid detur, cur detur respice, si des,

Cui des, ipse nota, teque, gulose, doma.
Addicio
15 Personam dantis pensat natura Tonantis;

Placatur donis Iupiter ipse datis.

Iupiter ut centum taurorum sanguine fuso,
 Sic capitur minimi thuris amore deus.

2. Spreto pane Canis talia verba movet Herv.
8. noto Herv., et rectius
11. latrando Herv.
14. Das offenbar irrige gulos*a* haben wir geändert.   7. pane diurno: Anspielung auf „unser täglich Brot." – Der Text verrät das (recht frostige) Streben nach elegantem Gegensatz bzw. Parallele: si fero – feres; cibo – cibus; panis nocturnus – diurnus; nox una – mille dies; semper egens – satur semel. – Reim von V. 1 und 2 wohl zufällig.

XXXI.

DE CERVO, OVE ET LVPO

Ceruus oui presente lupo sic intonat: ‚Amplum
 Vas tritici debes reddere, redde michi.'
Sic iubet esse lupus, probat ista timore iubentis,

Namque die fixo debita spondet ouis.
5 Fit mora, ceruus ouem uexat de federe, ceruo

Inquit ouis: ‚Non stant federa facta metu.

Me decuit cogente lupo quecumque fateri,
 Meque decet fraudem pellere fraude pari.'
Moralitas
Cum timor in pacto sedit, promissa timoris

Moral

Gibt man dir was, schau gut zu, weshalb, und gibst du, bemerke
gut, wem du gibst, und du, Gieriger, halt dich zurück!

Zusatz

Wenn einer Gaben ihm bringt, vergilt's ihm der Donnerer selber,
friedlich wird Jupiter selbst, wenn man Geschenke ihm bringt.
Jupiter fängt man, das Blut von hundert Stieren vergießend,
Weihrauch ebenso liebt, ist's auch ganz wenig, ein Gott.

Die Zusatz-Moral (mit leoninischem Hexameter) widerspricht ziemlich zynisch der Fabel und ihrer ersten Moral.

Ysopet 31

HIRSCH, SCHAF UND WOLF

Also herrschte der Hirsch im Beisein des Wolfes das Schaf an:
„Weizen, ein volles Maß schuldest du: zahl mir's zurück!"
Dies auch gebietet der Wolf: aus Furcht vor ihm stimmt das Schaf zu,
förmlich auch verspricht's drum einen Zahlungstermin.
Nach einer Weile bedrängt es der Hirsch aufgrund des Vertrages:
„Nichtig macht", spricht es drauf, „Nötigung jeden Vertrag.
Alles mußt' ich bekennen, solange der Wolf mich genötigt,
jetzt ist es billig, daß ich Unrecht mit Unrecht vergelt'."

Moral

Sitzt die Furcht im Vertrag, verdorrt, was Furcht hat versprochen,

10   Arent; nil fidei uerba timentis habent.
                    Addicio
      Irrita iura sonant que sunt extorta timore;

      Excusat iustus qui sit in urbe timor.
      Non est consensus perfectus quem timor ambit;
          Obligat nullum, si sit adesse timor.

3. paret timor ista iubenti Old.
7. quaecumque lupo cogente Herv.
9. dum timor in porta sedit Old.

LXII.

DE MVRIBVS CONSILIVM FACIENTIBVS CONTRA CATVM

Concilium fecere diu mures animati;
    Peruenit e rapido magna querela cato:
‚Murilegus nos sepe legit comeditque legendo;

    Cum nostris natis sic sumus esca sibi.'
5 Omnes conueniunt, detur campanula furi;

    Sic improuisus non erit interitus.'
Contio tota probat sanctum laudabile dictum;
    Nil fit, et abscedit garrula tota cohors.
Ecce uetusta, sagax, uenit obuia claudica consors,
10   Que cito non potuit accelerare pedem.

‚Dicite, felices, que sit concordia uestra';

    Inserit ex gestis omnia † filiis actus.

was aus Furcht man verspricht, das bleibet ohne Gewicht.
Zusatz
Nichtig ist Rechtsgeschäft, wofern durch Furcht es erpreßt
$$\text{ward,}$$
und berechtigte Furcht spricht von Verbindlichkeit frei.
Völlige Einigung fehlt, ist Furcht am Vertrage beteiligt:
keine Verpflichtung entsteht, ist dabei Furcht mit im Spiel.

In 3 und 9 verdienen Hervieux' Lesarten den Vorzug. *Dum* mit Perf. im Nebensatz und Praesens im Hauptsatz wäre ungrammatisch. Im Zusatz (der wie die meisten später als der Text und geringwertiger ist), erscheint eine falsche Quanität in *obligat*, dessen vorletzte Silbe kurz sein muß.

Die ganze Fabel ist eigentlich eine juristische Illustration zu dem Grundsatz, daß Nötigung die zum Zustandekommen eines Vertrages unerläßliche Willensübereinstimmung verhindert.

Ysopet-Avionnet 62

DIE MÄUSE BERATEN GEGEN DIE KATZE

Lange berieten sich heftig erregt die Mäuse, denn großen
   Grund zur Klage bot stets ihnen die reißende Katz.
„Oft fängt der Mäusehascher uns ein und verschlingt die
$$\text{Gefangnen:}$$
wir und unsere Brut dienen der Katze zum Fraß."
Alles stimmt zu: „Man häng' um den Hals dem Dieb eine
$$\text{Schelle,}$$
daß ohne Warnung uns nicht Untergang jählings ereilt."
Diesen löblichen Rat nimmt an die ganze Versammlung,
   aber getan wird nichts: schwatzend zerstreut sich das Volk.
Ihnen entgegen hinkt eine schlaue alte Genossin:
   schlecht nur war sie zu Fuß, konnte drum schneller nicht
$$\text{gehn.}$$
„Sagt, ihr Glücklichen, mir: was habt ihr einträchtig be-
$$\text{schlossen?"}$$
und aufs genauste vernimmt sie, was beschlossen man hat.

Arguit hos ueterana loquax: ‚Quis forte ligabit
    Sedulitate sua tympana dicta cato?'

15 Querunt qua faciant concepta medullitus arte;
    Non est qui faciat premeditata sagax.

Moralitas
Nil prodesset enim sensato condere iura,
    Constanti uultu ni tueretur ea.
Parturiunt montes, nascetur ridiculus mus;
20   Nil prodest abs re magna futura loqui.

13. has Herv.

3. murilegus ist mlat. für „Katze", obwohl das (nachklass.) Wort ursprünglich „Sammler von Purpurmuscheln – murex –" bedeutet.   4. sibi statt des korrekten ei, eine bis in die Renaissance beharrende falsche Anwendung.   7. sanctum laudabile: unklass. Häufung von Adjektiven; „sanctus" war stehendes Epitheton für den röm. Senat.   9. Wieder 3 Adj. gehäuft.   10. cito accele-

Baldo

DE CANE ET UMBRA PRAEDAE

Anxius in cellam natorum carnis ofellam

dum canis, ex more, prope flumen ferret in ore,
eius, ut est, umbra visa maiore sub unda,
quam gerit, hanc abicit, et ad hanc festinans anhelat;
sed, dum falsa petit, dederat quod sors sibi demit.
Sic reputare parum quod habet credatis avarum,
cui nihil esse satis bene constat in anteparatis;
Vnde fit ut demens augendo peculia praeceps,
omnibus amissis, pereat delusus ab ipsis.

Sie widerlegt die gesprächige Alte: „Wer wird denn besagtes
   Glöcklein mit emsigem Fleiß hängen der Katz' um den
                                                     Hals?"
Stets noch denken sie nach, wie das kunstvoll Erdachte zu tun
                                                            sei,
   keine jedoch ist so schlau, was sie ersonnen, zu tun.
               Moral
Einem Vernünftigen frommt es nicht, zu erlassen Gesetze,
   die mit beständigem Sinn er nicht zu schützen vermag.
Berge kreißen, so heißt's, und gebären ein lächerlich Mäuslein:
   nichts nützt Großsprecherei, geht sie am Wicht'gen vorbei.

rare: Pleonasmus. 11. Felices, wohl weil sie zufrieden schienen. 12. Text hoffnungslos verderbt: die franz. Übersetzung deutet etwas wie „genauestens eingefädelt" an. 13. loquax, lediglich füllendes Epitheton ohne ersichtlichen Grund. 14. dicta: m.alt. Kurialstil. 15. medullitus: gelehrter Archaismus (auf Ennius bezogen). 19. Wörtlich aus Horaz A. P. 139.

Baldo

Baldo I

DER HUND UND DAS SPIEGELBILD SEINER BEUTE

Sorglich trägt ein Stück Fleisch ein Hund seinen Jungen ins
                                                         Lager,
nahe dem Flusse trägt wie gewohnt, das Fleisch er im Maule.
Da ihm das Spiegelbild aber im Wasser größer erschienen,
wirft er fort, was er trug, und japsend eilt er nach jenem:
gibt in irrigem Streben das fort, was das Los ihm gegeben.
Glaubet: der Geizige schätzt zu gering ein, was er besitzet.
Nicht genügend ist ihm, was er zuvor sich erworben.
Drum geschieht's, daß er übereilt seine Habe will mehren,
alles verliert und verkommt, vom eignen Besitze betrogen.

Nach Directorium Humanae Vitae, Cap. I; vgl. auch Raymond de Béziers, Liber Kal. et Dim. Cap. III. – Diese Fabel findet sich bei Aesop (Perry 133), Babrius (79), und noch oft. – Dies Beispiel der miserablen Verse Baldos möge genügen; auf Wiedergabe des (ohnehin nicht konsequent durchgeführten) leoninischen Reimes wurde verzichtet. – Umbra = Spiegelbild ist m.lat.

Directorium humanae vitae

Dicitur quemdam fuisse heremitam, cui rex dedit pulchra vestimenta et honorabilia; et videns illa latro quidam apposuit curam furari illa, et nisus est querere argumenta circa hoc. Iuit ad heremitam, dicens ei: Obsecro, sancte heremita, nudus et pauper sum; audiens tuam sanctitatem, veni de terra longinqua, vt tibi ministrem et a te docear. Cui dixit heremita: Volo, fili, vt mecum stes et per noctem moreris. Eumque morans, fur ille cum heremita longo tempore administrabat ei fideliter et deuote, ita vt crederet in ipsum heremita et confideret de eo. Tradidit itaque heremita in manu furis omnia que erant in domo. Quadam vero die cum iuisset heremita ad ciuitatem pro suis negociis, surrexit fur et acceptis vestimentis fugit. Cumque rediret heremita ad domum et non inueniret furem nec sua vestimenta, estimauit illum esse furatum vestimenta, et apponens querere illum, direxit suos gressus apud quandam ciuitatem.

XIX   Et cum esset in itinere, obuiauit duobus hircis siluestribus ad inuicem pugnantibus, donec in sanguinis effusionem deuenerunt. Quibus cum superuenisset vulpes, cepit lambere sanguinem qui ab eis emanabat. Et interposita vulpe ipsis hircis dum pugnarent, in tantum ab eis est oppressa et etiam vulnerata, vt sanguis ab ea emanaret. Ipsa enim, pedibus hircorum miserabiliter trita, corruit mortua in terram.

XX   Post hec vero apponens heremita curam suam querere furem, peruenit in sero ad quandam ciuitatem, et hospitatus est in domo cuiusdam mulieris meretricis, cum non inuenisset aliud hospicium vbi hospitaretur. Habebat autem hec mulier quandam seruientem similiter meretricem, quam deputauerat officio meretricationis hominum, vt exinde ipsa sallaria reciperet. Adamabat autem hec seruiens quendam, nec volebat se

Directorium humanae vitae

Directorium humanae vitae 2, 20

DER EINSIEDLER UND DER DIEB

Man sagt, es sei einmal ein Einsiedler gewesen, dem der König schöne Ehrenkleider verlieh. Das sah ein Dieb und trachtete danach, sie zu stehlen, und suchte eine Gelegenheit dazu. Er ging zu dem Einsiedler und sprach zu ihm: Ich bitte dich, heiliger Eremit, ich bin nackt und arm; da ich von deinem heiligen Leben hörte, bin ich aus fernem Lande gekommen, um dir zu dienen und von dir zu lernen. – Der Einsiedler sagte zu ihm: „Mein Sohn, ich möchte, daß du bei mir bleibst und übernachtest." Dann blieb jener Dieb lange Zeit bei dem Eremiten, und diente ihm treu und ergeben, so daß der Einsiedler ihm glaubte und vertraute. Deshalb gab er ihm auch den ganzen Inhalt seines Hauses zur Verwaltung. Als aber eines Tages der Einsiedler in Geschäften in die Stadt gegangen war, erhob sich der Dieb, nahm die Kleider und floh. Als der Einsiedler zurückkam und weder den Dieb noch seine Kleider fand, erriet er, daß jener die Kleider gestohlen hatte, und lenkte, in der Absicht, ihn zu suchen, seine Schritte nach einer Stadt.

XIX Unterwegs begegnete er zwei Böcken im Walde, die miteinander kämpften, bis Blut floß. Da kam ein Fuchs herbei und begann das Blut, das von ihnen floß, aufzulecken. Da sich nun der Fuchs zwischen den kämpfenden Böcken befand, setzten sie ihm so zu, daß er auch verwundet wurde und blutete, und nachdem die Böcke ihn elend zertrampelten, fiel er tot zu Boden.

XX Nun aber trachtete der Einsiedler danach, den Dieb zu suchen, kam am Abend in eine Stadt und nahm, da er keine andere Herberge finden konnte, Aufenthalt im Hause einer Dirne. Nun hatte diese Frau eine Magd, die gleichfalls eine Dirne war und die sie zum Huren mit Männern angestellt hatte, um selber daraus Gewinn zu ziehen. Es war nun aber diese Dienstmagd in einen Mann verliebt und wollte sich

dare aliis hominibus. Cumque hec in defectum domine redundaret eo quod non percibiebat ex ea lucrum, nisa est contra amasium illius vt ipsum interficeret. Quadam vero nocte, cum misisset pro suo amasio illa seruiens, potauit ipsum multo vino, ita quod arripuit eum sopor et dormiebat fortiter. Et exurgens domina accepit frustum arundinis apertum ex vtraque parte, et eo impleto puluere mortifero iuit ad illum dum dormiret, et discooperuit nates eius vt puluerem intromitteret in anum suum. Et cum inciperet hec agere, expiratus est ventus de corpore illius, vt puluis est impulsus in ore mulieris, que corruit retrorsum in terra et mortua est, heremita vidente hec omnia.

XXI Diluculo vero recessit heremita inde et iuit ad querendum furem, et hospitatus est in domo cuiusdam viri amici sui qui precepit vxori sue dicens: Volo vt honorem conferas huic viro, et ei omnia attribuas necessaria, quoniam mei me inuitauerunt, nec potero venire in hac nocte; et abiit vir. Adamabat autem vxorem vir quidam, eratque lena mulier quedam, vxor barbitonsoris, vicina eius. Dixit mulier vxori barbitonsoris quod iret et vocaret sibi amasium suum vt veniret nocte illa, quoniam vir eius non erat in domo, et sibi diceret quod esset in ostio domus, donec ei intrare preciperet. Fecit itaque vxor barbitonsoris sicut ei constituerat mulier, et veniens ille stabat in ostio, donec ei intrare diceretur vsque ad noctem. Interim vero superuenit paterfamilias, qui cum [eum] videret in ostio sue domus, cum etiam ipsum suspectum haberet erga vxorem suam, acriter alligans eam ad columnam domus, iuit dormitum. Cumque traheret ibi moram amasius mulieris, misit ad eam lenam vxorem barbitonsoris, que accedens ad eam, dixit ei: Quid vis vt faciat vir ille, cum tedium sit ei in ostio expectare? Cui respondit: Rogo te vt mihi conferas hanc gratiam vt absoluas me hinc et religes te in meo loco, donec

Directorium humanae vitae 45

anderen Männern nicht hingeben. Da dieses nun ihrer Herrin zum Nachteil gereichte, weil sie durch die Magd keine Einnahmen hatte, faßte sie die Absicht, den Liebhaber der Magd umzubringen. Eines Nachts hatte die Dienstmagd nach ihrem Liebhaber geschickt und gab ihm soviel Wein zu trinken, daß ihn der Schlummer überkam und er tief schlief. Die Herrin erhob sich, nahm einen Strohhalm, der an beiden Enden offen war, füllte ihn mit einem tödlichen Giftpulver und ging damit zu dem schlafenden Mann. Sie entblößte seinen Hintern, um das Pulver in seinen After einzuführen. Als sie damit begann, entfuhr seinem Körper ein Wind, so daß das Pulver der Frau in den Mund geblasen wurde. Sie fiel rücklings zur Erde und war tot. Der Einsiedler sah dies alles.

XXI Beim Morgengrauen verließ der Eremit dies Haus und ging auf die Suche nach dem Dieb. Er fand Unterkunft im Hause eines Freundes, der seiner Frau folgendes auftrug: „Ich möchte, daß du diesem Mann Ehre erweist und ihm alles, was er braucht, bietest, denn meine Verwandten haben mich eingeladen, und ich kann heute Nacht nicht kommen"; und der Mann ging fort. Nun hatte ein gewisser Mann mit dieser Ehefrau ein Liebesverhältnis, und eine Nachbarin von ihr, die Frau eines Barbiers, war die Kupplerin. Die Ehefrau trug der Barbiersgattin auf, hinzugehen und ihrem Buhlen zu bestellen, er solle diese Nacht zu ihr kommen, weil ihr Mann nicht zuhause sei, und sie solle ihm sagen, er solle an der Haustür warten, bis sie ihn eintreten ließe. Die Frau des Barbiers tat, wie ihr das Weib aufgetragen hatte, und jener kam und stand vor der Tür, bis man ihn zur Nacht hereinrufen würde. Inzwischen kam aber der Hausherr zurück, und als er den Mann an seiner Haustür stehen sah – er hegte ohnehin schon Verdacht gegen seine Frau – fesselte er sie fest an eine Säule im Haus und ging schlafen. Als aber dem Liebhaber draußen die Zeit zu lang wurde, schickte er zu ihr die Kupplerin, nämlich die Barbiersfrau; die ging zu ihr und sprach: „Was willst du, daß jener Mann tun soll, da es ihm schon langweilig wird, an der Tür zu warten?" Sie antwortete: „Ich bitte dich, mir den Gefallen zu tun, mich hier loszubinden

vadam, et tractabo cum eo et reuertar festinanter; et fecit ita et ligauit se vxor barbitonsoris loco mulieris, donec rediret ab amasio suo. Interim vero excitatus paterfamilias de suo sompno, vocauit vxorem suam.

At vxor barbitonsoris non respondebat, ne forte eam cognosceret. Ille vero, cum multociens vocaret ipsam et responsum non daret ei, prouocatus ira surrexit et iuit ad eam et amputauit ei nasum, dicens ei: Affer tuum nasum in exenium amasio tuo.

Cumque rediret mulier ab amasio suo, vidit quod accidit sue socie, vxori barbitonsoris, et absoluens illam ligauit se suo loco, et vxor barbitonsoris abiit in viam suam, heremita vidente hec omnia. Et meditata est vxor patrisfamilias argumentum inuenire, quomodo posset se facere innocentem ab his que patrauerat. Et clamabat voce magna dicens, suo marito audiente: Domine Deus sabaoth, si videris afflictionem ancille tue et respexeris imbecillitatem meam et innocentiam operum meorum, et quomodo capta sum a viro meo absque culpa, Domine Deus, restitue mihi nasum meum et ostende hodie pro ancilla tua miraculum. Et dilata parum, cepit clamare contra suum virum dicens: Surge, maligne et impie, et considera mirabilia Dei que operatus est erga me, respiciens innocentiam meam et volens manifestare impietatem tuam; ecce restituit mihi nasum meum vt prius. Et audiens hoc, vir miratus est intra se dicens: Quomodo potest hoc esse? Et accenso candelabro festinanter iuit ad illam. Qui cum videret nasum suum integrum, absoluit eam a ligamento suo, et supplicauit vt parceret ei, cum inique egisset contra ipsam, et confessus est peccatum suum ad Deum, petens ei misericordiam et remissionem.

Cumque venisset vxor barbitonsoris ad domum suam, cogitauit inuenire argumenta quomodo posset euadere de viro suo

und dich statt meiner anzubinden, damit ich gehen und mit jenem Umgang pflegen und eiligst zurückkommen kann." Die Barbiersfrau tat also und band sich statt der Ehefrau an, bis diese von ihrem Buhlen zurückkäme. Inzwischen aber erwachte der Hausherr vom Schlafe und rief nach seiner Frau. Die Barbiersfrau aber antwortete nicht, damit er sie nicht erkennen möchte. Als er sie nun mehrfach gerufen hatte und sie ihm nicht antwortete, wurde er wütend, stand auf, ging zu ihr und schnitt ihr die Nase ab mit den Worten: „Bring deinem Geliebten deine Nase als eine kleine Aufmerksamkeit."

Als nun die Frau von ihrem Liebhaber zurückkam, sah sie, was ihrer Freundin, der Barbiersfrau, zugestoßen war, machte sie los und band sich an ihrer Stelle wieder fest; die Barbiersfrau ging ihres Weges, und der Eremit sah dies alles. Jetzt sann die Ehefrau nach, wie sie wohl einen Vorwand erfinden könnte, wodurch sie sich als ihrer Tat unschuldig erweisen könnte. So schrie sie laut, so daß es ihr Mann hören konnte: „Herr Gott Zebaoth, wenn du das Leiden deiner Dienstmagd gesehen hast* und meine Schwäche und die Unschuld meiner Werke siehst und wie mein Mann mich gefangen hält, ohne daß ich schuldig bin, Herr, Gott, gib mir meine Nase wieder, und wirke heute für deine Dienstmagd ein Wunder." Und nach einer Weile schrie sie ihren Mann an und rief: „Steh auf, du Bösewicht und Frevler, und schau das Wunder, das Gott an mir getan hat, da er meine Unschuld sah und deinen Frevel offenbar machen wollte: siehe, er hat meine Nase wieder hergestellt wie zuvor." Als der Mann dies hörte, verwunderte er sich und sprach bei sich: „Wie kann das geschehen?" und er zündete einen Leuchter an und eilte zu ihr. Als er nun ihre Nase unverletzt sah, entledigte er sie ihrer Fesseln und flehte sie an, ihm zu verzeihen, da er Unrecht an ihr getan und gestand Gott seine Sünde und flehte ihn um Erbarmen und Verzeihung an.

Als nun die Barbiersfrau wieder zuhause war, sann sie auf einen Vorwand, wie sie vor ihrem Mann verbergen könnte,

---

* Zitat aus Kön. 1, 1, 11

de naso qui sibi erat amputatus. Diluculo vero antequam esset aurora, surrexit vir eius, dicens ei: Presta mihi instrumenta artis; habeo enim operari hodie in curia cuiusdam nobilis. Et exurgens illa sibi porrexit nouaculum. Cui vir: Volo, inquam, omnia instrumenta. At illa iterum porrexit ei nouaculum. Et excitatus in iram proiecit rasorium versus illam. At illa cepit clamare dolendo: Ve mihi nasum! Ve mihi nasum! Die autem facta, conuenerunt illuc omnes fratres et consanguinei mulieris, et conquesti de marito ad potestatem, fecit ipsum capi, et constitutus coram iudice, interrogatus est super hoc, quare fecerat illud, et cum nesciret respondere verbum, iussit iudex eum ligari et fustigari per ciuitatem. Ipso vero ligato vt fustigaretur, ecce superuenit heremita et quesiuit a populo quare ligatus esset ille. Et heremita, videns furem suum inter ceteros flantem cum suis vestibus indutum, accepta causa, accessit ad iudicem, dicens ei: Obsecro, domine iudex, nequaquam sophisticentur apud te verba. Vestes autem quas fur furatus est, mea erant vestimenta. Nonne hirci duo interfecerunt vulpem eorumdem sanguinem sitientem? Nonne et illa mulier puluere se interfecit mortifero? Nec amputauit barbitonsor nasum sue vxoris? Et interrogatus a iudice, sibi totum exposuit.

XXII *Parabola.* Fuit coruus quidam habens nidum suum in arbore quadam, et erat secus arborem illam cauerna serpentis, et quotquot coruus filios producebat, serpens deuorabat; de quo coruus doluit multum, et factus est tristis super hoc. Et

warum man ihr die Nase abgeschnitten habe. Früh am Morgen, noch vor der Morgenröte, stand ihr Mann auf und sagte: „Reiche mir die Werkzeuge meines Gewerbes, denn ich muß heute am Hof eines Edelmannes operieren." Jene erhob sich und reichte ihm das Rasiermesser. Der Mann rief: „Ich habe dir doch gesagt, ich will mein ganzes Besteck haben". Sie aber hielt ihm wieder nur das Rasiermesser hin. Da wurde er wütend und warf das Schermesser gegen sie. Da erhob sie ein Wehgeschrei: „O weh, meine Nase! O weh, meine Nase!" Als es nun hell geworden war, kamen alle Brüder und Blutsverwandten der Frau dorthin und erhoben bei der Behörde Klage gegen den Ehemann. Die Behörde ließ ihn verhaften und führte ihn dem Richter vor, wo man ihn verhörte, warum er das getan habe. Als er kein Wörtlein entgegnen konnte, ordnete der Richter an, man solle ihn fesseln und mit Prügeln durch die Stadt treiben. Als er nun gefesselt war, um geprügelt zu werden, siehe, da kam der Einsiedler und fragte das Volk, warum man den Mann gefesselt habe. Da sah nun der Einsiedler seinen Dieb, mit seinen Kleidern angetan, unter den anderen stehen, benutzte die Gelegenheit, ging zu dem Richter und sprach: „Bitte, Herr Richter, meine Rede soll dir nicht trügerisch erscheinen. Haben nicht die zwei Böcke den Fuchs getötet, der nach ihrem Blute dürstete? Hat nicht auch jene Frau sich mit dem giftigen Pulver selbst umgebracht? So hat auch der Barbier seiner Frau die Nase nicht abgeschnitten." Und vom Richter befragt, legte er ihm alles dar.

Directorium humanae vitae, aus Kapitel 2

(Die Schakale Kalila und Dimna, Höflinge, die der zum Berater des Königs gewordene Ochse Senesba aus dessen Gunst verdrängt hat, beraten sich, wie sie den Ochsen stürzen könnten.)

XXII *Parabel.* Es war einmal ein Rabe, der hatte sein Nest in einem Baum, und nahe jenem Baum war die Höhle einer Schlange. Soviele Junge der Rabe auch hervorbrachte, die Schlange fraß sie; das schmerzte den Raben sehr, und er

accedens ad quemdam sociorum dixit: Numquid tibi videtur vt exurgam aduersus serpentem, dum dormit, et eruam ei oculos, et vindicabo mihi de omnibus ab eo perpetratis? Et respondens amicus dixit: Nequaquam fiat hoc vi et potentia, sed quere tibi argumentum per quod posses peruenire ad tuum desiderium. Et caue ne accidat tibi sicut accidit cuidam aui, que, putans interficere cancrum, interfecit seipsam. Ait coruus: Quomodo fuit hoc? Inquit socius eius:

XXIII *Parabola.* Fuit quedam avis que, cum haberet nidum suum apud quendam locum, in quo erant multi pisces, senuit nec poterat venari de illis piscibus, sicut solebat; et cum staret ob hoc tristis, videns eam cancer, percipiens ipsam esse dolentem, ait ei: Quid habes, cum videam te tristem et mestam? Cui respondit: Quid boni post senectutem? Erat quippe vita mea de piscibus huius lacus; hodie vero piscatores venerunt illuc, dicentes sibi inuicem: Decet nos piscari omnes pisces huius lacus simul et semel. Alter vero dixit: Adeamus ad quendam locum in quo scio multos esse pisces et ibi incipiemus piscari; quo modo, nobis peruenientibus ad locum istum, poterimus capere et istos qui non fugient. Scio, inquam, quia sicut proposuerunt, sic facient. Et erit hoc meus interitus, cum non habeam de quo viuam. Et exurgens cancer iuit ad turbam piscium, significans ei hoc verbum quod relatum est ei ab aue. Qui congregati omnes venerunt ad auem, petentes eius consilium super hoc. Et dixerunt: Venimus ad te, vt des nobis consilium super hoc, quoniam vir intelligens non suum priuat consilium a suo inimico, quando est boni consilii, et recipit ab eo iuuamen; vita enim nostra est inter magnum bonum et

grämte sich darüber[1]. Und er ging zu einem Genossen und sprach: „Scheint es dir nicht gut, daß ich mich wider die Schlange erhebe, wenn sie schläft, und ihr die Augen ausreisse und ich mich so an ihr wegen allem, das sie mir zugefügt hat, räche?" Sein Freund antwortete ihm: „Das soll keineswegs durch Gewalttätigkeit geschehen, sondern suche dir eine List, mit der du dein Begehren erreichen kannst. Und sieh dich vor, daß es dir nicht ergeht wie einem Vogel, der in der Absicht, einen Krebs zu töten, sich selbst umbrachte." Sprach der Rabe: „Wie war denn das?" Sein Freund sagte:

XXIII *Parabel*. „Es war einmal ein Vogel, der hatte sein Nest nahe einem Ort, wo viele Fische waren. Nun wurde er alt und konnte die Fische nicht mehr nach gewohnter Weise erjagen. Als er darob traurig dastand, sah ihn ein Krebs, nahm seinen Kummer wahr und sprach zu ihm: „Was hast du, daß ich dich so traurig und betrübt sehe?" Er antwortete: „Was gibt es Guttes, wenn man alt geworden ist? Ich fristete nämlich mein Leben mit den Fischen dieses Sees; heute aber sind Fischer dorthin gekommen und sprachen zueinander: wir müssen zugleich und mit einem Mal alle Fische aus diesem See fischen. Ein anderer aber sagte: „Laßt uns an eine Stelle gehen, wo, wie ich weiß, viele Fische sind, und dort wollen wir mit dem Fischen beginnen. Wenn wir solchermaßen an jene Stelle gehen, werden wir auch die Fische fangen können, die nicht entfliehen werden." Ich weiß, sage ich dir, daß sie ihr Vorhaben ausführen werden, und das wird mein Untergang sein, weil ich dann nichts habe, wovon ich leben kann." Da erhob sich der Krebs, ging zu dem Schwarm der Fische und teilte ihnen mit, was ihm der Vogel berichtet hatte. Da versammelten sich alle, kamen zum Vogel und baten ihn um Rat in dieser Sache. Sie sprachen: „Wir sind zu dir gekommen, damit du uns in dieser Sache einen Rat gibst, weil ein kluger Mann ⟨selbst⟩ seinem Feinde seinen Rat nicht vorenthält, wenn sein Vorhaben gut ist, und er von ihm Hilfe

---

[1] Auch hinter dieser Tautologie erkennt man den hebräischen *parallelismus membrorum*.

vtilitatem. Da igitur nobis consilium. Quibus respondit: Scitis bene quia non possumus illis resistere, nec aduersus eos pugnare; scio tamen quendam bonum locum et delectabilem, in quo est multitudo aquarum: si vultis transferri illuc, ducam vos. Cui responderunt: Non habemus ducem nec fidelem rectorem nisi te. Quibus dixit: Faciam hoc libenter ad vestram vtilitatem. Et capiebat omni die de illis duos pisces, portans eos ad montem excelsum, comedens eos. Quadam vero die veniebat ad eam cancer, dicens ei: Timeo hic esse; rogo autem te vt ducas me ad locum vbi sunt mei socij. Et accipiens illum, portabat eum ad locum vbi deuorauerat alios pisces. Et respiciens cancer a longe, vidit ossa piscium simul congregata, et percepit quoniam ipsa eos comederat et quia ipsum sic deuorare intendebat. Et ait in corde suo: Decet vnumquemque hominem, quando incidit in manum inimici, sciens se moriturum, pugnare pro sua persona contra suum inimicum et in omnibus que possunt suam personam custodire. Et exurgens aduersus eam, oppressit ceruicem suam cum suo rostro, et sic interfecit illam. Et rediens cancer ad turbam piscium, exposuit eis fraudem auis, et quomodo interfecerat ipsam. Qui exinde gauisi sunt et steterunt securi in loco suo. Nunc autem intuli hanc parabolam vt scias quoniam multotiens est consilium quod interficit virum suum. Sed consulo tibi vt perambules volans per aerem, vt inuenias aliquod iocalium mulierum et rapias illud. Cumque homines te viderint, nequaquam elonges te ab eis, sed procede aduersus eos, et semper videntes te sequentur. Et cum perueneris ad cauer-

Directorium humanae vitae 53

entgegen nimmt, denn unser Leben bedeutet für dich[1] großen Vorteil und Nutzen. Gib uns also deinen Rat." Er antwortete ihnen: „Ihr wißt wohl, daß wir jenen Männern nicht Widerstand leisten noch gegen sie kämpfen können; ich kenne aber einen guten und erfreulichen Ort, wo es eine Menge Gewässer gibt; wenn ihr dorthin überführt werden wollt, so will ich euch führen." Sie antworteten: „Wir haben keinen Führer noch getreuen Herrscher außer dir." Er sprach zu ihnen: „Ich will es gern zu eurem Nutzen tun." Und er fing täglich von ihnen zwei Fische, trug sie auf einen hohen Berg und fraß sie. Eines Tages aber kam der Krebs zu ihm und sprach: „Ich habe Angst, hierzubleiben, und bitte dich, mich zu dem Ort zu führen, wo meine Gefährten sind." Und der Vogel packte ihn und trug ihn an den Ort, wo er die anderen Fische gefressen hatte. Und der Krebs sah schon von weitem den Haufen Fischgräten und begriff, daß der Vogel die Fische gefressen hatte und beabsichtigte, auch ihn so aufzufressen. Und er sprach in seinem Herzen: „Es geziemt jeglichem Menschen, wenn er in seines Feindes Hand gefallen ist und weiß, daß er sterben soll, den Gegner um seines Lebens willen zu bekämpfen und so weit wie möglich sich selbst zu schützen." Und er erhob sich gegen den Vogel, zerquetschte ihm das Genick mit seinem Maul und tötete ihn so[2]. Und der Krebs ging zum Schwarm der Fische zurück, enthüllte ihnen die Tücke des Vogels und wie er diesen getötet hätte. Die freuten sich darüber und blieben sicher an ihrem Platze.

Nun habe ich dir dieses Gleichnis vorgetragen ⟨sprach der Rabe zu seinem Gefährten⟩, damit du weißt, daß es oft ⟨arglistiger⟩ Rat ist, der den Ratgeber selbst umbringt.

Ich rate dir folgendes, fliege durch die Luft dahin, bis du irgendeinen Weiberschmuck findest, und stiehl diesen. Wenn dich dann die Menschen sehen, entferne dich dann nicht weit von ihnen, sondern fliege ihnen entgegen, und sie werden dich

---

1 „*inter*" ist möglicherweise Druckfehler für *in te* und es ist nicht notwendig, mit Derenbourg anzunehmen, daß hier Haplographie für *in te inter* vorliegt.
2 Man sollte annehmen, daß der Krebs seine Schere gebraucht.

nam serpentis, proijce ibi iocale illud et recede inde. Scio etenim quoniam homines euntes ad recuperandum iocale, cum viderint serpentem, interficient ipsum. Fecit itaque coruus; perambulauit per aerem, donec peruenit ad quandam mulierem, que, cum ablueret corpus suum, super tecto domus sua iocalia posuerat ibi; et rapiens idem coruus aliquid volauit per aerem. Homines vero ipsum sequebantur vsque ad locum vbi posuit illud. Cumque accepissent iocale, viderunt serpentem stantem in foramine, proieceruntque super eum lapidem, et mortuus est.

XXXI *Parabola*. Dicitur fuisse in quodam monte turba simeorum. Nocte vero, cum esset frigus, viderunt luculam que lucet in nocte; et putantes ipsam esse ignem et congregatis multis lignis, apposuerunt illam in lignis et stabant sufflantes tota nocte manibus et ore. Erant autem aput quamdam arborem in qua erant aues. Et descendens quedam illarum dixit illis: Nequaquam laboretis, in vanum enim est; hoc quod videtis non est sicut creditis. Et cum nollent attendere suo verbo, cepit eos corrigere et reprehendere cum sua sapientia. Et accedens ad eam quidam symeorum dixit ei: Nequaquam dirigere velis quod non potest dirigi, nec docere qui non potest doceri, nec corrigere qui non corrigitur. Nam lapis qui non potest frangi, non temptant in eo homines ensem, et lignum (et) quod plicari non potest, noli niti plicari, quoniam quicumque facit hoc penitebit. Et non curans auis de verbo illius accessit ad eos, vt moneret et corrigeret; quam cepit vnus ipsorum et cum suis pedibus conculcauit in terra, et mortua est.

immer sehen und verfolgen. Und wenn du zur Höhle der Schlange kommst, wirf das Schmuckstück dort hin, und mach dich fort. Ich weiß nämlich, daß die Menschen hingehen werden, um das Schmuckstück wieder zu erlangen, und wenn sie dann die Schlange sehen, werden sie sie umbringen." Der Rabe tat also und wanderte durch die Luft, bis er eine Frau antraf, die auf dem Dach des Hauses sich wusch, und dabei ihren Schmuck abgelegt hatte; den schnappte der Rabe weg und flog ein Stück durch die Luft. Die Menschen aber setzten ihm nach bis an den Ort[1], wo er den Schmuck niederlegte. Und als sie den Schmuck aufgehoben hatten, sahen sie die Schlange in ihrem Loch liegen, warfen einen Stein auf sie, und sie starb.

XXXI *Parabel.* Auf einem Berg soll einmal eine Herde Affen gewohnt haben. Als es aber des Nachts kalt war, sahen sie ein Glühwürmchen, welches bei Nacht leuchtete; und da sie es für Feuer hielten, brachten sie viel Holz zusammen und legten es daran und standen die ganze Nacht da, es anblasend und fächelnd. Sie standen nun an einem Baum, auf dem Vögel saßen, und einer von ihnen stieg herab und sprach zu ihnen: „Vergeblich müht ihr euch ab, denn eitel ist es; was ihr da seht, ist nicht das, wofür ihr es haltet." Und da sie seinem Wort nicht Gehör schenken wollten, begann er, sie zurechtzuweisen und mit seiner Weisheit zu tadeln. Da ging ein Affe zu ihm und sagte: „Vergebens willst du lenken, was nicht gelenkt werden kann, und belehren, was unbelehrbar ist, und berichtigen, was man nicht berichtigen kann. Denn ein Stein, der nicht zerschlagen werden kann, an dem probieren die Menschen nicht ihr Schwert, und wenn ein Holz nicht gebogen werden kann, bemühe dich nicht, es zu biegen[*], da es jedem, der es tut, leid tun wird." Der Vogel aber kehrte sich nicht an seine Worte und kam näher heran, um sie zu ermahnen und zu berichtigen; da ergriff ihn einer von ihnen und zertrat ihn mit seinen Füßen auf der Erde, und er starb.

---

[1] Für das offenbar irrtümliche *ab locum* haben wir *ad locum* eingesetzt.
[*] Für den offenbaren Druckfehler *plicari* haben wir *plicare* gesetzt.

[C]um autem sic es, non enim iuuat in te doctrina et comprehensio, maxime quia cor tuum deceptum est in vana gloria et fraude, que ambe sunt mali mores. Et scias quod quicumque intromittit se in aliquod quod eum non decet, quamuis verum sit, faciunt eum corruere opera sua, et accidit ei sicut accidit pice. Ait D[imna]: Quomodo fuit? Ait K[elila]:

XXXII *Parabola.* Fuit quidam mercator in terra Persie, qui cum haberet vxorem que adamabat alium, voluit certificari de re. Nutriuit autem sibi quandam picam quam docuit loqui, [vt haberet ipsam,] vt annunciaret sibi ea que fierunt in domo. Quadam vero die cum iuisset vir pro factis suis, misit mulier pro amasio suo, vt veniret ad eam. Qui cum venisset, stetit cum muliere iocans et ludens cum ea, et recessit. Cum vir rediit, interrogauit picam, et illa exposuit illi totum illud quod viderat de amasio mulieris. Et audiens hec, vir suam verberauit vxorem fortiter. Mulier vero, credens se accusatam ab ancillis suis, increpabat et verberabat eas. At ille iurauerunt ei non defraudasse ipsam, sed pica. Et sciens mulier cogitauit in animo suo, dicens: Si ipsam interfecero, erit mihi deterius; presumet enim maritus meus quoniam propter hec ipsam interfecerim. Quadam vero nocte cum non esset vir eius in domo, misit pro suo amasio et precepit ancillis suis vt circumstarent picam, ponens in manu vnius ipsarum tympanum vt pulsaret ad aures pice. In manu vero alterius magnum posuit speculum vt ostenderet ipsum vicissim ad oculos pice. Altera

Directorium humanae vitae 57

⟨Und Kalila sprach zu Dimna:⟩ „Wisse, daß wenn sich einer in etwas mischt, was ihn nichts angeht, dann bringt ihn sein Tun zu Fall, auch wenn er die Wahrheit spricht, und es wird ihm ergehen wie der Elster." Dimna sprach: „Wie war das?" Kalila sagte:

XXXII *Parabel.* Es war einmal ein Kaufmann im Perserland, der hatte eine Frau, die mit einem anderen eine Liebschaft hatte, und er wollte Gewißheit darüber haben. Er hielt sich nun eine Elster, der er beigebracht hatte, zu sprechen, ⟨damit er sie habe⟩[1], damit sie ihm berichte, was im Hause vorging. Als der Ehemann nun eines Tages wegen seiner Geschäfte ausgegangen war, schickte die Frau nach ihrem Buhlen, daß er zu ihr käme. Als er kam, stand[2] er bei der Frau, scherzte und spielte mit ihr und ging wieder weg. Als der Ehemann zurückkam, befragte er die Elster, und sie berichtete ihm alles, was sie vom Liebhaber der Frau gesehen hatte. Und als der Mann dies hörte, prügelte er seine Frau kräftig. Die Frau aber, im Glauben, ihre Mägde hätten sie beschuldigt, beschimpfte und schlug sie. Die aber schworen, sie hätten sie nicht verraten, sondern die Elster[3]. Da die Frau dies erfuhr, dachte sie bei sich nach und sprach zu sich: „Wenn ich sie umbringe, wird es mir Schaden bringen, denn mein Mann wird annehmen, daß ich sie deshalb umgebracht habe." Als nun eines Nachts der Mann wieder nicht zuhause war, schickte sie nach ihrem Liebhaber und gebot ihren Mägden, sich um die Elster herumzustellen. Der einen gab sie ein Becken in die Hand, daß sie es nahe den Ohren der Elster schlüge. Einer anderen gab sie einen großen Spiegel in die Hand, um ihn wiederholt der Elster vor die Augen zu halten.

---

1 Derenbourg hat diese Worte weggelassen, aber nicht, wie Hervieux schreibt: involontairement sans doute, sondern weil diese Worte überflüssig sind und zwei Finalsätze aufeinander folgen ließen.
2 Man hätte ein anderes Verbum erwartet, doch findet sich *stare in malam partem* noch öfter bei Johann. Möglicherweise liegt hier ein Euphemismus vor.
3 Das notwendige *se* vor *defraudasse* ist ausgefallen, weswegen Johann *pica* statt *picam* schreibt.

spargebat de aqua spongia super picam, altera vero nolam
voluebat versus picam, altera vero agitabat caueam in qua
erat pica. Et facientibus sic tota nocte, non potuit aliquid
percipere de factis mulieris. Mane vero cum veniret vir suus,
interrogauit picam de factis sue mulieris. Cui respondit: Quomodo potui hec percipere, cum hac nocte fui in maximis tormentis pre nimia pluuia, tonitruis et coruscationibus et terre
motu, de quibus videbatur mihi mundus perire? Et audiens
hec, vir estimabat omnia verba pice que sibi retulerat de vxore
sua mendacia esse cum illa etiam non fuissent vera, quia per
totam noctem tempestas tranquilla et conueniens erat. Et hic,
accipens picam, interfecit illam, et suspendit eam in ligno.

XXXIII *Parabola*. Dicuntur fuisse duo homines quorum
vnus vocabatur Deceptor, alter vero Velox. Qui cum ambulassent pariter per viam, inuenerunt sacculum plenum argento;
reuersi sunt in regionem suam. Qui cum appropinquassent
ciuitati, dixit Velox Deceptori: Da mihi medietatem argenti.
Cui dixit Deceptor: Nequaquam hoc faciamus, quoniam societates et amicie debent semper inter nos manere; sed quilibet
nostrum accipiet de argento quantum ei sufficiat, reliquum
vero abscondamus in aliquo tuto loco, et quando indigemus,
capiemus de eo. Et putans eius socius Velox ipsum loqui bona
fide, placuit ei consilium, et absconderunt argentum sub quadam magna arbore, et abierunt pro factis suis. Et cum redissent
ad locum suum, iuit post diem Deceptor ad arborem, et
accepit totum argentum. Quadam vero die requisiuit eum
Velox, dicens ei: Eamus ad depositum, quoniam indigeo de

Eine andere ließ Wasser aus einem Schwamme auf die Elster triefen; eine andere schwang eine Glocke vor der Elster, und eine andere schüttelte den Käfig, in dem die Elster war. Dies taten sie die ganze Nacht, so daß die Elster nicht wahrnehmen konnte, was das Weib trieb. Als nun ihr Mann am Morgen zurückkam, befragte er die Elster, was seine Frau getan habe. Sie antwortete: „Wie konnte ich das wahrnehmen, da ich doch in der vergangenen Nacht in großer Not war wegen heftigen Regens, Donners, Blitzen und Erdbeben, daß ich schier glaubte, das Ende der Welt sei gekommen?" Als der Mann dies hörte, glaubte er, daß alle Worte der Elster, die sie bezüglich seiner Frau berichtet hatte, Lügen seien, da ja auch dieser ⟨heutige Bericht⟩ nicht wahr war, weil das Wetter die ganze Nacht ruhig und angenehm ⟨gewesen⟩ war. So nahm er die Elster, tötete sie, und hing sie an den Galgen. ⟨Kalila wiederholte seine anfangs geäußerte Sentenz, man solle sich nicht in fremde Angelegenheiten mischen, und fährt fort:⟩ Ich weiß, daß es dir gehen wird wie einem gewissen Menschen." Dimna sprach: „Wie war das?" Kalila sagte:

XXXIII *Parabel.* Es waren einmal zwei Männer, der eine hieß Trüger und der andere Hurtig. Als sie selbander des Weges gingen, fanden sie einen Beutel voll Geld. Sie kehrten in ihre Heimat zurück. Als sie nahe bei der Stadt waren, sprach Hurtig zu Trüger: „Gib mir die Hälfte des Geldes." Trüger sagte: „Das wollen wir keineswegs tun, da Kameradschaft und Freundschaft[1] zwischen uns immer bestehen bleiben sollen. Vielmehr soll ein jeder von uns soviel von dem Geld nehmen, wie er braucht, und den Rest wollen wir an irgendeiner sicheren Stelle verbergen, und wenn wir es brauchen, wollen wir davon nehmen." Und da sein Geselle Hurtig glaubte, er spräche in guter Treu, so gefiel ihm der Rat, und sie versteckten das Geld unter einem großen Baum und gingen fort, ihre Angelegenheiten zu betreiben. Und als sie in ihren Wohnort zurückgekehrt waren, ging am folgenden

---

[1] Das Wort *amicie* im Text ist offenbar Schreib- oder Druckfehler für *amicitiae*, weshalb wir *amicitie* eingesetzt haben.

mea porcione illius argenti. Cui respondit: Libenter. Et euntes ad locum vbi posuerunt argentum et fodientes, nil inuenerunt. Et exurgens Deceptor qui illud acceperat, cepit clamare et verberare se, dicens: Nequaquam confidat amodo quis in fratre vel socio, tu enim cepisti illud. At ille iurauit per viuentem in secula quod non acceperat illud. Deceptor vero magis insistebat, ei dicens: Numquid fuit alius qui sciret hoc secretum nisi ego et tu? Et ait ei Deceptor: Veni et eamus ad iudicem potestatis, vt nobis causam diffiniat.

Quibus constitutis coram iudice, dixit iudex: Estne aliquis testis super hec? Cui respondit Deceptor: Ita, domine; est arbor, sub cuius radice reposuimus nostrum argentum; ipsa enim perhibebit testimonium super hec. Et ait iudex: Ducite me cras ad arborem, vt diffiniatur causa vestra. Et rediens Deceptor ad domum suam narrauit patri suo processum hunc, dicens: Scito, pater mi, quoniam nondum reuelaui tibi hoc secretum; sed si tu vis inclinare consilio meo, conseruabimus nos ambo thesaurum quem dedit nobis Deus, et poterimus multiplicare et addere ipsum. Cui dixit pater: Quid est illud, fili mi? Cui respondit: Ego quidem abstuli totum illud argentum quod inuenimus; volo illud autem vt intres hac nocte et permaneas in ventre arboris, cum sit ibi locus concauus vbi poteris permanere. Mane autem cum venerit iudex interrogans arborem quis accepit argentum, respondeas ei tu de medio

Tage Trüger zum Baum und nahm das ganze Geld. Eines Tages sprach ihn Hurtig an und sagte: „Gehen wir zu unserem aufbewahrten ⟨Geld⟩, da ich von meinem Anteil an jenem Gelde etwas nötig habe." Der antwortete: „Gern." Und sie gingen zu dem Ort, wo sie das Geld niedergelegt hatten[1], und gruben, aber fanden nichts. Und es erhob sich Trüger, der das Geld gestohlen hatte, fing an zu jammern und sich ⟨an die Brust⟩ zu schlagen und rief: „Nie soll man zu sehr seinem Bruder oder Kameraden vertrauen, denn du hast es genommen." Jener aber schwor bei Dem, der ewig lebt[2], daß er es nicht genommen hätte. Trüger aber bestand noch mehr darauf und sagte zu ihm: „Kannte noch jemand anderer dieses Geheimnis außer dir und mir?" Und Trüger sagte ⟨schließlich⟩ zu ihm: „Laß uns zum Bezirksrichter[3] gehen, damit er unseren Fall entscheide."

Als sie nun vor dem Richter standen, sagte der Richter: „Gibt es hierfür irgendeinen Zeugen?" Ihm antwortete Trüger: „Ja, Herr, das ist der Baum, unter dessen Wurzel wir unser Geld abgelegt haben; er selbst soll hierüber Zeugnis ablegen." Und der Richter sprach: „Führet mich morgen zu dem Baum, damit euer Prozeß entschieden werde." Und Trüger ging in sein Haus zurück und erzählte seinem Vater von dem Prozeß und sprach: „Wisse, Vater, daß ich dir dieses Geheimnis noch nicht entdeckt habe; willst du dich aber meinem Rate fügen, so werden wir zwei den Schatz, den uns Gott geschenkt hat, bewahren, und ihn vervielfältigen und vermehren[4]." Der Vater antwortete ihm: „Was ist das, mein Sohn?" Der antwortete: „Ich habe ja nun das ganze Geld, das wir gefunden haben, weggenommen; ich möchte aber, daß du heute nacht in den Baum hineinsteigst und in seiner Höhlung bleibst, denn es ist dort eine Höhlung, in der du bleiben kannst. Wenn aber am Morgen der Richter kommt und den Baum fragt, wer das Geld weggenommen hätte, sollst du ihm aus

---

1 Johann schreibt *posuerunt* statt des korrekten *posuerant*.
2 Eine hebräische Wendung aus Daniel 12, 7.
3 *potestas* bedeutet im *m.lat.* den Amtsbezirk eines höheren Beamten.
4 Zwischen *addere* und *ipsum* gehörte zumindest ein *ad*.

arboris: Velox rediit ad me et accepit illud. Et hoc est quod peto a te tantum. Et respondens, pater dixit ei: Quotiens vanum consilium facit corruere hominem! Et caue ne accidat tibi sicut accidit cuidam aui. Et ait filius: Quomodo fuit? Dixit pater:

XXXIV *Parabola.* Fuit quedam auis, cuius vicinus erat serpens, qui semper deuorabat pullos et oua eius, nec ei aliquod relinquebat. Erat tamen auis cupiens in illo loco habitare propter loci bonitatem, sed dolebat de his que serpens agebat contra eam. Annunciauit autem hoc factum cuidam cancro, amico suo. Cui dixit cancer: Dabo tibi consilium vt semper eris pacifica et tranquilla ab opere serpentis. Et duxit eum cancer ad quoddam foramen, in quo erat quedam ferarum que est ad modum canis, et exposito ibi avi odio quod est inter ipsum animal et serpentem, dixit ei: Vade et congrega multitudinem piscium et ordina pisces per vnam lineam a foramine serpentis vsque ad foramen huius animalis, quoniam ipsum animal, perambulans per lineam piscium et comedens eos, perueniet ad foramen serpentis et deuorabit eum. Fecit itaque auis, et ordinauit pisces a foramine serpentis vsque ad foramen animalis antedicti. Cum itaque iret animal comedens pisces,

Directorium humanae vitae 63

dem Baum heraus antworten: ‚Hurtig kam zu mir zurück, und hat's genommen.' Und das ist alles, worum ich dich bitte." Der Vater antwortete und sagte zu ihm: „Wie oft hat nicht eitler Rat einen Menschen zum Sturz gebracht! Und sieh dich vor, daß es dir nicht ergehe wie einem gewissen Vogel." Und der Sohn sprach: „Wie war das?" Der Vater sagte:

XXXIV *Parabel.* Es war einmal ein Vogel, dessen Nachbar eine Schlange war, die immer seine Jungen und seine Eier verschlang und ihm garnichts übrigließ. Der Vogel wünschte jedoch[1], an jenem Orte zu wohnen, wegen der Annehmlichkeiten des Ortes, aber er empfand Schmerz über das, was die Schlange ihm antat. Er teilte diese Tatsachen einem ihm befreundeten Krebs mit. Der Krebs sagte: „Ich will dir einen Rat geben, wie du immer in Frieden und Ruhe ⟨und geschützt⟩ von der Tat der Schlange leben kannst." Und der Krebs führte ihn zu einer Höhle, in der ein dem Hunde ähnliches Tier[2] wohnte, und nachdem er dort dem Vogel dargelegt hatte, welcher Haß zwischen jenem Tier und der Schlange bestände, sagte er zu ihm ⟨dem Vogel⟩: „Geh und sammle eine Menge Fische und lege die Fische in einer Reihe von der Höhle der Schlange bis zur Höhle dieses Tieres, damit[3] dieses Tier, wenn es die Reihe der Fische entlang geht und sie auffrißt, schließlich zur Höhle der Schlange kommt und sie verschlingt." Der Vogel tat also und ordnete die Fische ⟨in einer Reihe⟩ von der Höhle der Schlange bis zur Höhle vorbesagten Tieres an.

---

1 *erat cupiens* das Partizip in anderen Tempora als im Präsens mit Formen von „sein" verbunden, ist ein typischer Hebraismus; *cupiebat* oder *erat cupidus* wäre korrektes Latein.

2 Im Gegensatz zu Raymond de Béziers präzisiert Johann die Tiergattungen nur selten und begnügt sich mit Wendungen wie *quedam avis* oder wie hier, mit einer vagen Umschreibung. Das indische Original hatte wahrscheinlich das Mungo, welches die Kobra, gewöhnlich mit Erfolg, bekämpft. Dieses Tier gehört zur Familie der Wiesel und Marder; das europäische Wiesel kämpft erfolgreich gegen Kreuzottern. Es kann sein, daß Johann das Bild irgendeines Vierfüßlers sah: mit dem Hund hat das Mungo natürlich keine Verwandtschaft. – In der Zoologie ist Johann ebensowenig bewandert wie im Lateinischen.

3 Wie so oft hat *quoniam* im m.lat. nicht immer, wie im klass. Latein, begründende Wirkung, sondern wird *ut* finale gebraucht.

peruenit ad serpentem et deuorauit illum. Post ea vero cum consummasset deuorare pisces, querebat adhuc per viam odorem piscium, donec perueniens ad nidum auis, et deuorabat illam cum pullis suis.

Nunc autem induxi tibi hoc prouerbium, vt scias quoniam multociens est consilium quo homo precipitatur et corruit; que quis parat socio suo, in illis incidit, vt non possit euadere ab eis; et tu scis hec omnia. Et respondens, Deceptor dixit patri suo: Intellexi verba tua; sed relinque hec, quoniam res est magis facilis quam tu estimas. Et monuit ipsum suis verbis donec inclinauit consilio suo; et fecit pater quod filius voluit. Et iuerunt ad arborem, et mansit pater in ventre arboris tota nocte. Mane vero, cum venisset iudex cum sua familia ad arborem, stetit et quesiuit ab arbore quis abstulisset argentum. Et respondens ille de medio arboris, dixit: Velox accepit illud. Et stupefactus iudex super hoc voluit se vndique et neminem videbat. Qui precepit vt apportarent ligna, vt accenderetur ignis in circuitu arboris. Et cum calor et fumus peruenissent ad illum qui erat intus, cepit clamare fortiter, cum amplius calorem non posset tolerare, et extractus est inde quasi mortuus. Et videns iudex fraudem hanc mandauit fusticari ambos et restitui argentum socio suo. Quibus fusticatis, mortuus est pater. Et accipiens Deceptor patrem suum tulit ipsum mortuum ad domum suam, et remansit dolens de argento amisso et de vituperio sibi cunctis ab hominibus relato. Contristabaturque de patre suo mortuo, cuius ipse erat causa efficiens, cum

Als nun das Tier ging und die Fische fraß, kam es zur Schlange und fraß diese. Als das Tier aber nun das Fressen der Fische beendet hatte, schnüffelte es weiter am Wege nach dem Fischgeruch, bis es zum Nest des Vogels kam, und verschlang ihn mit seinen Jungen.

Nun habe ich dir aber diese Fabel[1] vorgetragen, damit du weißt, daß es oft ⟨schlechter⟩ Rat ist, wodurch der Mensch zu Fall kommt und stürzt; was einer gegen seinen Nächsten vorbereitet, da fällt er selbst hinein, so daß er daraus nicht entkommen kann; und du weißt dies alles." Und Trüger antwortet seinem Vater: „Deine Worte habe ich begriffen, aber laß ab, da die Angelegenheit einfacher ist als du glaubst." Und er drängte ihn mit seinen Reden bis ⟨der Vater⟩ seinem Rate nachgab, und es tat der Vater, was der Sohn wollte.

Und sie gingen zu dem Baum, und der Vater verblieb die ganze Nacht in der Höhlung des Baumes. Als nun am Morgen der Richter mit seinem Gefolge zum Baum gekommen war, stellte er sich vor den Baum und fragte ihn, wer das Geld weggenommen habe. Und jener, der mitten im Baum war, antwortete und sprach: „Hurtig hat es genommen." Darob war der Richter baß erstaunt und wandte sich[2] nach allen Seiten, sah aber niemanden. Er befahl, Holz zu bringen, um rings um den Baum Feuer anzuzünden; und als die Hitze und der Rauch den, der drin war, erreichte, begann er laut zu schreien, da er die Hitze nicht mehr ertragen konnte, und er wurde halbtot herausgezogen. Als nun der Richter diesen Trug erblickte, ordnete er an, daß man beide verprügele und dem anderen das Geld wiedergebe. Nachdem man sie verprügelt hatte, starb der Vater. Und Trüger nahm seinen Vater und trug den Toten in sein Haus und verblieb dort voll Trauer über den Verlust des Geldes und die Schande, die er vor allen Menschen erlitten hatte. Er trauerte auch über den Tod seines Vaters, den er ja selbst verursacht hatte[3], da er danach getrach-

---

1 Johann gebraucht niemals das Wort *fabula*, sondern *parabola* oder, wie hier, *proverbium*.
2 Das u in *voluit* ist konsonantisch, so daß *volvit* gelesen werden muß.
3 *causa efficiens* ist scholastische Terminologie.

socium suum defraudari nisus esset, et se ipsum vna cum suo patre in idem corruit vicium et damnum.

XLI Dicitur fuisse in ciuitate quadam vir habens vxorem pulcram et prudentem et intelligentem, ita quod omnes de eius prudentia mirabantur et ceperunt exemplum ab ea. Acciditque, cum vir ist antedictus haberet seruum qui nitebatur agere cum ea et ipsam requisisset multotiens vt eam ad illicita moueret, ac illa renuisset; quesiuit seruus iste inuenire modum nocte et die quo ipsam turbaret. Contigit vt, cum exiret quadam die ad venandum, cepit duos pullos psittaci † et papagalli. Et parans eis caueam ad nutriendum eos, docuit vnum illorum in lingua edomica dicere: Ego vidi portarium cum domina mea iacentem. Secundum vero docuit dicere: Ego amplius nolo loqui. Et docti sunt psittaci loqui lingua edomica, nec aliquis de terra sua potuit intelligere eos. Quadam vero die, cum esset vir in domo cum sua vxore, accesserunt ad eum psittaci garrientes, et, cum placeret viro vox eorum et cantus, ignorans tamen quid dicebant, precepit sue vxori eos conseruare et eis quotidie benefacere. Quadam vero die cum venirent ad eum peregrini ex regione edomica, inuitauit eos in sua mensa, et commestione consummata ducte sunt aues ille ad mensam, vt cantarent ante dominum. Et cum audirent peregrini verba illarum avium, stabant inclinato capite ad terram, respicientes sibi inuicem pre confusione, et mirabantur valde de illarum auium loquela. Et dixerunt patri familias: Nunquid intelligitis quid dicunt aues iste? Quibus respon-

tet hatte, seinen Kameraden zu betrügen und sich ⟨daher⟩ selbst mit seinem Vater in dieselbe Sünde und denselben Verlust gestürzt hatte.

XLI In einer Stadt soll einmal ein Mann gelebt haben, der eine Frau hatte, die schön, klug und verständig war, dergestalt, daß alle ihre Klugheit bewunderten und sie sich zum Vorbild nahmen. Es geschah nun, daß vorbesagter Mann einen Diener hatte, der danach strebte, es mit ihr zu treiben; oft schon hatte er ihr zugesetzt, um sie zu Unerlaubtem zu veranlassen, sie aber hatte ihn abgewiesen. ⟨Daher⟩ suchte jener Diener bei Nacht und bei Tag einen Weg zu finden, wie er ihr Unheil bringen könnte. Nun geschah es, daß er eines Tages auf die Jagd ging und zwei junge Papageien fing[1]. Und er machte ihnen einen Käfig, um sie aufzuziehen, und brachte einem von ihnen bei, in edomitischer Sprache zu sagen: „Ich habe den Türhüter bei meiner Herrin liegen sehen." Dem zweiten aber brachte er bei zu sagen: „Weiter will ich nichts sagen." Und die Papageien wurden abgerichtet, edomitisch zu sprechen, und keiner im Lande konnte sie verstehen. Als aber eines Tages der Mann mit seiner Frau im Hause war, kamen ihm ⟨diese⟩ schwatzenden Papageien zugeflogen, und weil dem Mann ihre Stimme und ihr Gesang gefiel, obwohl er nicht verstand, was sie sagten, gebot er seiner Frau, sie zu hüten und täglich gut zu versorgen.

Eines Tages kamen nun zu ihm Pilger aus dem Edomiterland; er lud sie zu Tisch, und nach beendeter Mahlzeit wurden die beiden Vögel zum Tisch gebracht, um vor ihrem Herrn zu singen. Als nun die Pilger die Worte jener Vögel hörten, standen sie, das Haupt zur Erde geneigt, blickten einander voller Verlegenheit an und wunderten sich sehr über die Rede jener Vögel. Und sie sprachen zum Hausherrn: „Versteht ihr,

---

[1] *et papagalli*, welches Hervieux Derenbourgs Lesart *et papagallum* vorzieht, ist nicht sinnvoll. In der Fabel ist nicht von 3, sondern nur von 2 Papageien die Rede, und da *psittacus* die klass., *papagallo* die italienische Bezeichnung desselben Vogels ist, handelt es sich wahrscheinlich um eine Glosse, die, wie so oft, in den Text eingedrungen ist.

dit: Non, nisi vocem illarum que mihi valde placet. At illi dixerunt ei: Nequaquam tibi displiceat, domine, quod dicemus de verbis relatis ab auibus istis, cum vna illarum dicit quod portarius iacuit cum vxore tua, et secunda auis dixit: Ego nolo plus loqui. Et vtrum sit credendum aut non, nescimus. Quod audiens seruus cito dixit: Et ego testor quod dicunt aues. Et mandauit dominus vxorem suam interfici. Vxor vero significauit ei dicens: Inquire diligenter super hoc quod audiuisti, quoniam tibi nunc patebit verbum huius mendacis. Nunc autem quere ab istis viris, vt interrogent aues, si aliud sciunt loqui de lingua edomica nisi hec verba, quoniam ista verba docuit eos seruus iniquus, qui voluit in me immittere libidinem suam, et nolui sibi consentire. Fecit itaque vir interrogare aues, et nihil aliud sciebant proferre nisi hec verba. Tunc cognouit dominus quoniam seruus docuerat ipsas, et mandauit venire seruum. Qui cum veniret ad eum cum niso in manu sua, dixit ei domina: Ve tibi, serue inique! quomodo temptasti talia aduersus me? Cui respondit seruus: Ymmo ita est. Et corruens nisus ad oculos eius fodit eos de capite. Et ait ei domina: Cito tribuit tibi Deus secundum opera tua, quia dixisti te vidisse que non vidisti et testatus es contra me falsa et iniqua. Tunc mandauit dominus seruum suum interfici, et sic digna factis recepit.

was diese Vögel sagen?" Er antwortete: "Nein, es ist nur ihre Stimme, die mir sehr gefällt." Jene aber sprachen: "Herr, halte es uns zum Guten, wenn wir dir sagen, was diese Vögel in ihrer Rede berichtet haben, denn einer von ihnen sagte, daß der Türhüter bei deiner Frau gelegen hat, und der zweite Vogel sagte: "Mehr will ich nicht sagen." Ob sie Glauben verdienen oder nicht, wissen wir nicht." Und als der Diener dies hörte, sprach er rasch: "Auch ich bezeuge, was die Vögel sagen." Da befahl der Herr, seine Frau zu töten. Die Frau aber klärte ihn auf wie folgt: "Untersuche sorgfältig, was du jetzt gehört hast, weil dir nämlich das Wort dieses Lügners offenbar werden wird. Ersuche diese Männer, die Vögel zu befragen, ob sie in der edomitischen Sprache noch anderes außer diesen Worten sagen können, denn diese Worte hat ihnen der falsche Knecht beigebracht, der seine Begierde in mir stillen wollte, doch habe ich ihn zurückgewiesen." Der Ehemann ließ also die Vögel befragen, und sie wußten nichts anderes zu sprechen als diese Worte. Da erkannte der Herr, daß der Diener sie abgerichtet hatte und ließ ihn kommen. Der kam zu ihm mit einem Falken auf der Hand[1], und die Herrin sprach zu ihm: "Wehe dir, du böser Knecht! Wie konntest du solchen Anschlag auf mich verüben?" Der antwortete: "Doch, so ist es." Da schoß der Falke auf seine Augen los und riß sie ihm aus dem Kopf. Und die Herrin sprach zu ihm: "Schnell hat Gott an dir gemäß deinen Taten gehandelt, weil du behauptet hast, gesehen zu haben, was du nicht sahest, und falsch und ungerecht Zeugnis wider mich abgelegt hast." Darauf befahl der Herr, seinen Diener zu töten, und so empfing er den verdienten Lohn.

---

[1] Dieser Diener war also der Jäger.

Capitulum quartum.

DE COLUMBA.
Et est de fidelibus socijs.

XLII Dicitur fuisse in prouincia quadam apud quandam partem locus pro venatoribus, ad quem omni die veniebat quidam ad venandum. Erat autem ibi magna arbor et ramosa in qua erat nidus cuiusdam corui. Quadam vero die, dum esset coruus in suo nido, vidit venatorem accedentem aput arborem quandam cum rethe et baculo magno. Et cum videret coruus, timuit et cogitauit in animo suo, dicens: Iam fert venator iste rem quam nescio, vtrum pro me sit an pro aliis; sed stabo videns quid faciet et secundum hoc sciam me habere ac dirigere. Et accedens venator dispersit ibi grana tritici in omnibus locis, et stabat expectans prope rethe. Post vero modicum temporis spacium ecce venit columba cum maxima turba columbarum, quarum omnium ipsa erat ductrix. Et maxime esurientes, hic et vbique prospicientes, statim viderunt triticum, non perpendendo de rethe, corruerunt omnes ad capiendum triticum, et omnes in rethe capte sunt. Et videns hec, venator gauisus est non modicum. Columbe vero, cum sentirent se captas, commouebant se lamentabiliter hinc et inde, intendentes ac desiderantes posse euadere a rethe. Quibus tandem ait columba ductrix earum: Nequaquam circa vanitatem attendere debetis, nec altera vestrarum diligat se ipsam magis quam alteram, sed omnes simul surgite. Forsitan subleuantes rethe, poterimus euadere ab isto magno periculo quo nunc, proh dolor! sumus constituti, et fortassis que-

Directorium humanae vitae, 4. Kapitel

ÜBER DIE TAUBE
Und es handelt von treuen Gesellen

⟨Der König verlangt von dem Weisen Sendebar, er solle ihm eine Fabel über treue Freundschaft erzählen. Dieser antwortete, daß die Fabel von der Taube, der Maus und dem Raben ein solches Beispiel sei.⟩

XLII In einer Provinz soll einmal an einer Stelle ein Ort für Jäger gewesen sein, zu dem jeden Tag einer kam, um zu jagen. Es stand aber dort ein hoher Baum mit vielen Ästen, worauf sich das Nest eines Raben befand. Als der Rabe eines Tages in seinem Neste war, sah er den Jäger mit einem Netz und einem langem Stock an einen Baum herankommen. Als der Rabe dies sah, erschrak er, und er bedachte bei sich folgendes: „Schon trägt jener Jäger ein Ding, von dem ich nicht weiß, ob es für mich oder andere ⟨bestimmt⟩ ist. Aber ich will stehenbleiben und sehen, was er tut, und demgemäß werde ich wissen, wie ich mich verhalten muß." Und als der Jäger nahe kam, streute er überall Weizenkörner aus und stand erwartungsvoll nahe dem Netz. Nach einer kurzen Spanne Zeit, siehe, da kam eine Taube mit einem sehr großen Schwarm von Tauben, deren Führerin sie war. Sie waren nun überaus hungrig, spähten hier und dort aus und sahen sogleich den Weizen, und ohne auf das Netz zu achten, stürzten sich alle auf den Weizen und wurden alle im Netz gefangen. Und als der Jäger dies sah, freute er sich über die Maßen. Als aber die Tauben bemerkten, daß sie gefangen waren, huschten sie kläglich hier- und dorthin mit der Absicht und dem Wunsch, aus dem Netz zu entkommen. Zu ihnen sprach schließlich die Taube, die ihre Führerin war: „Ihr dürft euch nicht vergeblich abmühen, noch darf sich eine von euch mehr lieben als eine andere, sondern flieget alle zugleich in die Höhe. Vielleicht wird es uns gelingen, das Netz hochzuheben und dieser großen Gefahr zu entrinnen, in der wir uns leider Gottes jetzt befin-

libet liberabit se et alias secum. Fecerunt itaque, subleuantes rethe de terra magno cum labore et volabant cum eo per aerem, ita vt videns venator mirabatur huius facti et sequebatur eas a longe, nec abstulit suam spem ab eis desperando, sed estimans ne quando aggrauate a rethe corruerent ad terram.

Coruus autem hec omnia a longe videns cogitauit in animo suo dicens: Volo sequi eas vt videam tandem qualis erit earum processus et venatoris aduersus eas. Et respiciens columba, aliarum ductrix, post se vidit venatorem sequentem eas repente, et ait suis sociis: Ecce, mi socii, venator sequitur nos nec desinit nos querere. Nunc autem si volabimus per rectam viam versus eum, non poterimus ab eo occultari nec cessabit sequi nos. Si vero volabimus per montes et colles et arbores, cito ab eo occultabimur, quia, ignorans iter nostrum, cito desperabit de nobis et reuertetur in viam suam. Et prope nos in via est cauerna, in qua est mus habitans, qui meus est amicus et socius; et scio quoniam, si ad ipsum peruenimus, sicut spero, rodet rethe et liberabit nos. Fecerunt itaque columbe sicut statuerat earum ductrix, et volauerunt quam cito potuerunt, donec occultate essent ab oculis venatoris, et dissipauerunt ab eo, ita quod abijt in viam suam, relinquens eas. Coruus autem eas a longe sequebatur, vt videret finem de eis et quomodo euaderent et vtrum liberari valerent a rethe, vt posset exinde et ipse pro se ingenia et argumenta sumere, si sibi simile contingengeret, et ea in animo suo diligenter reseruare. Cunque tandem columbe peruenissent ad

Directorium humanae vitae

den, und vielleicht wird eine sich selbst und andere mit ihr befreien können." Sie taten also und hoben mit großer Anstrengung das Netz von der Erde in die Höhe und flogen mit ihm durch die Luft, so daß der Jäger sich beim Anblick dieses Vorganges sehr verwunderte; ⟨jedoch⟩ folgte er ihnen aus der Ferne und gab seine Hoffnung nicht auf, daß er auf sie verzichten müsse, sondern dachte, daß sie schließlich, vom Netz beschwert, zur Erde fallen würden.

Der Rabe, der dies alles von weitem sah, dachte bei sich wie folgt: „Ich will ihnen folgen, um zu sehen, wie es ihnen ergeht und was der Jäger gegen sie unternehmen wird." Und als sich die Taube, die Führerin der anderen, umsah und wahrnahm, wie der Jäger ihnen eilig nachsetzte, sprach sie zu ihren Gefährtinnen: „Sehet, meine Gefährtinnen, der Jäger folgt uns und läßt nicht ab, uns nachzustellen. Wenn wir nun geradenweges auf ihn zu fliegen[1], werden wir uns vor ihm nicht verstecken können, noch wird er von seiner Verfolgung ablassen. Wenn wir aber über Berge und Hügel und Bäume fliegen, werden wir bald seiner Sicht entgehen, weil er, da er unseren Weg ja nicht kennt, bald die Hoffnung aufgeben und seines Weges gehen wird. Und hier in der Nähe an der Straße ist eine Höhle, darin wohnt eine Maus, die mein Freund und Kamerad ist; und ich weiß, daß, wenn wir sie, wie ich hoffe, erreichen, sie das Netz zernagen und uns befreien wird." Es folgten also die Tauben dem Gebot ihrer Führerin und flogen so schnell sie nur konnten, bis sie dem Jäger aus den Augen und verschwunden waren, so daß er sie aufgab und seines Weges ging. Der Rabe aber folgte ihnen von weitem nach, um zu sehen, wie die Sache ausgehen würde, und wie sie entkommen würden, und ob sie imstande wären, sich aus dem Netz zu befreien, damit er daraus für sich selbst einen schlauen Streich lernen könnte, wenn ihm etwas Ähnliches zustieße, und um dieses dann sorglich in seinem Sinne zu bewahren.

---

[1] Das *versus eum* des Textes kann nicht richtig sein, sondern der Sinn erfordert etwa „von ihm weg". Geissler übersetzt: „wenn wir geradeaus vor ihm fliegen werden...", aber das kann *versus eum* doch nicht bedeuten. Vielleicht wäre *ab eo versum* zu lesen.

cauernam muris, precepit ductrix vt omnes se simul deponerent in terram. Que omnes ipsarum ductricis iussui obedierunt et deposite sunt simul.

Inuenerunt autem murem qui iam preparauerat centum cauernas pro temporibus necessitatum. Et vocauit eum columba Sambat nomine. Qui statim respondit de cauerna: Quis es tu? Et ait ei: Ego sum columba, socia tua. At ille exiuit ad eam, et cum videret eam sub rethe cum aliis columbis, mirabatur dicens ei: Soror mea dilecta, quid in hunc laqueum te subiecit? Et respondens columba ait: Nescis quoniam non est aliquid in mundo quod non sit a Deo propositum et terminatum? Diuina vero predestinatio fuit que me subiecit in hunc laqueum, et ipsa quidem mihi grana tritici reuelauit et rethe occultauit, donec incidi in ipsum ego et socie mee. Nec potest quis euadere ab eo quod est datum desuper, et si sic, soror mea; aliquando enim obscuratur sol et luna; et capiuntur pisces in aqua profunda, in qua tamen non potest aliquis natare, et aues deponuntur ab aere, quandocunque illud predestinatum fuerit sine dubio. Quod autem coniungit pigrum suo placito, illud idem separat sollicitum a suo proposito, et illud est etiam, mi soror dilecta, quod me cum meis socijs in hunc laqueum subiecit.

Als nun endlich alle Tauben zum Mauseloch gekommen waren, befahl ihnen ihre Führerin, sich alle gleichzeitig zur Erde niederzulassen. Alle gehorchten dem Befehl ihrer Führerin und ließen sich gleichzeitig nieder.

Sie fanden nun die Maus, die sich für den Notfall bereits hundert Schlupflöcher vorbereitet hatte, und die Taube rief die Maus mit ihrem Namen, nämlich Sambat[1]. Die Maus antwortete zugleich aus ihrem Loch: „Wer bist du?" und sie sagte: „Ich bin die Taube, deine Genossin." Die Maus ging nun zu ihr heraus und als sie sie zusammen mit den anderen Tauben unter dem Netz sah, verwunderte sie sich und sprach: „Geliebte Schwester, was hat dich in diese Schlinge geworfen?" Und die Taube gab ihr zur Antwort: „Weißt du nicht, daß es nichts in der Welt gibt, was nicht von Gott beschlossen und festgelegt ist?[2] Denn die Vorbestimmung Gottes war es, die mich in diese Schlinge verstrickt hat, und sie war es auch, die mir die Weizenkörner entdeckt hat, aber das Netz verdeckt hat, bis ich und meine Gefährtinnen hineingerieten. Es kann auch keiner dem entgehen, was ihm von oben gegeben wird, selbst wenn einer stärker ist als ich[3], liebe Schwester, denn manchmal verfinstern sich Sonne und Mond, und man fängt Fische in tiefem Wasser, in dem doch keiner schwimmen kann, und Vögel werden aus der Luft heruntergeholt, wann immer dies ohne Zweifel vorherbestimmt war[4]. Was aber den Faulen mit seinem Vorhaben verbindet, eben dasselbe trennt den Vorsorglichen von seinem Beschluß, und das ist es auch, meine

---

1 Raymond nennt sie „Sami". Er nennt auch die Landstrecke „Dizilem" nahe einer „Morate" genannten Stadt; der Rabe heißt bei ihm „Gebal".
2 Hierzu bemerkt Hervieux: „Hier wird in der Rede der Taube in recht bemerkenswerter Weise die Theorie der Prädestination entwickelt."
3 Wir folgen hier der Lesart Derenbourgs, die sich auf die hebräische Übersetzung des R. Joel sowie auf die aus dem Arabischen gemachte spanische Übersetzung stützt, während Hervieux in seinem offenbar fehlerhaften Text *et si sic* das *si* durch *est* ersetzen möchte.
4 Das Beispiel der Fische und der Vögel ist unklar, denn daß an den tiefsten Stellen des Meeres übermäßiger Druck besteht, wußte damals niemand; es bleibt auch unklar, wie die Vögel aus der Luft stürzen.

Postea vero accessit mus et cepit rodere rethe a parte in qua erat columba. Cui ait columba: Incipe ab aliis columbis et absolue eas, postea vero absolue me. Et cum ei dixisset hoc verbum pluries, ille pro tanto non curabat, nec ei respondebat. Cunque illa multiplicaret ei loqui, dixit ei mus: Iam quidem dixisti mihi hoc multociens, quasi non querens liberationem tuiipsius. Et ait columba: Nequaquam tibi displiceat petitio mea! Non enim dixi tibi hoc, nisi quia he sunt socie mee, et submiserunt se mihi et me sibi dominam et rectricem posuerunt. Debeo ergo eas conseruare sicut personam meam et magis, et iam quidem sunt obedientes meo consilio, et earum societate et adiutorio liberauit nos Deus de manu venatoris. Nam ego non timebo, si ab eis inceperis antequam soluas me et remouebor in vltimo. Tunc enim me derelinquere non poteris propter dilectionem et miserationem tuam erga me. Et ait ei mus: Adhuc hoc quod facis addit dilectionem sociis tuis in te. Vltimo vero rodit mus totum rethe. Rediit itaque columba cum sociabus suis illesa.

XLIII *Parabola.* Cunque vidisset coruus quod fecerat mus, quia liberauit columbas, voluit ei adherere, dicens in corde suo: Quit scio mihi posse aduenire in processu dierum, ne forte accidat mihi quod accidit columbis? nec habeo quietem et statum absque societate huius muris. Et accedens ad foramen muris, vocabat eum nomine proprio, scilicet Sambat. Dixit ei mus: Quis es tu? Cui respondit: Ego sum coruus; videns quod accidit socie tue columbe, et quia Deus per ma-

liebe Schwester, was mich mit meinen Gefährtinnen in diese Falle gebracht hat."

Danach kam nun die Maus heran und begann an dem Teil des Netzes zu nagen, in dem sich die Taube befand. Die Taube sprach zu ihr: „Beginne bei den anderen Tauben, und mache sie frei, und danach befreie mich." Obwohl sie ihr das mehrmals gesagt hatte, kümmerte sie sich nicht darum und antwortete ihr nicht. Und als sie es ihr immer wieder sagte, sprach die Maus zu ihr: „Das hast du mir schon so oft gesagt, als läge dir nichts an deiner eigenen Befreiung." Da sprach die Taube: „Möge dir mein Ansinnen nicht mißfallen! Aus keinem anderen Grunde habe ich dir das gesagt, als weil jene meine Gefährtinnen sind und sich mir untergeordnet haben und mich als ihre Herrin und Herrscherin eingesetzt haben. Deswegen muß ich sie beschützen wie meine eigene Person, ja noch mehr, da sie ja meinem Rat gehorchen; und mit ihrer Gemeinschaft und Hilfe hat uns Gott aus des Jägers Hand befreit. Denn ich habe keine Angst, ⟨daß du etwa ermüdest⟩, wenn du mit ihnen beginnst, ehe du mich befreist und ich als letzte freigemacht werde[1]. Dann wirst du mich nämlich nicht im Stiche lassen können wegen der Liebe und des Mitleids, die du gegen mich hegst." Und die Maus sprach zu ihr: „Was du jetzt tust, vergrößert nur noch die Liebe deiner Gefährtinnen zu dir." Zum Schluß hatte die Maus das ganze Netz zernagt, und so blieb die Taube mit ihren Gefährtinnen unverletzt.

XLIII Als nun der Rabe sah, was die Maus tat, indem sie die Tauben befreite, wollte er sich ihr anschließen und sprach in seinem Herzen: „Wie weiß ich, was mir im Verlauf der Zeit begegnen kann und ob mir nicht vielleicht dasselbe zustößt wie den Tauben? Ich habe keine Ruhe und Bestand ohne die Gemeinschaft mit dieser Maus." So ging er vor das Mauseloch und rief sie mit ihrem Namen, nämlich Sambat. Sprach die Maus zu ihm: „Wer bist du?" Er antwortete: „Ich bin

---

[1] Statt des *remouero* in Hervieux' Ausgabe haben wir Derenbourgs, auch von ihm gebilligte Korrektur *remouebor*.

num tuam illas liberauit, veni ad adherendum tibi et habendum societatem tuam. Ait mus: Nulla est societas inter me et te. Verumtamen debet vir intelligens illud querere quod sperat habere et relinquere quod non potest habere, ne sit insipiens sicut si quis putat ducere naues per desertum et currus per mare. Quomodo poterit inter nos esse societas, cum ego sim cibus tuus, tu vero deuorans? Et ait ei coruus: Aduerte tuum intellectum et cogita cum anima, quia mors tua mihi non proderit, sed tamen in tua vita multum potero habere adiutorium cunctis diebus quibus vixero. Nec est tibi conueniens, postquam veni ad requirendum tuam amiciciam me confusum a te repellere, ex quo de te apparet misericordia et operum rectitudo, quamuis non facias hec ad apparentiam, nec manifestentur opera tua alicui. Nam iusti rectitudo non potest occultari, nec misericordia misericordis, quamuis illas nitatur occultare: etenim ad modum ambre, quam si ligauerit quis in peciam, ipsa non pro tanto cessat redolere. Tu autem non permutes mihi tuam consuetudinem, nec mihi tuam prohibeas amiciciam. Et ait ei mus: Scito quod odium maximum est odium substantiale; nam odium accidentale cessat, cum cessat accidens; odium vero substantiale non potest cessare. Sunt autem duo: sicut odium elephantis cum leone, quoniam est odium belli; aliquando enim interficit elephas leonem, aliquando vero leo elephantem. Alterum vero odium est ex

ein Rabe; nachdem ich gesehen habe, was deiner Freundin, der Taube, zugestoßen ist, und weil Gott jene ⟨Tauben⟩ durch deine Hand befreit hat, bin ich gekommen, um mich dir anzuschließen und dein Gefährte zu sein." Sprach die Maus: „Keine Gemeinschaft gibt es zwischen mir und dir, denn es muß ja ein kluger Mann nach dem trachten, was er hoffen kann zu besitzen, und das aufgeben, was er nicht besitzen kann, um nicht töricht zu sein wie einer, der Schiffe durch die Wüste und Wagen durch das Meer fahren wollte. Wie kann Gemeinschaft zwischen uns bestehen, da ich doch deine Nahrung bin und du derjenige, der ⟨mich⟩ verschlingt?" Und der Rabe sprach zu ihr: „Gebrauche deine Intelligenz und überdenke in deinem Inneren, daß dein Tod mir keinen Nutzen bringen wird, daß ich aber, wenn du lebst, viele Hilfe an allen Tagen meines Lebens von dir haben kann. Auch ziemt es dir nicht, nachdem ich mit dem Ersuchen um deine Freundschaft zu dir gekommen bin, mich beschämt abzuweisen, zumal dein Mitleid und das Rechtliche deines Tuns offensichtlich ist, obgleich du es nicht um der Schau willen tust und nicht willst, daß deine Werke jemandem bekannt werden. Denn des Gerechten Rechtlichkeit läßt sich nicht verdunkeln, noch die Barmherzigkeit des Barmherzigen, ob er gleich danach strebe, sie zu verdunkeln; es geht wie mit dem Ambra[1], das, selbst wenn man es in ein Tuch bindet, nicht aufhört zu duften. Du aber mögest nun meinetwillen deine Gepflogenheiten nicht verändern, noch mir deine Freundschaft verwehren." Und es sprach zu ihm die Maus: „Wisse, daß der größte Haß derjenige ist, der in der Sache selbst liegt, denn gelegentlicher Haß hört auf, wenn der Anlaß vorbei ist, aber wesentlicher Haß kann nicht aufhören[2]. Es gibt nun zwei Arten ⟨solcher eingeborenen⟩ Feindschaft: Wie die Feindschaft zwischen Elefant und Löwen, da diese eine auf ⟨beständigem⟩ Krieg beruhende Feindschaft ist, denn manchmal tötet der Elefant den Löwen,

---

[1] Ambra: Walfischtalg, der als Parfum benützt wurde, solange Parfums wie im Altertum, mit einer Fett- und nicht, wie später, Alkoholbasis hergestellt wurden. Noch heute wird dieser Stoff bei der Parfumfabrikation verwendet.
[2] Hier werden die scholastischen Begriffe *substantia* und *accidens* gebraucht.

duabus rebus propter vnam, sicut quod est inter te et murilegum et odium quod est inter te et me; quoniam hoc odium non est propter malum quod est a me aduersus te, sed hoc odium est inter nos propter malum quod scriptum est de me et a vobis. Nec vnquam pax est in odio substantiali; quamuis pacem habeant, in fine tamen peruertitur, nec est confidendum de pace inimici. Aqua enim, ad ignem calefacta vt sit calida sicut ignis, si proiciatur super ignem, extinguit illum. Assimulauerunt quoque sapientes illum qui suo adheret inimico, et qui ponit serpentem in manu sua nec scit quando aduertatur super ipsum ut mordeat eum. Vir autem intelligens et doctrinatus nunquam credit suo inimico, sed elongat se ab eo, ne ei contingat sicut cuidam qui serpentem nutriuit in domo sua. Inquit coruus: Quomodo fuit hoc? Respondit mus:

XLIV *Parabola*. Fuit vir quidam simplex, in cuius domo serpens morabatur. Sperabant autem vir et vxor eius valde fortunosum esse cum eis serpentem ducere moram, quod etiam illius patrie erat consuetudo. Quadam vero die dominica vir misit familiam suam cum vxore ad ecclesiam, ipso manente in lecto, quia capitis dolorem patiebatur. Et facto silentio in

manchmal aber der Löwe den Elefanten. Eine andere Art der Feindschaft aber besteht dann, wenn zwei Dinge gegen eines feindlich sind[1] wie es zwischen dir und der Katze steht und der Feindschaft zwischen dir und mir. Denn diese Feindschaft besteht nicht wegen etwas Bösem, das ich gegen dich vorhabe, sondern diese Feindschaft besteht zwischen uns nur wegen des Bösen, das gegen mich von eurer Seite geschrieben ist[2]. Niemals kann es nun in der Erbfeindschaft Frieden geben, denn ob sie auch Frieden haben, so wird er schließlich doch gebrochen, noch soll man dem mit dem Feinde geschlossenen Frieden vertrauen, denn wenn Wasser über dem Feuer erhitzt wird bis es heiß wie das Feuer wird – gießt man es über das Feuer, so löscht es dieses. So haben auch die Weisen den, der sich seinem Feinde anschließt, verglichen mit dem, der eine Schlange in die Hand nimmt ohne zu wissen, wann sie sich gegen ihn wendet, um ihn zu beißen. Ein kluger und einsichtiger Mann aber glaubt niemals seinem Feinde, sondern entfernt sich von ihm, damit ihm nicht so ergehe wie einem, der eine Schlange in seinem Haus ernährte." Sprach der Rabe: „Wie war denn das?" Die Maus antwortete:

XLIV Es war einmal ein einfältiger Mann, in dessen Haus eine Schlange[3] wohnte. Der Mann und seine Frau hofften aber, daß es ihnen sehr glückbringend sein werde, wenn die Schlange bei ihnen verbliebe, weil das auch in seinem Vaterlande der Brauch war[4]. An einem Sonntag schickte der Mann sein Hausgesinde mit seiner Frau in die Kirche, aber er selbst blieb im

---

1 Selbst wenn wir, Derenbourgs Anregung entsprechend, statt *propter contra* schreiben, bleibt der Sinn dunkel.
2 Der Sinn, den diese ungelenken und wahrscheinlich verderbten Sätze ausdrücken sollen, ist wohl dieser: Elefant und Löwe stehen auf gegenseitigem Kriegsfuße, da jeder den anderen bedroht, während die Maus als die schwächste niemanden bedroht, sondern die Bedrohte ist.
3 Eine ähnliche Fabel findet sich schon bei Aesop (H 96) sowie im Romulus anglicus (Hervieux, Les fabulistes latins, 2, 636); siehe auch Thiele, op. cit., S. 118, No. XXXIX.
4 Noch heute stellt man in manchen Gegenden Griechenlands ein Schälchen Milch für die Hausschlange hin. Der Abscheu vor der Schlange war keineswegs so allgemein wie ihn die Schöpfungsgeschichte darstellt.

domo, serpens exiuit cauernam circumspiciens late. Vir autem misit ianuam versus ignem semiapertam, et vidit quod serpens, postquam neminem domi senserat, caudam misit in ollam, in qua decoxit mulier escas circa ignem, et veneno immisso, abiit in antrum suum. Et cum hoc paterfamilias videret, surrexit et fudit ollam cum decoctione sub terram, ne quis ab eo cibo infirmaretur. Adueniente autem hora solita quod serpens querebat escam, quam mulier frequenter ei dabat, ecce vir cum ligone stabat ante foramen expectans serpentis exitum, et cum veniret serpens, ad foramen erexit caput et sedule se circumspexit, quia recordabatur malicie eius. Vir autem volens percutere, serpens sensit hoc et fugit in antrum quia sciuit se malefecisse.

Eadem parabola. Et post aliquod dies mulier imprecabatur viro vt se cum serpente vniret et odium suum deponeret. In quod vir consentit, et iuit ad foramen et vocauit serpentem, dicens se cum eo velle vnire et odium inter eos auferre. Cumque hoc serpens audiret, dixit: Nunquam reintegrabitur inter nos amicicia nostra, quia, cum recordaberis maleficii mei, quomodo venenum in ollam ad interficiendum te et familiam tuam posui, etiam quando ego recordabor quando tu cum ligone ad puniendum me percussisti absque vlla misericordia, tunc non potest stare amicicia nostra, et ergo melius est vt quilibet nostrum solus et sine mora alterius habitet.

Bett, weil er Kopfschmerzen hatte. Als es nun im Hause still geworden war, kroch die Schlange aus ihrem Loch und sah sich weit und breit um. Der Mann hatte aber seine Tür halb offen zum Herd gelassen: nun sah er, daß die Schlange, da sie niemanden im Haus hörte, ihren Schwanz in den Topf hängte, in dem die Frau Speisen am Feuer kochte, und nachdem sie ihr Gift hineingelassen hatte, kehrte sie in ihr Loch zurück[1]. Als das der Mann sah, erhob er sich und goß den Topf mit dem Gekochten auf die Erde, damit keiner an dieser Speise erkranke. Nun kam die gewohnte Stunde heran, da die Schlange ihr Fressen verlangte, das die Frau ihr auch häufig gab; doch siehe, der Mann stand mit einer Hacke vor dem Loch und erwartete, daß die Schlange herauskäme; und als die Schlange herauskam, steckte sie ihren Kopf aus dem Loch heraus und sah sich sorgfältig um, weil sie sich ihrer Bosheit[2] bewußt war. Als aber der Mann zuschlagen wollte, merkte es die Schlange und floh in ihr Loch, weil sie wußte, daß sie Unrecht getan hatte.

Und nach einigen Tagen flehte die Frau ihren Mann an, sich mit der Schlange zu versöhnen und seine Feindschaft abzulegen. Der Mann gab ihr nach, ging an das Loch, rief die Schlange und sagte ihr, er wolle sich mit ihr versöhnen und die Feindschaft zwischen ihnen beendigen. Als die Schlange dies hörte, sagte sie: „Niemals wird die Freundschaft zwischen uns wieder hergestellt werden, denn wenn du dich meiner Übeltat erinnerst, wie ich mein Gift in den Topf abließ, um dich und deine Familie umzubringen, und ebenso, wenn ich mich erinnern werde, daß du zur Strafe mit der Hacke auf mich ohne Erbarmen losgeschlagen hast, dann kann unsere Freundschaft nicht bestehen, und es ist daher besser, daß jeder von uns beiden[3] alleine wohnt, ohne auf den anderen zu warten.

---

1 Hier liegt die merkwürdige Vorstellung vor, daß das Schlangengift ein Exkrement ist.
2 Hier steht *eius* völlig falsch statt *suae* und entstellt den Sinn.
3 Johann gebraucht oft *quilibet* statt *uterque*.

Inquit coruus: Intellexi quippe verba tua; verumtamen debes naturam tuam cognoscere et iusticiam verborum meorum; nec sit asperum tuum verbum aduersus me, nec elonges me a te, dicens non esse locum mee societatis tecum nec potest esse. Viri enim intelligentes et nobiles requirunt bonitatem vt ei adhereant; amor autem, qui est inter fideles amicos, nunquam separatur. Si autem cessat, eius separatio tarda est et cito reintegratur amicicia, quia quod bonum est durabile est, et simulatur vasi aureo, quod, cum rumpatur longo tempore, cito reintegratur, sicut erat. Separatio autem amicicie inter malignos proxima est, sed coniunctio tarda, sicut vas figuli cito rumpitur et nunquam resanatur. Vir autem nobilis diligit nobiles in vna vice qua viderit eos et in die vna qua eos cognouerit; amicicia vero stulti non est aliud nisi auaricia. Tu autem nobilis es, et ego indigeo societate tua, nec discedam a te, apud ianuas domus tue persistens, nec comedam, nec bibam, donec mihi eris in socium.

Respondens mus ait: Iam volo amiciciam tuam, quia nunquam conuerti faciem alicuius inanem a petitione sua. Verum tamen incepi tibi loqui talia verba et querere occasiones anime mee pro te, vt non prouocetur contra me nec ei reseruem causam querele aduersus me. Ideo ostendi tibi iam quoniam si voluissem, potuissem vtique euitare societatem tuam et preseruare me a te. Si forsitan maligna mihi egeris, non glorieris contra me dicens: Inueni, inquam, murem absque consilio et intellectu, nec potuit sibi cauere a me, et deceptus est; neque contingat mihi, sicut contigit gallo cuidam. Inquit coruus: Quomodo est factum? Respondit mus:

Der Rabe sprach: „Ich habe deine Rede wohl verstanden, aber du mußt deine Natur und die Rechtlichkeit meiner Worte anerkennen: nicht sei dein Wort hart gegen mich, noch mögest du dich von mir entfernen mit der Behauptung, eine Gemeinschaft zwischen mir und dir sei nicht am Platze und könne nicht bestehen. Denn Verständige und Edle suchen die Güte auf, um sich ihr anzuschließen; die Liebe aber, die zwischen treuen Freunden besteht, wird niemals getrennt. Hört sie aber auch auf, so erfolgt die Trennung nur spät und die Freundschaft wird alsbald wieder hergestellt, weil das, was gut ist, auch dauerhaft ist, und sie gleicht einem Gefäß aus Gold, das, wenn es nach langer Zeit zerbricht, schnell wieder hergestellt wird wie es war[1]. Freundschaft zwischen Bösen bricht ja schnell, aber die Wiedervereinigung kommt spät, wie ja auch ein Tongefäß leicht zerbricht und niemals wieder heil wird. Ein Edler aber empfindet Zuneigung zu Edlen auf den ersten Blick und noch am selben Tage, da er sie kennenlernt. Die Freundschaft eines Toren dagegen ist nichts anderes als Habsucht. Du aber bist edel, und ich bedarf deiner Kameradschaft, und will nicht von dir weichen, will an deiner Haustür warten und weder essen noch trinken, bis du mein Geselle wirst."

Die Maus gab zur Antwort: „Ich will schon gerne Freundschaft mit dir, weil ich niemals jemanden, der mich um etwas bat, abgewiesen habe. Jedoch habe ich zuerst solchermaßen mit dir gesprochen und habe meine Seele geprüft, damit sie nicht etwa mir Vorhaltungen machte und ich ihr Grund gäbe, sich über mich zu beklagen. Daher habe ich dir gezeigt, daß ich, wenn ich es gewollt hätte, die Gemeinschaft mit dir hätte meiden und mich vor dir hätte schützen können. Wenn du mir jetzt vielleicht Böses antust, wirst du dich nicht über mich berühmen und sagen, ich habe da eine gänzlich unverständige und dumme Maus gefunden, die sich mir gegenüber nicht vorsehen konnte und getäuscht wurde[2], noch möge mir das-

---

[1] *sicut erat* ist die Lesart von Derenbourg, die dem *si servatur* von Hervieux vorzuziehen ist.
[2] Die Maus ist zwar klug, aber überaus geschwätzig.

XLV *Parabola.* Tempore hyemali, nocte quadam perfrigida, exiuit vulpes quidam famelicus vt sibi cibum colligeret, et, veniente ipso ad predium quoddam, audiuit gallum in lentisco canentem. Et festinans vulpes ad arborem inquisiuit a gallo: Galle, quid cantas in hac tenebrosa et frigida nocte? Respondit gallus: Annuncio diem quem ex natura nosco statim venturum, quem omnibus meo cantu insinuo. Ait vulpes: Ex hoc cognosco te aliquid faticinii et presagii diuini habere. Audiens hec, gallus letatus est et iterum incepit cantare. Et tunc vulpes incepit corisare et saltare sub arbore, et sic inquisita causa a gallo quare vulpes saltaret, respondit: Quia video te sapientem philosophum cantare, merito et ego corisare debeo, quia cum gaudentibus gaudere debemus. Et dixit: O galle, princeps omnium auium, non solum dotatus es vt in aere, sed etiam in terra, more prophetarum, tua faticinia omnibus creaturis terrenis nuncies. O felicissime, quia pre omnibus te natura ornauit, descende vt tecum possim contrahere societatem; sed, si illam integre fauere non velis, sine tamen me osculari dyadema et coronam tui insignis capitis, vt possim dicere: Osculatus sum caput sapientissimi galli qui fert coronam inter omnes aues. Et audiens hec, gallus descendit, confidens blanditiis vulpis, et inclinauit caput vulpi, quod arripiens, vulpes gallum comedit, suamque famem refecit. Et dixit: Ecce inueni sapientem absque omni prudentia.

Directorium humanae vitae

selbe zustoßen wie einem gewissen Hahn." Sprach der Rabe: „Wie war denn das?" Die Maus antwortete:

XLV Zur Winterszeit ging in einer sehr kalten Nacht ein hungriger Fuchs[1], und als er zu einem Bauernhof kam, hörte er einen Hahn auf einem Mastixbaum krähen. Der Fuchs eilte zum Baum und fragte den Hahn: „Hahn, warum singst du in dieser dunklen und kalten Nacht?" Der Hahn antwortete: „Ich verkündige den Tag, der, wie ich aus meiner natürlichen Veranlagung weiß, alsbald kommen wird, und künde ihn allen mit meinem Gesang an." Der Fuchs sprach: „Daran erkenne ich, daß du mit göttlicher Prophetengabe begabt bist[2]." Als der Hahn dies hörte, freute er sich und krähte wiederum. Und dann begann der Fuchs unter dem Baum zu tanzen und zu springen und als der Hahn den Fuchs fragte, aus welchem Grund er springe, antwortete er: „Weil ich in dir einen weisen Philosophen singen sehe[3], ziemt es sich, daß auch ich tanze, weil wir uns zusammen mit Freudigen freuen sollen." Und er sprach: „O Hahn, Fürst aller Vögel, dir ward die Gabe verliehen, daß du nicht nur in der Luft, sondern auch auf der Erde nach Art der Propheten deine Weissagungen allen irdischen Kreaturen kundtust. Du Glücklicher, da die Natur dich vor allen anderen ausgezeichnet hat, komm herunter, auf daß ich mit dir Freundschaft schließen kann; doch wenn du nicht völlig dazu geneigt bist, laß mich wenigstens Reif und Krone deines herrlichen Hauptes küssen, so daß ich sagen kann, geküßt habe ich das Haupt des überaus weisen Hahnes, der unter allen anderen Vögeln die Krone trägt." Als der Hahn dies hörte, stieg er hinunter, weil er den Schmeichelreden des Fuchses traute, und streckte seinen Kopf dem Fuchse hin, und der Fuchs schnappte zu und fraß den Hahn und stillte seinen Hunger. Dazu sprach er: „Seht, ich habe einen Weisen gefunden, dem die Klugheit fehlt."

---

1 Johann setzt durchweg *quidam* als unbestimmten Artikel, den es im klass. Latein nicht gibt.
2 Johann schreibt aufgrund falscher Etymologie: *faticinium* statt *vaticinium*; das jüdische Morgengebet beginnt mit einem Dank an Gott, daß er dem Hahn Einsicht verliehen habe.
3 So lautet der Text!

Hanc parabolam tibi dixi, quod gallus merito precogitasset inueteratum odium inter ipsum et vulpem; sic gallus factus est cibus vulpis. Sed confido tibi, [dixit mus ad coruum] quod verba tua non sint bilingui collo expressa.

Et post hoc exiuit mus de suo foramine et stabat in ostio. Dixit ei coruus: Quare stas in ostio? quid prohibet te exire ad me et esse mecum? Numquid remansit in animo tuo aliquid timoris adhuc de me? Et ait ei mus: Duo sunt apud homines huius seculi, scilicet donum persone et donum manus. Illi vero qui donant donum persone sunt fideles et qui conuersantur ad inuicem in eorum amicitia; qui vero donant donum manus, hi sunt qui iuuant se inuicem in omni re cuius amor vtilis est. Qui vero benefacit pro bono suo in futuro seculo, simulatur venatori projcienti triticum auibus, non ad vtilitatem earum et misericordiam, sed benefaciendum sibi et procurandum vitam suam. Donum quippe persone est melius quam donum manus; et iam quidem credidi in dono persone tue et placuisti anime mee. Nec prohibet me exire ad te malicia cordis que est in te; et scio quidem quoniam

Diese Fabel habe ich dir erzählt, weil der Hahn von rechtswegen hätte erkennen müssen, daß zwischen ihm und dem Fuchs eine Erbfeindschaft bestand; so ward der Hahn zum Fraß des Fuchses. Ich aber vertraue dir [sprach die Maus zum Raben][1] ⟨denn ich glaube⟩, daß deine Worte nicht aus doppelzüngigem Halse kommen." Danach kam die Maus aus ihrem Loch, aber blieb an der Türe stehen. Der Rabe sprach zu ihr: „Warum stehst du in der Tür? Was hindert dich, zu mir herauszukommen und bei mir zu sein? Hegst du vielleicht immer noch etwas Furcht vor mir?" Die Maus antwortete ihm: „Zwei Gaben besitzen die Menschen dieser Welt, nämlich die der eigenen Person[2] und die der Hand. Jene nun, die ihre eigene Person ⟨nämlich ihre Seele⟩ schenken, sind treu und vergelten Freundschaft mit Freundschaft; diejenigen aber, die ihre Hand leihen, sind solche, die sich in allen Dingen gegenseitig unterstützen, und ihre Liebe ist auf Nutzen abgestellt. Wer aber Gutes tut in der Hoffnung, es werde ihm dafür in jener Welt[3] gutgehen, der gleicht einem Jäger, der Vögeln Weizenkörner vorwirft, nicht zu ihrem Nutzen und aus Barmherzigkeit, sondern zu seinem eigenen Nutzen und Lebensunterhalt. Das Geschenk der eigenen Seele steht also höher als nur eine Handreichung, und ich habe schon Zutrauen gefaßt zur Gabe deiner Seele, und du hast meiner Seele gefallen. Noch hält mich etwas Böses, das *du* im Herzen haben könntest, davon zurück, herauszukommen; ich weiß aber[4],

---

1 Dieser überflüssige Satz sieht nach einer in den Text geschlüpften Glosse aus.

2 Johann übersetzt hier offenbar das hebräische *nefesh*, was, wie ja auch im Deutschen, zuerst „Seele" und dann „Person" bedeutet. Vgl. Gen. 46, 27; omnis anima domus Iacob quae ingressa est Aegyptum *fuere* septuaginta; Alle Personen des Hauses Jacob, die nach Ägypten einwanderten, *waren* siebzig. Das Subjekt *anima* Seele und dann Person, steht im Sing., das Verb im Plural; eine genaue Nachahmung des Hebräischen, wo *nefesh* immer, auch mit Zahlworten, im Sing. steht.

3 Die von Derenbourg vorgeschlagene Lesart *in mundo*, die auch Hervieux billigt, ist unnötig; der Gedanke, daß es Wohltätigkeit gibt, die Belohnung in dieser Welt erhofft, sodann in der Hoffnung auf Belohnung im Jenseits, daß aber die höchststehende Form der Wohltätigkeit um ihrer selbst willen geschehe, ist ein im Talmud mehrmals wiederholter Gedanke.

4 *sed scio* statt *et scio* würde den Gedanken klarer ausdrücken.

multos socios habes, quorum fundamentum nature est sicut natura tua, nec eorum consilium est erga me sicut consilium tuum; timeo enim ne, quando viderit me aliquis eorum tecum, querat me perdere. Dixit ei coruus: Signum fidelis socij est, vt sit socius socij sui et sit inimicus inimici socij sui, nec apud me habeo socium vel fratrem qui non sit tibi socius et diligat te, et facile erit apud me perdere et exterminare omnes qui non essent sic erga te. Post hoc vero exiuit mus ad coruum et ad eum accessit; promittentes sibi inuicem fidem et dilectionem, habitauerunt quoque simul pacifice et confidenter narrantes tota die parabolas et historias mundi.

XLVI Et factum est, cum traherent ibi moram, dixit coruus muri: Hec tua cauerna prope viam hominum est; timeo ne quando ipsi, apponentes oculos in me, offendant me. Sed ego scio locum bonum et vtile habitaculum, in quo sunt multi pisces et aqua et fructus, et habeo ibi socium de animalibus aque. Volo vt eamus ibi et illic maneamus. Dixit ei mus: Volo, inquam, tecum venire ad locum illum, quoniam hunc locum multum abhorreo. Dixit ei coruus: Quare ipsum abhorres? Respondit ei mus: Multa importuna acciderunt mihi, que tibi narrabo, quando erimus ibi. Et accipiens coruus murem per caudam, volauit vsque ad aquam, in qua erat illud animal socius corui, quod erat testudo. Et videns hos, animal submersit se in aqua, quia non cognoscebat eos. Et deposito mure ab ipso coruo ad terram, posuit se coruus in arbore vocauitque

Directorium humanae vitae

daß du viele Gesellen hast, deren natürliche Anlage so ist wie die deine, doch ist ihr Ratschluß gegen mich nicht derselbe wie der deine; ich fürchte nämlich, daß, wenn einer von ihnen mich mit dir zusammen sieht, er trachten wird, mich umzubringen." Der Rabe sprach zu ihr: „Man erkennt einen treuen Freund daran, daß er ein Freund seines Freundes, aber der Feind des Feindes seines Freundes ist, ich habe auch bei mir keinen Gesellen oder Bruder, der nicht[1] auch dein Gefährte und dir geneigt wäre, und leicht wird es mir sein, alle zu töten und auszurotten, die sich dir gegenüber nicht so verhalten würden."

Danach nun kam die Maus heraus und ging zum Raben; sie gelobten sich gegenseitig Treue und Zuneigung, lebten auch friedlich und vertrauensvoll miteinander und erzählten einander den ganzen Tag die Fabeln und Erzählungen der Welt.

XLVI Und es geschah, als sie dort weilten, daß der Rabe zur Maus sprach: „Diese deine Höhle liegt ⟨zu⟩ nahe an der Straße der Menschen, und ich fürchte, daß diese, wenn sie mich erblicken, mich angreifen würden. Ich kenne aber einen guten Platz und einen nützlichen Wohnort, wo es viele Fische, Wasser und Früchte gibt, und ich habe dort einen Freund unter den Wassertieren[2]. Ich möchte, daß wir dahingehen und dort verweilen." Da sprach die Maus zu ihm: „Ich möchte mit dir dorthin kommen, da ich diesen Platz hier sehr verabscheue." Sprach der Rabe zu ihr: „Warum verabscheust du ihn?" Die Maus antwortete ihm: „Viele Unbilden sind mir zugestoßen, die ich dir erzählen werde, wenn wir dort sind." Und der Rabe ergriff die Maus am Schwanz und flog bis an das Gewässer, worin jenes mit dem Raben befreundete Tier war, nämlich eine Schildkröte. Als das Tier sie sah, tauchte es unter, weil es sie nicht kannte. Und nachdem der Rabe die Maus auf der Erde abgesetzt hatte, setzte er sich auf den Baum

---

1 *qui non* statt des besseren *quin*.
2 So wird, nach einer Bemerkung Derenbourgs, die Schildkröte bezeichnet; das Hebräische besitze kein Wort für dieses Tier, so daß R. Joel stets das arabische Wort salḥafāh gebrauche. – Diese Bemerkung ist jedoch unzutreffend, da das Hebräische sehr wohl ein Wort für „Schildkröte" besitzt, nämlich *tsav*.

illum socium, qui erat in aqua, suo proprio nomine. Qui, cum cognosceret vocem eius, exiuit ad eum et gauisus est, et cum quereret ab eo vnde veniret, narrauit sibi omnia que viderat ab hora qua viderat columbas, et omnia que tractauerat cum mure postea vsque ad illam horam. Et mirata testudo de intellectu muris eiusque prudentia et legalitate accessit ad eum et salutauit eum, querens ab eo quare venit ad illum locum. Dixit coruus muri: Dic modo verba que mihi promisisti dicere, cum essemus in alio loco, et responde ad illud quod interrogat te testudo, socia nostra. Et cepit mus narrare sua facta, dicens:

XLVII Fuit principium habitationis mee in tali terra, in domo cuiusdam viri sancti heremite qui nunquam habuerat mulierem. Qui cum offerrent sibi homines singulis diebus panem, vt comederet ad sui sufficientiam, residuum colligens in canistro, suspendebat in domo. Ego autem me obseruabam, donec exiret heremita, tuncque saltans ad canistrum, nihil ibi relinquebam, et comedens quod volebam, dabam residuum aliis muribus qui erant in domo. Et cum niteretur heremita suspendere canistrum in tutiori loco, in quo non possem peruenire, nihil ei proficiebat.

XLVIII Quadam vero die cum superueniret ei peregrinus quidam, comederunt et biberunt simul bene. Et accipiens heremita totum residuum quod eis remanserat post comestionem, reposuit in canistro et suspendit illud. Et loquebatur peregrinus quomodo perambulabat mundum et iuerat vsque ad extremitates eius, nec reliquerat locum in quo non fuisset et viderit mirabilia mundi et monstra. Heremita vero, non attendens verba peregrini, non sinebat trepidare suis manibus aduersus canistrum, vt me fugaret. Et videns hoc, peregrinus turbatus est contra heremitam, dicens: Ego narro tibi verba; tu autem non attendis ea nec tibi sapiunt. Et ait ei heremita: Nequaquam, domine, ymmo delector multum in verbis tuis et sapiunt mihi sermones tui; sed hoc facio ad fugandum

Directorium humanae vitae 93

und rief jenen Gefährten, der im Wasser war, mit seinem Namen an. Als dieser die Stimme ⟨des Raben⟩ erkannte, kam er zu ihm heraus und freute sich, und da er ihn fragte, woher er käme, erzählte ihm ⟨der Rabe⟩ alles, was er seit der Stunde, da er die Tauben sah, gesehen hatte, und worüber er dann bis zur jetzigen Stunde mit der Maus verhandelt habe. Und die Schildkröte bewunderte die Klugheit, Vorsicht und Rechtlichkeit der Maus, kam zu ihr heran, begrüßte sie und fragte sie, warum sie hierhin gekommen sei. Der Rabe sprach zur Maus: „Erzähle doch das, was du mir versprochen hast zu sagen, wenn wir an dem anderen Platz wären, und beantworte die Fragen der Schildkröte, unserer Kameradin." Und die Maus erzählte, was ihr zugestoßen war, wie folgt:

XLVII   Zuerst hatte ich meinen Wohnort in dem und dem Lande, im Hause eines heiligen Eremiten, der nie eine Frau gehabt hatte. Dem brachten nun die Leute jeden Tag Brot, daß er hinreichend zu essen habe, und was übrigblieb, sammelte er in einem Korbe, den er in seinem Haus aufhing. Ich aber verhielt mich fein still bis der Eremit fortging, und dann sprang ich zu dem Korb hinauf und ließ nichts darinnen, sondern fraß soviel ich wollte und gab den Rest anderen Mäusen, die im Hause waren, und ob der Eremit gleich trachtete, den Korb an einem sichereren Ort aufzuhängen, wo ich nicht heran könnte, nützte es ihm doch nichts.

XLVIII   Eines Tages besuchte ihn ein Pilger, und sie aßen und tranken gut miteinander. Und der Eremit nahm den ganzen Rest, der ihnen nach der Mahlzeit verblieben war, tat ihn in den Korb und hängte ihn auf. Der Pilger nun erzählte, wie er die Welt durchwandert hätte und bis an ihre Enden gezogen sei, und er ließ keinen Ort ⟨unerwähnt⟩, wo er nicht gewesen wäre und das Wunderbare und Bemerkenswerte der Welt gesehen hätte. Der Eremit aber hörte nicht auf die Worte des Pilgers, sondern hörte nicht auf, mit seinen Händen den Korb zu schütteln, um mich zu vertreiben. Als der Pilger dies sah, ward er erzürnt gegen den Eremiten und sprach: „Ich erzähle dir etwas, aber du achtest nicht darauf, und es ergötzt dich nicht." Der Eremit sprach zu ihm: „Mitnichten, Herr; im

mures qui sunt in domo, qui iam me diu turbauerunt et molestauerunt, deuorantes omnia que sunt in domo et nihil relinquentes mihi. Et ait peregrinus: Dic mihi, estne vnus mus aut plures? Cui dixit: Plures sunt mures domus, verum tamen vnus est mus qui pre ceteris alijs me turbat et infestat, et nec valet mihi consilium et argumentum contra eum. Et ait ei peregrinus: Reduxisti ad mei memoriam verbum cuiusdam mulieris dicentis socie sue: Non cambuit hec mulier zizanias excorticatas pro non excorticatis sine causa. Inquit heremita: Quomodo fuit? Inquit peregrinus:

XLIX Quadam die hospitatus fui in domo cuiusdam, et, cum comedissem in sero, preparatus est mihi lectus vt dormirem. Et cum intraret pater familias in lectum cum vxore sua, audiebam verba eorum, quando loquebantur ad inuicem. Erat enim lectus meus prope lectum ipsorum, diuisi tamen a se inuicem per velum, vt possem audire et intelligere verba sua. Et audiui circa mediam noctem verba viri dicentis sue vxori: Volo cras inuitare quosdam amicos meos ad prandendum mecum. Et respondens, vxor dixit ei: Non cessas omni die facere conuiuia et consumis omnia nec aliquid relinquis in domo tua. Cui respondit vir: Nequaquam displiceat tibi quod facere volo. Quicunque enim intendit accipere et non dare, sed semper congregare et reponere, erit finis eius sicut finis lupi. Inquit mulier: Quomodo fuit? Ait vir eius:

L Dicitur fuisse quidam venator, qui, cum exiuisset quadam die cum suo arcu et sagittis ad venandum in silua, non procul a ciuitate occurrit ei ceruus, et sagittans eum interfecit accepitque ipsum, et redibat ad domum suam cum eo. Et cum ambularet per viam, occurrit ei aper quidam, et sequens eum

Gegenteil – deine Worte erfreuen mich sehr, und deine Erzählungen ergötzen mich, aber ich tue dieses, um Mäuse, die im Haus sind, zu vertreiben: die haben mir schon lange zugesetzt und mich belästigt, da sie alles, was im Haus ist, fressen, und mir nichts übriglassen." Und der Pilger sprach: „Sage mir, ist es eine Maus oder mehrere?" Er antwortete: „Wohl sind mehrere Mäuse im Haus, es gibt jedoch eine Maus, die vor allen anderen mir zusetzt und nachstellt und gegen sie hilft mir kein Ratschluß und kein Hilfsmittel." Da sprach der Pilger zu ihm: „Du hast mich an das Wort einer Frau erinnert, die zu ihrer Freundin sagte: Nicht ohne Grund tauscht dieses Weib enthülste Körner gegen nicht enthülste ein"[1]. Der Eremit sprach: „Wie war denn das?" Der Pilger sagte:

XLIX Eines Tages war ich in jemandes Haus zu Gast, und als ich zu Abend gegessen hatte, richtete man mir ein Bett, zu schlafen. Und als der Hausherr mit seiner Frau zu Bett ging, konnte ich hören, wie sie sich unterhielten. Mein Bett war nämlich nahe dem ihren, und sie waren nur durch einen Vorhang getrennt, so daß ich ihre Worte hören und verstehen konnte, und ich hörte, wie gegen Mitternacht der Mann zu seiner Frau sagte: „Morgen will ich einige Freunde einladen, um mit mir Mittag zu essen." Die Frau gab ihm zur Antwort: „Du hörst nicht auf, täglich Gelage zu geben und zehrst alles auf und läßt nichts im Hause." Der Mann antwortet ihr: „Möge dir mein Vorhaben nicht mißfallen, denn wer immer nehmen und nicht geben, sondern stets einsammeln und aufsparen will, dem geht es zum Schluß wie dem Wolf." Da sprach die Frau: „Wie war denn das?" Und ihr Mann sagte:

L Es soll einmal ein Jäger gewesen sein, der mit Pfeil und Bogen in den Wald auf die Jagd zog. Nicht weit vom Dorfe kam ihm ein Hirsch entgegen: er erschoß ihn mit dem Pfeil, nahm ihn auf und ging mit ihm nach Hause. Und als er seines Weges ging, begegnete ihm ein Eber, folgte ihm nach und

---

1 *Zizania* ist eigentlich Lolch, ein Unkraut, während es hier Getreide- oder Erbsenkörner bedeuten muß. Geissler übersetzt „Weizenkörner", wofür es allerdings keinen Beleg gibt.

aper volebat eum interficere. Qui cum hoc vidisset, deponens ceruum ab humero suo, sagittauit aprum et percussit eum in corde suo. Aper vero, sentiens vehementiam doloris vulneris, irruit in hominem et vulnerauit eum cum suis dentibus, scindens ventrem suum, et mortuus est homo. Aper etiam cum letaliter vulneratus esset, mortuus est cum eo. Et cum transiret ibi lupus, vidit aprum, ceruum et hominem mortuos et gauisus est, et dixit in corde suo: Debeo conseruare hec omnia que inueni, vt sint mihi conseruata pro temporibus necessitatum, nec valebo de eis gustare hodie, sed sufficit mihi nunc rodere cordam arcus. Et accedens ad arcum cepit rodere cordam, que prorupta subito percussit eum in tramite, et mortuus cecidit.

Induxi vero hanc parabolam, vt scias quoniam non est bonum semper congregare diuitias et non vti eis, nec comedere et gaudere cum eis. Et ait vxor ei: Vere dicis. Verum tamen habeo quantitatem zizaniorum *(sic)* que sufficit tribus vel quatuor hominibus, et surgens tempestiue procurabo parare eas pro quibus volueris. Mane vero surrexit mulier, et acceptis zizaniis excorticauit eas, et exposuit soli, suo puero precipiens vt eas custodiret ab auibus et canibus. Et cum recederet inde mulier, venit canis domum, puero non vidente, et comedit de eis quantum voluit; vltimo vero minxit super residuum. Et videns hec, mulier despexit eas vt fieret de eis aliquid cibi, et accipiens eas, iuit ad plateam vt cambiret eas pro zizaniis non excorticatis equaliter. Et me vidente, hoc audiui a quodam circumstante qui dixit ad alium: Ecce quare hec pro non corticatis dat zizanias corticatas? hoc non nisi pro aliqua causa.

wollte ihn töten[1]. Als er das sah, legte er den Hirsch von seiner Schulter ab, schoß auf den Eber und traf ihn ins Herz. Der Eber aber fühlte den heftigen Schmerz seiner Verwundung, stürzte sich auf den Mann und verwundete ihn mit seinen Hauern: er riß ihm den Bauch auf, und der Mann starb. Der Eber, tödlich verwundet, starb mit ihm, und als ein Wolf dort vorbeikam, sah er den Eber, den Hirsch und den Mann tot und freute sich und sprach in seinem Herzen: „Ich muß mir das alles, was ich gefunden habe, aufheben, damit ich für Notzeiten Vorrat habe; heute aber will ich nicht von ihnen kosten, sondern es genügt mir, die Bogensehne zu benagen", und er ging zu dem Bogen und benagte die Sehne, die plötzlich brach, losschnellte und ihn am Haupt[2] traf, so daß er tot umfiel.

Ich habe dir aber dieses Gleichnis erzählt, damit du weißt, daß es nicht gut ist, immer Reichtümer zu sammeln und sie nicht zu gebrauchen, noch davon zu essen und sich daran zu erfreuen." Und seine Frau sprach: „Du hast recht. Ich habe aber eine Menge von Hülsenfrüchten, die für drei oder vier Mann reicht, und ich will früh aufstehen und sie für deine Gäste vorbereiten." Frühmorgens also stand die Frau auf, nahm die Hülsenfrüchte und enthülste sie und legte sie in die Sonne, wobei sie ihrem Kinde gebot, sie vor Vögeln und Hunden zu schützen. Als die Frau fortging, kam ein Hund ins Haus, ohne daß das Kind ihn sah, und fraß von den Körnern soviel er wollte, und zum Schluß pißte er auf den Rest. Als die Frau dies sah, hielt sie sie für zu schlecht, um daraus eine Speise zu bereiten; sie nahm sie und ging zum Marktplatz, um sie gegen nicht enthülste Körner einzutauschen. Und ich sah, wie ein Dabeistehender zu einem anderen sagte: „Warum will diese Frau enthülste für nichtenthülste Körner hergeben? Das muß bestimmt seinen Grund haben."

---

1 Das mangelnde Sprachgefühl des Johannes zeigt sich in der Nebeneinandersetzung von *occurrit* und *sequens*.
2 Das Wort *trames* ist völlig sinnlos, so daß wir es obelisiert haben. Derenbourg stellt es als fraglich hin, Geissler übersetzt lediglich „traf ihn". Vielleicht wäre *in capite* zu lesen.

LI Sic quoque dico tibi de isto mure, quem tu dicis saltare super canistrum inter omnes socios suos: Non est hoc nisi ex maxima causa. Nunc vero affer mihi ligones et picones, et perfodam in cauernam suam, et videbo secretum illius muris. Et apportauit ei heremita. Ego autem, miser testudo, audiens hec omnia, stabam in cauerna cuiusdam sociorum meorum. Erant autem in cauerna, in qua erat habitaculum meum mille talenta auri, ignorans tamen quis posuerit ibi illa, que omni die exponebam mihi, ita vt gratuletur animus meus in eis et corroboretur nimis. Post hec vero accedens peregrinus ad cauernam fodit eam, donec peruenit ad aurum et accepto illo dixit heremite: Non poterat hic mus ascendere ad locum ad quem ascendebat nisi causa huius auri; hoc enim administrabat et vigorem et virtutem et corroborabat cor suum. Nunc vero videbis ipsum nihil posse, nec habebit prerogatiua ceteris muribus. Et audiens ego verba peregrini, sciui quoniam verum erat, et arripuit me inde dolor in anima et sopor mentis et debilitas virtutis.

LII Mane vero congregati sunt ad me omnes mures, socii mei, sicut solebant ad me venire omni die, vt eis escam solitam exhiberem, et dixerunt mihi: Iam rapuit nos fames nec habemus aliquid cibi; tu autem semper fuisti nobis refugium et spes nostra, procura igitur nobis aliquid. Et accedens ad locum ad quem saltare consueueram, nisus fui illuc ascendere et non

Directorium humanae vitae

LI So sage ich dir auch hinsichtlich der Maus, die, wie du sagst, vor allen ihren Mitmäusen auf den Korb springt: das muß einen ganz wichtigen Grund haben. Jetzt aber bringe mir Hacken und Pickel, und ich will ihr Loch aufgraben und das Geheimnis jener Maus sehen." Und der Eremit brachte ihm die Werkzeuge. Ich aber hörte das[1] alles, und hielt mich in der Höhle einer meiner Freundinnen auf. In der Höhle aber, die meine Wohnstätte war, befanden sich tausend Talente Gold, von denen ich nicht wußte[2], wer sie dort abgelegt hatte; diese legte ich mir jeden Tag vor, so daß mein Herz sich an ihnen erfreute und stärkte. Nun kam aber der Pilger zu der Höhle und grub sie aus, bis er an das Gold kam, und er nahm es an sich und sprach zu dem Eremiten: „Die Maus konnte ja nicht zu dem Ort, zu dem sie heraufkletterte, heraufklettern[3], außer um dieses Goldes willen. Denn dieses gab ihr Stärke und Kraft und stärkte ihr Herz. Jetzt aber wirst du sehen, daß sie nichts vermag, noch Vorrang vor den anderen Mäusen hat." Und als ich die Worte des Pilgers hörte, wußte ich, daß es die Wahrheit war, und daher befiel Schmerz meine Seele ⟨und es ergriff mich⟩ Schläfrigkeit des Geistes und Schwäche meiner Stärke.

LII Am Morgen aber versammelten sich um mich alle Mäuse, meine Gefährtinnen, so wie sie täglich zu mir zu kommen pflegten, daß ich ihnen das gewohnte Futter zeige, und sprachen zu mir: „Schon hat uns Hunger ergriffen, und wir haben nichts zu fressen; du aber warst von jeher unsere Zuflucht und unsere Hoffnung, und darum verschaffe uns etwas"; und ich ging an den Ort, wo ich hochzuspringen pflegte, und strengte mich an, dorthin zu klettern, konnte es aber nicht.

---

1 Im Text folgen die gänzlich sinnlosen Worte *miser testudo*, die aus drei Gründen falsch sind: 1. ist *testudo* feminin und wird selbst von Johann korrekt gebraucht; 2. kann es nicht in Apposition zu *ego* stehen, da die Maus die Erzählerin ist; und 3. kann die Schildkröte nicht angeredet sein, da die Maus keinen Grund hat, sie als *miser* zu bezeichnen. Derenbourg macht den anziehenden Vorschlag *mi soror testudo*.

2 Statt der Partizipialkonstruktion *ignorans* war das verbum finitum *ignorabam* notwendig.

3 Johann wiederholt das Verb.

potui. Et illi videntes me non posse ascendere et non dare eis
aliquid, sum factus vilis et despectus in oculis ipsorum, et
dedignati sunt me. Et audiui quendam eorum dicere mihi: Iam
perditus est socius iste noster, nec valet ad aliquid. Nunc abeat
vnusquisque in viam suam, et derelinquamus eum, nec amplius attendamus ei; quoniam videmus ipsum nihil posse nec
facere ea, scilicet que faciebat; ymmo dico vobis quia deinceps
ipse indigebit nobis, querens a nobis subsidium. Declinemus
igitur ab eo, et curet vnusquisque negocia sua propria. Et
recedentes omnes dereliquerunt me, nec amplius accesserunt
ad me, nec dignabantur respicere me.

Tunc dixi in mea mente: Non videntur mihi socii et amici,
consanguinei, fratres et proximi, nisi omnes declinantes ad
avariciam et sequentes diuitias et glorias mundi, nec est nobilitas, consilium, fides et sapientia nisi in diuitijs. Inueni enim
illum qui caret diuitijs, quando aliquid facere intendit, non
succedit ei illud sicut vult nec habet potestatem illud perficere;
sicut aqua riui in estate sua, que, si exsiccatur, non habet
potestatem fluendi. Et inueni quoniam qui non habet diuitias,
non habet fratres, et qui non habet fratres, non habet genus,
et qui non habet genus, non habet prolem, et qui non habet
prolem, non habet memoriam, et qui non habet memoriam,
non habet intellectum, et qui non habet intellectum, non habet
hoc seculum, scilicet nec futurum, nec principium, neque
finem. Homo enim, quando caret diuitijs, indiget subsidio
aliorum, et tunc habetur a sociis odio, et eum derelinquunt
consanguinei et amici, et noti eius obliuiscuntur ipsius et
creditur vilis apud eos. Et quando quis constituitur in paupertate, exponit se morti et vendit animam suam et Deum suum
et eius obliuiscetur, nec respicit ante et retro, et relinquit
omnia, donec deijcietur. Et ideo non est in mundo peius

Und als jene sahen, daß ich nicht emporklettern und ihnen nichts geben konnte, da ward ich gering und verachtet in ihren Augen, und sie sahen auf mich herab. Und ich hörte eine von ihnen zu mir sagen: „Schon ist unsere Gefährtin hier verloren und taugt zu nichts mehr. Es gehe jetzt ein jeglicher seines Weges, und wir wollen sie verlassen und nicht weiter auf sie achten, da wir sehen, daß sie nichts vermag, noch das tun kann, was sie früher konnte; wahrlich ich sage euch, von jetzt ab wird sie als Bedürftige zu uns kommen und uns um Unterstützung bitten. Wenden wir uns also von ihr ab, und es kümmere sich ein jeglicher um seine Angelegenheiten." Und alle gingen von mir fort und ließen mich im Stich und kamen nicht mehr zu mir und würdigten mich keines Blickes. Da sprach ich bei mir: „Wenn ich meine Gefährten und Freunde, Blutsverwandten, Brüder und Nahestehenden ansehe, dann scheinen sie alle der Habsucht zu verfallen und folgen dem Reichtum und dem Ruhme dieser Welt, noch gibt es Adel, guten Rat, Treue und Weisheit außer im Reichtum. Ich habe nämlich festgestellt, daß, wenn jemand, der keinen Reichtum besitzt, etwas unternimmt, es ihm nicht nach seinem Willen ausschlägt, noch hat er die Macht, es durchzuführen, so wie das Wasser eines Baches zur Sommerszeit, wenn es austrocknet, nicht die Fähigkeit besitzt, zu fließen. Und es ist meine Erfahrung, daß einer, der keinen Reichtum hat, keine Brüder, und wer keine Brüder hat, hat keine Familie, und wer keine Familie hat, hat keine Kinder, und wer keine Kinder hat, hinterläßt kein Angedenken, und wer kein Angedenken hat, hat keinen Verstand, und wer keinen Verstand hat, hat keinen Anteil an der Welt, weder am Diesseits noch am Jenseits, weder Anfang noch Ende, denn wenn ein Mann keinen Reichtum hat, bedarf er der Unterstützung seitens anderer, und dann ist er bei seinen Gefährten unbeliebt, und es verlassen ihn Blutsverwandte und Freunde, und seine Bekannten vergessen ihn, und er gilt gering bei ihnen. Und wenn jemand in Armut gestürzt ist, setzt er sich dem Tode aus und verkauft seine Seele und seinen Gott und vergißt ihn, und blickt nicht vor sich und nicht hinter sich und gibt alles auf, bis er zu Fall

paupertate. Lignum enim, plantatum in terra et rasum ab omni parte, melius est apud me quam qui indiget donis aliorum. Paupertas enim est principium omnis laboris et causa omnis timoris et tribulationis. Aufert enim corda magnatorum terre, ducit consules stulte et dominos infatuat. Aufert enim sermonem sapientum et consilium senum tollit. Et est origo omnis tristicie, decidit vitam, aggregat tribulationes. Et quicumque vulneratus est vulnere paupertatis, impossibile est quod non tollatur sibi mansuetudo et acquiratur promptitudo. Et quicumque caret mansuetudine operum caret nobilitate; peccabit et precipitabitur, et quicunque precipitabitur, contristatur, et quicumque contristatur, perdit intellectum et obliuiscitur sue intelligentie. Et inueni quoniam, quando quis depauperatur, suspicatur de eo omne malum quod non patrauit, et que alii faciunt attribuuntur ei, nec est in mundo bona consuetudo qua laudatur diues, quin etiam vituperetur pauper. Quoniam si fuerit prodigus, dicetur consumptor bonorum, et si prorogauerit iram suam in negocijs, dicetur debilis atque remissus, et si fuerit vir intelligens cum nobili anima, dicitur festinus, et si fuerit refrenans suos mores, dicitur ignorans, et si fuerit fortis corde, dicetur fatuus et stultus, et si fuerit sermocinator, dicetur verbosus et linguosus, et si fuerit taciturnus, dicetur bestia. Et ideo mors melior est paupertate que inducit hominem in temptationem et vilitatem, vt petat ab alijs, et maxime quando necesse fuerit petere a stultis aut auaris, quoniam reddunt ipsum confusum. Expedit virum nobilem pauperem immittere manum suam in ore serpentis et extrahere inde venenum et illud sorbere magis quam petere

kommt. Und darum gibt es in der Welt nichts Schlimmeres als die Armut. Denn selbst ein in die Erde gepflanzter und von allen Seiten abgeschälter Pfahl dünkt mich besser als einer, der Gaben von anderen nötig hat. Denn die Armut ist die Grundlage aller Not und der Grund aller Furcht und Heimsuchung. Denn sie nimmt den Mächtigen der Erde den Mut, führt die Regierenden irre und macht Gebieter zu Toren. Denn sie nimmt den Weisen die Rede weg und den Ratschluß der Greise. Sie ist die Ursache aller Betrübnis, sie verkürzt das Leben, sie häuft Heimsuchungen an. Wer immer von der Wunde der Armut verwundet ist, dem kann unmöglich seine Sanftmut nicht geraubt werden, noch kann er Entschlossenheit erwerben. Und wer der Sanftmut in seinen Werken entbehrt, der entbehrt der Vornehmheit; er wird sündigen und zu Fall kommen, und wer zu Fall kommt, wird traurig, und wer traurig ist, verliert seinen Verstand und vergißt seine Intelligenz. Und ich habe ferner gefunden, daß einer, wenn er verarmt, alles Bösen verdächtigt wird, auch wenn er es nicht getan hat, und was andere tun, wird ihm zu Lasten gelegt, und es gibt auf der Welt keine gute Eigenschaft, die zwar an einem Reichen gelobt, an einem Armen aber nicht getadelt würde. Denn ist er freigiebig, so nennt man ihn einen Verzehrer seines Gutes, und wenn er in Geschäften seine Leidenschaft mäßigt, so wird er schwächlich und unentschlossen genannt werden, und ist er ein kluger Mann und edlen Geistes, so nennt man ihn voreilig, und ist er zurückhaltend in seinen Sitten, so nennt man ihn unwissend, und ist er beherzt, so wird man ihn töricht und dumm nennen, und wenn er ⟨gern⟩ Geschichten erzählt, wird man ihn einen geschwätzigen Plapperer nennen, und wenn er schweigsam ist, heißt er ein Vieh. Und daher ist der Tod besser als die Armut, die den Menschen in Versuchung führt und so minderwertig macht, daß er bei andern betteln muß, und besonders, wenn er Dumme oder Geizige ansprechen muß, weil sie ihn beschämen. Einem edlen Mann, der arm ⟨geworden⟩ ist, steht es besser an, seine Hand in den Rachen einer Schlange zu stecken, das Gift dort herauszuziehen und es zu schlucken, als einen Toren um

homini stulto. Et dicitur quod quicumque fuerit laborans languorem sui corporis ita vt non cessat ab eo, donec separetur a sociis et amicis, vel qui fuerit peregrinus in terra qua non recolligitur ab aliquo, nec habet coadiutorem, est ei mors melior quam vita, quia vita sibi mors est; mors autem est ei liberatio et requies. Et aliquando cogitur pauper, propter sui nimiam paupertatem, furari, occidere et defraudare, que peiora sunt primis operibus que relinquit. Quoniam dicunt sapientes: Expedit hominem potius esse mutum et veracem quam loquentem et mendacem, et melius est non esse quam esse verbosum et etiam in ipsa veritate.

LIII Ego autem dum essem in cauerna, quando extraxit peregrinus aurum de foramine, et diuiserunt sibi illud inuicem, et accepit heremita suam partem ponens ipsam in marsupio sub capite sui lecti, nisus fui rapere de eo aliquid, vt forsitan per hec restitueretur mihi virtus et vigor et conuerterentur ad me amici et noti mei. Et surrexi dum dormiret, et accessi ad eum. Et ille excitatus est meo strepitu, et cum baculum haberet circa ipsum, percussit me baculo in capite fortiter, et fugiens ego intraui cauernam. Et cum a me dolor percussionis recessisset, rapuit me concupiscentia, et seduxit me vicium, ita vt secundario irem ad capiendum illud. Et cum accessissem ad lectum, ipse promptus et vigilans contra me, accepto baculo, secundario me percussit in capite, ita vt de vulnere sanguis emanaret. Et recedens inde cum amaritudine anime et dolore, reuolui me super ventrem, donec perueniens ad cauernam prostraui me ibi. Ego autem propter dolorem eram semimortuus, prostratus in terra absque corde et intellectu pre nimio dolore qui me occupauit.

etwas zu bitten[1]. Und man sagt, daß wenn einer an einer Krankheit seines Leibes leidet, so daß sie von ihm nicht weicht, bis er von Genossen und Freunden getrennt ist, oder wenn einer ein Fremder ist in einem Lande, wo ihn keiner kennt und er niemanden zum Beistand hat, daß für diesen der Tod besser ist als das Leben, weil das Leben für ihn ein Tod ist; der Tod aber ist für ihn Erlösung und Ruhe. Und manchmal wird ein Armer wegen seiner übergroßen Armut zu Diebstahl, Mord und Betrug gezwungen, was schlimmer ist als seine früheren Taten, von denen er abgelassen hat. Daher sagen die Weisen: es frommt einem Manne mehr, schweigsam und wahrheitsliebend als gesprächig und lügnerisch zu sein, und es ist besser, gar nicht zu leben, als geschwätzig zu sein, selbst wenn man die Wahrheit spricht.

LIII Ich war also nun in der Höhle, als der Pilger das Gold aus dem Loch holte und sie es dort miteinander teilten. Der Eremit nahm seinen Teil und tat ihn in eine Börse, die er unter das Haupt seines Bettes legte. Da versuchte ich nun, etwas davon zu stehlen, damit mir hierdurch vielleicht meine Kraft und Energie wiedergegeben würde und meine Freunde und Bekannten sich mir wieder zuwendeten. Und ich erhob mich, als er schlief und ging zu ihm. Er aber wachte durch das Geräusch, das ich verursachte, auf, und da er einen Stock bei sich hatte, schlug er mich mit dem Stock[2] heftig auf den Kopf, und ich flüchtete mich in mein Loch. Als aber der Schmerz des Schlages nachgelassen hatte, ergriff mich Begehrlichkeit und verführte mich die Sünde, so daß ich zum zweitenmal auf Diebstahl ausging. Als ich aber an das Bett kam, da war er bereit und wartete auf mich: er nahm seinen Stock und schlug mich zum zweiten Mal auf den Kopf, so daß die Wunde blutete. Mit bitterem Schmerz in der Seele floh ich und wälzte mich auf dem Bauche, bis ich an mein Loch kam und mich dort niederstreckte. Vor Schmerzen aber war ich halbtot und lag auf der Erde hingestreckt ohne Mut und Verstand wegen des großen Schmerzes, der mich befallen hatte.

---

1 *petere* mit Dativ ist ganz ungebräuchlich.
2 Hier gebraucht Johann, wohl versehentlich, den korrekten abl. instr.

Itaque ex tunc dedignatus sum omnem pecuniam et diuitias, vt etiam memoria eius mihi inducit cordis terrorem et mentis turbationem. Et consideraui in mea mente et vidi quoniam nullus languor et tribulatio in mundo est qui non causetur ex concupiscentia et vitio, et habitator huius mundi transfertur continue de tribulatione in tristiciam. Et vidi differentiam que est inter prodigum et auarum, quia maxima est. Inueni enim quoniam qui contentus est sua porcione bonorum nec appetit vltra quam datum fuerit sibi, diues est, et illud ei valet plus quam omnes diuitie. Et audiui sapientes dicentes, quoniam non est intellectus sicut illius qui premeditatur sua facta, nec est nobilitas sicut boni mores, nec sunt diuitie sicut diuitie eius qui gaudet sua sorte. Nam ei melius est illud modicum quod ei permanebit quam multe diuitie que cito recedunt. Et dicunt sapientes quod melius cum honore est miseratio, et caput dilectionis est transmissio litterarum et epistolarum societatis, et caput intellectus consistit in scientia rei presentis et non presentis. Et homo melioris animi est qui procul se facit a re ad quam non potest peruenire. Et factus est finis negociorum meorum esse contentus de mea sorte, et declinans a domo heremite veni ad illum locum desertum. Ibi acquisiui societatem columbe ex tunc vsque hodie, et fuit eius societas causa vt adhereret mihi corvus iste; qui cum exponeret mihi societatem, que est inter te et ipsum, et significaret mihi quoniam volebat venire ad te, volui ego venire secum, quoniam displicuit mihi habitare solus; quia non est in mundo

Daher habe ich seitdem alles Geld und Reichtum verachtet, so daß, wenn ich nur daran denke, mein Herz sich fürchtet und mein Sinn verwirrt wird. Und ich betrachtete bei mir und sah, daß es auf dieser Welt kein Elend und keine Unbill gibt, die nicht vom Laster der Habsucht herrührten, und der Bewohner dieser Welt wird beständig aus Widrigkeiten in Trauer gestürzt. Und ich sah den Unterschied zwischen einem Verschwender und einem Geizhals, daß er sehr groß ist[1]. Ich erkannte nämlich, daß einer, der mit seinem Anteil an Hab und Gut zufrieden ist und nicht nach mehr strebt, als ihm gegeben ist, reich ist, und das hat für ihn größeren Wert als aller Reichtum. Und ich hörte die Weisen sagen, daß es keinen Verstand gibt wie den eines Mannes, der über seine Taten vorher nachdenkt, noch gibt es Adel so wie sittliches Betragen, noch gibt es Reichtum wie den Reichtum desjenigen, der sich mit seinem Los freut. Denn das Wenige, was ihm verbleibt, ist besser für ihn als großer Reichtum, der bald schwindet. Und die Weisen sagen, daß auch Barmherzigkeit zusammen mit Ehrbarkeit besser ist, und die Grundlage der Zuneigung ist Sanftmut und Sympathie[2], und die Grundlage des Verstandes besteht in dem Wissen um das, was es gibt und das, was es nicht gibt. Und ein klügerer Mann ist der, der sich fernhält von etwas, was er nicht erreichen kann. Und das Ende meines Tuns ward, daß ich mit meinem Los zufrieden bin[3], und ich verließ das Haus des Eremiten und kam in jene öde Gegend. Dort erwarb ich die Kameradschaft mit der Taube, von damals bis heute, und es war wegen dieser Kameradschaft, daß sich mir dieser Rabe anschloß. Als er mir nun die Freundschaft, die zwischen dir und ihm besteht, auseinandersetzte und mir zu verstehen gab, daß er zu dir kommen wollte, wollte ich mit ihm kommen, weil es mir mißfiel,

---

1 Diese Konstruktion ist wiederum ein deutlicher Hebraismus.
2 Die von Hervieux übernommenen Worte: *transmissio litterarum et societatis*, die keinen rechten Sinn ergeben, aber von Hervieux, seiner Vorlage entsprechend, eingesetzt werden, werden von Derenbourg als auf einem Mißverständnis des arabischen Textes beruhend, kritisiert; wir folgen Geisslers Übersetzung.
3 *contentum* wäre korrekt.

leticia sicut societas amicorum, nec tristicia sicut esse absque amicis et sociis. Et totum probaui et cognoui, quoniam non debet querere quis de hoc mundo vltra statutum quod ipse nouit posse satisfacere sue oportunitati et euitare malum sibi, quod quidem statutum est victus et habitaculum. Nam si daretur homini totus mundus cum omnibus que sunt in eo, non percipiet de eo nisi illud modicum quo satisfacit necessitati sue; reliquum vero, non sibi, sed aliis seruat. Et ideo veni ego cum coruo ad hoc vt sim tibi frater et socius, et volo vt sit gradus meus apud te, sicut gradus tuus apud me.

Et factum est, cum consummasset mus sua verba, respondit ei testudo dulci sermone et lingua humili, dicens: Intellexi quippe verba tua et video te bene retinere in mente tua omnia que passus in te fuisti et que nunc narrasti. Nunc autem nequaquam tuum cor corrumpatur propter illa, et remoue de corde tuo tristiciam, quia bona res non consistit nisi in bona operatione, sicut eger sciens suam egritudinem et eius curationem, et nisi suam sanet egritudinem, nec ei valet sua scientia, nec quietem inueniet. Nunc autem ad intellectum et scientiam te conuerte, nec doleas de amissione diuitiarum. Nam vir nobilis honoratur ab hominibus, etiam si careat diuitiis, sicut leo quem timent videntes, etiam si sit recumbens. Diues autem non habens in se nobilitatem operum vilipenditur ab hominibus, sicut canis qui vilipenditur ab omni homine, etiam si indutus sit ornamentis auri a capite vsque ad pedes. Et

allein zu leben[1]; denn auf der Welt gibt es keine Fröhlichkeit wie die Gesellschaft von Freunden, noch eine Traurigkeit wie die, ohne Freunde und Gefährten zu leben. Ich habe alles durch Erfahrung bestätigt gefunden, daß niemand in dieser Welt etwas über das ihm Bestimmte hinaus verlangen soll, von dem er weiß, daß es ihm genügt und er der Not entgeht, soweit ihm Nahrung und Wohnung zugestanden ist. Denn gäbe man dem Menschen die ganze Welt mit allem, was in ihr ist, so wird er davon doch nur das Wenige nehmen ⟨können⟩, womit er seine Notdurft befriedigt; den Rest aber bewahrt er ja nicht für sich, sondern für andere. Und daher bin ich mit dem Raben zu dem Zweck hergekommen, dein Bruder und Kamerad zu sein, und ich will, daß mein Platz bei dir ist sowie dein Platz bei mir[2]." Und es geschah, als die Maus ihre Rede beendigt hatte, daß ihr die Schildkröte mit freundlicher und unterwürfiger Sprache folgendes entgegnete: „Ich habe deine Worte wohl begriffen und sehe, daß du alles, was dir zugestoßen ist und was du jetzt erzählt hast, gut im Sinne bewahrst. Jetzt aber soll dein Herz deshalb keineswegs bedrückt werden – nein, entferne die Trauer aus deinem Herzen, weil ja etwas Gutes nur in gutem Handeln bestehen kann, wie wenn ein Kranker zwar seine Krankheit und die Kur dafür kennt, aber seine Krankheit nicht heilt: dann nützt ihm weder sein Wissen noch wird er zur Ruhe kommen. Jetzt aber wende dich der Vernunft und dem Wissen zu, und traure nicht über den Verlust deines Reichtums. Denn einem Edlen erweisen die Leute Ehre, auch wenn er des Reichtums entbehrt, so wie man sich beim Anblick eines Löwen fürchtet, auch wenn er ⟨ruhig⟩ daliegt. Ein Reicher aber, der in seinem Handeln nicht edel ist, wird von den Leuten gering geschätzt wie ein Hund, der von jedem Menschen gering geschätzt wird, trüge er auch Goldschmuck vom Kopf bis auf die Füße.

---

1 Statt *solus* müßte es wiederum *solum* heißen; die Verwechslung von *secum* und *cum eo* ist bei Johann zu häufig, als daß wir diesen und ähnliche Barbarismen jedesmal anmerken könnten.
2 *gradus* = Stufe, Grad, Stand; also: „ich will, daß du so viel bei mir giltst wie ich bei dir."

propter hoc ne sit tibi graue esse in peregrinatione in hoc loco, quoniam vir intelligens qui transmigratur de terra in terram, intellectus procedit cum eo, sicut leo qui non transfertur de loco ad locum sine sua fortitudine cum qua viuit. Et credas in te hec que dixi tibi, et erit tuum bonum multum, et quando hec adimpleueris, bonum possidebis, quoniam bonitas et intellectus dati sunt viro prudenti, qui respicit res cum oculo sue mentis. Piger tamen est qui negligens est in suo opere et raro prosperatur, et figuratur eius gloria, quemadmodum non delectatur anima puelle de societate senis. Nec in tua mente contristeris, dicens: Fui diues, modo autem effectus sum pauper; quoniam bona mundi cito veniunt et cito recedunt, quando Deo placet. Et iam narrauerunt sapientes ea que non permanent et cito transeunt, et sunt sicut vmbra: societas malignorum, dilectio mulierum, falsa laus et diuitie. Sapiens vero in multis diuitijs non letatur nec in earum paucitate contristatur; diuitie vero, in quibus est letandus, sunt eius intellectus et bone operationes in quibus poterit confidere, et scire quia nullus est potens sibi illas defraudare. Nam si esset aurum et argentum aut alie res, posset timere de eis de inimicis et latronibus aut aliis accidentalibus seculi. Bonas autem operationes non timebit quis ei deficere vel ab aliquo auferri; et cum hoc non debet obliuisci eius finis et premeditetur quomodo debet redire ad domum sui seculi. Mors autem superuenit repente, nec est spacium temporis inter ipsum hominem

Directorium humanae vitae

Darum möge es dir nicht leid sein, hierorts in der Fremde zu leben, da ein kluger Mann, der von Land zu Land zieht – sein Verstand geht mit ihm mit[1], so wie ein Löwe, der nicht von Ort zu Ort gebracht werden kann ohne seine Kraft, die ihm zu eigen ist. Und du sollst an das glauben, was ich dir gesagt habe[2], und dir wird viel Gutes zukommen, und wenn du also handelst, wirst du ein Gut besitzen, da Güte und Vernunft einem klugen Manne verliehen sind, der die Dinge mit dem Auge seines Geistes betrachtet. Träge aber ist einer, der sein Werk vernachlässigt, und er hat selten Erfolg, und sein Ansehen ist vergleichbar ⟨den Gefühlen⟩ der Seele eines Mädchens, die am Umgang mit einem Greise[3] keine Lust empfindet. Kränke dich also nicht, indem du sagst: ich bin reich gewesen, und jetzt bin ich verarmt; denn die Güter dieser Welt kommen schnell und verschwinden schnell, wenn es Gott gefällt. Haben uns doch die Weisen berichtet, was ohne Dauer ist und schnell verschwindet und wie ein Schatten ist: Die Freundschaft mit Bösewichten, Frauenliebe, falsches Lob und Reichtum. Wer wirklich weise ist, ist nicht fröhlich über großen Reichtum, noch niedergeschlagen, wenn er wenig besitzt; der Reichtum, dessen er sich freuen soll, sind sein Verstand und seine guten Taten; auf diese Dinge ist Verlaß, und er weiß, daß niemand die Macht besitzt, ihm diese zu entreißen. Denn wäre ⟨sein Reichtum⟩ Gold und Silber oder andere Dinge, so könnte er um sie Angst haben vor Feinden, Räubern oder anderen Dingen, die einem in dieser Welt zustoßen können. Wegen guter Taten aber wird niemand befürchten, daß sie ihn verlassen könnten oder von jemand geraubt würden; und dabei soll er sein Ende[4] nicht vergessen, sondern im Voraus bedenken, wie er in sein Grab zurückkehren wird[5]. Schnell aber tritt der Tod den Menschen an,

---

1 Die Übersetzung gibt das ungeschickte Anakoluth des Textes wieder.
2 Das Wort *te* ist hier verdächtig.
3 Derenbourg hat mit Recht das Wort *eius* durch *senis* ersetzt.
4 Hier steht offenbar *eius* statt des Possessivs.
5 *domus seculi* ist die wörtliche Übersetzung des hebräischen *beth olam* – ein im Lateinischen sehr unpassender Hebraismus.

et ipsam, nec tempus determinatum. Ipsa enim separat fratres
a se inuicem. Cumque non eges correctione mea, quia sapientior
me es et intelligis et cognoscis que bona aut mala sunt, visum
autem mihi est vt responderem tue interrogationi mea ex
dilectione et societate, et indicarem tibi bonos mores. Tu autem
frater noster es, et omnia que habemus tua sunt.

Et audiens coruus verba que respondit testudo muri et dulcedinem verborum suorum et rectitudinem, gauisus est multum
et dixit ei: Iam letificasti me et rectificasti cor meum et magnum
bonum nobis intulisti. Tu autem gaudere debes in animo tuo
in eo quod Deus perfecit te in omni bono; quoniam nemo
potest gaudere et benefacere sibi et habere bonam famam,
nisi eius pes non commoueatur a suis amicis, nec eius amicus
declinet a sociis, nec ipsi ab eo declinent, nec a se pro cunctis
faciet alios qui letificent ipsum, et respiciat que sunt eis vtilia.
Nam quando cadit nobilis, non subleuatur nisi per nobiles,
sicut elephas, quando cadit in foueam, non educitur inde nisi
ab elephantibus. Nec debet vir intelligens derelinquere agere
misericordiam quam solet agere, et etiam si submittit se peri-
culis in actione misericordiarum, non est enim nephas, sed
sciat quoniam per illud acquirat stabile per fragile et bonum
per malum et multum per paucum, nec reputatur diues in
cuius diuitijs existit cupidus et auarus.

noch ist ihm hierfür eine Frist gegeben, noch ein festgesetzter Zeitpunkt. ⟨Der Tod⟩ trennt ja Brüder voneinander. Und obwohl du meiner Belehrung nicht bedarfst, weil du weiser bist als ich und begreifst und weißt, was gut oder schlecht ist, hielt ich es doch für richtig, auf deine Frage zu antworten und dir die Moral aufzuzeigen, wegen meiner Zuneigung zu dir und wegen unserer Kameradschaft. Du aber bist unser Bruder, und alles, was wir haben, ist dein."

Als nun der Rabe hörte, wie die Schildkröte der Maus so beredt und rechtschaffen zusprach, freute er sich sehr und sprach zu ihr: „Nun hast du mich erfreut und mein Herz auf den rechten Weg gebracht und uns viel Gutes getan. Du aber sollst dich in deiner Seele darüber freuen, daß Gott soviel Gutes an dir getan hat; denn nur der kann sich ⟨wirklich⟩ erfreuen, sich selbst Gutes tun und einen guten Ruf genießen, dessen Schritt von seinen Freunden gelenkt wird und dessen Herz[1] sich von seinen Kameraden nicht abwendet, noch sie sich von ihm, und der sich nicht statt aller seiner gegenwärtigen Freunde[2] andere gesellt, die ihm gefällig sind, wobei er nur auf seinen Vorteil blickt. Denn wenn ein Vornehmer zu Fall kommt, kann ihn nur ein Vornehmer wieder aufrichten, so wie ein Elefant, wenn er in eine Grube fällt, nur von einem anderen Elefanten wieder herausgezogen werden kann. Auch soll ein kluger Mann nicht ablassen, seine gewohnte Barmherzigkeit zu üben, selbst wenn er beim Werke der Barmherzigkeit sich Gefahren aussetzt, denn das ist kein Übel; er möge vielmehr verstehen, daß er hierdurch Beständiges statt Zerbrechlichem erwirbt, und Gutes durch Böses, und Vieles durch Wenig, noch gilt einer als reich, den sein Reichtum habgierig und geizig gemacht hat."

---

[1] Das in beiden Ausgaben stehende *amicus* ist wahrscheinlich ein Schreib- oder Druckfehler für *animus*, und auch Geissler übersetzt „sein Geist", ohne allerdings den Text zu ändern, und faßte das folgende *sociis* als „schlechte Gefährten" auf.

[2] Der ganze Satz, beginnend mit *nec a se* ist äußerst obskur und wahrscheinlich verderbt, so daß die Übersetzung nur den mutmaßlichen Sinn wiedergeben kann.

LIV Et factum est, dum loqueretur coruus, ecce superuenit
ei ceruus; et timentes, submersit se testudo in aquam et mus
ingressus est cauernam suam et volans coruus posuit se in
arbore. Cumque venisset ceruus ad aquam, bibit aliquantulum
et stabat timidus. Et venit coruus volans per aerem, vt videret
si quis esset aliquis persequens et querens hunc ceruum, et
cum nullum videret, vocauit testudinem et murem, vt exirent,
dicens eis: Nihil est de quo sit timendum. Qui exiuerunt et
congregati sunt. Et videns testudo ipsum ceruum respicien-
tem aquam et non accedentem ad ipsam, ait ei: Bibe, domine
mi, si sitis, nec timeas, quia nullus est hic qui noceat tibi. Et
accedens ceruus ad eam ceperunt diligere se inuicem. Et ait
testudo: Vnde venis? Cui respondit ceruus: Fui, inquam, in
hoc deserto pluribus diebus, et cum non cessarent serpentes
sequi me de loco in locum, timens ne superueniret aliquis
venator, veni ad locum istum. Dixit ei testudo: Ne timeas,
quia in hoc loco nunquam venator apparuit, et nos quidem
confirmabimus tibi fedus et dilectionem nostram; morare igitur nobiscum, quoniam pascua prope nos sunt. Cupiens igitur
ceruus esse cum eis remansit ibi; fecerant sibi autem vmbra-
culum de herbis et arboribus, vbi omni die conuenerant simul,
narrantes et dicentes verba seculi.

LV Quadam vero die cum starent ibi mus, testudo et coruus
et non esset ibi ceruus, dubitabant de eo, et dum tardasset
venire, timuerunt ne forte esset a venatoribus impeditus. Et
dixerunt testudo et mus coruo: Vola circuiens terram et respice; forte videbis aliquid. Et circuiens coruus vidit ceruum
captum in rethe venatoris, et rediens festinanter ad socios
eius, annunciauit eis. Dixerunt coruus et testudo muri: Adue-

LIV Als der Rabe so sprach, geschah es, daß auf einmal ein Hirsch erschien. Die Freunde fürchteten sich: die Schildkröte tauchte unter Wasser, die Maus schlüpfte in ihr Loch, und der Rabe flog ⟨empor⟩ und setzte sich auf einen Baum. Als nun der Hirsch ans Wasser kam, trank er ein wenig und stand dann ängstlich da. Der Rabe flog durch die Luft, um zu sehen, ob vielleicht jemand diesem Hirsch nachsetzte, als er aber niemanden sah, rief er der Schildkröte und der Maus zu, herauszukommen, mit den Worten: „Es ist kein Anlaß zur Furcht." Sie kamen heraus und versammelten sich, und als die Schildkröte sah, wie der Hirsch aufs Wasser blickte, aber sich nicht heran traute, sprach sie zu ihm: „Trinke, Herr, wenn es dich dürstet, und habe keine Furcht, denn hier ist niemand, der dich gefährdet." Der Hirsch ging an sie heran, und sie faßten eine gegenseitige Zuneigung. Die Schildkröte fragte: „Woher kommst du?" Der Hirsch antwortete ihr: „Ich war mehrere Tage in dieser Wüste, und da mir Schlangen unablässig von Ort zu Ort nachsetzten und ich auch fürchtete, es möchte noch ein Jäger kommen, kam ich an diesen Ort." Die Schildkröte sprach zu ihm: „Fürchte dich nicht, weil sich an diesem Orte noch nie ein Jäger gezeigt hat, und wir wollen mit dir ein festes Bündnis treuer Freundschaft schließen. Bleibe also bei uns, da Weide in der Nähe ist." Der Hirsch blieb daher gerne mit ihnen zusammen; sie hatten sich aus Gräsern und Bäumen ein Schattendach gebaut, unter dem sie jeden Tag zusammen kamen und einander Geschichten aus aller Welt erzählten.

LV Als nun eines Tages die Maus, die Schildkröte und der Rabe dort waren, nicht aber der Hirsch, beunruhigten sie sich seinetwegen, und als er immer noch nicht kam, fürchteten sie, er könnte vielleicht von Jägern bedrängt sein. Die Schildkröte und die Maus sprachen zum Raben: „Flieg du im Lande herum, und halte Ausschau: vielleicht wirst du etwas sehen." Und auf seinem Flug sah der Rabe ⟨in der Tat⟩, daß der Hirsch im Netz eines Jägers gefangen war; er kehrte eilends zu seinen Freunden zurück und berichtete ihnen dieses. Da sprachen der Rabe und die Schildkröte zur Maus: „Jetzt hat uns

nit nobis nunc malum, in quo non speramus nos posse liberari nisi per te. Nunc autem salua sociam nostrum et tuum. Et audiens hoc, mus iuit vsque peruenit ad ceruum, et ait ei: Frater mi, qui te iactauit in hunc laqueum? soles enim esse de prudentibus et intelligentibus. Et respondens ceruus ait: Nunquid valet intelligens euadere a sententia que de super lata est ei? Nonne scis quoniam non valet leuibus cursus nec potentibus bellum? Et dum loquerentur ad inuicem, superuenit eis testudo. Cui ait ceruus: Quid tibi visum fuit venire huc? aut quid iuuabit nos aduentus tuus? Scio enim quod antequam perueniat venator ad nos, perficiet mus rodere rethia, et, cum sim leuis, potero fugere et euadere; mus etiam potest inuenire multas cauernas in quibus se abscondit; coruus etiam volabit per aerem; remanebis autem tu, grauis motu nec potens fugere, capieris forte. Respondit testudo et ait ei: Non debet quis reputari intelligens qui viuit post separationem a sociis suis; nam adiutorium hominis et solacium sui animi in tempore aduersitatis est, quando habet secum amicum suum et quilibet eorum extrahit cor suum, exponens illud amico suo. Sed quando separantur amici ab inuicem, obfuscatur eorum leticia et oculi caligant.

Adhuc ea loquente, repente superueuit venator currens velociter, vt ceruum, quem putabat esse captum, acciperet et secum domi portaret. Sed antequam ipse appropinquaret, mus roderat rethia, et ceruus euasit fugiens ad nemora velociter, et coruus volauit super arborem quandam, et sedebat ibi expectans finem de testudine, et mus cauernam suam ingressus est; sed testudo fugere tam cito non potuit, de quo mus doluit

ein Übel befallen, aus dem wir, wie wir hoffen, nur mit deiner Hilfe frei kommen können. Rette darum jetzt unsern und deinen Freund." Die Maus gehorchte, ging hin bis sie zum Hirsch gelangte und sprach zu ihm: „Bruder, wer hat dich in diesen Fallstrick geworfen, der du doch zu den Vorsichtigen und Verständigen gehörst?" Der Hirsch gab zur Antwort: „Kann selbst der Verständige der Entscheidung entgehen, die von oben über ihn gefällt ward, weißt du nicht, daß der Lauf nicht dem Leichtfüßigen nutzt noch der Kampf dem Mächtigen?"[1] Als sie so miteinander sprachen, kam die Schildkröte herbei. Der Hirsch sprach zu ihr: „Was kam dir in den Sinn, daß du hierher gekommen bist, und was kann dein Kommen uns helfen? Ich weiß wohl, daß die Maus das Zernagen des Netzes beendigt haben wird, ehe der Jäger hierher kommt, und da ich leicht zu Fuß bin, kann ich fliehen und entkommen; auch die Maus kann viele Löcher finden, um sich zu verstecken; der Rabe gar wird durch die Luft fliegen, du aber wirst hierbleiben, und da du schwerfällig bist und nicht entfliehen kannst, wirst du vielleicht gefangen." Die Schildkröte gab ihm zur Antwort: „Es darf nicht einer als verständig gelten, der nach der Trennung von seinen Gefährten weiter lebt, denn es ist eine Stütze für den Menschen und ein Trost seiner Seele in Notzeiten, wenn er einen Freund bei sich hat, und ein jeder gibt sein Herz dahin für seinen Freund. Trennen sich aber Freunde voneinander, so wird ihre Heiterkeit verdunkelt und ihre Augen verfinstert."

Als sie[2] noch sprach, kam eiligen Laufes der Jäger herbeigerannt[3], um den Hirsch, den er gefangen glaubte, zu nehmen und nach Hause zu tragen. Ehe er aber noch heran kam, hatte die Maus die Netze zernagt, und der Hirsch entkam in rascher Flucht in den Wald, und der Rabe flog auf einen Baum und saß dort, um abzuwarten, wie es mit der Schildkröte ausgehen werde, und die Maus schlüpfte in ihr Loch, aber die Schildkröte konnte nicht so schnell entfliehen, wor-

---

1 Diese Sentenz lehnt sich an Ecclesiastes 9, 11 an.
2 Wir haben das offenbar fehlerhafte *eo* beider Texte durch *ea* ersetzt.
3 Man beachte die ungeschickte Tautologie *repente – currens velociter.*

multum in corde suo, et iacuit respiciens a longe, vt videret quid de ea fieret.

LVI Cunque superuenisset venator ad rethia et vidit ea incisa, obstupuit, et respiciens vndique non vidit nisi testudinem et capiens illam ligauit eam bene, ceruo et coruo a longe videntibus, multum indolentibus. Et ait mus: Non videtur mihi nisi, quando euadimus de laqueo, incidimus in foueam, et procedimus de vna tribulatione in aliam. Iam iustum est verbum illius qui dixit quoniam non desinit homo esse in tranquillitate et pace, dum non cadat; postquam vero semel incidere incepit, inuadunt eum tribulationes ex omni latere. Et non suffecit mihi infortunium meum quod me separat a viris societatis mee et diuitijs, sed separat me a socio, qui non solum socius, verum etiam mihi frater erat, scilicet testudine, qui melior ac vtilior mihi ac nobis omnibus erat quam omnes mei consanguinei et amici quos vnquam diebus vite mee habui; que non venit huc, vt bene scio, nisi ex nimia dilectione et fidelitate et nobilitate suorum operum, que melior est quam dilectio patris aut matris ad filium, que quidem non cessat vsque ad mortem. Ve huic corpori, cui tot mala predestinata sunt vt discurrat de malo in malum! Nec diu permanet quis in aliquo bono, quemadmodum stelle non permanent in aliquo bono vel malo, sed quotidie conuertuntur de uno in alterum; modo lucent, modo obscurantur, modo conuertuntur de tenebris ad lucem, modo autem de luce in tenebras. He vero tribulationes quas induxit mihi socius meus, sunt sicut apostema, quod intendens medicus curare tangit illud cum ferro, vt aperiatur; tunc vero insurgit ergo duplex dolor incisionis et dolor apostematis, sicut quoque homo cuius languores sanati sunt,

über sich die Maus herzlich betrübte, und sie lag da und schaute von weitem zu, wie es ihr wohl ergehen würde.

LVI Als nun der Jäger zu den Netzen kam und sie zerschnitten fand, war er verblüfft. Er sah sich nach allen Seiten um, erblickte aber nur die Schildkröte; die fing er und schnürte sie ganz fest, während der Hirsch und der Rabe von weitem mit großem Kummer zusahen. Und die Maus sprach: „Es kommt mir nicht anders vor, als ob wir der Schlinge nur entgangen sind, um in die Grube zu fallen, und daß wir von einer Heimsuchung in die andere geraten. Mit Recht hat einer gesagt: der Mensch lebt nur solange in Ruhe und Frieden als er nicht fällt; beginnt er aber einmal zu fallen, so bedrängen ihn Unbilden von allen Seiten. Und es genügte mir nicht das Unglück, das mich von meinen Freunden und meinem Reichtum trennte, sondern es trennt mich ⟨jetzt⟩ von einem Kameraden, der mir nicht nur Kamerad, sondern geradezu mein Bruder war, nämlich von der Schildkröte, die[1] mir und uns allen gütiger und nützlicher war als alle meine Blutsverwandten und Freunde, die ich zeit meines Lebens gehabt habe. Denn wie ich wohl weiß, kam sie hierher nur aus großer Zuneigung, Treue und dem Edelmut ihrer Taten, was höher steht als die Liebe eines Vaters oder einer Mutter zu ihrem Sohn, ⟨eine Liebe⟩, die doch bis zum Tode nicht aufhört. Wehe diesem Leibe, dem soviele Übel vorherbestimmt sind, daß er von Bösem in Böses gerät! Es verbleibt ja auch niemand lange in gutem Zustand, so wie auch die Sterne nicht in einem guten oder schlechten ⟨Aspekt⟩ verharren, sondern sich täglich von einem zum anderen wandeln: bald leuchten sie, bald werden sie verdunkelt, einmal verändern sie sich aus Finsternis zu Licht, dann wieder vom Licht in Finsternis. Diese Heimsuchungen aber, die mein Kamerad über mich gebracht hat, sind wie ein Geschwür, wenn es der Arzt, um es zu heilen, mit dem Messer aufschneidet: dann nämlich erhebt sich ein doppelter Schmerz, der des Einschnitts und der des Geschwürs, und so geht es auch einem Menschen, dessen Leiden geheilt sind,

---

[1] Wiederum gebraucht Johann das inkorrekte Maskulin.

cum inuenit suos amicos et socios, postea vero separatur ab eis. Dixerunt coruus et ceruus muri: Contristatio et verba nostra et tua non proficiunt testudini. Nunc vero hoc relinque et quere argumenta pro ea. Dicunt enim sapientes quoniam in temporibus aduersitatum temptabis amicos, fideles autem viros in mercationibus, socios vero in accidentibus temporum.

Ait mus: Videtur mihi vt vadat ceruus et exeat ad viam scilicet venatoris, stans procul ab eo in initere per quod debet transire venator, et simulet se quasi mortuum, et stet coruus super eum quasi vellet de sua carne comedere. Scio etenim quoniam venator, respiciens hoc, deponet sarcinam funium et rethia de humero suo et curret festinanter aduersus te. Tu autem, cum videris ipsum accedentem ad te, procede inde paululum, vt non recedat spes sua de te, et fatiga ipsum post te; et interim ego rodam funes. Scio enim quod ante reditum venatoris erunt funes rose et erimus omnes liberi ad nostrum locum cum pace redeuntes. Et fecerunt coruus et ceruus ita. Et cum venator eos persequeretur, donec propinquans eis, fugit ceruus et coruus in viam suam; et cum rediret venator confusus ad capiendum funes, inuenit quoniam testudo de laqueo euaserat, et obstupuit multum, existens confusus et cogitans in animo suo. Et cum venator de ceruo qui astitit ei procul cogitaret et de eo coruo qui stabat super eum quasi de carne sua comedens, cum ita non fuisset, et cum cogitaret de rethibus suis

wenn er seine Freunde und Kameraden findet, nur um danach von ihnen getrennt zu werden." Der Rabe und der Hirsch sprachen zur Maus: „Unser Kummer und unsere wie auch deine Worte helfen der Schildkröte nicht, darum lasse ab davon, und sinne auf einen Kunstgriff für sie. Sagen doch die Weisen, daß du, wenn es dir schlecht geht, deine Freunde auf die Probe stellen wirst, zuverlässige Männer aber in Geschäften und ⟨gute⟩ Kameraden bei Unglücksfällen."

Da sprach die Maus: „Mein Rat ist, daß der Hirsch hingehen und sich auf den Weg des Jägers[1] begibt und sich abseits des Weges, den der Jäger kommen muß, niederlegt[2] und sich tot stellt, und der Rabe soll sich auf ihn stellen, als wollte er von seinem Fleische fressen. Ich weiß nämlich, daß der Jäger, wenn er dies sieht, die Last seiner Stricke und Netze von den Schultern werfen und eilends auf dich zulaufen wird. Wenn du ihn aber nahe kommen siehst, schleppe dich ein wenig weiter, damit er die Hoffnung, dich zu fangen, nicht aufgibt, und laß ihn hinter dir müde werden; inzwischen will ich die Stricke durchnagen. Ich weiß nämlich, daß ich die Stricke vor der Rückkehr des Jägers zernagt haben werde, und wir werden alle frei und in Frieden an unseren Ort zurückkehren." Und der Rabe und der Hirsch taten also. Und als der Jäger ihnen nachsetzte und sich ihnen näherte[3], da flüchteten der Hirsch und der Rabe jeder seines Weges. Und als der verwirrte Jäger zurückkam, um seine Stricke aufzunehmen, fand er, daß die Schildkröte aus der Schlinge entkommen war, und er war überaus erstaunt, und seine Sinne waren völlig verwirrt. Und als der Jäger nachdachte über den Hirsch, der von weitem dagelegen war, und über den Raben, der auf ihm stand, als wollte er von seinem Fleisch fressen, wo dies doch

---

[1] *scilicet venatoris* sieht wiederum wie eine überflüssige, in den Text gerutschte Glosse aus.
[2] Das Wort *stans* ist, wie das folgende zeigt, völlig fehl am Platze.
[3] Hervieux weist zurecht darauf hin, daß dieser Satzteil statt eines verbum finitum nur ein Partizip hat: dies dürfte wiederum ein Hebraismus sein, da im Hebräischen das Präsens des Verbums nur durch Personalpronomen + Partizip ausgedrückt wird.

que incisa erant, miratus fuit et ait: Nonne est hec regio magorum aut demonum? Et abiit in viam suam cum timore. Coruus vero, testudo, ceruus et mus ad suum locum cum pace et securitate reuersi sunt.

Inquit rex suo philosopho: Perspiciendum est in huiusmodi fabulis quando peruenit consilium paruorum animalium et vilium auium iuuare se inuicem, maxime homines qui se constituerunt in hac consuetudine; perueniret eis fructus operationum suarum et suorum processuum, rectitudo in conseruando opus misericordie et odiendo iniquitatem.

Allgemeine Bemerkungen zu Kap. IV des Directorium Humanae Vitae
Dieses Kapitel des Directorium Humanae Vitae, also des Pantschatantra, zeigt bereits die Merkmale des Tierepos: eine Rahmenerzählung, umfassend Episoden (*parabolae*), in denen dieselben (Tier-) Personen handelnd auftreten.
Der hauptsächliche Unterschied vom westlichen Tierepos besteht im Fehlen der Satire sowie in dem für unsere Begriffe aufdringlichen Moralisieren. Immerhin findet sich in dem ganzen Buch eine gewisse satirische Tendenz gegen Hof- und Palastintrigen, die in den Umtrieben der Schakale Kalila und Dimna gegen den bei dem edlen aber einfältigen Löwen in Gunst stehenden Ochsen Senesba zum Ausdruck kommt.

Capitulum septimum

DE HEREMITA
Et est de eo qui celer est in suis negocijs, non respiciens finem,
et quid ipsi eo euenit quod summe est animaduertendum

Inquit rex philosopho Sendebar: Aduerti quedam uerba tua quibus percepi quomodo amittitur res, quando nescit homo ipsam conseruare. Nunc vero indica mihi de eo qui festinus est in suo opere suisque negociis, et ea considerans minime,

nicht zutraf[1], und als er an seine Netze dachte, die zerschnitten waren, da ergriff ihn Staunen, und er rief aus: „Ist dies nicht eine Gegend von Zauberern oder bösen Geistern?" Und er ging furchtsam seines Weges. Der Rabe jedoch wie auch die Schildkröte, der Hirsch und die Maus kehrten in Frieden und Sicherheit an ihren Ort zurück.

Der König sprach zu seinem Weisen: „An Fabeln[2] dieser Art soll man deutlich erkennen, daß, wenn schon der Ratschluß kleiner Tiere und geringer Vögel gegenseitige Unterstützung ist, um wieviel mehr ⟨trifft das zu auf⟩ Menschen, die sich diese Handlungsweise zu eigen gemacht haben. Ihnen käme ⟨zurecht⟩ die Furcht ihrer Taten und ihrer Handlungen zu, nämlich Rechtlichkeit im Verrichten von Werken der Barmherzigkeit und Haß gegen Ungerechtigkeit.

Directorium humanae vitae, Kapitel 7

ÜBER EINEN EINSIEDLER

Dies handelt von einem, der in seinen Geschäften vorschnell ist und nicht den Ausgang voraussieht, und was einem Manne zustieß, das man sich gut merken soll.

Der König sprach zu dem Weisen Sendebar: „Ich habe Reden von dir beachtet und aus ihnen gelernt, wie ein Vermögen verlorengeht, wenn der Mensch es nicht zu bewahren weiß. Jetzt aber erzähle mir über einen, der in seinem Werk und

---

[1] Der ganze Satz ist äußerst schwerfällig.
[2] Eine der wenigen Stellen, an denen Johann dieses Wort gebraucht.

futurorumue ignarus seu cogitatiuus. Super hoc, inquam, mihi vt a vobis quedam detur parabola affecto summe. Inquit super hoc philosophus regi: Quicunque est sicut dixisti, non respiciens futura, corruet in suis negocijs et in suis factis; penitebit post ea, et erit eius negocium simile illius quod refertur de heremita et de eius cane quem sine culpa interfecit, non inquirens rei veritatem radicemque rei preuidendo minime. Dixit rex: Quomodo fuit? Inquit philosophus:

LXIX Dicuntur fuisse in quadam ciuitate viri boni et recti, quorum vnus erat heremita bonus et colens Deum, cui erat vxor sterilis. In processu vero dierum concepit mulier, de quo gauisus erat heremita non modicum, dicens vxori sue: Gaudere et exultare debes, cum nascetur nobis filius qui, Deo auxiliante, anime nostre erit restauratio et solacium nostri corporis et cordis, quem regam bona doctrina, et crescet in bonis moribus et fama; et magnificabit Deus nomen meum in ipso et relinquam post me bonam memoriam de me. Et respondens mulier ait ad eum: Nequaquam loqui debes de eo quod nescis, nec tibi phas est hoc dicere. Quis enim te certificauit si pepererò aut non? et si masculum pepererò aut feminam? aut vtrum vixerit natus aut qualis erit ratio pueri eiusque distractio? Relinque igitur hec et spera in domino et expecta eius voluntatem. Nam vir sapiens non debet loqui de his que nescit, nec iudicare temptat opera diuina; inutiles enim cogitationes in corde hominis sunt quamplures, consilium tamen Domini confirmabitur. Quicumque enim assumit talia verba loqui,

seinen Geschäften übereilt ist und über sie zu wenig nachdenkt, während er die Zukunft nicht kennt oder erwägt. Hierüber möchte ich, wie ich sagte, von euch überaus gerne ein Gleichnis vernehmen." Hierüber sprach der Weise zum König wie folgt: „Wer so einer ist, wie du gesagt hast, der nicht in die Zukunft schaut, der wird in seinen Geschäften und Handlungen zusammenbrechen, danach wird es ihm leid tun und mit seinem Geschäft wird es ähnlich ergehen, wie man es von einem Einsiedler und seinem Hunde berichtet: den brachte er um, obwohl er schuldlos war, ohne nach dem wahren Sachverhalt zu fragen und ohne Kenntnis des Grundes." Sprach der König: „Wie war das?" Sprach der Philosoph:

LXIX Man sagt, daß in einer Stadt gute und rechtliche Männer wohnten, deren einer ein guter und gottesfürchtiger Einsiedler war, der eine unfruchtbare Frau hatte. Im Laufe der Zeit aber empfing die Frau, worüber sich der Eremit über alle Maßen freute, und er sprach zu seiner Frau: „Du sollst dich freuen und jubeln, da uns ein Sohn geboren wird, der mit Gottes Hilfe der Trost unserer Seele, unseres Herzens und Leibes sein wird. Ihn will ich mit guter Lehre regieren und er wird in guten Sitten und gutem Ruf heranwachsen, und Gott wird meinen Namen in ihm erhöhen, und ich werde ein gutes Angedenken hinterlassen." Die Frau antwortete ihm: „Du darfst keineswegs von etwas sprechen, das du nicht weißt, noch ist es recht, so zu reden. Denn wer hat die Gewißheit gegeben, ob ich gebären werde oder nicht, und ob ich ein männliches oder weibliches Kind zur Welt bringen werde, und ob das Kind am Leben bleiben wird und welcher Art des Kindes Vernunft und seine Charakteranlage sein wird? Laß also davon ab, und hoffe auf den Herrn und warte seinen Willen ab. Denn ein Verständiger darf nicht von dem sprechen, was er nicht weiß, noch soll er über Gottes Werk zu urteilen versuchen; denn im Menschenherzen sind viele Erwägungen eitel, aber Gottes Ratschluß wird bestätigt werden[1]. Denn wer sich vermißt, so zu reden, dem wird Ähn-

---

[1] Fast wörtliche Wiedergabe von Proverbia 19, 21.

accidet ei simile quod accidit heremite cuidam super quem vas mellis effusum est. Et dixit maritus eius: Quomodo fuit hoc? Ait vxor:

LXX Dicitur quod olim quidam fuit heremita apud quendam regem, cui rex prouidebat quolibet die pro sua vita, scilicet prouisionem de sua coquina et vasculum de melle. Ille vero comedebat decocta et reseruabat mel in quodam vase suspenso super suum caput donec esset plenum. Erat autem mel percarum in illis diebus. Quadam vero die, dum iaceret in suo lecto, eleuato capite, respexit vas mellis quod super eius caput pendebat, et recordatus est quoniam mel de die in diem vendebatur pluris solito seu carius, et dixit in corde suo: Quando fuerit vas plenum, vendam ipsum vno talento auri, de quo mihi emam decem oues, et successu temporis he oues facient filios et filias, et erunt viginti. Postea vero ipsis multiplicatis cum filiis et filiabus in quattuor annis erunt quattuor centum. Tunc de quibuslibet quattuor ouibus emam vaccam et bouem et terram, et vacce multiplicabuntur in filiis, quorum masculos accipiam mihi in culturam terre, preter id quod percipiam de feminis de lacte et lana, donec, non consummatis alijs quinque annis, multiplicabuntur in tantum quod habebo mihi magnas substantias et diuitias, et ero a cunctis reputatus diues et honestus. Et edificabo mihi tunc grandia et excellentia edificia pre omnibus meis vicinis et consanguineis, ita quod omnes de meis diuitiis loquentur. Nonne erit mihi illud iocundum, cum omnes homines mihi reuerentiam in omnibus locis exhibeant? Accipiam postea vxorem bonam de nobilibus terre, cunque eam cognouero, concipiet et pariet mihi filium nobilem

liches geschehen wie einem gewissen Einsiedler, über den sich ein Gefäß voll Honig ergoß." Ihr Mann sprach: „Wie war das?" Die Frau sagte:

LXX[1] „Man sagt, es habe einmal ein Eremit bei einem König gelebt, dem der König täglich seinen Lebensunterhalt zur Verfügung stellte, nämliche Speisen aus seiner Küche sowie ein Töpfchen Honig. Jener aß nun die gekochten Speisen, aber hob den Honig in einem über seinem Haupt hängenden Gefäß auf, bis es voll wäre. Nun war Honig zu jener Zeit sehr teuer. Als er eines Tages im Bett lag, erhob er sein Haupt, sah auf das Gefäß mit Honig, das über seinem Haupt hing, und dachte daran, wie der Honig von Tag zu Tag zu höherem Preis als zuvor verkauft wurde. Da sprach er in seinem Herzen[2]: wenn das Gefäß voll ist, werde ich es für ein Talent Gold verkaufen. Dafür werde ich mir zehn Schafe kaufen und im Lauf der Zeit werden sie männlichen und weiblichen Nachwuchs haben, und es werden 20 sein. Wenn diese sich nun mit ihren Söhnen und Töchtern vermehren, so werden es nach vier Jahren 400 sein. Dann werde ich mir für je vier Schafe eine Kuh und einen Stier und Land kaufen, und die Kühe werden sich um Kälber vermehren; die männlichen werde ich zur Landbestellung verwenden und außerdem von den weiblichen Milch und Wolle[3] bekommen, bis noch vor Ablauf von weiteren fünf Jahren sie sich so vermehrt haben, daß ich großes Vermögen und Reichtum besitzen werde und ein reicher und von allen hochangesehener Mann sein werde. Dann will ich mir großartige und prächtige Häuser bauen, mit denen ich alle meine Nachbarn und Verwandten übertreffe, so daß sie alle von meinem Reichtum sprechen werden. Wird mich das nicht sehr ergötzen, wenn alle Leute mir allerorten Reverenz erweisen? Danach will ich mir eine gute Frau vom Adel des Landes nehmen, und wenn ich sie erkenne, wird sie empfangen und mir, wenn es glücklich abläuft und

---

1 Diese Fabel ist der Prototyp der bekannten Milchmädchenrechnung.
2 Wie viele andere Wendungen bei Johann ist dies ein Hebraismus.
3 Hier denkt er wieder an Schafe, da Kühe wohl Milch aber keine Wolle geben. – D. schreibt zurecht *feminis* statt *eis*.

et delectabilem cum bona fortuna et Dei beneplacito, qui crescet in scientia et virtute, et relinquam mihi per ipsum bonam memoriam post mei obitum. Et castigabo ipsum dietim, si mee recalcitrauerit doctrine, ac mihi in omnibus erit obediens, et si non, percutiam eum isto baculo, et, erecto baculo ad percutiendum, percussit vas mellis et fregit ipsum, et defluxit mel super caput eius.

Hanc protuli parabolam vt de his que nescis non loquaris. Dicitur enim: Non exulteris de die crastino, quia nescis quid accidet hodie. Et audiens hec heremita siluit et correctus est.

LXXI   Adueniente autem tempore partus antedicte mulieris, peperit filium pulcrum et delectabilem, super quo ambo gauisi sunt. Et consummatis diebus purgationis mulieris, dixit suo marito: Sede hic cum puero, vt vadam ad balneum, et mundabo me. Et patre remanente cum puero, ecce venit nuncius regis et uocauit eum ad regem. Habebat autem in domo canem qui, cum vidisset serpentem de foramine exeuntem et ad puerum accedentem vt ipsum offenderet, rapuit ipsum et eum in frusta detruncauit, et remansit os canis sanguine pollutum. Et factum est cum rediret heremita de domo regis, aperto ostio, exiuit ad eum canis, et videns heremita os canis esse sanguine pollutum, estimauit puerum offendisse, et percutiens ipsum fortiter interfecit illum, nec meditatus est in suo facto. Postea vero intrauit domum, et, inuento puero viuo et serpente mortuo ante ipsum, sciuit quoniam canis serpentem interfecerat; et penituit eum valde et doluit multum dicens: Vtinam natus non esset puer

Gott wohlgefällig ist, einen edlen und erfreulichen Sohn gebären. Der wird in Wissen und Tugend heranwachsen, und ich werde mir nach meinem Tode ein gutes Angedenken hinterlassen. Und täglich will ich ihn züchtigen, wenn er sich meiner Lehre widersetzt, und er soll mir in allen Dingen gehorsam sein, und ist er's nicht, so will ich ihn mit diesem Stock schlagen. Und er erhob den Stock zum Schlagen, schlug den Honigtopf und zerbrach ihn, und der Honig floß ihm auf den Kopf.

Dieses Gleichnis habe ich dir vorgetragen, damit du nicht über Dinge redest, von denen du nichts weißt. Heißt es doch: Frohlocke nicht über den morgigen Tag, weil du nicht weißt, was heute geschehen wird."[1] Und als der Einsiedler dies hörte, schwieg er und war zurechtgewiesen.

LXXI Als nun für besagte Frau die Zeit der Geburt kam, gebar sie einen schönen und anmutigen Sohn, über den sich beide freuten. Und als die Tage der Reinigung der Frau erfüllt waren, sprach sie zu ihrem Manne: „Sitze hier bei dem Kind, daß ich ins Bad gehe und mich reinige."[2] Und der Vater blieb bei dem Kinde, aber siehe, da kam ein Bote und berief ihn zum König. Nun hatte er im Haus einen Hund. Dieser sah, wie eine Schlange aus ihrem Loch herauskam und zu dem Knaben kroch, um ihn anzugreifen. Da packte der Hund die Schlange und riß sie in Stücke, so daß seine Schnauze mit Blut besudelt war. Und es begab sich, als der Eremit vom Hause des Königs zurückkehrte, daß ihm aus der geöffneten Tür der Hund entgegenkam. Als nun der Eremit die Schnauze des Hundes mit Blut befleckt sah, glaubte er, er habe das Kind angegriffen, und ohne weiter nachzudenken schlug er den Hund tot. Danach aber betrat er sein Haus, und als er das Kind lebendig, aber die Schlange tot vor ihm liegen fand, begriff er, daß der Hund die Schlange getötet hatte; und es reute und schmerzte ihn sehr, und er sprach: „Wäre doch dieses Kind nicht geboren und hätte ich

---

[1] Fast wörtliche Wiedergabe von Proverbia 27, 1.
[2] Dies bezieht sich auf das jüdische rituelle Bad (Mikwa), das Frauen nach der Menstruation oder 40 Tage nach einer Geburt benutzen müssen.

iste et non interfecissem canem meum, nec pro tanto bono tantum retribuissem malum ei! Talia enim sunt opera illius qui ingratus est de receptis beneficiis. Et rediens mulier ad domum suam vidit canem et serpentem interfectos, et interrogauit maritum super hoc. Cui exposuit negocium. Et ait ad eum mulier: Talis est fructus cuiuslibet agentis opera sua cum festinantia nec preuidentis res antequam pertractet eas. Quicunque enim simili modo facit, penitebit et contristabitur, et non proficiet ei quicquam neque cedet de suo corde tristicia.

Post hoc dixit Sendebar regi: Viri intelligentie et prudentie preuidentes diligenter in suis processibus, perueniunt ad id ad quod viri concupiscibiles et furiosi peruenire non possunt, et propter hoc decet virum prudentem considerare huiusmodi et se ab illis preseruare, vt sua opera fiant cum diligentia et probitate, vt per hec ad suum intentum perueniat.

Capitulum octavum

DE MURILEGO ET MURE
Et est de inimico qui requirit pacem cum suo inimico tempore necessitatis

Inquit rex philosopho Sendebar: Intellexi verba tua que mihi retulisti pro illo qui sua opera improuide pertractat, et quid vltimo ei accidit inde. Nunc autem indica mihi pro viro imbecilli, quando incidit in manum inimicorum suorum, que decet ipsum argumenta suscipere, vt de manu illorum euadat aut adhereat alicui ipsorum, ...

LXXII Dicitur quod erat quedam magna arbor circa littus maris in quadam maxima planicie; erat autem in radice istius cauerna cuiusdam murilegi, cuius nomen erat Pendem. Et cum sepe venirent ibi venatores ad venandum, quadam vero die venientibus illis et expositis ibi rethibus, incidit in illa iste

doch meinen Hund nicht umgebracht und ihm soviel Gutes mit soviel Bösem vergolten! Denn so handelt einer, der für ihm erwiesene Wohltaten undankbar ist." Als die Frau nach Hause kam, sah sie den toten Hund und die tote Schlange und befragte ihren Mann deswegen, und er erklärte ihr die Sache. Da sprach die Frau zu ihm: „Das kommt dabei heraus, wenn jemand vorschnell handelt und nicht den Ausgang einer Sache voraussieht, ehe er sie behandelt. Denn wer immer Ähnliches tut, der wird Reue und Trauer empfinden, und nichts wird ihm guttun, noch wird die Trauer aus seinem Herzen weichen." Danach sprach Sendebar zum König: „Männer, die verständig, klug und sorgsam bei ihren Geschäften vorausblicken, erreichen das, was Begehrliche und Zornmütige nicht erlangen können, und darum ziemt es einem klugen Mann, solchermaßen zu erwägen und sich vor derartigen Menschen zu hüten, damit sein Werk mit Sorgfalt und Rechtschaffenheit durchgeführt werde und er so seine Absicht erreiche."

Directorium humanae vitae, Kapitel 8

DIE KATZE UND DIE MAUS
Und dies handelt von einem Feinde, der zu Notzeiten Frieden mit seinem Feinde sucht.

Der König sprach zu seinem Weisen Sendebar: „Ich habe deine Erzählung von einem, der unvorsichtig an sein Werk geht, und was ihm schließlich zustößt, begriffen. Nun aber zeige mir an, wie es mit einem schwachen Manne steht, wenn er in die Hände seiner Feinde fällt: welche Gründe er vorschieben soll, um aus ihrer Hand zu entrinnen oder sich einem von ihnen anzuschließen ... (gekürzt)"

LXXII Es soll einmal ein hoher Baum nahe dem Meeresstrande in einer sehr großen Ebene gestanden haben. Unter der Wurzel des Baumes aber war die Höhle einer Katze, die Pendem hieß. Nun kamen häufig Jäger dorthin auf der Jagd, und als sie eines Tages ihre Netze auslegten, verwickelte sich

murilegus. Quod videns quidam mus nomine Rem, exiens more solito ad querendum sibi escam, vidit murilegum captum rethibus et gauisus est, nesciens suum finem et quid sibi accidere posset. Et respiciens post se vidit canem insidiantem sibi, et eleuans oculos in altum vidit in ramo arboris auem volentem ipsum rapere. Tunc estimauit mus quoniam, si retrocederet, caperetur a cane, et, si vltra iret, raperetur ab aue. Et videns quoniam circumdederunt ipsum vndique pericula, cogitauit in se dicens: Multe tribulationes congregate sunt aduersus me, nec est qui me ab eis eruat nisi argumenta et meus intellectus. Nunc autem nequaquam debet cor meum stupescere ab his nec turbari; non enim debet a viro sapiente eius intellectus et prudentia recedere. Intellectus enim sapientum ipse est qui eos saluos reddit in hora tribulationis, nec debent stupescere in his que facere debent.

Et considerauit mus dicens: Non est mihi melius consilium quam adherere huic murilego et eius pacem requirere. Nam video sibi similes venisse tribulationes que mihi aduenerunt, a quibus nullus valet ipsum liberare nisi ego. Et forsitan audiens murilegus verba mea bona, fidelia et recta que sibi ostendam, credet in me et pacem meam requiret pro sui bono et liberatione, et cum hoc forte similiter et ego ab hoc periculo euadam.

Et accedens ad eum, dixit ei: Quomodo habes? Cui respondit: Tu vides me esse in hac tribulatione. Et ait mus ad eum: Non ego mentior, nec dolose tibi loquor, sed pure et vere, quia diu desideraui hanc videre diem vt in malum incideres; verumtamen mihi etiam superuenit tribulatio que abstulit hanc leticiam quam habebam aduersus te. Et nemo potens est te iuuare in hac tribulatione nisi ego. Nunc autem audi que tibi dico, quia non est mendacium: Canis et auis inimicantur mihi et

die Katze darin. Nun ging eine Maus namens Rem nach gewohnter Weise auf Nahrungssuche aus, sah die Katze im Netze gefangen und freute sich, ohne an ihr eigenes Ende und das, was ihr zustoßen könnte, zu denken. Denn als sie hinter sich blickte, sah sie einen Hund, der ihr nachstellte, und da sie ihre Augen erhob, sah sie auf einem Ast des Baumes einen Vogel, der sie aufschnappen wollte. Da überlegte die Maus, daß sie, wenn sie zurückwiche, vom Hunde gefangen, wenn sie aber weiterginge, von dem Vogel geschnappt würde. Als sie nun sah, daß sie überall von Gefahren umringt war, sagte sie sich folgendes: „Viel Unheil hat sich gegen mich versammelt, und niemand kann mich ihm entreißen, außer schlauen Tricks und meiner Pfiffigkeit. Jetzt aber darf mein Herz keineswegs durch diese Dinge erschreckt und verwirrt werden, denn einen Weisen darf Verstand und Klugheit nicht verlassen. Denn es ist gerade der Verstand der Weisen, der sie in der Stunde der Heimsuchung rettet, noch dürfen sie bei dem, was sie tun müssen, befangen sein."

Und es erwog die Maus und sprach: „Ich habe keinen besseren Rat, als mich dieser Katze anzuschließen und sie um Frieden zu bitten. Denn ich sehe, daß sie in ähnlicher Notlage ist wie ich, aus der außer mir niemand sie befreien kann. Und vielleicht wird die Katze, wenn sie meine guten, treuen und rechtschaffenen Worte, die ich ihr darlegen werde, hört, mir glauben und zu ihrem eigenen Besten und ihrer Befreiung nach Frieden mit mir verlangen, und hierdurch werde ich vielleicht auf ähnliche Weise dieser Gefahr entgehen."

Sie ging also zur Katze und sprach: „Wie geht es dir?" Die antwortete: „Du siehst, wie ich in dieser Notlage bin." Da sprach die Maus zu ihr: „Ich lüge nicht, noch spreche ich hinterlistig zu dir, sondern die reine Wahrheit: zwar habe ich schon lange gewünscht, den Tag zu erleben, wo du ins Unheil gerätst, jedoch hat auch mich eine Heimsuchung befallen, die mir die Freude an der deinigen genommen hat, und niemand vermag, dir in dieser Notlage zu helfen außer mir. Jetzt aber höre an, was ich dir sage, weil es keine Lüge ist: ein Hund und ein Vogel stellen mir und dir nach; ich aber bin klein und

tibi, ego autem sum paruus et vilis; si reuertar, canis capiet me, et si recedam, rapiet me auis, et si accedam ad te, interficies me. At si non interfeceris me, liberabo te ab hoc periculo, rodens rethia quibus tu iaces captus. Nunc autem confide in meis verbis; quicumque enim non confidit in aliis, non alij confidunt in eo, nec est sapiens. Recipe ergo a me societatem et da mihi fidem tuam, vt possim in te confidere, et tu in me, vi non affligas me. Et sicut quero vitam tuam ut viuam, sic et tu debes querere vitam meam, vt viuas. Et quemadmodum nemo liberatur a mari nisi per naues, nec naues nisi per homines eas regentes, sic nostra societate liberari poterimus de hac tribulatione.

Et audiens murilegus verba muris nouit quoniam fidelis esset sibi, et gauisus est. Et confidens in ipso, ait muri: Iustus es et vere locutus es. Nunc autem respice et fac illud per quod erit pax inter me et te, quoniam ego obseruabo tibi hanc misericordiam quam feceris mihi. Dixit mus: Da mihi fidem tuam, et accedam ad te et stabo tecum, quia canis et auis, quando videbunt hoc, amouebunt spem eorum, et tunc ego, videns illos recessisse, nec timebo eos; detruncabo rodamque (3) rethia et funes, cum in pace securus fuero, et soluam te. Et murilegus dedit muri fidem suam, et accessit mus ad eum. Et videntes hoc canis et aues quoniam mus adhesisset murilego, recesserunt.

Et accedens mus rodit funes suauiter, nec poterat evadere murilegus. Et dum roderet negligenter, ait ad eum murilegus: Amice, cur tam tepide agis in mei liberatione? Scire debes quoniam, sicut tuam festinaui liberationem, sic debes et tu meam festinare; quia, si forsitan hoc facis quod recordaris nunc

gering. Gehe ich zurück, so fängt mich der Hund, gehe ich aber weiter, so schnappt mich der Vogel, und komme ich dir zu nahe, so bringst du mich um. Wenn du mich aber nicht umbringst, werde ich dich aus dieser Gefahr befreien, indem ich die Netze, in denen du gefangen liegst, zernage. Nun aber vertraue meinen Worten, denn wer anderen nicht vertraut, dem vertrauen sie auch nicht, und er ist kein Weiser. Nimm mich also zur Genossin, und schwöre mir, daß du mir kein Leids tun wirst, so daß ich dir vertrauen kann und du mir. Und so wie ich trachte, dich am Leben zu erhalten, um selbst leben zu bleiben, so mußt auch du danach trachten, mich am Leben zu erhalten, damit du am Leben bleibst, und so wie niemand aus dem Meer gerettet wird außer durch ein Schiff, und Schiffe nur durch die Seeleute, die sie steuern, so können wir nur durch unsere Gemeinschaft aus dieser Notlage gerettet werden."

Als die Katze die Worte der Maus hörte, wußte sie, daß sie zuverlässig wäre, und freute sich, und voll Vertrauen auf die Maus sprach sie zu ihr: „Rechtschaffen bist du und hast die Wahrheit gesprochen. Jetzt aber sieh zu, und tue das, wodurch zwischen mir und dir Frieden gestiftet wird, weil ich dir dasselbe Mitleid beweisen werde, das du mir erzeigt hast." Sprach die Maus: „Schwöre es mir, und ich will zu dir herankommen und bei dir stehenbleiben, denn wenn der Hund und der Vogel dies sehen, werden sie ihre Hoffnung aufgeben, und wenn ich dann sehe, daß sie sich hinwegbegeben haben, werde ich keine Furcht mehr haben. Sobald ich sicher und in Frieden sein werde, will ich das Netz und die Taue zerreißen und zernagen." Und die Katze gab der Maus ihr Wort, und die Maus stellte sich neben sie; und als der Hund und der Vogel sahen, wie sich die Maus der Katze zur Seite gestellt hatte, entfernten sie sich.

Nun kam die Maus heran und benagte die Seile leicht, so daß die Katze noch nicht entkommen konnte. Da sie nun so oberflächlich nagte, sprach die Katze zu ihr: „Lieber Freund, warum betreibst du meine Befreiung so lauwarm? Du mußt doch wissen, daß so wie ich deine Rettung eilends betrieben

odii quod inter nos est, non decet virum qualis tu es hoc facere, nec amplius in tuo corde residere debet hoc odium aduersus me. Iusti enim viri et misericordes non resueurant sibi inuicem odium; quamuis eis offendatur, vnico tamen beneficio remittunt offensam et adhibent eis societatem et dilectionem; quoniam qui ingratus est de accepto beneficio, meretur malum, et si malum facere proposuerit, erit eius finis ad malum et tribulationem. Et ait mus: Duo sunt socij: primus quidem est qui fidelis est in suo amore; secundus vero cuius amor est cum dolo et fraude; ore suo loquitur pacem proximo suo, corde vero insidiatur ei; et erit necesse penitus alicui adherere illi, vt quilibet eorum nitatur ad illud pro bono sibi. Fidelis vero socius debet exponere animam suam tribulationibus sui proximi in omnibus que facere tenetur ei. Decet tamen virum sapientem preseruare animam suam; quicumque enim, querens pacem sui inimici et confidens in ipso, nec tamen cauens sibi, erit quemadmodum si quis, proprium sequens appetitum, ossa comedat que minime calor stomachi decoquere et digerere poterit, quapropter sibi mala causant. Nec vllus debet respicere hominem non proficientem sibi. Decet enim nunc me respicere bonum quod mihi fecisti, et sicut iam perfecisti meum beneplacitum, ita debeo adimplere tuum beneplacitum iuxta meum commodum. Et preseruabo

habe, du auch meine Rettung schleunigst vornehmen mußt. Wenn du dies vielleicht deswegen tust, weil du dich jetzt des zwischen uns bestehenden Hasses erinnerst, so steht es einem Manne wie dir übel an, so zu handeln, und dieser Haß gegen mich darf nicht länger in deinem Herzen bleiben. Gerechte und barmherzige Leute hegen nämlich nicht auf die Dauer gegenseitigen Haß; so oft man sie auch kränkt, so verzeihen sie aufgrund einer Wohltat die Beleidigung und nehmen ⟨ihre früheren Feinde⟩ als Genossen und Freunde auf. Denn wenn einer für empfangene Wohltat undankbar ist, verdient er Böses, und wenn er sich vornimmt, Böses zu tun, so wird sein Ende Übel und Not sein." Und es sprach die Maus: „Es gibt zwei Arten Kameraden: der erste ist treu in seiner Zuneigung, der zweite aber ist einer, dessen Liebe sich mit List und Tücke gesellt: im Munde führt er Frieden für seinen Nächsten, im Herzen aber stellt er ihm nach; und es wird nötig sein, daß jeder ⟨von beiden⟩ sich eng dem anderen anschließt, damit ein jeder von ihnen eifrig nach seinem eigenen Vorteil strebe[1]. Ein treuer Kamerad aber muß bei allem, was er tun muß, sein Leben aufs Spiel setzen, wenn sein Nächster in Bedrängnis ist. ⟨Gleichzeitig⟩ jedoch muß ein weiser Mann sein eigenes Leben schützen, denn wenn jemand Frieden mit seinem Feinde sucht und ihm vertraut, aber sich dabei nicht vorsieht, dann wird es ihm ergehen wie einem, der, um seinen Appetit zu befriedigen, Knochen aufißt, die die Wärme des Magens gar nicht verarbeiten und verdauen kann, weshalb er sich selbst Übel zufügt, noch soll jemand Respekt vor einem Menschen haben, der seinen eigenen Vorteil nicht wahrnehmen kann[2]. Jetzt ziemt es mir nun, das Gute, das du mir getan hast, zu berücksichtigen, und so wie du schon meinem Wunsch entsprochen hast, so muß ich auch deinen Wunsch erfüllen, ⟨aber⟩ so wie es zu meinem Vorteil ist. Und ich will mich vor

---

[1] Die Ausdrucksweise ist recht unklar, doch ist die Bedeutung wohl, man soll sich auch einem trügerischen Gefährten anschließen, wenn er, indem er seinen eigenen Vorteil verfolgt, zugleich den unsrigen befördert.
[2] Geissler übersetzt: „Und keiner soll einen Menschen als ihm nicht nützlich betrachten", doch scheint der Wortlaut unsere Übersetzung zu stützen.

me a te, ne mihi malum adueniat, quod me coegit querere
pacem tuam, et erit tunc mihi tua societas causa ruine mee.
Omnia enim fieri debent suo loco et tempore; nam quod non
fit suo tempore et loco, non habet radicem nec producit fructum. Nunc autem rodam funes tuos caute; relinquam tamen
de illis vnam lineam qua tenearis, vt me offendere non possis;
detruncabo tamen tibi illam, quando non poteris mihi nocere,
cum tu a laqueo euaseris. Et factum est; cum venisset venator
ad illum locum, videns illum murilegus a longe timuit valde.
Et ait ad eum mus: Nunc vero venit hora vt debeo rodere
rethe et tuum laqueum. Et factum est: antequam accederet
venator ad rethia, destruncauit mus vltimum funem, et libe-
ratus est murilegus. Et ascendit in arborem, et mus in cauernam suam ingressus est. Et accipiens venator rethia sua, abijt
confusus in viam suam.

Postea autem exiens mus de cauerna sua vidit murilegum qui
ait ei: Amice, nunquid accedis ad me? Ex quo totum bonum
mihi contulisti, decet vt comedas fructus operationum tuarum;
accede ergo ad me et ne timeas. Tu enim eruisti animam meam
a morte. Debes itaque a me et a gente mea tuas percipere
operationes quas in me operatus es, et omnia que habeo tua
sunt. Et iurauit ei murilegus vt credere deberet in suis verbis
et in ipso confidere. Et respondens mus ait ad eum: Quicunque nescit cum suo inimico conuersari, sicut debet cum amico,
precipue quando talis prius fuit inimicus cuius ex necessitate
tamen indiget, ita quod suis caris debet humiliare suam animam sub pedibus eorum, sicut ille qui stat versus elephantem

dir schützen, damit mir nicht das Böse zustößt, das mich gezwungen hat, dich um Friedensschluß zu ersuchen, denn dann wäre die Verbindung mit dir mein Verderben. Es muß nämlich alles an seinem Ort und zu seiner Zeit geschehen, denn was nicht zu seiner Zeit und am rechten Ort geschieht, hat keine Wurzel und bringt keine Frucht hervor. Jetzt aber will ich deine Stricke vorsichtig benagen und eine Leine, um dich festzuhalten, noch übriglassen, damit du noch nicht angreifen kannst; ich will aber diese Leine für dich durchbeißen, wenn du mir, nachdem du aus der Schlinge entkommen bist, nicht mehr schaden kannst."

Und so geschah es; als der Jäger sich jenem Orte näherte, sah ihn die Katze von weitem und fürchtete sich sehr; und die Maus sprach zu ihr: „Jetzt ist die Zeit gekommen, wo ich das Netz und deine Schlinge durchbeißen muß." Und es geschah: bevor der Jäger an das Netz kam, biß die Maus das letzte Seil durch und die Katze ward frei. Sie kletterte sogleich auf den Baum, und die Maus begab sich in ihr Loch. Und der Jäger nahm seine Netze und ging betroffen seines Wegs.

Als danach die Maus aus ihrem Loch schlüpfte, sah sie die Katze; die sprach zu ihr: „Freund, kommst du nicht zu mir? Nachdem du mir lauter Gutes erwiesen hast, gehört es sich, daß du die Früchte deiner Arbeit genießest; komm also zu mir und fürchte dich nicht, denn du hast mich vor dem Tode gerettet[1]. Du sollst daher von mir und meinem Volke das Werk empfangen, das du an mir getan hast, und alles, was mein ist, ist dein." Und die Katze schwur ihr, sie sollte ihren Worten glauben und ihr vertrauen. Die Maus aber entgegnete ihr: „Wer nicht mit seinem Feinde umzugehen versteht wie man es mit einem Freunde tun muß, besonders wenn dieser einmal sein Feind gewesen ist, er ihn aber in einer Notlage gebrauchte, der lebt wie einer, der sein Leben demütig seinen Freunden zu Füßen legt und gleichsam wie einer, der gegen-

---

[1] Johann schreibt: du hast meine Seele ... etc., was wiederum ein reiner Hebraismus ist (*et nafshi*).

dormiens. Appellauerunt autem sapientes nomen amici (et de post suam considerare naturam, ille viuit) amicum propter bonum quod speratur ab ipso, et inimici inimicum propter malum quod dubitatur de ipso. Non est autem in mundo inimicus, in cuius inimicicia non sit mea dubitatio illa. Utitur autem homo consilio proprio bono, et decet vnumquemque cauere a suo inimico, et decet virum sapientem quandoque credere suo inimico propter bonum quod sperat ab eo et relinquere amicum et eius societatem propter malum quod timet ab inde aduenire. Sic enim et pecora faciunt; videmus enim filium sequentem matrem, dum lactat, eum postquam vero lactare desinit, relinquere ipsam. Sic et vir prudens debet sibi querere vtilitatem ab amicis et aduersarijs; nam quandoque redundat sibi bonum in inimicicia, que est inter ipsum et suum aduersarium, aut ex amici amicicia, nec debet vir prudens relinquere amiciciam veteris amici, quando eum non iuuat nec ex ea percipit vtilitatem; sed debet apud se amicus reputari et confidere debet in socio suo et timere inimicum. Quicunque enim fuit inimicus et postea factus est amicus propter aliquid bonum quod sperat, cessante illo bono et eius cessat amicitia et redit in pristinum statum inimicitie, sicut aqua calefacta per ignem, que, remota ab igne, redditur frigida vt fuit. Tu autem es mihi maior inimicus omni creatura de mundo, sed propter bonum et lucrum quod quilibet nostrum recepit ex altero

über einem Elefanten schläft.[2] Es haben aber die Weisen mit dem Worte „Freund" einen Freund benannt wegen des Guten, das man von ihm erhofft, einen Feind aber haben sie „Feind" genannt wegen des Bösen, das man von ihm befürchtet. Nun gibt es auf der Welt keinen Feind, vor dessen Feindschaft ich nicht Befürchtung hegen würde. Der Mensch aber zieht seinen eigenen Vorteil zu Rate, und es ziemt einem jeglichen, sich vor seinem Feind zu hüten, und manchmal ziemt es einem Weisen, seinem Feinde Glauben zu schenken wegen des Guten, das er von ihm erhofft, und dagegen einen Freund und die Gemeinschaft mit ihm aufzugeben wegen des Bösen, das, wie er fürchtet, von dort kommen kann. So tun es nämlich auch die Tiere[1]: wir sehen nämlich, wie das Junge der Mutter folgt, solange sie Milch gibt, aber wenn sie aufgehört hat, es zu säugen, dann verläßt das Junge die Mutter[3]. So muß auch ein kluger Mann aus Freunden wie Widersachern Nutzen für sich zu ziehen suchen, denn manchmal zieht er aus der Feindschaft zwischen sich und einem Widersacher Vorteil oder aus der Freundschaft mit einem Freunde, noch soll ein verständiger Mann die Freundschaft mit einem alten Freunde aufgeben, wenn sie ihm nicht hilft und er aus ihr keinen Nutzen zieht, sondern der soll bei ihm als Freund gelten und er soll seinem Gefährten vertrauen und seinen Feind fürchten. Denn jeder, der früher ein Feind war, aber danach wegen eines Vorteils, den er erhofft, ein Freund geworden ist – wenn jener Vorteil aufhört, hört auch seine Freundschaft auf[4], und er kehrt zum früheren feindlichen Verhältnis zurück, so wie vom Feuer erwärmtes Wasser, wenn man es vom Feuer nimmt, kalt wird wie zuvor. Du aber bist mein größter Feind unter allen Geschöpfen der Welt, doch wegen des Guten

---

1 Der Text ist sowohl in der von Hervieux wie der von Derenbourg benutzten Ausgabe sehr obskur: u.a. ist *stat dormiens* recht störend. Der Sinn bleibt unklar. – Auch in den folgenden Sätzen ist noch manches unklar.
2 Derenbourg hat für das sinnlose *munera* des Textes *pecora* eingesetzt, was Hervieux billigt.
3 Hervieux hat zurecht *ipsum* durch *ipsam* ersetzt.
4 Das Anakoluth ist dem Original nachgeahmt.

accidit nobis nunc vt facti essemus socij. Nunc autem expirauit timor de quo timebamus, et rediit odium quod fuit inter nos, et bene scio quod tuum odium erga me est sicut de diebus antiquis, et cum sim cibus, tu vero comestor, et ego debilis, tu vero fortis, quomodo poterit inter nos esse societas vt velim a te deuorari? Et propter hoc non credam te in eternum. Quicunque credit inimico suo, vltimo incidet in manum eius. Dixerunt autem sapientes: Vnusquisque vir prudens tunc debet adherere suo inimico, quando alter indiget altero, et humiliare debet se ante ipsum et tradere animam suam in manum ipsius, et fugere ipsum quando decet, nec confidat in ipso, sed estimet ipsum, sicut fuerat in principio. Vniuersa enim pericula que occurrunt hominibus non sunt nisi ex sua confidentia quam habent ad inuicem. Omnes quidem in viro intelligenti confidunt; ipse autem non in omni homine confidit, sed pro se querit argumenta. Nunc vero multum remota est amicicia que fuit inter me et te et venatorem; et licet ego distem a tua societate, diligo tamen te propter bonum quod mihi fecisti magis quam prius, ac te quoque decet idem erga me velle. Et ingrediente mure ad foramen suum, abijt murilegus in viam suam.

Postea vero dixit philosophus regi: Considerandum est quoniam, quamuis mus sit debilis, quesiuit tamen viam bonam sibi pro societate eius inimici et confidit in eo. Timuit autem ipsum, quando inimicos expulit qui erant circa ipsum, et sic ipse cum suo inimico a tribulationibus euasit.

und des Vorteils, das jeder von uns von dem anderen empfangen hat, geschah es, daß wir Verbündete wurden. Jetzt aber ist die Furcht, die uns beide ängstigte, vorbei, und der früher zwischen uns bestehende Haß ist wiedergekehrt, und ich weiß recht wohl, daß dein Haß gegen mich so groß ist wie in alten Tagen, und da ich die Speise bin, du aber der Fresser, und ich schwach, du aber stark, wie kann Gemeinschaft zwischen uns bestehen, ⟨es sei denn⟩ daß ich von dir gefressen werden möchte? Und deshalb werde ich dir auf ewig keinen Glauben schenken. Wer seinem Feinde glaubt, wird ihm schließlich in die Hände fallen. Es haben aber die Weisen gesagt: ein jeder kluger Mann soll sich ⟨erst⟩ dann seinem Feinde anschließen, wenn der eine den anderen nötig hat, und soll sich demütigen vor ihm und ihm sein Leben in die Hand geben, er soll ihn aber fliehen, wenn es passend ist, und ihm nicht vertrauen, sondern ihn so einschätzen, wie er anfangs gewesen war. Denn alle Gefahren, die den Menschen begegnen, stammen nur aus dem Vertrauen, das sie zueinander haben. Es vertrauen zwar alle einem intelligenten Menschen, er selbst aber traut nicht all und jedem, sondern sucht Vorteile für sich. Gänzlich beseitigt aber ist jetzt die Freundschaft, wie sie zwischen dir und mir wegen des Jägers[1] bestand; doch mag ich mich auch der Kameradschaft mit dir entziehen, so schätze ich dich doch wegen des Guten, das du mir erwiesen hast, mehr als zuvor, und auch dir ziemt es, dieselbe Gesinnung mir gegenüber zu haben."

Und die Maus schlüpfte in ihr Loch, und die Katze ging ihres Weges.

Danach aber sprach der Weise zum König: „Man muß beachten, daß die Maus, so schwach sie auch ist, doch den guten Weg suchte, sich ihrem Feinde zu gesellen, und ihm vertraute. Sie fürchtete sich jedoch ⟨wieder⟩ vor ihm, als sie die Feinde, die sie umgaben, vertrieben hatte, und so ist sie zusammen mit ihrem Feinde der Notlage entronnen."

---

[1] Der Text ist nur sinnvoll, wenn wir *et venatorem* durch *propter* oder vielleicht *ante* ersetzen.

Dicitur quod, cum quedam leena peperisset duos catulos et eos in suo habitaculo dimisisset, donec quereret aliquid venationis pro esca, transiuit inde quidam venator, et, cum vidisset illos, interfecit eos et excoriauit pelles eorum et abiit in viam suam. Cum rediret leena ad suum habitaculum et suos catulos mortuos inueniret et excoriatos, factum est hoc ei valde molestum, et contristabatur et flebat amare, iactans se super lumbos et faciem eius in terra pre sui cordis amaricatione. Et cum sentiret quidam lupus vicinus eius, strepitum clamoris et lamentatione⟨m⟩ cordis ipsius, iuit ad eam, querens ab ea quare hoc faceret. Cui leena suum casum exposuit. Ait ei lupus: Nequaquam debes ob hoc flere et contristari nec te in huiusmodi strepitu suspiratuum fatigare, sed iudicare debes te ipsam iusto iudicio et considerare quia non intulerit venator tibi hanc tribulationem, nisi propter tribulationem quam et tu simili modo alijs intulisti; habe igitur patientiam operi venatoris vt alij tui operis patientiam habuerunt. Nam scriptum est: Mensura qua quis mensus fuerit, eadem remecietur ei. Et sic vobis contigit nunc. Dixit ad eum leena: Expone mihi hoc quod intendis. Cui lupus dixit: Quot sunt anni vite tue? Et respondens, leena dixit: Circa centum annos habeo. Cui dixit lupus: De quo sustentata est vita tua ex tunc vsque nunc? At illa: Viuebam de carnibus bestiarum et ferarum terre. Cui dixit lupus: Scisne huiusmodi animalia quos deuorabas, patres et

Directorium humanae vitae, aus Kapitel 11

LXXVII   Eine Löwin hatte einmal zwei Junge und ließ sie in ihrer Höhle, während sie auf Jagd nach Nahrung ging. Da kam ein Jäger vorbei, und als er die Löwenjungen sah, tötete er sie, zog ihnen das Fell ab und ging seines Weges. Als die Löwin in ihre Höhle zurückkam und ihre Jungen tot und geschunden fand, da nahm sie dies sehr schwer und war voll Kummer und weinte bitterlich und warf sich mit dem Gesicht zu Boden in der Bitternis ihres Herzens. Und als ein Nachbar von ihr, ein Wolf[1], das Geräusch ihres Heulens und das Wehklagen[2] ihres Herzens hörte, ging er zu ihr und fragte, warum sie dies täte. Die Löwin legte ihm den Sachverhalt dar. Da sprach der Wolf zu ihr: „Du darfst deshalb nicht weinen und trauern, noch mit solchem Geheul deinen Atem erschöpfen, sondern dich selbst sollst du richten mit gerechtem Gericht. Erwäge, daß dir der Jäger diese Unbill nur zugefügt hat wegen des Leidens, das auch du auf ähnliche Art anderen zugefügt hast; habe daher Geduld mit der Tat des Jägers, wie auch andere deine Taten erdulden mußten. Denn es steht geschrieben: mit welchem Maße einer misset, soll er selbst gemessen werden. Und dies ist euch nun zugestoßen." Da sprach die Löwin zu ihm: „Lege mir dar, worauf du damit abzielst." Der Wolf sprach: „Wie alt bist du jetzt?[3]" Die Löwin gab zur Antwort: „Ich bin ungefähr 120 Jahre alt." Der Wolf sprach zu ihr: „Womit hast du während dieser ganzen Zeit bis jetzt dein Leben gefristet?" Sie antwortete[4]: „Ich ernährte mich vom Fleisch des Viehs und der wilden Tiere des Landes[5]." Der Wolf sprach zu ihr: „Weißt du, daß solche Tiere, die du

---

1 In Derenbourgs Ausgabe steht „ein Fuchs".
2 Für das offenbar unrichtige *lamentatione* bei Hervieux schreibt Derenbourg mit Recht *lamentationem*.
3 Wörtlich: wieviele sind die Jahre deines Lebens – ein Hebraismus.
4 Für das völlig richtige *illa*, nämlich *leaena*, will Hervieux unverständlicherweise *ille* einsetzen.
5 Geissler übersetzt: „der wilden Tiere", aber Verfasser macht ja einen Unterschied zwischen *bestiae* und *ferae*.

matres habuisse? At illa: Scio, inquit. Et ait lupus: Scire debes
quoniam sic illi tristati et amaricati sunt ex amissione suorum
filiorum, sicuti et tu de amissione tuorum. Et scire debes
quod non inuasit te hec tribulatio a venatore, nisi propter tui
cordis prauitatem et quia non curasti meditari tua opera nec
vltima considerare, nec cogitasti illa super tuum verticem
redundare. Et audiens leena a lupo sciuit verum esse et re-
cognouit in se non aduenisse hanc tribulationem nisi propter
aduersitates quas ipsa intulit alijs animalibus et quia inique
egit et iniuste. Cepit inde Deus suam vltionem super hoc. Et
abstinens se offendere animalia, rediit ad vsum fructuum et
victualium terre. Et videns lupus processus leene, quia non
nutriebat se nisi de fructibus terre, dixit ei: Estimabam quippe
penuriam fructuum et victualium terre esse ex temporis peste
et anni sterilitate venisse, donec vidi te illis fruentem. Tu
quoniam comedis carnes et relicto illo cibo quem tibi Deus
constituit, rediisti ad fruendum cibo alterius, ad rapiendum
escam alienam, et ideo facta est penuria fructuum causa tui.
Ve igitur animalibus de fructu terre viuentibus propter te!
Visitauit ea Dominus inducens te super illis escam ipsorum
rapientem. Cunque audiret hec leena, subtraxit manum suam
a victualibus et fructibus terre, et restrinxit se solo feno terre
sustentari.

Post hec vero dixit philosophus regi: Adduxi hanc parabolam,
quia quandoque malignus desinit malignari hominibus propter
aduersitatem sibi ab alijs aduentam, vt leena fecit, et propter
hoc debent homines huius mundi hanc causam considerare.
Nam scriptum est: Quod tibi fieri non vis, alijs ne feceris, et

fraßest, Väter und Mütter hatten?" – "Freilich", sagte sie.
da sprach der Wolf: "Du mußt wissen, daß jene ebensolche
bittere Trauer über den Verlust ihrer Jungen empfanden wie
du über den der deinen. Und wisse ferner, daß dieses Leid
dir vom Jäger[1] nur zugefügt wurde wegen der Bosheit deines
Herzens, und weil du nicht Sorge getragen hast, deine Taten
und ihren Ausgang zu betrachten und nicht daran dachtest,
daß sie auf dein Haupt zurückfallen." Da erkannte die Löwin,
daß der Wolf recht hatte und sah ein, daß sie dieses Leid nur
betroffen hatte wegen der Unbilden, die sie selbst anderen
Tieren zugefügt hatte, und daß sie unbillig und ungerecht
gehandelt hatte. Darum bestrafte sie Gott. Sie enthielt sich
daher des Angriffs auf Tiere und ernährte sich von Früchten
und Pflanzen. Doch als der Wolf die Handlungsweise der
Löwin sah, wie sie sich nur noch von Erzeugnissen der Erde
ernährte, sprach er zu ihr: "Ich glaubte, daß der Mangel an
Früchten und Gewächsen der Erde von einer Pest und eines
Jahres Unfruchtbarkeit herrühre, bis ich sah, daß du sie fräs-
sest. Da du nun ein Fleischfresser bist, aber unter Verzicht
auf die dir von Gott zugewiesene Nahrung die Speise anderer
issest, beraubst du andere ihrer Nahrung und darum ist
deinetwegen ein Mangel an Feldfrüchten entstanden. Wehe
darum den Tieren, die von Feldfrucht leben: es ist deine
Schuld! Der Herr hat sie heimgesucht, indem er dich über sie
brachte, die du ihnen ihre Nahrung raubst." Als die Löwin
dies hörte, zog sie ihre Hand ab von den Nahrungsmitteln
und Früchten der Erde und beschränkte sich darauf, allein vom
Gras der Erde zu leben.

Danach sprach der Weise zum König: "Ich habe dieses Gleichnis angeführt, weil manchmal ein Böser abläßt, anderen Menschen Böses zu tun wegen des Leides, das ihm andere zugefügt haben, so wie es die Löwin getan hat, und daher müssen
die Menschen dieser Welt diesen Fall betrachten. Denn es
steht geschrieben: Was du nicht willst, daß man dir tu, das füg

---

[1] Das in beiden Drucken vorkommende *a venatione* hat Geissler zu Recht durch *a venatore* ersetzt.

cum hoc adimplebis iusticiam et iudicium et placitum hominum facies.

XXXVI *Parabola*. Fuit quidam pauper mercator in quadam terra qui habebat mille libras ferri, et, cum vellet inde discedere et ire ad aliam terram, deposuit ferrum apud quemdam notum suum, vt sibi conseruaret, et abijt. Cumque rediret post tempus, petijt ferrum ab amico suo. Cui respondit: Posui ferrum tuum in vno angulorum domus, et comederunt illud mures. Ipse vero vendiderat et comederat precium eius. Et ait mercator: Nunquam audiuimus esse in mundo animal quod frangeret ferrum, et mures comederunt modo illud. Nunc autem nihil reputo illud, ex quo Deus liberauit te ab eis, et non offenderunt te. At ille gauisus est de verbo quod audiuit ab eo, rogauitque illum vt comederet secum illa die, et statuit sibi terminum reueniendi ad eum. Postquam vero recessit ab eo, mercator cogitauit argumentum vt caperet sibi filium suum. Qui cum furatus esset eum, abscondit in domo cuiusdam. Et cum rediret ad eum, dixit ille qui amiserat filium: Vidisti ne filium meum? Cui respondit: Alia die prope tuam domum vidi auem, que rapuit vnum puerum; nescio tamen vtrum fuit filius tuus. Ille vero cum audiret, clamauit et dixit hominibus qui erant ibi: Audiuistis vnquam tale, quod aues rapiunt pueros? Et respondens, mercator dixit: Ita est. Terra cuius mures comedunt mille libras ferri, dignum est vt eius aues rapiant pueros. Ille vero cum audiret hoc verbum, confessus est ei abstulisse ferrum suum. Et ait ei: Restitue mihi filium meum, et ego restituam tibi ferrum tuum. At ille restituit sibi filium, et ille ferrum.

auch keinem anderen zu; und wenn du dieses Gebot erfüllst, wirst du gerecht, mit richtigem Urteil und zum Wohlgefallen der Menschen handeln."

Directorium humanae vitae, aus Kapitel 10

XXXVI *Parabel.* Es war einmal ein armer Kaufmann in einer Stadt, der hatte 1000 Pfund Eisen. Da er nun von dort in ein anderes Land reisen wollte, gab er das Eisen einem Bekannten zur Aufbewahrung und reiste ab. Als er nach einiger Zeit wiederkam, verlangte er das Eisen von seinem Freund zurück. Der antwortete: „Ich habe dein Eisen in eine Ecke meines Hauses gelegt, aber die Mäuse haben es gefressen." In Wirklichkeit aber hatte er es verkauft und den Preis verzehrt. Da sprach der Kaufmann:,, Niemals haben wir gehört, daß es auf der Welt ein Tier gibt, das Eisen zerbricht, und jetzt haben es die Mäuse gefressen. Ich lege es dir aber nicht zur Last, weil Gott dich vor ihnen geschützt hat und sie dich nicht angegriffen haben." Jener aber freute sich über diese Worte, lud den Kaufman an jenem Tage zum Essen ein und gab ihm einen Zeitpunkt für den Besuch an.
Als der Kaufmann sich entfernte, dachte er sich eine List aus, um den Sohn des anderen zu fangen; und er entführte ihn und versteckte ihn im Hause eines anderen. Als er zu seinem Wirt zurückkam, sagte der, welcher seinen Sohn verloren hatte: „Hast du meinen Sohn gesehen?" Der antwortete: „Neulich sah ich in der Nähe deines Hauses einen Vogel, der einen Knaben entführte; ich weiß aber nicht, ob das dein Sohn war." Als der andere dies hörte, erhob er ein Geschrei und sagte zu den Anwesenden: „Habt ihr jemals so etwas gehört, daß Vögel Kinder entführen?" Der Kaufmann antwortete: „Doch: ein Land, in dem Mäuse 1000 Pfund Eisen fressen, verdient auch, daß seine Vögel Kinder entführen."
Als der andere dies hörte, gestand er den Diebstahl des Eisens und sprach zu ihm: „Gib mir meinen Sohn wieder, und ich will dir dein Eisen wiedergeben." Und jener gab ihm seinen Sohn zurück, und dieser gab ihm das Eisen wieder.

Raimundus de Biterris

Dixit rex suo philosopho: Dic mihi si audiuisti vmquam tantam maliciam ceu ingenia mulierum. Respondit philosophus: Quod adhuc dicam est quoddam mirabile et stupendum.

LXXXII Dictum est quod quidam, nobilis progenie, haberet vxorem castam nimium et formosam. Contigit forte quod oracionis studio Romam uellet adire, sed alium custodem uxori sue, nisi semet ipsam, noluit deputare, illius castis moribus satis confisus et probitatis honore. Hic autem parato commeatu abiit. Vxor uero caste uiuendo et in omnibus prudenter agens remansit. Accidit tandem quod, necessitate compulsa, extra domum propriam suam uisitatura vicinam egrederetur; que, peracto negocio, ad propria remeauit; quam iuuenis aspectata⟨m⟩, ardenti amore diligere cepit et plurimos ad eam direxit nuncios, cupiens ab illa quam tantum ardebat amari. Quibus contemptis, eum penitus spreuit. Iuuenis, cum se sic contemptum sentiret, dolens a Deo efficitur ut nimio infirmitatis onere grauaretur. Sepius tamen illuc, quon[iam] egressam uiderat, desideravit eam conuenire, sed nequaquam preualuit efficere. Cui pre dolore lacrimanti fit obuia anus, religionis habitu decorata, querens quenam esset causa que sic eum dolore compelleret; sed iuuenis, que in sua uersabantur consciencia, minima detegere uolebat. Ad quem anus: Quanto quis infirmitatem suam medico reuelare distulit, tanto grauiori morbo attritus erit. Quo audito, narrauit ei ordine que sibi acciderant et suum propalauit secretum. Cui anus: De his que iam dixisti Dei auxilio remedium inueniam. Et eo relicto ad

Raimundus de Biterris

Raimundus de Biterris

Liber Kalilae et Dimnae, aus dem 18. Kapitel

Der König sprach zu seinem Weisen: „Sag mir, ob du jemals von solcher Bosheit gehört wie der Verschlagenheit der Weiber." Der Weise antwortete: „Was ich dir jetzt erzählen will, ist überaus wunderlich und erstaunlich.
LXXXII Man erzählt, daß einmal ein Adliger eine überaus keusche und schöne Frau hatte. Es geschah nun, daß er nach Rom pilgern wollte, doch wollte er seiner Frau keinen anderen Wächter beigeben als sie selber, weil er hinreichend ihren keuschen Sitten und ihrem Ehrgefühl vertraute. Er traf also seine Zurüstungen und reiste ab; seine Frau aber blieb zurück, lebte keusch und handelte in allem verständig. Es geschah nun aber, daß sie aus einem notwendigen Grunde ihr Haus verließ, um eine Nachbarin zu besuchen, und als sie ihr Geschäft dort beendigt hatte, kehrte sie wieder in ihr Haus zurück. Es hatte sie aber ein junger Mann gesehen, der sich heiß in sie verliebte und zahlreiche Boten zu ihr schickte mit dem Verlangen, sie möchte ihn so heiß lieben, wie er es tat. Sie aber wies die Boten ab und verachtete ihn gänzlich. Als der junge Mann sich so verschmäht sah, trauerte er so heftig, daß Gott ihn mit schwerer Krankheit schlug. Oftmals wollte er sie dort treffen, wo er sie herausgehen sah, doch gelang es ihm nicht. Da er vor Kummer weinte, kam ihm ein altes Weib entgegen, die trug Nonnentracht und fragte, was ihm solchen Kummer verursachte; aber der junge Mann, den das Gewissen schlug, wollte es ihr nicht entdecken. Das alte Weib sprach zu ihm: „Je länger einer es aufschiebt, dem Arzt seine Krankheit zu enthüllen, desto schwerer wird sein Leiden sein." Als er dies hörte, erzählte er ihr der Reihe nach, was ihm geschehen war und enthüllte ihr sein Geheimnis. Die Alte sprach: „Für das, was du mir jetzt berichtet hast, will ich mit Gottes Hilfe ein Heilmittel finden." Sie verließ ihn, ging in ihr Haus zurück

propria remeauit ac caniculam quam habebat apud se domi, duobus diebus ieiunare coegit, et die tercio panem sinapi confectum geiunanti (*sic*) largita est. Que dum gustaret, pro amaritudine oculi eius lacrimare ceperunt. Post hoc uero anus illa ad pudice domum femine perrexit quam iuuenis predictus adeo amauit. Que, honorifice predicans per magne religionis speciem, ab ea non est suspecta. Hanc autem sua sequebatur canicula. Cumque uidisset illa mulier lacrimantem, quesiuit quid haberet et quare lacrimaretur. Anus ad hoc: Quara amica, ne queres quid sit, quia adeo magnus dolor est quod nequeo dicere. Mulier uero magis instabat ut diceret. Cui anus: Hec quam inspicis canicula mea erat filia casta nimis ac decora quam iuuenis adamauit quidam; sed adeo casta erat ut eum omnino sperneret, et eius amorem despueret. Vnde dolens a Deo efficitur ut magna egritudine stringeretur; pro qua culpa miserabiliter hec supradicta nata mea in caniculam mutata est. Hiis dictis, pro nimio dolore erupit in lacrimas anus illa. Ad hoc attensa: Quid ergo, cara domina, similis peccati conscia, quid, inquam, factura sum? Me etenim dilexit iuuenis, sed castitatis amore eum comtempsi et simili modo ei contigit. Cui anus: Laudo tibi et, cara domina, ut, quam cicius poteris, huius misereris et quod querit facias ne et tu simili modo in canem muteris. Si enim scivissem inter iuuenem predictum et filiam meam amorem, nunquam mea mutata fuisset filia. Cui ait

und ließ eine kleine Hündin, die sie im Hause hatte, zwei Tage lang fasten; am dritten Tag gab sie dem fastenden Hündchen mit Senf beschmiertes Brot. Als es dieses fraß, tränten ihm wegen der Schärfe ⟨des Senfes⟩ die Augen. Danach ging die Alte zum Haus der züchtigen Dame, die besagter Jüngling so sehr liebte. Dort predigte sie ehrbar unter dem Anschein großer Frömmigkeit und wurde nicht verdächtigt. Es folgte ihr aber ihr Hündchen. Als die Dame dieses weinen sah, fragte sie, was ihm denn fehle, daß es weine. Die Alte erwiderte: „Teure Freundin, frage nicht, was das ist, weil es ein so großer Kummer ist, daß ich ihn gar nicht sagen kann." Die Dame aber drängte nur noch mehr, es ihr doch zu sagen. Da sprach die Alte: „Diese kleine Hündin, die du hier siehst, war meine allzu[1] keusche und züchtige Tochter, in die sich ein junger Mann verliebt hatte; doch war sie so keusch, daß sie ihn ganz verachtete und seine Liebe von sich wies. Dies schmerzte ihn so, daß Gott ihn mit schwerer Krankheit schlug, und um dieser Schuld willen ward meine vorgenannte Tochter elendiglich in ein Hündlein verwandelt." Nach diesen Worten brach die Alte ⟨wie⟩ aus übergroßem Schmerz in Tränen aus. Da sagte die Dame zu ihr: „Liebe Frau, was soll ich, die ich eine ähnliche Sünde begangen habe – ja, was soll ich tun? In mich hat sich nämlich ein junger Mann verliebt, aber aus Liebe zur Keuschheit habe ich ihn verschmäht, und es ist ihm ähnlich ergangen ⟨wie dem Liebhaber eurer Tochter⟩." Da sprach die Alte: „Ich lobe dich[2], und, liebe Frau, erbarmet euch so bald ihr könnt dieses Jünglings, und tut, was er verlangt, damit ihr nicht auf ähnliche Weise in einen Hund verwandelt werdet. Hätte ich nämlich gewußt, daß besagter Jüngling und meine Tochter ineinander verliebt

---

1 *nimis* hat zwar im *m.lat.* die abgeschwächte Bedeutung „sehr", doch ist hier die klassische Bedeutung „zu sehr" vertretbar.

2 *laudo tibi* möglicherweise nicht, wie Hervieux meint, durch *te* zu ersetzen sondern entweder nach Analogie von *benedico tibi* gebildet, oder vielleicht sogar, weil im Spanischen transitive, auf Personen bezogenen Verben mit *a* verbunden werden; und da diese Fazetie nicht bei Johann von Capua vorkommt, ist es möglich, daß ihr ein spanisches Original zugrunde liegt.

mulier casta: Obsecro, ut consilium huius rei utile dicas, ne, propria forma priuata, efficiar canicula. Anus pro Dei amore libenter et anime remedio monet: Quia miseret me tui, hunc supradictum iuuenem queram, et si quoquam inueniri poterit, ad te reducam. Cui gracias egit mulier, et sic anus artificiosa dictis fidem prebuit, et quem promisit reduxit iuuenem, et sic eos associauit copula non legali.

Post modum ait rex suo philosopho: Nunquam audiui tam mirabile quid, et hoc arte puto diaboli inaudita. Ait philosophus: Ne dubites quia hoc esse uidetur. Inquit rex: Spero quod, si aliquis tam sapiens homo erit ut semper timeat se posse decipi arte mulieris, forsitan se ab aliis ingeniis ingenio se custodire ualebit. Respondit philosophus: Adhuc uolo tibi recitare quoddam mirabile et stupendum quod audiui a quodam homine qui multum laborauit ut suam custodiret uxorem, sed nichil profuit custodisse. Dixit rex suo philosopho: Dic michi quid fecit, ut melius sciam, si quam duxero, illam custodire. Inquit philosophus:

LXXXIII Fuit quidam iuuenis qui totam intencionem suam et totum sensum suum et adhuc tempus suum misit ut sciret artem mulieris omni modo. Et hoc facto, uoluit ducere vxorem; sed primitus perrexit querere consilium, et sapienciorem illius regionis adiit hominem, et sciens qualiter custodire posset quam ducere uolebat, quesiuit vxorem. Sapiens uero, hoc audiens, dedit ei consilium ut construeret domum altis parietibus lapideis, poneretque intus mulierem, daret sibique satis ad comedendum et non superflua indumenta, faceret ita domum quod non esset in ea nisi solum ostium solaque fenestra per quam uideret et tali altitudine et tali composicione per quam nemo intrare posset uel exire. Iuuenis uero, audito con-

waren, so wäre meine Tochter niemals verwandelt worden." Die anständige Dame sprach zu ihr: „Ich flehe euch an, mir nutzbringenden Rat zu geben, damit ich nicht meiner Gestalt verlustig gehe und in ein Hündlein verwandelt werde." Die Alte sprach ihr um Gottes willen und zur Heilung ihrer Seele bereitwillig zu: „Weil ihr mir leid tut, will ich besagten jungen Mann aufsuchen, und, wenn er irgendwo zu finden ist, euch zuführen." Die Dame dankte ihr, und die listige Alte machte ihr Versprechen wahr, führte ihr den jungen Mann, wie sie versprochen hatte, zu, und gesellte sie so in ungesetzlicher Verbindung.

Danach sprach der König zu seinem Weisen: „Nie habe ich etwas so Wunderliches gehört und halte es für unerhörte Teufelskunst." Der Weise sprach: „Ja freilich, danach sieht es aus." Sprach der König: „Ich hoffe doch, daß irgendein Mann klug genug sein wird, um immer zu befürchten, durch Weiberlist getäuscht zu werden und vielleicht sich vor den Anschlägen anderer durch eigene Klugheit zu schützen." Da sprach der Weise: „Ich will dir noch etwas Wunderbares und Erstaunliches erzählen, das ich von einem Manne gehört habe, der sich die größte Mühe gab, seine Frau zu überwachen, dem aber die Bewachung nichts nützte." Der König sprach zu seinem Weisen: „Sag mir, was er tat, damit ich besser Bescheid weiß, wie ich eine Frau bewache, wenn ich einmal heirate."

Da sprach der Weise:

LXXXIII Es war einmal ein junger Mann, der all sein Trachten, Sinnen und seine Zeit darauf verwandte, die Kunstgriffe des Weibes auf alle Art zu erkunden. Danach wollte er heiraten, aber erst wollte er sich Rat holen, ging zu einem weisen Manne des Landes und fragte, wie er die Frau, die er heiraten wollte, wohl bewachen könnte. Daraufhin gab ihm der Weise folgenden Rat: er solle ein Haus mit hohen Wänden aus Stein bauen und die Frau hineintun, er solle ihr genug zu essen und die nötigste Kleidung geben und das Haus so bauen, daß es nur eine Tür und ein einziges Fenster habe, aus dem sie schauen könnte, und das solle so hoch und auf solche Art konstruiert werden, daß niemand durch es hinein-

silio sapientis, sicuti ei iusserat, egit. Mane uero, quando
iuuenis de domo exibat, (h)ostium domus firmabat, et similiter quando intrabat. Quando autem dormiebat, sub capite
suo claues domus abscondebat. Hoc autem longo tempore egit.

Quadam uero die cum iuuenis iret ad forum, mulier sua, ut
solita erat facere, ascendit ad fenestram stare et uidit quemdam
iuuenem formosum corpore atque facie. Quo uiso, statim
amore illius succensa fuit mulier: hec amore iuuenis succensa
et, ut supra dictum est, custodita, cepit cogitare quomodo et
ex qua arte posset loqui cum adamato iuuene. At ipsa, plena
ingeniis ac dolositatis arte, cogitauit quod claues domini sui
furaretur, dum dormiret, et ita egit. Hoc autem assueta erat
dominum suum vnaquaque nocte uino inebriare, ut secrecius
ad amicum suum posset exire et suam uoluntatem explere.
Dominus uero illius, philosophicis iam edoctus monitis sine
dolo nullos esse muliebres actus, cepit cogitare quod sua
coniunx construeret frequenter cotidianam pocionem, quod
sub oculo poneret; se finxit ebrium esse. Cuius rei mulier inscia,
de lecto nocte consurgens, perrexit ad ostium domus et aperto
exiuit ad amicum. Vir autem suus, in silencio noctis suauiter
consurgens, uenit ad ostium et apertum clausit. Fenestram
ascendit stetique ibi, donec in camisia mulierem suam nudam
reuertentem uidit. Que, domum rediens, ostium clausum inuenit; vnde in animo multum condoluit; tamen ostium pulsauit.
Vir, mulierem suam audiens et uidens, ac si nesciret, interrogauit quis esset. At illa erat culpe veniam petens et amplius
nunquam se hoc facturam promittens. Nichil profecit; sed uir
iratus ait quod eciam intrare non permitteret, sed esse suum

oder herauskönnte. Der junge Mann hörte auf den Rat des Weisen und tat, wie er ihm geboten hatte. Wenn der junge Mann morgens sein Haus verließ, schloß er die Haustür ab und ebenso, wenn er hineinging. Wenn er aber schlief, legte er die Hausschlüssel unter sein Haupt, und dies tat er lange Zeit.

Als nun eines Tages der junge Mann zum Markt ging, stieg sein Weib wie gewöhnlich herauf, um am Fenster zu stehen: da sah sie einen gutgewachsenen und schönen Jüngling. Sobald die Frau ihn sah, entbrannte sie in Liebe zu ihm. Von dieser Liebe zu dem Jüngling entbrannt, aber, wie oben beschrieben, unter Bewachung, begann sie nachzusinnen, auf welche Weise und mittels welcher List sie mit dem geliebten Jüngling reden könnte. Da sie einfalls- und listenreich war, sann sie darauf, die Schlüssel ihres Gebieters zu entwenden, wenn er schliefe, und tat also. Sie hatte nun die Gewohnheit, ihren Gebieter jeden Abend mit Wein trunken zu machen, um insgeheim zu ihrem Freunde herauszugehen und ihr Gelüste zu stillen. Ihr Gebieter aber hatte nun von dem Weisen gelernt, daß eine Frau nichts ohne Hintergedanken tut, und es fiel ihm auf, daß ihm seine Frau so häufig und jeden Tag einen Trunk vorsetzte, und er stellte sich betrunken. Die Frau merkte das nicht, erhob sich des Nachts vom Bett, ging zur Haustür, schloß sie auf und ging zu ihrem Freund hinaus. Ihr Mann aber erhob sich ganz leise in schweigender Nacht, ging zu der offenen Tür und schloß sie ab[1]. Dann stieg er zum Fenster hinauf und blieb dort stehen, bis er seine Frau nackt und nur im Hemde zurückkommen sah. Sie kam ans Haus und fand die Tür verschlossen, was sie sehr schmerzte, doch klopfte sie ans Tor. Der Mann hörte und sah seine Frau, aber stellte sich, als wüßte er es nicht, und fragte sie, wer sie sei. Sie nun bat um Vergebung ihrer Schuld und versprach, sie werde es nie wieder tun. Das nützte ihr nichts, sondern ihr erzürnter Mann sagte, er werde sie nicht nur nicht hereinlassen, sondern halte es für seine Pflicht, sie ihrer Familie an-

[1] Wieder plumpe Erzählung; nur eine offene Tür kann man schließen.

ut suis parentibus ostenderet. At ipsa, magis ac magis clamans, dixit quod, nisi ostium domus recluderet, in puteum qui iuxta domum erat saliret et ita uitam finiret, sicque de morte sua amicis et propinquis racionem reddere deceret. Spretis minis dominus mulieris sue, intrare non permisit. Mulier uero, plena arte et calliditate, sumpsit lapidem quem proiecit in puteum hac intencione ut uir suus, audito sonitu lapidis in puteum ruentis, putaret sese in puteum cecidisse. Et peracto hoc mulier post puteum se abscondit. Vir simplex atque insipiens, audito sonitu lapidis in puteum ruentis, mox et absque mora de domo egrediens, celeri cursu ad puteum uenit, putans uerum esse quod mulierem audisset cecidisse. Mulier uero, uidens ostium domus apertum et non oblita sue artis, intrauit; domus firmato ostio, stetit ad fenestram. Ille autem, uidens se esse deceptum, inquit: O mulier, fallax et plena arte diaboli, permitte me intrare, et quicquid fore michi fecisti me condonaturum tibi crede. At illa, eum increpans, introitum domus omni modo, facto atque sacramento, denegans, ait: O seductor, tuum esse atque tuum facinus parentibus tuis ostendam, quia vnaquaque nocte es solitus ita furtim a me exire et meretrices adire. Sic ita egit. Parentes uero, audientes atque uerum esse existimantes, increpauerunt eum. Et ita mulier, liberata arte sua, flagicium quod meruerat in virum retrusit. Cui nichil profuit, imo obfuit mulierem custodisse.

Figura uiri existentis ad fenestram domus et mulieris existentis extra, prohicientis lapidem in puteum.

Et audiens hoc rex obstupuit et dixit: Nemo est qui se ingenio

zuzeigen¹. Sie schrie immer lauter, sie werde, falls er ihr nicht die Haustür aufschlösse, in den Brunnen neben dem Haus springen und dann müsse er ihren Freunden und Verwandten über ihren Tod Rechenschaft ablegen. Der Herr aber schlug die Drohungen seines Weibes in den Wind und ließ sie nicht hinein. Die Frau aber, voller List und Tücke, nahm einen Stein und warf ihn in den Brunnen in der Absicht, daß ihr Mann, wenn er den Stein in den Brunnen fallen hörte, glauben solle, sie sei in den Brunnen gefallen. Danach versteckte sich die Frau hinter dem Brunnen.

Als der einfältige und törichte Mann das Geräusch des Steines hörte, wie er in den Brunnen fiel, stürzte er unverweilt aus dem Haus und rannte zum Brunnen in der Meinung, er habe wirklich seine Frau hineinstürzen hören. Als die Frau nun die Haustür offen sah, ging sie, ihrer List eingedenk, hinein, schloß die Haustür ab und stellte sich ans Fenster. Als jener sich nun getäuscht sah, rief er: „O trügerisches Weib voll teuflischer List, laß mich hinein, und glaube mir, daß ich dir verzeihen werde, was du mir angetan hast²." Sie aber beschimpfte ihn, verwehrte ihm den Zugang zum Haus, ja, schwor sogar einen Eid und sprach: „Du Verführer, was du bist und was du anstellst will ich deinen Verwandten anzeigen, weil du jede Nacht so heimlich von mir weggehst und dich zu den Huren begibst." Und das tat sie³.

Als aber seine Verwandten dies hörten und es für wahr hielten, beschimpften sie ihn, und so hatte die Frau, die sich durch ihre List befreit hatte, die Schande, die sie verdient hatte, auf ihren Mann abgewälzt.

*Abbildung, wie der Mann am Fenster des Hauses und die Frau davor steht und einen Stein in den Brunnen wirft*⁴.

Und als der König dies vernahm, staunte er und sprach: „Nie-

---

1 *suis parentibus* ist infolge der üblichen Verwechslung zwischen *suus* und *eius* unklar.
2 Das Wort *fore* gibt keinen rechten Sinn: steht es vielleicht für *foris* oder *foras*: draußen? Oder soll es vielleicht *forte* heißen?
3 *sic ita egit*: *sic ita* ist eine barbarische Tautologie.
4 *prohicientis*: kann hier das J einer lateinischen Vorlage im Spanischen durch den ch-Laut wiedergegeben sein?

mulieris custodire possit nisi quem Dominus custodierit, et hec talis narracio, ne ducam uxorem, est magna dehortacio. Respondit philosophus: Non debes, domine rex, mulieres omnes credere esse tales, quoniam magna castitas atque magna bonitas in multis reperitur mulieribus, et scias in bona muliere bonam societatem reperiri posse, bonaque mulier fidelis uel custos bone domus. Salomon in fine libri suorum Prouerbiorum composuit .xx. duos uersus de laude atque bonitate mulieris bone. Dixit rex ad hoc: Vnde confortasti atque audisti aliquam mulierem que sui sensus ingenium niteretur vertere in bonum? Respondit philosophus: Audiui. Rex inquit: Refer michi de illa que uidetur res magna. Philosophus dixit:

Dictum fuit quod quidam hispanus perrexit apud Mecham. Dum ibat, peruenit in Egiptum. Qui, desertam terram intrare uolens et transire, cogitauit quod pecuniam suam in Egipto dimitteret, et, antequam dimitteret, uoluisset si aliquis fidelis homo esset in illa regione cui posset pecuniam suam committere. Et ostenderunt ei antiquum hominem nominatum probitate fidelitatis, cui de suo mille talenta tradidit. Deinde perrexit, factoque itinere ad illum rediit cui pecuniam commisit et quod commiserat ab eo requisiuit. At ille, plenus nequicie, illum nunquam antea uidisse dicebat. Ille uero, deceptus sic, perrexit

mand kann sich vor Weiberlist hüten, es sei denn, daß Gott ihn behütet, und diese Erzählung rät mir entschieden davon ab, zu heiraten." Der Weise antwortete: „Herr König, du darfst nicht glauben, daß alle Weiber so sind, da man in vielen Weibern große Züchtigkeit und Güte findet, und wisse, daß man an einer guten Frau eine gute Gefährtin finden kann, und daß eine gute Frau treu und Hüterin eines guten Haushalts sein kann. Hat doch Salomon am Ende seines Buches der Sprüche 22 Verse zum Lob der Güte eines braven Weibes geschrieben[1]." Der König antwortete: „Wo hast du gehört und bestätigt gefunden, daß irgendein Weib sich Mühe gäbe, seinen Verstand zum Guten zu gebrauchen?" Der Weise antwortete: „Doch, ich habe so etwas gehört." Der König sprach: „Erzähle mir davon, denn es dünkt mich sehr wichtig." Der Weise sprach:

LXXXIV Es wurde berichtet, daß ein Spanier nach Mekka reiste[2]. Auf dem Wege dahin gelangte er nach Ägypten. Da er im Begriff war, die Wüste zu betreten und zu durchqueren, überlegte er sich, er wolle sein Geld in Ägypten deponieren, doch zuvor wollte er ⟨in Erfahrung bringen⟩[3], ob es in dem Lande einen zuverlässigen Mann gebe, dem er sein Geld anvertrauen könnte. Man zeigte ihm einen alten Mann, dessen Anstand und Ehrlichkeit berühmt waren, und dem übergab er tausend Talente von seinem Geld. Dann machte er sich auf und nach Beendigung seiner Reise kam er zu jenem, dem er sein Geld anvertraut hatte, zurück, und forderte es von ihm. Jener aber behauptete voller Bosheit, er habe den Mann niemals zuvor gesehen. Der so Betrogene ging zu den ehrlichen

---

[1] Sprüche Salomons 31, 10–31 wird noch heute im jüdischen Heim am Sabbathbeginn rezitiert: es ist das Lob der guten Frau, Mutter und Führerin des Haushalts.

[2] Ungläubigen, d.h. nicht Muselmanen war und ist der Zugang nach Mekka bei Todesstrafe verboten. Obwohl zur Zeit der Abfassung des Buches ein Großteil Spaniens in maurischen Händen war, geht doch aus dem Folgenden („Schweinefresser") hervor, daß es sich um einen Christen handelte, so daß die Geschichte an innerer Unwahrscheinlichkeit leidet, abgesehen davon, daß ein Reisender nicht 1000 Talente mit sich führen würde.

[3] Hier fehlt ein Wort: Hervieux schlägt vor *scire*, besser wäre *sciscitari*.

ad probos homines regionis, et quomodo tractauisset eum ille
homo, cui pecuniam commiserat, eis retulit. Vicini uero illius,
de eo talia audientes, credere noluerunt, sed nichil hoc esse
dixerunt. Sed qui pecuniam perdiderat vnaquaque die ad domum illius, qui retinebat iniuste pecuniam, ibat blandisque
precibus eum deprecabatur ut sibi pecuniam redderet. Quod
deceptor audiens increpauit eum, dicens ne amplius quid de
eo diceret uel ad eum ueniret. Quod si faceret, penas meriti
precio subiret. Auditis minis illius qui eum deceperat, tristis
cepit redire, et in redeundo obuiauit cuidam uetule pannis
heremitalibus indute. Hec autem baculo suo fragiles artus
sustentabat, et per uiam lapides, laudando Deum, ne transeuncium pes lederetur, locabat. Que uidens hominem flentem
cognouit eum esse extraneum. Commota pietate mangiporcum
uocauit et quid ei accidisset interrogauit. At ille ordinate
nominauit. Femina uero auditis uerbis illius hominis inquit:
Amice, si uera sunt que retulisti, feram tibi auxilium. Et ille
ait: Quomodo potes hec facere, serua Dei? At illa inquit:
Adduc michi hominem de terra tua cuius et fratris fidem habere
possis. At ille adduxit. Deinde decepti socio precepit .x. cofros,
exterius preciosis depictos coloribus atque ferro deargentato
ligatos cum bonis seraturis, emere et ad domum sui hospitis
afferre lapidibusque comminutis implere. At ipse ita egit. Mulier uero, ut uidit omnia illa que preceperat esse parata, decepto ait: Nunc eciam homines perquire, qui, euntes ad domum illius qui te decepit, mecum et cum socio tuo deferant
cofros,

Vnus post alium uenientes ordine longo,
et quam cito primus uenerit ad domum illius hominis qui te

Leuten des Landes und berichtete ihnen, wie jener Mann, dem er sein Geld anvertraut hatte, ihn behandelt habe. Als aber dessen Nachbarn solches von ihm hörten, wollten sie es ihm nicht glauben, sondern sagten, es sei nichts daran. Jener, der sein Geld verloren hatte, ging täglich zum Hause des Mannes, der das Geld zu Unrecht zurückbehielt, und bat ihn flehentlich, ihm sein Geld wiederzugeben. Der Betrüger aber beschimpfte ihn und verbot ihm, weiter so von ihm zu reden oder zu ihm zu kommen, sonst würde er die verdiente Strafe erleiden. Als der Mann die Drohungen des Betrügers vernahm, ging er traurig weg und auf dem Rückwege traf er ein altes Weib, das die Lumpen einer Einsiedlerin trug. Sie aber stützte ihre gebrechlichen Glieder auf einen Stab und legte die Straße entlang Steine nieder, damit Vorübergehende sich nicht den Fuß verletzten, wobei sie Gott pries[1]. Als sie den Weinenden sah, erkannte sie, daß er ein Ausländer sei. Voll Mitleid nannte sie ihn einen Schweinefresser und fragte, was ihm zugestoßen sei. Er erzählte ihr alles der Reihe nach. Die Frau hörte sich seine Worte an und sagte: „Mein Freund, wenn dein Bericht wahr ist, will ich dir helfen." Jener sprach: „Wie kannst du das, du Dienerin Gottes?" Sie aber sprach: „Bring mir einen Landsmann von dir, dem du wie einem Bruder vertrauen kannst." Er brachte ihr einen solchen. Danach gebot sie dem Gefährten des Betrogenen, zehn Kästen zu kaufen, die außen mit kostbaren Farben bemalt und mit versilberten Eisenbändern gebunden und mit guten Schlössern versehen waren; die sollte er zum Haus seines Freundes bringen und mit Kieselsteinen füllen, und er tat also. Als die Frau sah, daß alles bereit war wie sie geboten hatte, sprach sie zu dem Betrogenen: „Jetzt miete auch Männer, die mit mir und deinem Freunde zum Hause des Mannes, der dich betrogen hat, die Kästen hintragen sollten.

Einer kommt nach dem andern in langer Reihe gegangen, und sobald der erste zum Haus dessen, der dich betrogen hat,

---

[1] Es ist nicht klar, was die Alte tat: daß sie Steine entfernte, läßt der Text nicht zu.

decepit, requiescet. Ibi ueni et interroga pecuniam, et ego tantum in Deum confido quod reddita pecunia tibi fuerit. At ipse, sicut uetula iusserat, fecit. Que, non oblita incepti quod predixerat, iter incepit et uenit cum socio decepti ad domum deceptoris: Quidam homo de Hispania hospitatus mecum fuit et uult Mecham adire, queritque antea pecuniam suam, que est in .x. cofris, seruandam alicui bono homini, donec reuertatur, commendare. Precor igitur ut, mei causa, in ede tua custodias, et quia audiui et scio te bonum hominem esse, nolo aliquem hominem alium, preter te solum, huius pecunie commendacioni adesse. Et, dum ita loqueretur, uenit primus deferens cofrum, aliis a longe iam apparentibus. Iterum deceptus, precepti uetule non oblitus, post primum cofrum, sicut ei preceptum fuerat, uenit. Ille uero qui pecuniam celauerat, plenus nequicia ac mala arte, ut uidit hominem uenientem cui pecuniam celauerat, timens ne, si pecuniam requireret, alius qui adducebat pecuniam suam non committeret, contra eum, ita dicendo, perrexit: O amice, vbi fuisti et vbi tantum diutinasti? Veni et accipe pecuniam mee fidei iam diu commendatam, quoniam te inueni et amodo tedet custodire. At ille, letus atque gaudens, recepit pecuniam gracias agens Deo. Vetula autem, ut uidit hominem pecuniam habentem, surrexit et inquit: Ibimus, ego et socius meus, contra cofros nostros et festinare precipiemus. Tu uero exspecta, donec redeamus et bene serua quod nos adduximus iam. Ille autem, letus animo, quod ceperat seruauit aduentumque eorum, quoad potuit, expectauit. Et ita bono ingenio uetule reddita fuit uiro summa pecunie.

Rex miratus dixit: Istud fuit mirum ingenium atque mirabile,

kommt, soll er warten. Dann geh du dahin und verlange dein Geld, und ich habe Vertrauen zu Gott, daß dir dein Geld zurückgegeben wird." Und er tat, wie ihm die Alte geboten hatte. Diese, eingedenk ihres Vorhabens, machte sich auf den Weg und kam mit dem Freund des Betrogenen zum Haus des Betrügers, und sprach zu ihm: „Ein Mann aus Spanien war bei mir abgestiegen und will nach Mekka ziehen; vorher aber will er sein Geld, das in zehn Kästen ist, einem guten Menschen bis zu seiner Rückkehr anvertrauen. Ich bitte dich daher, du mögest es um meinetwillen in deinem Haus aufbewahren; und weil ich gehört habe und weiß, daß du ein guter Mensch bist, will ich, daß kein anderer außer dir allein bei der Übergabe dieses Geldes zugegen ist." Und als sie so sprach, kam der erste Träger mit seinem Kasten und von weitem sah man schon die anderen. Wiederum kam der Betrogene, des Gebotes der Alten eingedenk, nachdem der erste Kasten abgeliefert war. Als nun jener, der das Geld unterschlagen hatte, voller Bösartigkeit und Arglist den Mann, dessen Geld er unterschlagen hatte, kommen sah, fürchtete er, daß wenn ⟨der Betrogene⟩ sein Geld zurückverlangen würde, der andere, der ihm gerade sein Geld brachte, es ihm nicht anvertrauen würde. So lief er ihm entgegen und rief: „Lieber Freund, wo bist du gewesen und wo hast du solange verweilt? Komm und nimm das Geld entgegen, das du mir schon lange zu treuen Händen übergeben hast, da ich dich jetzt ja gefunden habe und es ungern länger bewahre." Jener aber nahm voller Freude sein Geld in Empfang und dankte Gott. Als die Alte nun sah, daß der Mann sein Geld wiederhatte, stand sie auf und sprach: „Mein Freund und ich wollen unseren Kästen entgegen gehen ⟨und die Träger⟩ zur Eile antreiben. Du aber warte, bis wir zurückkommen, und bewahre wohl, was wir dir schon gebracht haben." Jener aber freute sich, hob ⟨den einen Kasten⟩, den er empfangen hatte, auf, und wartete, solange er konnte, auf die Ankunft der übrigen Kästen.

Und so ward durch die Klugheit des alten Weibleins dem Mann sein ganzes Geld zurückgegeben.

Der König verwunderte sich und sprach: „Das war wirklich

nec puto quod aliquis philosophus subtilius cogitaret per quod
lenius uir suam pecuniam recuperaret. (Ait rex) Vnde posset
philosophus suo ingenio naturali facere, secreta eciam nature
rimando, quod mulier solo fecit naturali ingenio?

*Figura mercatoris tradentis thesaurum suo hospiti
et uetula* (sic) *consulentis mercatorem.*

Gualterus Anglicus

Gualterus Anglicus XV.

DE VULPE ET CORVO

Vulpe gerente famem, corvum gerit arbor, et escam
  ore gerens corvus, vulpe loquente, silet:
Corve decore decens, cignum candore perequas,
  si cantu placeas, plus ave quaque places. –
Credit avis, picteque placent preludia lingue;
  dum canit, ut placeat, caseus ore cadit.
Hoc fruitur vulpes; insurgunt tedia corvo:
  asperat in medio damna dolore pudor.
Fellitum patitur risum, quem mellit inanis
  gloria: vera parit tedia falsus honor.

bewunderswerte Klugheit, und ich glaube nicht, daß irgendein Philosoph sich einen besseren Kniff ausdenken könnte, wodurch der Mann in Güte sein Geld wieder bekommen könnte. Was könnte wohl ein Philosoph mit seinem naturgegebenen Verstand ausrichten, selbst wenn er alle Geheimnisse der Natur erforschte, wenn eine Frau dies mit dem ihr eigenen Verstande vermochte?"

Abbildung, wie der Kaufmann das Geld seinem Gastfreud übergibt und das alte Weib sich mit diesem Kaufmann berät.

Gualterus Anglicus

Gualterus Anglicus 15

FUCHS UND RABE

Hunger trägt in sich der Fuchs, ein Baum trägt den Raben,
            und Speise
trägt der Rabe im Mund, schweigt, und es redet der Fuchs:
Rabe, so zierlich geziert, dem Schwane an Weiße vergleichbar,
 allen Vögeln voraus, wär' auch gefällig dein Sang.
Jener glaubt's: ihm gefällt, was trügende Zunge ihm vorspielt,
 singt, damit er gefällt: Käse dem Munde entfällt,
Daran erlabt sich der Fuchs; aufsteigt dem Raben die Reue
 und die Beschämung verschärft, mitten im Schmerz, den
            Verlust.
Gallenbitteren Hohn erduldet, wen honigsüß lockte
 Ruhmsucht: Ehrung war falsch, aber die Reue ist echt.

Auf kleinem Raum zeigen sich viele der in der Einleitung besprochenen Maniriertheiten Walters: das aufdringliche Polyptoton von *gero*; gequälter Stabreim (decore decens; cignum candore); pictae placent praeludia; der abgedroschene Gegensatz *fel* – *mel*, wofür Walter ein sonst nicht belegtes Verbum *mellire* bildet; Kontrast *vera* – *falsus*.

Über diesen Fabelstoff siehe Exkurs „Fuchs und Rabe" im Anhang.

XXVIII.

DE LEPORIBUS ET RANIS

Silua sonat, fugiunt Lepores, palus obuiat, herent;
  Fit mora, respiciunt ante retroque, timent.
Dum uibrant in mente metus, se mergere pacti,
  Se metui et Ranas stagna subire uident.
Vnus ait: Sperare licet; non sola timoris
  Turba sumus; uano Rana timore latet;
Spem decet amplecti; spes est uia prima salutis:
  Sepe facit metui non metuenda metus.
Corporis est leuitas, et mentis inertia nobis:
  Ista fuge causam suggerit, illa fugam.
Sic timeat quicunque timet, ne mole timoris
  Spe careat; grauis est spe fugiente timor.
Speret qui metuit: morituros uiuere uidi
  Spe duce, uicturos spe moriente mori.

Diese Fabel geht zurück auf Aesop (rec. August. Perry 138) und wurde von Babrius behandelt (25). Sie findet sich in Prosa im sog. Romulus vulgaris (Hervieux II S. 208); gleichfalls in Prosa bei Vincent von Beauvais (*ibid.* p. 238), im Romulus Monacensis (*ibid.* p. 275), im Romulus Bernensis (*ibid.* p. 314); in Versform sind von späterer Hand an diese, wie auch andere Fabeln des Gualterus, zusätzliche *moralitates* in ganz elenden Distichen angehängt. Dieselbe Fabel in Distichen von Alexander Neckam (Nequam), (Herv. *op. cit.* II, 410): in kurzer Prosafassung im Romulus Vindobonensis (*ibid.* p. 465); fast gleichlautend im Romulus Florentinus (*ibid.* p. 487); länger und in anderer Fassung im Romulus Nilantii (*ibid.* p. 530); im Romulus Anglicus (*ibid.* p. 581) in erweiterter Prosafassung; in akzentuierenden Versen, deren jede Strophe mit einem Hexameter schließt, in den aus dem Rom. Nilantii abgeleiteten Fabeln (*op. laud.* p. 732); dieser Text sei als Kuriosum hier beigefügt.

Hier folgt die aus dem Romulus Nilanti abgeleitete rhythmische Fassung. Sie ist der Goliarden-Strophe angenähert, erreicht ihre künstlerische Vollendung aber bei weitem nicht.

Gualterus Anglicus 28
HASEN UND FRÖSCHE

Lärm ist im Wald: die Hasen entfliehn. Sie kommen zum Sumpfe,
 machen dort halt und schaun vorwärts und rückwärts voll Angst.
Furcht in der zitternden Brust, beschließen sie, sich zu ertränken,
 da seh'n, vor ihnen erschreckt, Frösche sie tauchen im Teich.
Sprach da einer: Jetzt hoffen wir wieder; wir sind nicht das einzge
 furchtsame Volk – ohne Grund zagt und versteckt sich der Frosch.
Dies sei Grund uns zur Hoffnung: der Weg zur Rettung heißt Hoffnung,
 oft erregt uns *das* Furcht, was zu befürchten nicht ist.
Leicht ist wohl unser Leib, doch schwer beweglich der Geist nur:
 dieser rät Grund uns zur Flucht, jener verhilft uns zur Flucht.
Fürchtet sich einer, so fürcht' er sich so, daß die Last seiner Furcht nicht
 ihm die Hoffnung entnehm: Furcht ohne Hoffnung ist arg.
Wer sich fürchtet, der hoffe: oft sah ich dem Tod schon Geweihte
 leben: wer leben gesollt, starb, weil die Hoffnung erstarb.

Das Gedicht des Gualterus ist metrisch korrekt, zeigt aber gequälte Künstelei im Ausdruck, in gezwungenem Stabreim (V. 3), in der klappernden Wiederholung von ... *metui non metuenda metus; timeat-timet-timoris; spe-speret – spe;* dem forcierten Kontrast von *morituros – vivere* und *spe moriente mori*.
Das Wortgeklingel der Moral (spes – timor, vivere – mori) konnte in der Übersetzung nicht ebenso konzis wiedergegeben werden und erforderte daher zwei zusätzliche Verse.

DE SYNODO LEPORUM

Nuper sunt ad synodum lepores uocati,
Inter se firmissimo iure coniurati,
Quod, si sint de cetero quodam perturbati,
Ad pelagi rupes fugerent mox precipitati

Mox, ut terror ingruit, Lepores fugerunt
Ad flumen, quo turgide Rane latuerunt.
Rane fugiencium sonos audierunt,
Et se sub fluvio, cogente timore, tulerunt.

Submersas Lepusculi Ranas ut videbant,
10 Nimio perterriti stupore timebant.
Unius consilio cuncti mox favebant,
Quo mox audito patriam remeare studebant.

En, inquit, nunc cernitis omne quod creatur
Sub timoris legibus firme religatur?
Iam nostram ad patriam redditus ducatur,
Ut quisquam nostrum sua fata libens patiatur

Moralitas

Hic nos equanimiter monet tolerare
Penas et angustias, quas mundus uult dare;
Nam firmo proposito si stabiliare,
20 Nil puto perversum te formum posse gravare

XLVIII.

DE VIRO ET VXORE

Dvm uir et uxor ament, uxorem priuat amato

Parca uiro, nec eam priuat amore uiri.
Coniugis amplectens tumulum, pro coniuge uexat

12. Unsere Lesart statt des überlieferten *propriis repedare studebant*. In all den verschiedenen Varianten dieser Fabel hat sich die „Moral" der Zeit entsprechend verändert. Bei Babrios folgt auf den Ausspruch, „Es gibt noch feigere Tiere als uns" das Epimythium „So werden den Menschen die Unglücksfälle anderer zur tröstlichen Ermahnung"; bei Babrius schließt die Fabel mit der Feststellung, „Ich sehe andere, die noch schwächer sind als wir." Walter hebt den Gegensatz von Furcht und Hoffnung hervor; im Rom. vulg.: „Führen wir ein Leben wie alle anderen: es kann nicht immer schlecht gehen." Vincent übernimmt dies wörtlich und fügt hinzu, „Wer Übel nicht ertragen kann, schaue auf die Leiden anderer." Der Rom. Monac. hat ein Promythium:

„Viele Menschen sind so furchtsam, daß sie die Drohungen anderer nicht ertragen können; höre also diese Fabel", und schließt mit dem Epimythium „Die Fabel lehrt, sich nicht allzu sehr vor Drohungen zu fürchten, die oft verschwinden." Die Kurzfassung des Rom. Bernensis hat die ebenso kurze Moral „Dies lehrt, nicht zu verzweifeln.". Alexander Neckam wiederholt die in den letzten Versen der Fabel ausgesprochene Maxime im Epimythium, „Dies lehrt uns, in Widrigkeiten nicht zu verzweifeln, denn sehr oft pflegt auf Schweres Freudiges zu folgen." Rom. Vindob. und Rom. Flor. schließen gleichlautend „Neque erit toto tempore malum." Rom. Nilantii hat das Promythium, „Die folgende Fabel ermahnt uns, daß jeder Mensch jedwedes Leid, das ihn trifft, geduldig ertragen und aushalten soll, denn nirgends auf Erden ist man so sicher, daß man nichts zu fürchten bräuchte. Der Rom. Anglicus schließlich hat dies Epimythium (das kaum zu der Fabel paßt): „Jedermann soll seines Ortes und Landes Gesetze und Bräuche gerne ertragen, denn es ist eitel, seinen Standort zu wechseln. Denn jede Gegend hat etwas, wovor du fliehen mußt, und überall findest du, was dir überlegen ist."

Gualterus Anglicus 48

MANN UND WEIB

Liebe verband einen Mann und sein Weib, doch die Parze beraubte
ihres Mannes die Frau, doch nicht der Liebe zum Mann.
Wirft sich aufs Grab ihres Gatten, zerkratzt sich um ihn ihre Wangen,

Vngue genas, oculos fletibus, ora sono.
Hanc iuuat ipse dolor, nequit hac de sede reuelli

Grandine, seu tenebris, seu prece, siue minis.
Ecce reum dampnat iudex; crux horrida punit;

In cruce custodit, tempore noctis, Eques.
Hic sitit, ad tumulum uocat hunc et clamor et ignis;

10 Orat aque munus; hec dat, et ille bibit.
Egrum nectareis audet cor inungere uerbis;

Hunc uocat ad primum cura salutis opus;

Sed redit, et dulces monitus intexit amaro

Cordi; uicta subit castra doloris amor.
Vir metuens furem furi, suspendia furis

Visit, sed uiduam tactus amore petit.
Hanc amor ipse ligat, fructumque ligauit amoris;
Hic redit ad furem, sed loca fure carent.
Hic dolet, hoc questu dolor hic instigat amicam:

20 Non bene seruato fure, tremore premor.

Rex mihi seruandum dederat, me regius ensis

Terret, et extorrem me iubet esse timor.

Hec ait: Inueni, que spem tibi suscitet, artem:
  Vir meus implebit in cruce furis onus.

Ipsa uiri bustum reserat, pro fure catenat
  Ipsa uirum, restem subligat ipsa uiro.
Huic merito succumbit Eques, succumbit amori

Gualterus Anglicus

Tränen entströmen dem Aug', Klagegeschrei ihrem Mund.
Schier erfreut sie die Trauer: vom Platz hinweg reißt sie nicht Hagel,
nicht das Dunkel der Nacht, Bitten und Drohungen nicht.
Siehe, mit schrecklichem Galgen bestraft einen Frevler der Richter,
und ein Ritter hält Wacht neben dem Galgen bei Nacht.
Diesen dürstet's: zum Grabe zieht ihn der Lärm und ein Lichtlein,
Wasser erbittet er sich: sie gibt es ihm, und er trinkt.
Dann wagt mit süßem Gespräch er dem kranken Herzen zu schmeicheln,
aber dann ruft, was ihm frommt, wieder, die Pflicht, ihn zurück.
Kommt dann, ihr bitteres Herz mit süßem Drängen umschmeichelnd:
Liebe besiegte der Pein Festung und zog in sie ein.
Fürchtend den Dieb seines Diebs, geht zum hängenden Diebe der Ritter,
doch da ihn Liebe ergriff, zieht es zur Witwe ihn hin.
Sie auch bindet die Liebe, sie band sich im Liebesgenusse;
er geht zum Diebe zurück, aber dort gibt's keinen Dieb.
Schmerz erfaßt ihn, und klagend bewegt sein Schmerz seine Freundin:
‚Da ich den Dieb schlecht bewacht, werde von Furcht ich bedrückt.
Ihn zu bewachen, hieß mich der König; jetzt schreckt mich des Königs
Schwert, und es mahnet mich Furcht, fort in das Elend zu fliehn.'
Sie spricht: ‚Ich fand einen Ausweg, der Hoffnung erwecken dir möge:
Es ersetze den Dieb nunmehr am Galgen mein Mann.'
Selber gräbt aus sie den Mann, legt ihm selbst an die Ketten des Diebes,
und mit eigener Hand hängt sie am Stricke ihn auf.
Dieser verdienstlichen Tat erliegt der Ritter, und neuer

Illa nouo; ligat hos firmus amore thorus.
Sola premit uiuosque metu penaque sepultos

30 Femina; femineum non bene finit opus.

In nonnullis codicibus, saec. XV vel XIV exeunte non recentioribus, post versum xxvi hoc additamentum invenitur:

Inquid tunc miles: Nil feci; dentibus ille,
   Quem male servavi, deficiebat enim.
Ne timeas, inquit mulier, lapidemque revolvens,

Dentes huic misero fregit in ore viro.

In vetusta editione Ulmensi eisque quae inde derivatae sunt, pro illo additamento legimus hoc:

Miles ait: Nostrae tantis successibus artes

Non prosunt, aliud consule consilium.
Crinibus orbata furis frons nuda nitebat,
   Istiusque viri frons manet hirta comis.

Pallentis caput illa capit, frontemque sigillans

Calvitie, manibus vellit et ore pilos.

Diese Verse – die Übersetzung hat nicht versucht, sie zu glätten – zeigen Walter von seiner schwächsten Seite. Die Handlung ist unlogisch aufgebaut: statt eines Mausoleums, wie bei Phaedrus oder Petron, wo die Witwe vor den Unbilden der Witterung geschützt ist, haben wir hier ein Grab im Freien, aber offenbar Licht und Wasser zur Verfügung. Daß ein Ritter (*eques*) einen Gehängten bewachen sollte, widersprach jedem Brauch. – Die häufige Wiederholung von *vir* und *uxor*, von *amare* und *amor* in den ersten zwei Versen, wie die von *coniunx* in Vers 3; in Vers 10 Walters bis zum Überdruß manierierter Kontrast

Liebe erliegt sie: es eint beide in Liebe ein Bett.
Nur das Weib droht Lebenden Furcht und Begrabenen
Schande:
Gutes Ende hat nicht, was eine Frau unternimmt.

In späteren Handschriften finden sich nach Vers 26 noch folgende Einschübe:

Da entgegnete er: ,Nicht hilft's, da jenem am Galgen,
den so schlecht ich bewacht, gänzlich die Zähne gefehlt.'
Sprach die Frau: ,Keine Angst!', und mit geschwungenem
Steine
schlägt ihrem armen Mann sämtliche Zähne sie aus.

Statt dieser Verse hat eine andere, gleichfalls spätere, Handschrift:

Sprach der Soldat: ,Es wird unsre List zum Erfolge nicht
führen,
einen anderen Plan ziehe derhalbe zu Rat.
Denn von Haaren war gänzlich entblößt die Glatze des Diebes,
aber der Kopf deines Manns strotzt noch von üppigem
Haar.'
Sie nun packt des Verblichenen Kopf, macht die Stirn ihm zur
Glatze,
reißt mit den Händen ihm aus und mit den Zähnen das Haar.

---

haec dat et ille bibit; der banale Gleichklang *amaro – amor* (13/14); dreimal Formen von *fur* in einem Vers (15); von *ligare* zweimal (17); das Geklingel von *tremore premor* (20); der versuchte Gleichklang *terret – extorrem* (22) sind Versuche einer barbarischen Eleganz.
Die beiden Einschübe – sicher nicht von Walter – sind nicht besser; *orbatá* hat noch dazu eine falsche Quantität.
Die Erzählung ist eine der überaus zahlreichen Versionen des Wandermotivs von der Treulosen Witwe, am bekanntesten in der Darstellung von Phaedrus und Petron: sie findet sich in vielen Literaturen.

LIX.

DE MERCATORE ET DUCTORE

Fert Iudeus opes; [sed] onus fert pectore maius:

  Intus adurit eum cura forisque labor.
Ergo metu dampni, sibi munere regis amorem

  Firmat, ut accepto produce tutus eat.
Regius hunc Pincerna regit, cor eius adurit
  Auri dira sitis, qui parat ense nefas.

Silua patet, subeunt. Iudeus in ore sequentis

  Cor notat. Ergo sequar, inquit. At ille negat,
Et gladium nudans: Nemo sciet, inquit, obito!

  Ille refert: Scelus hoc ista loquetur auis.
Prosilit a dumo perdix; hanc indice signat.

  Alter ait: Scelus hoc ista loquetur auis?
Hic rapit ense caput, et opes metit, et scrobe funus

  Celat; agit celeres annus in orbe rotas.
Perdices cene domini Pincerna ministrat,
  Ridet, et a risu uix uacat ille suo.
Rex audire sitit: hic differt dicere causam;
  Fit locus, ambo sedent; hic petit, ille refert.
Rex dolet, et leto mentitur gaudia risu;
  Regi[s] concilium consiliumque sedet.
Pincernam crucis esse reum sententia prodit;
  Crux punit meritum, iure fauente cruci.

Vt quemquam perimas, nullum tibi suadeat aurum;

  Nam decus et uitam mesta ruina rapit.

Gualterus Anglicus 49

DER KAUFMANN UND SEIN FÜHRER

Reichtum führt mit sich ein Jude, doch größere Last noch im Herzen
da ihn Sorge und Not drinnen und draußen bedroht.
Schaden befürchtend, gewinnt durch Geschenke die Gunst er des Köngis,
daß ihm ein Führer voran gehe und sichre den Weg.
Also gibt das Geleit ihm des Königs Mundschenk; im Herzen
brennend vor Gier nach dem Gold planet er frevelnden Mord.
Als in den Wald sie gehn, zeigt dem Juden die Miene des andern,
was der plant. „Geh voran", ruft er, doch jener sagt Nein.
Zieht sein Schwert und ruft: „Jetzt stirb, denn keiner wird's wissen."
„Jener Vogel", spricht der, „spricht und verrät deine Tat."
Aus dem Gebüsch huscht ein Rebhuhn, drauf mit dem Finger er weiset.
Jener: „Ein Vogel, sagst du, spricht und verrät meine Tat?"
Schlägt ihm den Kopf ab und raubt ihm das Gold, und die Leiche versteckt er
im Gebüsche. Danach ist schon vergangen ein Jahr.
Rebhühner setzt seinem Herrn der Seneschall vor an der Tafel.
und er lacht, und er wird seines Gelächters nicht Herr.
Eine Erklärung verlangt der König, es weigert sich jener,
schließlich kommts zum Verhör: *der* fragt und jener gesteht.
Seinen Ärger verbirgt der König mit trügendem Lachen,
ruft beisammen den Rat, sitzet darob zu Gericht,
und es lautet das Urteil: Die Strafe des Kreuzes verdient er,
und so wird er gestraft, wie das Gesetz es befahl.

Lasse dich nicht durch Gold zum Mord eines Menschen verleiten,
sonst rafft elender Sturz Rang dir und Leben hinweg.

Dasselbe Motiv wie in Schillers „Kraniche des Ibycus", basierend auf einer spät-hellenistischen Erzählung, die sich bei Plutarch (*de garrulitate* 14) findet. Die Plutarchstelle lautet: „Fing man nicht auf dieselbe Weise die Mörder des Ibykos? Sie saßen im Theater, und als die Kraniche in Sicht kamen, lachten sie und flüsterten einander zu, daß die Rächer des Ibykos da seien..." – Schiller wurde der Stoff von Goethe übermittelt, der ihn seinerseits am 16.7.1797 in einem Brief von Böttiger auf Anfrage erhalten hatte. Schiller beendete das Ge-

QUOMODO IUDEUS OCCIDEBATUR AB EXISTENTE PINCERNA, QUOD PERDICES PRODIDERUNT.

Iudeus, ferens aurum, per campum timuit ire; dedit ergo pecuniam Regi illius terre, ut daret ei secum per terram suam vnum de sua familia, sub cuius tuicione secure posset ambulare. Dedit ergo Rex Iudeo Pincernam suum, vt ductor esset eius Iudei prae omnibus transeuntibus. Cum autem simul venirent ad siluam, Pincerna, cupiditate ductus auri, Iudeum disposuit cum gladio interficere. Qui Iudeus, videns perdices volitantes, dixit ad Pincernam: Si me occideris, credas firmiter quod non remanebit occultum, sicut tu putas. Qui non curauit hec verba, occidens Iudeum, rapiens gazam, substantiam eius, et corpus eius occultauit in nemore. Domum rediens dixit se implesse voluntatem Regis. Post aliquot tempus, casu contigit quod idem Pincerna in vase portauit perdices captas in silua ante Regem super mensam, et maxime risit, quia illa verba que Iudeus ei dixit venerunt ad memoriam et omnia que ei acciderunt cum Iudeo. Tunc Rex quesiuit causam talis risus a Pincerna, qui nimis rogatus tandem dixit: Ego cogito super hoc factum quod mihi accidit cum Iudeo, qeum debui

dicht am 16.8.1797 (vgl. auch seine Briefe an Goethe vom 17.8. und 15.9. 1797); es erschien im Musenalmanach 1798.

Walter Anglicus versifizierte mit wenigen Ausnahmen die im Romulus anglolatinus tradierten Fabeln, doch ist dies Motiv weder bei Phaedrus noch Avian zu finden. Eine offensichtlich an Walter angelehnte Prosafassung findet sich in einer anonymen Sammlung von Avians Fabeln – ein spätes Manuskript (Gemeindebibl. Trier no. 1107 saec. XIV), das hier wiedergegeben sei.

ANONYMI AVIANICAE FABULAE 51
Wie ein Jude von einem Mundschenk erschlagen wurde und die Rebhühner es verrieten

Ein Jude, der Gold mit sich führte, fürchtete sich, über Land zu gehen. Daher gab er dem König jenes Landes Geld, damit er ihm auf dem Weg durch sein Land jemanden von seinem Gefolge mitgäbe, unter dessen Schutz er sicher reisen könnte. Der König gab also dem Juden seinen Mundschenk mit, daß er des Juden Führer sei ⟨als Schutz⟩ gegen alle anderen Reisenden. Als sie aber zusammen in den Wald kamen, ward der Mundschenk durch Gier nach dem Golde verleitet und schickte sich an, den Juden mit dem Schwert zu töten. Der Jude sah Rebhühner fliegen und sprach zum Mundschenk: „Wenn du mich erschlägst, glaube fest, daß es nicht ungestraft oder verborgen bleiben wird, wie dich dünkt." Der aber kümmerte sich nicht um diese Rede; da sprach der Jude: „Ich sage dir, daß diese Rebhühner, die da fliegen, meine Ermordung verraten werden." Doch jenen kümmerten diese Worte nicht: er erschlug den Juden, raubte sein Gut, und versteckte seine Leiche im Forst. Dann kehrte er zurück und meldete, er habe den Befehl des Königs ausgeführt.

Einige Zeit danach geschah es, daß derselbe Mundschenk Rebhühner, die man im Walde gefangen hatte, auf einer Schüssel dem König bei Tisch vorlegte und unmäßig lachte, weil ihm die Worte, die der Jude gesprochen und alles, was sich begeben hatte, ins Gedächtnis kamen. Da fragte der König den Mundschenken nach dem Grunde seines Gelächters; eindringlich befragt, sprach er schließlich: „Ich denke an das, was mit dem Juden geschehen ist, den ich führen sollte, den

conducere, quem interfeci, et omnia sua abstuli. Qui dixit mihi quod perdices volantes in aere adhuc deberent hoc prodere. Hoc venit mihi ad memoriam per praesentes perdices. Tunc Rex statim dolens, simulans se leto vultu, tractans consilium de hoc cum sapientibus qui pari consilio adiudicabant eum morti subiciendum. Vnde:

Non perimus quemquam, quamuis tibi suadeat aurum;
Nam decus et vitam mesta rapina rapit.

Romulus Anglicus

LXXIX.

DE PAVONE

Pavo cepit aliquando mestus esse, pro eo quod dulcem non haberet vocem, et adiit Creatorem suum, conquerens ei quod dulci organo vocis destitutus esset. Respondens Creator: Nonne decentissimo pennarum honore feliciter ornatus es? Vere, inquit Pavo: sed nichil michi beatitudinis in hoc attributum esse timeo, si cetere volucres propter vocis inepciam me contempnunt. Quid enim michi valet decor pennarum, cum Luscinia, que minima fere est avis, vocis sue dulcedine me superet? Desiste, inquit Creator, vanas ingerere querulas, quia in te uno non omnes convenire possunt gracie; quelibet enim avis eo quod natura dedit debet esse contenta: tu decore splendes, Aquila viribus viget, Liscinia vocis placet dulcedine, Corvus crocitat, Columba gemit, Grus tempus monstrat et auguria, Hyrundo auroram modulis salutat, Vespertilio in

ich ⟨aber⟩ getötet und dem ich alle seine Habe abgenommen habe. Der sagte mir, es sollten noch die Rebhühner in der Luft dies verraten. Das kam mir beim Anblick dieser Rebhühner ins Gedächtnis zurück."
Sogleich ward der König zornig, täuschte aber Heiterkeit vor und berief derhalbe den Rat seiner Weisen ein. Sie teilten seine Meinung, daß jener des Todes schuldig sei und ließen ihn hinrichten.

Bringe niemanden um, auch wenn das Gold es dir anrät:
Rang und Leben zugleich nimmt dir ein trauriger Tod.

Romulus Anglicus

Romulus Anglicus 79

DER PFAU

Der Pfau wurde einmal traurig, weil er keine schöne Stimme hatte, und wandte sich an seinen Schöpfer; bei ihm beklagte er sich, weil ihm der Stimme wohllautendes Organ versagt sei. Der Schöpfer antwortete: „Bist du nicht aufs schönste mit der Pracht deiner Federn geziert?" – „Das ist wahr", sagte der Pfau, „doch fürchte ich, daß mir daraus keine Zufriedenheit erwächst, wenn die anderen Vögel mich wegen meiner abstoßenden Stimme verachten. Denn was nützt mir der Federn Zier, wenn die Nachtigall, die fast der kleinste Vogel ist, mich mit der Anmut ihrer Stimme übertrifft?" – „Laß ab", sprach der Schöpfer, „eitle Klagen vorzubringen, weil nicht in dir allein alle Gnaden zusammenkommen können: jedweder Vogel muß mit dem, was ihm die Natur gegeben hat, zufrieden sein. Du strahlst in Schönheit, der Aar ist von mächtiger Kraft, die Nachtigall gefällt durch ihrer Stimme Süße, der Rabe krächzt, die Taube gurrt, der Kranich zeigt die Jahreszeiten und Vorzeichen an, die Schwalbe grüßt mit

vespere volat, Gallus horarum est vates; nullam natura dimisit inmunem. Non ergo amplius exigere debes quam quod Creator concessit.

Moralitas. Omni homini sua debet sufficere sors et condicio, et nullus habet alii invidere graciam quam Deus ei contulerit. Pauper, contentus eo quod habet, dives est; dives vero, dum semper ampliora cupit, pauper est.

Wie weit sich diese Fabelsammlung vom Romulus-Corpus entfernt hat, geht schon daraus hervor, daß hier die Fledermaus als ein Vogel genannt wird, während alle anderen Romulus-Sammlungen die bekannte Fabel von der Fledermaus haben, die sich im Kampf zwischen Vögeln und Säugetieren bald als dieses, bald als jenes ausgibt, um auf der siegreichen Seite zu bleiben: deshalb

LXXXV.

DE LEONE ET HOMINE

Leo et Homo fuerunt socii, et dextras dederunt pacis et amicicie; sed, ut assolet inter bonos amicos, orta est inter eos semel discordia, ipsis de nobilitate disceptantibus et audacia, et ait [Homo] Leoni: Venite mecum, et huius rei veritatem vobis monstrabo. Venerunt ergo ad villam et in ea depictum fuit in pariete qualiter homo leonem interfecerat; ostendit itaque Homo Leoni picturam, et ait: Ecce forcior est homo leone, utpote victor eo qui victus est. Cui Leo: A quo facta est pictura hec, ab homine vel a leone? Respondit Homo: Picturam constat hominis esse, non leonis. Vera refers, inquit Leo, et homo que vult pingere potest. Leo autem pingere nescit. Sed modo sequere me, et ego ducam te ubi rei veritas

ihrer Weise das Morgenrot, die Fledermaus fliegt am Abend, der Hahn ist der Sänger der Stunden – keinem hat die Natur eine Gabe versagt. Drum darfst du nicht mehr verlangen, als was der Schöpfer dir zugebilligt hat."

Moral. Jedem Menschen soll sein Los und sein Stand genügen, und niemand soll einen anderen um eine Gnade, die ihm Gott verliehen hat, beneiden. Ein Armer, der mit dem, was er hat, zufrieden ist, ist reich; ein Reicher aber, wenn er immer mehr begehrt, ist arm.

wird sie von allen verachtet und fliegt nur bei Nacht aus.
Die Sprache zeigt, wie alle Fabeln dieser Sammlung, die weit fortgeschrittene analytische Tendenz der Sprache. Man beachte: nullus habet invidere, niemand hat zu beneiden, hier jussiv, während sonst der Infin. mit habeo das Futur bezeichnet (vgl. die Endungen des franz. Futurs).

Romulus Anglicus 85

LÖWE UND MENSCH

Ein Löwe und ein Mensch waren Kameraden und reichten einander zu Frieden und Freundschaft die Hand. Doch wie es selbst unter guten Freunden vorkommt: sie hatten einmal eine Meinungsverschiedenheit über Adel und Wagemut, und da sie darüber stritten, sagte der Mensch zum Löwen: Kommt mit mir, und ich will Euch den wahren Sachverhalt aufzeigen. – Sie kamen also zu einem Landhaus, dessen Wand ein Gemälde hatte, in dem ein Mensch einen Löwen erlegt hatte; so zeigte der Mensch dem Löwen dies Bild und sprach: Seht, daß der Mensch stärker ist als der Löwe, wie ja auch der Sieger stärker ist als der, den er besiegt hat. Sprach der Löwe: Wer hat das Bild gemalt, ein Mensch oder ein Löwe? Der Mann sagte: Gewißlich stammt das Bild von einem Menschen und nicht von einem Löwen. Der Löwe entgegnete: Du sprichst die Wahrheit, und der Mensch kann ja malen, was er will. Ein Löwe kann nicht malen. Aber folge mir nur, und ich will dich an einen Ort führen, wo sich der wahre Sachverhalt

clarius apparebit. Et duxit Hominem Leo ad regis curiam. Rex autem ille lacum habuit in quo erant leones rapti, et homines rei trudebantur a leonibus devorandi. Illis moram facientibus in curia, adductus est homo potens et nobilis, regis inimicus, qui multas regi fecerat iniurias. Reus ergo mortis, traditus est leonibus, qui, prede cupidi, laniatis menbris eius, in momento eum exterminaverunt. Tunc Leo, inde recedens, assumpsit Hominem secum, et duxit eum in desertum, ubi ipse conversari et habitare solebat. Euntibus igitur illis alius leo ingens et fortis occurrit. Qui, salutato Leone, interrogavit eum quare Hominem illum secum duceret, dicens: Debet ipse latebras nostras circuire et considerare ubi laqueos ponat, quibus nos decipiat. Male ergo parcitur rustico isti. Unde, si vos ipsum non curatis, michi saltem devorandum dimittite. – Non sic erit, ait Leo ductor hominis. Non enim decet socium meum sub ducatu meo perire. Homo igitur, audita feritate leonis eum devorare volentis, ad socium suum clamavit, eius ope salvari cupiens. Postquam ergo hostis ille recesserat, Leo Hominem de contencione sua interrogat, et quid de pictura et re vera sibi videatur inquirit. Magna est, inquit Homo, harum rerum differencia, et magna est virtus et nobilitas tua.

Moralitas. Verba, operibus confirmata, majoris sunt auctoritatis, quam ea, que sunt sine operibus.

noch klarer herausstellen wird. Und der Löwe führte den Menschen zum Königshof.

Jener König nun hatte eine Löwengrube, in der gefangene Löwen waren, und man warf ihnen Verurteilte zum Fraß vor. Als sich die beiden am Hof aufhielten, wurde ein großmächtiger Adliger vorgeführt, ein Feind des Königs, dem er viel Unbilden zugefügt hatte. Der wurde zum Tode verurteilt und den Löwen vorgeworfen, die ihn beutegierig zerfleischten und augenblicklich umbrachten. Danach verließ der Löwe diesen Ort, nahm den Menschen mit sich und führte ihn in die Wüste, wo er gewöhnlich umherzog und sich aufhielt. Als sie des Weges gingen, kam ihnen ein anderer Löwe entgegen, der war riesengroß und stark. Er begrüßte den ⟨ersten⟩ Löwen und fragte ihn, weshalb er den Menschen bei sich habe. Wahrscheinlich, sprach er, treibt er sich bei unseren Lagerstätten herum, um zu sehen, wo er am besten Schlingen legt, um uns zu fangen. Übel wäre es, den Kerl da zu schonen. Wenn Ihr auf ihn keinen Wert legt, überlasset ihn mir, daß ich ihn verschlinge. – Nicht also, sprach der Löwe, der den Menschen geleitete, denn es ziemt sich nicht, daß mein Kamerad unter meinem Geleit umgebracht werde.

Als der Mann die Wut des Löwen, der ihn fressen wollte, wahrnahm, rief er seinen Kameraden um Rettung an. Als nun jener Feind sich entfernt hatte, fragte der Löwe den Menschen in bezug auf seine Behauptung, und wie er über das Gemälde und den wahren Sachverhalt dächte. Der Mann sprach: Ja, das ist ganz was anderes, und groß ist deine Macht und dein Adel.

Moral: Worte, durch Taten bekräftigt, haben mehr Gewicht als Behauptungen, die sich nicht auf Tatsachen stützen.

Gegenüber der äsopischen Fassung ist die Fabel hier stark erweitert. Bemerkenswert ist das „Ihrzen" in der Anrede. homines rei trudebantur: möglicherweise Schreib- oder Druckfehler für tradebantur (es folgt: traditus est), doch könnte trud. als difficilior lectio verteidigt werden. – Sub ducatu meo: klassisch wäre *me ducente*: deutliche Einwirkung der Landessprache.

CXXIV.

DE PRESBITERO ET LUPO

Presbiter quidam docuit Lupum litteras. Presbiter dixit A et Lupus similiter. Presbiter ait B et Lupus similiter. C, dixit Presbiter, et Lupus dixit similiter. Modo congrega, ait Presbiter, et sillabica. Et respondit Lupus: Sillabicare nondum scio. Cui Presbiter: Ut tibi melius videtur, sic dicito. Et ait Lupus: Michi optime videtur quod hoc sonat Agnus. Tunc Presbiter ait: Quod in corde, hoc in ore.
Moralitas. Lingua clamat quod cor amat. Hinc sepe datur intelligi quod verum sit in corde teneri.

Monachius Romulus

XXX.

DE DRACONE ET DE RUSTICO

Dracho *(sic)* morabatur in flumine, et, cum creuisset flumen, secutus est aquam per descensum, quo usque fluuius minuens dimitteret illum in arena sicca. Ibique iacebat non ualens pergere sine aqua. Dum autem transiret quidam Homo agricola cum asino, dixit ad eum: O Dracho, quomodo hic iaces? Et Dracho ait: Fluuium crescentem sum secutus per descensum; qui minuens dimisit me in arido loco et nequeo ire absque aqua. Sed si me ligaueris et super asinum tuum imposueris ac me in domum tuam reduxeris, aurum et argentum ac omnia bona a me accipies. Tunc Villanus, cupiditate perductus,

Romulus Anglicus 124

PRIESTER UND WOLF

Ein Priester brachte einem Wolf das Alphabet bei. Der Priester sagte A, ebenso der Wolf; der Priester sagte B, ebenso der Wolf; C, sagte der Priester, und der Wolf tat dasselbe. „Jetzt füge sie zusammen", sagte der Priester, „und forme Silben". Der Wolf sagte: „Ich kann noch nicht Silben bilden." Da sprach der Priester: „Sprich es dann so aus, wie es dich gut dünkt." Der Wolf sprach: „Mir gefällt es am besten, wenn es wie „agnus", Lamm, klingt." Da sprach der Priester: „Wie im Sinne, so im Mund."
Moral: Die Zunge sagt, was dem Sinne behagt. Das gibt uns oft zu verstehen, daß man die Wahrheit im Inneren hält.

Auch hier sehen wir die Wandlung der Fabel, auf die in der Einführung hingewiesen wurde: völlige Vermenschlichung und nicht mehr artgemäßes Verhalten der Tiere, sowie das gereimte Sprichwort.

Münchener Romulus

Münchener Romulus 30

DRACHE UND BAUER

Ein Drache wohnte im Fluß. Als dieser anschwoll, schwamm der Drache mit der Strömung flußabwärts, bis das Wasser sank und ihn auf dem Trockenen liegen ließ. Da lag er nun und konnte ohne Wasser nicht weiterkommen. Da ein Bauersmann mit seinem Esel das Flußbett überschritt, fragte er ihn: „Drache, wie kamst du so hier zu liegen?" Der Drache sagte: „Ich schwamm flußabwärts; da sank das Wasser, und ohne Wasser komme ich nicht weiter. Aber wenn du mich auf deinen Esel bindest und mit in dein Haus nimmst, sollst du Gold und Silber und alles Gute von mir bekommen."

ligauit Drachon, et imposuit eum super asinum suum ac reuocauit eum ad suum cubile. Et, cum deposuisset eum de asino ac soluisset a uinculis, querebat quod promiserat. Tunc Dracho: Ligasti, inquit, me, et imo exigis aurum et argentum? Villanus ait: Rogasti tu, inquid, me. At Dracho: Comedam te ergo, quia famem habeo. Et Villanus respondit: Vis tu ergo modo, inquit, mala pro bonis reddere? Vulpes autem, cum esset secus locum et audiret illos litigantes, ait ad illos: Fratres, quid litigatis ad inuicem? Tunc prior Dracho: Iste, inquid, Villanus ligauit me fortiter, ac posuit me super asinum suum et duxit me usque huc. Et postea Homo dixit: Audi, domina mea Vulpes: fluuium crescentem hic Dracho sequens remansit in sicco. Cumque transirem, rogauit me ut ligarem illum et imponerem super Asinum meum, ac deducerem eum ad domum meam, promittens multa bona mihi, argentum et aurum multum, et modo uult me manducare. Vulpes ait: Stulte egisti, quia Drachonem ligasti. Modo ergo ostende mihi quomodo ligasti eum et tunc iudicabo. Tunc Villanus cepit ligare Drachonem. Vulpes autem dicebat Drachoni: Ligauit te fortiter ita Villanus? Et ille: Non solum tantum, sed eciam cencies centesies tantum. Et Vulpes Villano: Stringe eum. Tunc Villanus, cum esset fortissimus, cepit eum stringere secundum uires suas. Tunc Vulpes Drachoni: Ita te, inquid, ligauit? Et Dracho ait: Ita, domina mea. Et Vulpes Villano ait: Noda ergo vincula ipsa fortiter, quia, cum aliquis bene ligat, fortiter distringit. Vade ergo et inpone super asinum tuum, et reuoca eum ibi vnde assumpsisti. Et ibi dimitte eum ligatum ita ut est, et postea non manducabit te. Et ita egit Villanus ut iudicauit Vulpes.

Taliter homines, cum pro bonis mala retribuunt, frequenter retributionem dignam recipiunt iuste.

Aus Habgier band der Landmann den Drachen, lud ihn auf seinen Esel und brachte ihn in seine Hütte. Als er ihn abgeladen und seiner Fesseln entledigt hatte, verlangte er das Versprochene. Da sprach der Drache: „Du hast mich gefesselt und verlangst dazu noch Gold und Silber?" Der Bauer sprach: „Du hast mich ja darum gebeten." Doch der Drache sagte: „Nun will ich dich fressen, weil ich Hunger habe." Der Bauer entgegnete: „Willst du also Gutes mit Bösem vergelten?"
Nun war der Fuchs in der Nähe und hörte ihren Streit; er sprach zu ihnen: „Brüder, was hadert ihr miteinander?" Da sprach zuerst der Drache: „Dieser Bauer hat mir enge Fesseln angelegt und mich auf seinen Esel geladen und hierher gebracht." Danach sprach der Mann: „Höre, Herr Fuchs: dieser Drache schwamm flußabwärts als der Fluß stieg, und blieb schließlich auf dem Trockenen. Da ich hinüberging, bat er mich, ihn zu binden und auf meinen Esel zu laden, um ihn in mein Haus zu bringen; dabei versprach er mir viel Gutes, Silber und Gold die Menge, und nun will er mich fressen." Der Fuchs sagte: „Töricht hast du gehandelt, da du den Drachen gebunden. Zeige mir aber nun, wie du ihn bandest, und dann will ich das Urteil fällen." Da begann der Bauer, den Drachen zu binden. Der Fuchs fragte den Drachen: „Hat der Bauer dich so fest gebunden?" – „Nein", sagte der, „nicht nur so, sondern hundertmal fester." Da sprach der Fuchs zum Bauern: „Schnüre ihn fest!" Da schnürte ihn der Bauer, der sehr stark war, mit aller Kraft ganz fest. Sprach der Fuchs zum Drachen: „Hat er dich so gefesselt?" – „Der Drache sagte: „Ja, mein Herr." Da sprach der Fuchs zum Bauern: „Zieh denn die Knoten ganz fest an, denn wenn einer gut fesselt, schnürt er ganz eng zusammen. Geh nun und lade ihn auf deinen Esel und bring ihn zurück woher du ihn geholt hast, und dann lasse ihn dort, gefesselt wie er ist, und danach wird er dich nicht fressen." Und es tat der Bauer gemäß dem Urteil des Fuchses.

So wird auch oft Menschen, die Gutes mit Bösem vergelten, verdientermaßen heimgezahlt.

Ein wohl aus dem Orient stammendes Wandermotiv: man denke an die Geschichte aus 1001 Nacht, wo der aus der Flasche befreite Djinn wieder in diese hineingelockt wird.
Zahlreiche Anzeichen für die abgesunkene Latinität des frühen Mittelalters,

XXXII.

DE HYRCO ET LUPO

Frequenter contra fortes et potentes surgunt infirmi et pauperes. Vnde audi fabulam.
Lupus sequebatur Hyrcum caprarum, ut eum caperet. At ille subiit in ripam altam et ibi tutatus est. At Lupus obsedit eum ad radicem. Post biduum autem siue triduum, cum Lupus sustineret famem et Hircus sitim, discesserunt uterque, Lupus prior ut cibum caperet, Hyrcus uero postea ut aquam potaret. Cum autem adusque ad sacietatem potasset, aspiciens vmbram suam in aqua, dixit: O quas acceptas tibias et quam pulchram barbam et quam magna cornua habeo! Et Lupus me fugat! Amodo resistam ei et nullam ei dabo potestatem ex me. Lupus autem silenter auscultabat omnia uerba retro eum; infigens autem fortiter dentes in Hyrci coxam, dixit: Quid hoc est quod loqueris, frater Hirce? Hircus autem, ut sensit se captum, ait: O domine mi Lupe, mercede agnosco culpam, quia Hyrcus, postquam potat, quod non debet, parabolare uult. At Lupus non pepercit, sed deuorauit illum.

Monet autem hec fabula infirmos ac pauperes ne insurgant ultra contra fortes et potentes.

u.a. der falsche Akkus. *dracon*; Formen wie *ad invicem, usque huc, manducare* (statt *edere*); Begriffsausweitungen wie *cubile* (eigtl. Lager(statt) für *domus*, *revocare* statt *reportare*; die übliche Verwechslung von Demonstrativ und Reflexiv (*rogavit me ut illum* (statt *se*) *ligarem*). – Natürlich unterliegt die Sprache der ausschließlich von Geistlichen verfaßten Fabeln dem Einfluß der Vulgata.

Münchener Romulus 32

BOCK UND WOLF

Mitunter erheben sich Schwache und Arme gegen Starke und Mächtige. Höre daher diese Fabel.

Der Wolf setzte einem Ziegenbock nach, um ihn zu fangen. Der aber kletterte auf einen steilen Hang und brachte sich dort in Sicherheit; der Wolf aber belagerte ihn am Fuß des Hanges. Nach zwei oder drei Tagen aber ward der Wolf hungrig und der Bock durstig, und beide gingen fort: zuerst der Wolf, um sich Nahrung zu fangen, der Bock aber danach, um Wasser zu trinken. Als er sich satt getrunken hatte, erblickte er seine Spiegelung im Wasser und sprach: „O was für ansehnliche Beine habe ich doch, was für einen schönen Bart, und was für große Hörner! Und der Wolf schlägt mich in die Flucht. Von nun an will ich ihm Widerpart bieten und keine Gewalt über mich geben." Der Wolf aber war fein still hinter ihm und hörte alle seine Worte; dann schlug er ihm kräftig die Zähne in die Hüfte und sprach: „Was redest du da, Bruder Bock?" Als der Bock merkte, daß er gefangen war, rief er: „Gnade, Herr Wolf! Ich bekenne meine Schuld. Wenn ein Bock getrunken hat, schwätzt er, was sich nicht schickt!" Der Wolf aber schonte seiner nicht, sondern fraß ihn auf.

Diese Fabel mahnt die Schwachen und Geringen, sich nicht den Starken und Mächtigen zu widersetzen.

mercede agnosco, etc. Hervieux empfiehlt zu lesen: *peto misericordiam et agnosco* etc., unter Hinweis darauf, daß der letzte Teil der Fabel fehlerhaft ist; doch ist es wohl möglich, daß die Bedeutung „Gnade" (franz. *merci*, span. *merced*) für *merces* hier vorliegt.

XXXIII.

DE LUPO ET ASINO

Consilium autem eius non deberet quisquam credere qui ei mala inferre vult. Vnde audi fabulam.

Lupus obuiauit Asino. Cui ait: O frater Asine, famem habeo, et ideo, inquid, comedam te. Cui Asinus: Vt placuerit, ita facies. Nam tuum est imperare, et michi est uoluntati tue optemperare. Si enim me comederis, ex magno labore me liberabis. Ego enim ex torculari vinum, ex area annonam, ex silua ligna, ex montibus lapides ad domus construendas defero, et ex molendino annonam fero, et, ut breuiter concludam, omne onus et omnis labor super me est. Ideoque ue diei in qua natus sum! Set exoro ut ex una re obaudias me. Nolo ut in uia comedas me, quia timeo uerecundiam. Si enim hic me comederis, uicinis uidentibus ac dominis meis, dicent: Quomodo Asellus noster permisit et laxauit se deuorari a Lupo? Rogo itaque ut audias meum consilium. Eamus in siluam, et faciamus ex uiridibus lignis robustas redortas *(sic)*, et liga me per pectus quasi seruum, et ego te ligabo per collum quasi dominum; et ita perduc me ad inferiora silue, et ibi me comede pacifice et suauiter. Ad hoc Lupus, non cognoscens dolum, ait: Vt dicis, ita faciamus. Et abierunt, et fortissimas redortas fecerunt: Lupus torquebat, Asinus apponebat. Lupus ligauit Asinum per pectus, et Asinus Lupum per collum. Tunc Asinus ait: Eamus, inquit, ubi uis. Respondit Lupus: Ostende tu in quam uiam. Asinus ad hoc: Libenter faciam. Tunc cepit ire Asinus ad domum domini sui. At Lupus, ut uidit uicum, dixit: Non per uiam pergimus rectam. Asinus respondit: Noli hoc dicere, domine, quia, si placet tibi, recta est uia. Lupus, ut agnouit fraudem, cepit gradare retro. At

Münchener Romulus 33

WOLF UND ESEL

Dem Rat desjenigen, dem man Übles zufügen will, soll man nicht trauen. Höre daher eine Fabel.

Der Wolf begegnete dem Esel und sprach zu ihm: „Bruder Esel, ich habe Hunger, drum werde ich dich fressen." Der Esel sagte: „Wie dir's gefällt, magst du tun. Denn dir obliegt es zu befehlen, mir aber, deinem Willen zu gehorchen. Denn wenn du mich frißt, wirst du mich von großer Mühsal befreien. Schleppe ich doch Wein von der Kelter, Getreide von der Tenne, Holz aus dem Wald, Steine von den Bergen zum Häuserbau, und von der Mühle das Mehl, und um es kurz zu machen: Last und Mühe aller Art bedrückt mich. Drum wehe dem Tage, an dem ich geboren ward! Ich bitte dich nur, mir in einer Hinsicht nachzugeben. Ich möchte nicht, daß du mich am Wege frißt, weil ich die Schande fürchte. Denn wenn du mich hier frißt, angesichts meiner Nachbarn und Herren, werden sie doch sagen: „Wie konnte es unser Esel zulassen und so feige sein, daß er sich vom Wolf auffressen ließ? Bitte höre daher, was ich dir rate. Laß uns in den Wald gehen und aus grünen Zweigen feste Bande machen, und feßle mich um die Brust gleichsam wie deinen Sklaven, und ich binde dich am Halse wie meinen Herrn, und so führ mich ins Innere des Waldes und friß mich dort friedlich und gemütlich." Darauf antwortete der Wolf, der die List nicht durchschaute: „Laß uns tun was du sagst." Sie gingen also und drehten starke Fesseln: der Wolf drehte sie zusammen, der Esel legte sie an. Der Wolf legte dem Esel eine Fessel um die Brust, der Esel legte sie dem Wolf um den Hals. Dann sprach der Esel: „Laß uns gehen, wohin du willst." Der Wolf antwortete: „Zeige du mir den Weg." – „Gern", sprach der Esel, und begann zum Haus seines Herren zu gehen. Als der Wolf das Dorf sah, sprach er: „Wir gehen nicht den rechten Weg." Der Esel sagte: „Herr, nicht doch: mit Verlaub, dies ist der rechte Weg." Als der Wolf die List erkannte, wollte er zurückgehen:

Asinus cepit uiolenter trahere usque ad fores domini sui. Exiens autem dominus ac cuncta familia percusserunt Lupum usque ad mortem. Vnus autem, uolens percutere Lupum in cerebro cum securi, incidit uinculum, et ita Lupus solutus fugam petiit in montem. Asinus autem introiuit in atrium domini sui. Tunc turbatus Asinus pre timore quem habuerat et pre gaudio quod habebat, cepit magnas uoces emittere. Lupus autem, stans in monte, contradicebat: Certe non tanta folias *(sic)*, ut amplius me colligas.

Docet hec fabula ne facile credamus cui mala ingerere desideramus, ac semel decepti fortiter nos postea preuideamus.

XXXV et XXXVa

DE VULPE ET DE LUPO

Si quis Iesus fuerit ab aliquo, non debet presumere vindictam lingue, id est detracciones, blasphemias, quia inhonesta est huiusmodi vindicta. Vnde audi fabulam.

Vulpes comedebat piscem iuxta flumen. Lupus autem, cum esset secus locum et esuriret, poscebat partem ab ea. Tunc Vulpes: Non enim congruit ut tu comedas reliquias mee mense. Non enim faciat Deus aliquando tam curtum iudicium. Sed dabo tibi consilium: vade et affer uas quod uulgo panarium uocatur, et docebo te artem piscandi, et, quando esurieris, capies pisces et manducabis. Abiens autem Lupus ad uicum furatus est panarium et attulit Vulpi. Vulpes autem ligauit ad caudam Lupi ualde panarium, et dixit ei: Vade per

der Esel aber schleifte ihn gewaltsam bis ans Tor seines Herren. Der kam mit seinem ganzen Gesinde heraus, und sie schlugen den Wolf halbtot. Einer wollte ihm mit dem Beil den Schädel einschlagen, aber zerschnitt statt dessen die Halsfessel, so daß der Wolf loskam und auf den Berg flüchtete. Der Esel aber betrat den Hof seines Herrn; erregt von seiner Todesangst und seiner jetzigen Freude erhob er laut seine Stimme. Der Wolf rief vom Berge zurück: „Du wirst mich nicht wieder so narren, daß du mich wieder anbinden wirst."
Diese Fabel lehrt uns, nicht leichthin einem zu glauben, mit dem wir Böses vor haben und, sind wir einmal betrogen, uns in Zukunft gründlich vorzusehen.

Text Im Epimythium liest Hervieux zurecht *mala ingerere* desideramus statt des sinnlosen *male interrogare* der Handschrift.
Diese Fabel findet sich ebenfalls in Jakob Grimms *Reinhart Fuchs*, Berlin 1834.

Münchener Romulus 35 und 35a

FUCHS UND WOLF

Ward jemand von einem anderen geschädigt, so soll er sich nicht mit der Zunge rächen, nämlich mit Verleumdung und Beschimpfung, weil diese Art Rache unehrenhaft ist. Höre daher eine Fabel.
Der Fuchs fraß einen Fisch am Fluß. Der Wolf, der in der Nähe war, war hungrig und verlangte einen Anteil. Da sprach der Fuchs: „Es ziemt sich nicht, daß du die Brosamen von meinem Tische issest – da sei Gott vor! Doch will ich dir einen Rat geben: geh und bringe den Behälter, den man gemeinhin ‚Korb' nennt, und ich will dich die Kunst des Fischens lehren, und wenn dich hungert, sollst du Fische fangen und sie essen."
Der Wolf ging ins Dorf, stahl einen Korb und brachte ihn dem Fuchs. Der Fuchs band dem Wolf den Korb ganz fest an den Schwanz und sprach zu ihm: „Geh und ziehe den Korb

aquam trahendo panarium, et ego retro uado summonendo pisces. Lupus autem trahebat per flumen panarium, et Vulpes caute mittebat lapides. Cum autem plenum esset, ait Lupus: Nequeo me mouere neque panarium trahere. Et Vulpes ad hec: Gratias refero quia uideo te strenuum in arte piscandi. Set surgam et ibo querere adiutorium ad extrahendos pisces de panario uel de flumine. Tunc surgens abiit ad uicum, et dixit hominibus: Quid statis? Quid facitis? Ecce Lupus, qui oues, agnos et omnis *(sic)* bestias uestras comedit, de flumine uestro eciam pisces uestros abstrahit. Tunc omnes cum gladiis et fustibus et canibus ierunt ad Lupum, et usque ad mortem uulnerauerunt. Lupus autem, triando fortiter, cauda rupta euasit curtus.

Leo autem, qui rex erat bestiarum, illis diebus erat infra prouinciam, habens torciones et dolores uentris. Et ibant omnes bestie ad uisitandum et consolandum eum; inter quas accessit Lupus et ait: O domine mi rex, ego seruus tuus circuiui totam prouinciam propter medicinam, et nichil amplius reperi nisi tamen hoc, quia in ista prouincia moratur Vulpes superba et callida, habens magnam medicinam infra se ipsam. Hec si dignauerit uenire ad te, voca eam ad consilium et erue pellem ab ea, ita tamen ut uiua uadat ipsa, et statim sanus eris.

Vulpes habebat foueam in ipsa rupa *(sic)* iuxta ubi morabatur Leo, et diligenter auscultabat hic omnia. Cum autem recessisset Lupus, abijt Vulpes et uolutauit se in uolutabro luti. Et uenit ante Leonem et ait: Saluus sis, mi rex. Et Leo ait: Sis salua; sed accede huc ut osculor te, et dicam tibi aliquid mei secreti consilii. Ad hec Vulpes respondit: Cernis, domine mi, quia ex uelocitate itineris sum sordida ex luto et stercoribus coinquinata, et uereor ne ob fetorem pessimum uexentur uiscera tua, si propius accessero. Sed, postquam balneauero me ac pectenauero, ueniam ante conspectum do-

durchs Wasser, und ich gehe zurück, um dir die Fische zuzutreiben." Der Wolf zog nun den Korb durch den Strom, und der Fuchs ließ heimlich Steine hineinfallen. Als der Korb voll war, sprach der Wolf: „Ich kann mich nicht bewegen noch den Korb ziehen." Der Fuchs antwortete: „Gott sei Dank, daß ich dich der Fischerkunst so beflissen sehe. Aber ich will mich aufmachen, um Hilfe zu holen, daß wir die Fische aus dem Korb oder aus dem Flusse ziehen." Dann machte er sich auf ins Dorf und sprach zu den Leuten: „Was steht ihr da? Was tut ihr? Sehet doch: der Wolf, der eure Schafe, Lämmer und alle eure Tiere frißt, holt jetzt sogar eure Fische aus eurem Fluß." Da liefen sie alle mit Schwertern, Knüppeln und Hunden zum Wolf und schlugen ihn halbtot: der Wolf riß sich mit aller Kraft los, verlor seinen Schwanz und entkam verstümmelt.

Zu jener Zeit war der Löwe, der König der Tiere, in jener Mark; er litt an Koliken und Bauchgrimmen. Alle Tiere kamen ihn zu besuchen und trösten; mit ihnen kam auch der Wolf und sprach: „Mein Herr und König, ich, dein Diener, habe das ganze Land nach einer Medizin abgesucht, aber nur eines herausgefunden. In dieser Mark wohnt ein hochfahrender und schlauer Fuchs, der große Heilkraft in sicht trägt. Wenn der geruht, zu dir zu kommen, so rufe ihn zum Rat und ziehe ihm die Haut ab, aber so, daß er leben bleibt, und alsbald bist du geheilt."

Der Fuchs hatte seinen Bau in demselben Felsen, bei dem der Löwe wohnte, und hörte sich dies alles sorgfältig an. Als der Wolf abgetreten war, ging der Fuchs und wälzte sich in einer Schlammsuhle. Dann trat er vor den Löwen und sprach: „Heil dir, mein König." Und der Löwe sprach: „Heil auch dir; aber komm doch her, auf daß ich dich küsse und dir von meinem geheimen Ratschluß etwas sage!" Der Fuchs entgegnete: „Herr, du siehst, wie ich infolge meiner eiligen Reise mit Schlamm und Kot beschmutzt bin: ich fürchte, daß mein übler Geruch deinen Eingeweiden schade, wenn ich zu nahe herankomme. Erst wenn ich mich gebadet und gekämmt habe, will ich vor meinen Herrn und König treten. Doch ehe ich

mini mei regis. Set, antequam discedam, dicam causam pro qua ueni. Ego ancilla tua circuiui totum fere prope mundum pro medicina, et nichil amplius ualui discere, nisi tantum hoc quod indicabit *(sic)* mihi quidam medicus grecus, qui est in ista prouincia, Lupus magnus, curtus, qui propter medicinam amisit caudam, quia ualde medicinam fertur habere. Hic si uenerit, uoca eum ad consilium, et extende pedes tuos pulcherrimos super eum, et exue pellem tum suam totam, nisi hoc solummodo, quod in capite et in pedibus gestat, ita tamen caute ut uiuus euadat, et, dum calida erit pellis, inuolue tuum uentrem et recipies sanitatem. Et hec dicens recessit. Statim igitur Lupus ante Leonem uenit, vocauitque eum Leo statim ad consilium, et extendit pedes suos tulitque totam pellem corporis, excepto capite et pedibus, et inuoluit ventrem interdum calida. Musce autem et Vespe et Crabrones ceperunt comedere carnes eius et aculeis stimulare. Cum autem uelociter fugeret, Vulpes stans in alta rupe clamabat cum risu: Quis es tu qui pergis deorsum per pratum, gantos in manibus et capellum in capite gestans? Audi quid dicam: Quando pergis per domum, benedic de domino, et quando pergis per curtem, benedic de omnibus. Et si nec bene nec male de omnibus, dimitte stare.

Die Verknüpfung von zwei aus antiker Quelle geschöpften Episoden führt uns zur Novelle und, besonders in der folgenden Geschichte, zum Tierepos bzw. -roman. Die vorliegende Fabel, ebenso wie die folgende, in Jakob Grimms *Reinhart Fuchs*, Berlin 1834. – Hier haben wir den früh-mittelalterlichen Zustand, als die Kaiser, noch ohne feste Residenz, von Pfalz zu Pfalz zogen, die Huldigung ihrer Lehensleute entgegennahmen und Gericht hielten. Der hohe „Fels" ist eine solche Pfalz, und die satirische Verspottung von Hofintrigen ist deutlich.

mich entferne, will ich dir den Grund meines Kommens melden. Ich, dein ergebener Diener, habe auf der Suche nach einem Heilmittel fast die ganze Welt bereist, und nur eine Auskunft konnte ich erlangen, und zwar was mir ein griechischer Arzt mitgeteilt hat. Es wohnt nämlich in dieser Mark ein großer, verstümmelter Wolf, der infolge seiner Heilkunde seinen Schwanz verloren hat: es heißt, daß er große Heilkraft besitze. Sollte er herkommen, so rufe ihn zum Rate, strecke seine wunderschönen Füße über ihn und ziehe ihm das ganze Fell ab, mit Ausnahme dessen, das er auf dem Kopf und an den Füßen hat, doch so vorsichtig, daß er leben bleibt; solange das Fell dann noch warm ist, wickle es dir um den Bauch, und du wirst gesund." Mit diesen Worten ging er fort. Alsbald kam dann der Wolf zum Löwen, und alsbald rief ihn der Löwe zum Rat, streckte seine Füße aus und zog ihm das Fell vom ganzen Leibe mit Ausnahme des Kopfes und der Pfoten, und wickelte sich das Fell um den Bauch solang es warm war. Fliegen und Wespen und Hornissen begannen, sein Fleisch anzufressen und zu stechen. Als er eilends davonlief, rief der Fuchs, der oben am Felsen stand, ihm lachend nach: „Wer bist denn du, der da unten über die Wiesen läuft, Handschuhe an den Händen und eine Kappe auf dem Kopf? Hör, was ich dir sage: wenn du in ein Haus gehst, sprich Gutes vom Hausherrn, wenn du zu Hofe gehst, sprich gut von allen. Und kannst du weder gut noch übel von allen reden, verweile nicht!"

Zum Text: Nach *medicus grecus* muß man wohl statt *qui, quia* lesen, da sonst der Wolf der *medicus grecus* wäre, was keinen guten Sinn ergibt. – Statt *indicabit* ist natürlich *indicavit* zu lesen: Verwechslung von b und v (allerdings besonders im Anlaut) ist sehr häufig. – *panarium*, schon klassisch (vgl. franz. *panier*, engl. *pannier*), so daß nicht recht verständlich ist, weshalb hervorgehoben wird, daß der Behälter *vulgo*, also in der Volkssprache, *panarium* heiße.

XXXVI.

DE INFORTUNIO LUPI

Mvlti altiora se querunt et fortiora scrutantur, et ultra suum gradum ascendentes alta petunt et deliciosa querunt; set quo altius ascendunt, frequenter deterius labuntur. Vnde audi fabulam.

Lupus, surgens summo diluculo de cubili suo, cum extenderet pedes, ait: Gratias ago Deo, quia in hac die dignitatibus saciabor, ut mihi modo demonstrauit pes posterior. Et, dum iret per uiam, invenit adipem integrum qui ceciderat iterantibus, et uertens illum ait: Non comedam ex te, quia mocionem viscerum meorum faceres. Et quare comederem ex te? Hodie enim saciabor de dignitatibus, ut summo diluculo meus mihi pes posterior nunciauit. Et, progrediens inde, inuenit corpus Suis salitum ac siccum. Et uertens illud dixit: Non comedam ex te, quia sitim ingereres michi. Et quare comederem ex te, cum sciam me hodie de dignitatibus saciari? Et, discedens inde, inuenit Equam pascentem cum pullo suo, et ait: Deo gratias! Ego autem sciebam, qui hodie epulabor de dignitatibus. Et dixit ad Equam: Certe, soror, pullum tuum comedam. Equa ait: Vt placuit, ita facies. Set die externa iteranti michi in pede meo infixa est spina, quam oro ut prius educas, quia medicus es, et postea pullum comedes. At Lupus, pergens ad pedem Eque, uolebat spinam trahere. Equa autem, percuciens eum in media fronte, agiliter cum pullo suo siluam peciit et liberata est. Lupus autem, ut agnouit spiritum, dixit: Nulla est michi cura ex hac iniuria, quia hodierna die ero saciatus. Et, recedens inde, cepit ire per uiam, et inuenit duos Arietes preliantes in pratum. Et ait: Deo gratias! Modo saciabo me de dignitatibus. Et dixit eis: Vere, fratres, vnum

Münchener Romulus 36

DAS MISSGESCHICK DES WOLFES

Viele streben nach Höherem und richten ihr Auge auf Überlegenes, erheben sich über ihren Stand, streben empor und suchen Genuß; aber je höher sie klimmen, desto übler fallen sie häufig. Daher höre diese Fabel.

Als der Wolf beim frühen Morgengrauen sich aus seinem Gemach erhob und die Beine ausstreckte, sprach er: „Dank sei Gott, weil ich mich am heutigen Tage an Würden sättigen werde, wie mir eben mein Hinterfuß angezeigt hat." Und als er seines Weges zog, fand er einen Klumpen Schmalz, den Reisende verloren hatten. Er drehte ihn um und sprach: „Von dir will ich nicht essen, weil du mir Durchfall verursachen würdest. Und warum sollte ich dich essen? Werde ich doch heute mich würdig sättigen, wie es beim frühen Morgengrauen mir mein Hinterfuß angezeigt hat." Als er weiterging, fand er ein ganzes gepökeltes Schwein. Er drehte es um und sprach: „Von dir will ich nicht essen, weil du mir Durst machen würdest. Und warum sollte ich dich essen, da ich doch weiß, daß ich heute auf würdige Weise gesättigt werde?" Von hier ging er weiter und fand auf der Weide eine Stute mit ihrem Füllen und sprach: „Gott sei Dank! Wußte ich doch, daß ich heute würdig schmausen würde." Und zur Stute sprach er: „Wahrlich, Schwester, ich werde dein Füllen fressen." Die Stute sagte: „Wie dir's behagt, so magst du tun. Aber als ich heute herausging, hat sich mir ein Dorn in den Fuß gebohrt; den ziehe mir bitte heraus, weil du doch ein Arzt bist, und danach magst du mein Füllen fressen." Der Wolf ging an den Fuß der Stute heran und wollte ihr den Dorn ausziehen; sie aber trat ihn mitten gegen die Stirn, rannte hurtig mit ihrem Füllen in den Wald und entkam. Als der Wolf wieder zur Besinnung kam, sagte er: „Diese Verletzung schert mich nicht, weil ich mich heute sättigen werde." Er ging weiter seines Wegs und fand auf einer Wiese zwei Widder, die miteinander kämpften. Und er sprach: „Gott sei Dank! Sogleich werde ich mich würdig

ex uobis comedam. At unus respondit: Vt placet, ita fac. Set prius iudica inter nos iudicium rectum. Hoc pratum fuit patribus nostris. Nos autem, ignorantes eum diuidere, agimus prelium. At Lupus: Faciam ut uultis, si dixeritis modum. Vnus Aries ait: Audi, domine; sta, si placet, in medio prato, et ego ibo ad unum capud et alius ad alium, et qui prior erit ad te, illius sit, et alium comede. Et Lupus ait: Ita facite. Et abeuntes ad capud prati, Arietes uenerunt cum magno impetu uelociter usque ad Lupum, et pertuserunt eum ex utraque parte ita uehementer ut propriis stercoribus coinquinaretur. Et fractis costis abierunt semiuiuo relicto. Post aliquam autem moram recuperato spiritu, dixit: Nec ex hac iniuria est michi cura, quia hodie ero saciatus. Et, recedens inde, inuenit Scropham cum porcellis suis pascentem. Et ait: Gloria tibi, Domine. Ego enim sciebam, quia hodie inuenirem cibum delicatum. Et dixit ad Scropham: Comedam ex porcellis tuis, soror mea. Respondit Scropha: Ita facies, ubi placuerit; sed rogo ut ante baptizes eos, quia pagani sunt. Et tunc manducabis eos secundum uoluntatem tuam. At Lupus: Ostende, inquit, fontem. Tunc Scropha duxit eum ad canalem, per quem influebat aqua in molendinum, et ait: Ecce fons sanctificatus. Et in summitate canalis stans fingensque se esse prespiterum, uoluit arripere porcellum, ut intingeret in aqua. Tunc Scropha cum grunnitu oris uehementer inpegit Lupum per mediam canalem, et uis aquarum rapuit eum usque ad rotam ligneam, et radij rote contriuerunt uehementer membra eius, et uix infugiens dixit: Non est michi multus dolor ex hac fraude, quia in hac die reperiam cibum delicatum. Transiens autem iuxta uicum, uidit Capras stantes super clibanum, et dixit: Deo gratias repundo, quia uideo cibum michi ambulantem. Et cepit ire ad eas. Capre autem, ut uiderunt Lupum

sättigen." Und er sprach zu ihnen: „Wahrlich, Brüder, einen von euch werde ich fressen." Da antwortete der eine: „Tu, was dir behagt. Zuvor aber sprich uns ein gerechtes Urteil. Diese Wiese gehörte unseren Vätern; da wir aber nicht wissen, wie wir sie teilen sollen, kämpfen wir." Der Wolf sagte: „Ich will tun, was ihr verlangt, wenn ihr mir sagt, auf welche Weise ⟨ich entscheiden soll⟩." Ein Widder sagte: „Höre, Herr: stelle dich, wenn's dir beliebt, in die Mitte der Wiese: ich will zum einen Ende gehen, jener zum anderen, und wer zuerst bei dir ist, dem soll die Wiese gehören, und den anderen friß." Der Wolf sprach: „Tuet also." Sie gingen an die Enden der Wiese, rannten in vollem Lauf gegen den Wolf an und stießen ihn von beiden Seiten so heftig zusammen, daß er sich mit seinem eigenen Kot beschmutzte. Sie gingen fort und ließen ihn mit gebrochenen Rippen und halbtot zurück. Als er nach einiger Zeit wieder zu sich kam, sagte er: „Auch diese Verletzung kümmert mich nicht, weil ich heute satt werde."

Als er wiederum weiterzog, fand er eine Sau mit ihren Ferkeln auf der Weide, und rief aus: „Herr, Ruhm dir: wußte ich doch, daß ich heute erlesene Speise finden würde." Und zur Sau sprach er: „Schwester, ich werde von deinen Ferkeln fressen." Die Sau entgegnete: „Da du's beschlossen, sollst du es tun; aber ich bitte dich, sie vorher zu taufen, weil sie Heiden sind; dann magst du von ihnen fressen, soviel du willst." Der Wolf sagte: „Zeige mir ein Taufbecken!" Da führte ihn die Sau zum Mühlbach, und sprach: „Hier ist der heilige Bronnen." Er stellte sich an den Rand des Kanals, vorgebend er sei ein Presbyter, und wollte ein Ferkel greifen, um es ins Wasser zu tauchen. Da stieß ihn die Sau mit gewaltigem Grunzen heftig mitten in den Kanal hinein, und die Strömung riß ihn ins Mühlrad, und die Speichen des Rades zermalmten seine Glieder. Kaum konnte er sich retten, und er sprach: „Diese Enttäuschung schmerzt mich nicht sehr, denn ich werde heute erlesene Speise finden." Als er nun an einem Dorf vorbeikam, sah er Geißen auf einem Backofen stehen und sprach: „Gott sage ich Dank, weil ich meine Nahrung hier laufen sehe", und er ging auf sie zu. Als die Geißen

venientem, absconderunt se in clibanum. Lupus autem, ueniens ante furnum, ait: Auete, sorores! Certe ex uobis comedam usque ad sacietatem. At ille dixerunt: Audi, domine. Nos autem ob nullam causam uenimus huc, nisi ut missam audiremus, quam precamur ut cantes. Et postea egrediamur ad te, et facies quod tibi placuerit. At ille, fingens se esse episcopum, cepit ante clibanum ululare magnis uocibus. Homines autem uicini, audientes Lupum ululare, exierunt cum fustibus et canibus, et percusserunt eum usque ad mortem, ac canes eum volnerauerunt. Et uix semiuiuus euasit. Tunc, ueniens ad quandam arborem magnam, proiecit se sub ea, et cepit secum querere ac uehementer se ipsum increpare, ita fando: O Deus, quanta mala die hodierna super me sunt iniecta! Set, ut recolo, magna ex parte mea est culpa. Vnde hec michi tam superba mens, ut adipem respuerem, carnem porcinam ac salitam refutarem? Addebat: Quia pater meus non fuit medicus, nec ego didici medicinam, et unde hoc michi, ut medicus essem, qui uolui educere spinam de pede Eque? Pater meus non fuit iudex, nec ego didici legem, et unde hoc michi ut uicarius essem, qui uolui iudicare Arietes? Pater meus non fuit prespiter, nec ego litteras didici, et unde hoc michi processit ut baptizarem porcellos? Pater meus non fuit clericus, et ego nullum ordinem ecclesiasticum habui, et unde hic mihi error ut episcopus uideri appeteret, quia missam uolebam canere et benediccionem dare? Et orauit ita: Domine Deus, utinam descenderet magnus gladius de celo et percuteret me ualde. Homo autem, qui erat in arbore mundans eam, quando uenit Lupus subter eam, diligenter auscultabat omnia uerba hec, et dum finisset planctum, homo iactauit securim, et percussit Lupum ita fortiter, ut uolueretur super terram in similitudinem rote; et, cito surgens ac suspiciens in celum, deinde

aber den Wolf kommen sahen, versteckten sie sich im Ofen. Der Wolf aber kam zum Ofen und sagte: „Grüß euch, Schwestern: wahrlich, an euch will ich mich satt essen." Jene aber sprachen: „Höre uns an, Herr! Wir sind aus keinem anderen Grunde hergekommen, als um die Messe zu hören, und bitten dich, sie zu singen. Danach wollen wir zu dir herauskommen, und du magst tun was dir behagt." Und jener gab vor, er sei ein Bischof und begann, laut vor dem Ofen zu heulen. Als die Nachbarn den Wolf heulen hörten, kamen sie mit Knüppel und Hunden heraus und schlugen ihn bis an den Tod, und die Hunde verwundeten ihn. Nur halbtot konnte er noch entkommen.

Als er dann zu einem großen Baum kam, warf er sich unter ihm nieder und begann sich zu beklagen und sich selbst heftig zu beschimpfen, und zwar mit diesen Worten: „Ach Gott, wieviel Leid ward mir heute zugefügt! Wenn ich's aber überdenke, ist's mehrenteils meine Schuld. Woher kam mir so hoffärtiger Sinn, daß ich das Schmalz verachtete und gesalzenes Schweinefleisch verweigerte?" Und er setzte hinzu: „Mein Vater war kein Arzt, noch habe ich die Heilkunde erlernt: woher kam mir der Gedanke, ich sei ein Arzt, als ich der Stute den Dorn aus dem Fuß ziehen wollte? Mein Vater war kein Richter, noch habe ich die Rechte studiert: woher kam mir der Gedanke, den Vikar zu spielen, als ich die Widder richten wollte? Mein Vater war kein Presbyter, noch habe ich lesen gelernt: woher kam mir der Gedanke, die Ferkel zu taufen? Mein Vater war kein Geistlicher und ich habe keinen kirchlichen Rang erworben: woher diese Selbsttäuschung, daß ich ein Bischof scheinen wollte, da ich die Messe singen und das Benedictus sagen wollte? Und er betete also: „Herr Gott, daß doch ein großes Schwert vom Himmel herabführe und mich heftig schlüge!"

Nun saß ein Mann auf dem Baum und stutzte ihn, als der Wolf unter ihn kam: der hörte sich alle diese Worte aufmerksam an; und als der Wolf seine Klage beendigt hatte, warf der Mann ein Beil hinunter und traf den Wolf so hart, daß er sich einem Rade gleich auf der Erde wälzte. Alsbald erhob er sich,

ad arborem, ait: O Deus, quam exaudibiles ibi habentur reliquie! Et cursu agili, percussus ac uulneratus, siluam petit humiliatus, qui ex ea exierat superbus.

Instruit hec fabula non uelle dici quod non est, nec altiora et fortiora sequi, sed unumquemque gradu suo contentum.

Mein Hinterfuß. Weit verbreiteter Volksglaube, daß Zucken oder Jucken von Körperteilen kommende Ereignisse ankündigt. Vgl. Shakespeare *Macbeth* 44: By the pricking of my thumbs / something wicked this way comes; oder die engl. Redensart, My little finger told me so. Plötzliches Erschauern bedeutet, daß jemand über mein Grab gegangen ist; Klingen in den Ohren, daß man von mir spricht; juckt das Auge, so steht der Besuch eines Freundes bevor,

XXXVII.
DE VENATORE ET DE ARATORE

Mvlti aliquando multa petunt arroganter in alienis domibus, que nequeunt habere in proprijs, et plangunt quasi amissa illa que nunquam habuerunt. Vnde audi fabulam.

Lepusculum persequebatur Venator cum canibus. Et dum fugeret Lepusculus, contigit ut transiret iuxta Aratorem. Arator autem, percuciens eam *(sic)* cum baculo, abscondit sub sulco ac cooperuit humo. At post, a longe ueniens, Venator clamabat ad Bubulcum: Vidisti, o Arator, transire Lepusculum? Arator respondit. Nescio, inquit, quid loqueris. Ad hec Venator plangens ait: O quam bonus fuerat cum pipere! Tunc Bubulcus plangens ait, instigans boues cum stimulo: Ite, quia optimus erit cum sale.

Monet hec fabula non querere inpossibilia in alienis locis, nec plangere hoc, quasi amissum, quod non aliquando habuit quis.

blickte auf zum Himmel, dann zum Baum, und sagte: „O Gott, was es hier wohl für Reliquien gibt, die einen so schnell erhört werden lassen!" Und eilenden Laufes, zerschlagen und wund, rannte er in den Wald zurück – gedemütigt, der so stolz ausgezogen war.

Die Fabel lehrt, nichts Unwahres vorzutäuschen noch nach zu großer Höhe und Macht zu streben, sondern jedweder sei mit seinem Stande zufrieden.

juckt die Handfläche, so bedeutet dies baldigen Empfang von Geld, u.s.f. Plautus (*Miles gloriosus* 397): *timeo quid rerum gesserim: ita dorsus totus prurit* – mich juckt der ganze Buckel (in Erwartung von Prügel); ähnlich im *Amph. dentes pruriunt*: *Poen.*: *num tibi aut malae aut dentes pruriunt?* Persius: *scapulae pruriunt*, Das Zucken der Augenbrauen galt als günstiges Zeichen: Pseud.: *futurumst: ita supercilium salit.* Cicero *de div.* 2 53 verwirft solche Vorausempfindungen.

Münchener Romulus 37

JÄGER UND ACKERSMANN

Manche verlangen oft in anderer Leute Häusern anmaßend das, was sie im eigenen nicht haben können, und klagen über den Verlust dessen, was sie nie besessen haben. Höre daher eine Fabel.

Ein Jäger mit seinen Hunden setzte einem Häschen nach. Auf seiner Flucht kam das Häschen nahe an einem Ackersmann vorbei; der schlug es mit seinem Stock tot, versteckte es in der Furche und bedeckte es mit Erde.

Danach kam der Jäger und rief dem Landmann von weitem zu: „Du da hinterm Pflug, hast du ein Häschen vorbeilaufen sehen?" Der Pflüger antwortete: „Ich weiß nicht, wovon du sprichst." Da jammerte der Jäger: „Ach wie gut hätte der mit Pfeffer geschmeckt!" Der Bauer sprach mit ⟨verstelltem⟩ Klagen, während er seine Ochsen anstachelte: „Hüh! Mit Salz wird er auch gut schmecken."

Diese Fabel ermahnt uns, nicht Unmögliches in der Fremde zu suchen noch das als verloren zu beklagen, was man nie besessen hat.

XXXVIII.

DE MURE ET DE RANA UNA PRANDENTIBUS

Frequenter pro bonis retribuuntur mala et pro fide redditur dolus. Audi fabulam.

Mus inuitauit Ranam ad prandium. Que, cum de diuersis epulis saturata recessisset, post triduum reuersa est, inuitans Murem ad conuiuium. Et dum peruenissent ad fluuium, prior Rana insiluit in flumen. At post inuitauit et Murem. Tunc Mus, non cauens dolum, insiluit post eam, et cum cepisset mergi, clamabat ad Ranam: Quid faciam, soror? At Rana cum irrisione et dolo dicebat: Soror mea, inquit, carissima ac amantissima, si non comedimus, saltim *(sic)* bibamus. Taliter decepta, Mus perijt et necata est.

Docet hec fabula nunquam inimicis, sed nec aliquando fidem accommodare amicis.

XXXIX.

DE CANE ET DE LUPO ET DE HOMINE AVARO

Dvm frequenter familia non bene pascitur a patrefamilias, frequenter ipse senior patitur dampnum propter auariciam; et, dum aliquis excedere uult suam naturam, cadit aliquando in malum. Vnde audi fabulam.

Diues quidam habebat magnum gregem ouium, et habebat Canem qui cum eis morabatur ob defensionem luporum; set non eum pascebat propter auariciam. Vnde quadam die ueniens Lupulus ad Canem ait ei: Quare, inquid, ita es attenuatus macie et prodendo famem periclitaris? Quia dominus tuus auarus est nimis. Set, si uis, dabo tibi consilium bonum. Canis respondit: Est michi necessitas bonorum consilium. Lupus dixit: Ingrediar quidem inter agnos, et capiam vnum ex eis, et simulabo fugam. Tu autem persequeris me cicius. Antequam sis ad me, proiice te, quasi cadens et non ualens

Münchener Romulus 38

MAUS UND FROSCH BEIM MAHL

Oft wird Gutes mit Bösem vergolten und Vertrauen mit Arglist. Höre eine Fabel.
Die Maus lud den Frosch zum Mahl. Als sich der Frosch an verschiedenen Gerichten gesättigt hatte, ging er fort, kam aber nach drei Tagen zurück und lud die Maus zu einem Mahl ein. Als sie an den Fluß kamen, sprang der Frosch als erster hinein; die Maus, ohne Argwohn, sprang ihm nach; doch als sie zu sinken begann, rief sie: „Was soll ich tun, Schwester?" Aber der hinterlistige Frosch verhöhnte sie noch und sprach: „Schwester, Liebste und Teuerste, wenn wir nicht zusammen speisen können, laß uns wenigstens zusammen trinken." Die Maus, so betrogen, ging unter und starb.
Diese Fabel lehrt uns, nicht nur immer unseren Feinden, sondern manchmal auch unseren Freunden zu mißtrauen.

Münchener Romulus 39

DER HUND, DER WOLF UND DER GEIZIGE

Wenn ein Hausherr sein Gesinde nicht gut verpflegt, leidet der Herr selber oft Schaden infolge seines Geizes; und wenn jemand seiner Natur zuwiderhandelt, gerät er schließlich ins Unheil. Höre daher diese Geschichte.
Ein reicher Mann besaß eine große Schafherde sowie einen Hund, der bei ihnen weilte, um sie gegen Wölfe zu verteidigen; doch fütterte sein Herr ihn aus Geiz nicht. Daher kam eines Tages ein Wölfchen zum Hund und sprach: „Warum bist du so abgemagert und krankst offensichtlich an Hunger? Weil dein Herr zu geizig ist. Doch wenn du willst, gebe ich dir einen guten Rat." Der Hund antwortete: „Ich brauche guten Rat." Da sagte der Wolf: „So will ich unter die Lämmer gehen, eines davon rauben und scheinbar flüchten. Du aber wirst mich eilends verfolgen: ehe du mich aber einholst, wirf

me persequi pro fame et debilitatione corporis. Tunc pastores et cuncta familia, uidentes hec, dicent: Certe, si Canis noster abundanter sumeret cibaria, Lupus non portaret Agniculum nostrum, nec pellem integram. Tunc, estimo, accipies satis cibum. Et Canis dixit: Fac ut dicis. Tunc Lupus, ingrediens inter agnos et accipiens vnum, simulauit fugam. Canis autem insequebatur eum cicius. Set antequam perueniret ad eum, iactauit se in terra *(sic)*, quasi non ualens esset sequi eum pre magnitudine famis. Tunc pastores et cuncta familia dicebant: In ueritate, si dominus noster pauisset hunc pane, Lupus non tulisset Agnum nostrum, nec portasset pellem integram. Audiens autem hec, Dominus, fingens se iratum, plenus rubore ac uerecundia, ait: Maledicat eum Deus qui ei cibum debuerat dare! culpans familiam suam. Sed a modo, inquit, date ei cibum. Et tunc ceperunt ei dare iustarium et panem ex furfure frumenti. Et Canis cepit recipere uires. Post paucos autem dies iterum veniens, Lupus ad Canem dixit: Bonum, inquid, consilium tibi, frater mi, dedi. Canis respondit: Necessarium mihi, inquit, erat illud. Lupus ait: Si uis, dabo tibi melius. Canis dixit: Audiam illud. Lupus ait: Ingrediar nunc inter agnos, et tollens agnum similabo fugam. Tunc autem tu, insequens me ualide, uade usque ad me et percute me cum pectore tuo, leuiter tamen, et tunc proiice te in terram, quasi non ualens surgere pre debilitatione corporis tui. Videntes autem hoc, pastores dicent: Vere, si pleniter acciperet escam Canis noster, Lupus non tolleret agnum nostrum nec pergeret uiuus. Tunc Canis: Timeo, inquid, dominum meum ualde, qui dat mihi escam, tamen non usque ad sacietatem. Quid uis fac, ut dicis. Tunc Lupus, tollens agniculum pinguissimum, petebat fugam, et Canis perniciter sequebatur eum, usque dum percuteret cum pectore fortiter, et proiecit se in terram, quasi non ualens superare eum pre fame et macie corporis.

dich nieder, als seist du aus Hunger und Schwäche hingefallen und könntest mir nicht nachsetzen. Wenn die Hirten und das ganze Gesinde dies sehen, werden sie sagen: ‚Wahrlich, bekäme unser Hund reichlich zu fressen, würde der Wolf unser Lämmchen nicht rauben und nicht mit heiler Haut davonkommen.' Dann, meine ich, wirst du reichlich Nahrung erhalten." Und der Hund sprach: „Tu wie du sagst." So fiel der Wolf über die Lämmer her, raubte eines und täuschte Flucht vor. Der Hund setzte ihm eilends nach, aber ehe er ihn einholte, ließ er sich zu Boden fallen, als könnte er vor lauter Hunger nicht weiter. Da sprachen die Hirten und das ganze Gesinde: „Wahrlich, hätte unser Herr ihn mit Brot ernährt, so hätte der Wolf unser Lamm nicht geholt und wäre nicht mit heiler Haut davongekommen." Als der Herr dies hörte, stellte er sich zornig und rief schamrot aus: „Gott verfluche den, der ihn hätte füttern sollen!" Er schob also die Schuld auf sein Gesinde. „Von jetzt an," sprach er, „gebt ihm zu fressen." Daraufhin begannen sie ihn mit Brühe und Kleienbrot zu füttern, und der Hund kam zu Kräften.

Nach einigen Tagen kam der Wolf wieder zu ihm und sprach: „Bruder, ich habe dir gut geraten." Der Hund antwortete: „Den guten Rat hatte ich nötig." Der Wolf sprach: „Wenn du willst, gebe ich dir noch einen besseren." Der Hund sagte: „Ich will ihn anhören." Der Wolf sprach: „Ich will wieder unter die Lämmer fallen, eines rauben und Flucht vortäuschen. Du sollst mir nachsetzen, mich einholen und mit der Brust anstoßen, aber nur leicht; dann laß dich zu Boden fallen, als könntest du vor Körperschwäche nicht aufstehen. Wenn die Hirten das sehen, werden sie sagen: ‚Wahrlich, wenn unser Hund ausreichend zu fressen bekäme, würde der Wolf unser Lamm nicht stehlen noch lebend entkommen."
Sprach der Hund: „Ich habe große Angst vor meinem Herrn, der mir zwar zu fressen gibt, aber nicht genug, daß ich satt werde. Doch tu, was du sagst." Der Wolf holte sich das fetteste Lämmchen und ergriff die Flucht; der Hund blieb ihm hart auf den Fersen, bis er ihn hart mit seiner Brust anrannte: dann aber ließ er sich zu Boden fallen, als könnte er vor Hun-

Tunc pastores et omnis familia clamabant: Certe Canis noster si secundum voluntatem suam acciperet uictum, non comederet Lupus agnum nostrum pinguem, nec ambularet uiuus. Audiens autem paterfamilias, plenus ira et furore, dixit: Abundanter cibate eum post hac die. Et post modum dabatur ei iuscum de carne cocta et panis de mundo tritico. Et ita paucos inter dies plenam recepit fortitudinem post damnum uidelicet domini sui. Post hec autem ueniens Lupus ad eum dixit ei: Optimum dedi tibi consilium, frater. Canis respondit: Optimum, inquit; et michi erat necessarium et tibi congruum. Et Lupus ait: Ergo introibo inter muttones et portabo unum ex eis pro mercede mea. Canis dixit: Accepisti mercedem tuam; nam duos ex agnis domini mei comedisti. Lupus dixit: Faciam, si placet ita. Canis ait: Nolo ut facias; nam, si feceris, iuro tibi per meam uitam, uiuus non ibis. Audiens hoc, Lupus dixit: Da ergo consilium quid agam, quia fame pereo. Canis dixit: Diu est quod cecidit unus, clauatura scilicet, paries ex cellario domini mei, ubi est panis abunde nimis munda *(sic)*, et ubi sunt carnes suille in sale, et ubi sunt uasa uinaria plena uino. Vade ergo hac nocte ibi et sacia te optime. Lupus dixit: Dolose hec dicis, quia, si introiero, mox nunciabis domino tuo ac familie, et interficient me. Canis uouit ei fidem suam, quod non faceret: Non enim ex diuitijs domini mei mihi aliquid est commissum, nisi tantum sole oues, et ideo non prodam te. Tunc Lupus, nocte facta, perrexit et introiuit in cellarium, et comedit abundanter panem et carnem pinguissimam. Deinde, trahens uinum de uase uinario, bibit et inebriatus est. Tunc dixit ad se ipsum. Villani, inquid, saturati et inebrij, cantant canciones suas. Et ego cur canciones meas

ger und Magerkeit nicht aufstehen. Da riefen die Hirten und das ganze Gesinde: „Wahrhaftig, wenn unser Hund zu fressen bekäme, soviel er will, so fräße der Wolf unser fettes Lamm nicht und wäre nicht mehr am Leben." Als der Herr dies vernahm, rief er voller Zorn und Wut: „Von heute an füttert ihn reichlich!" Und danach gab man ihm Fleischbrühe und feines Weizenbrot. Und so erreichte er nach wenigen Tagen seine volle Kraft – wohlgemerkt nachdem sein Herr geschädigt war.

Danach kam der Wolf wieder zu ihm und sagte: „Bruder, ich habe dir sehr guten Rat gegeben." „Ja," sprach der Hund, „guten Rat allerdings, den ich nötig hatte und der dir Vorteil brachte." Der Wolf sagte: „Nun will ich also bei den Hämmeln eindringen und mir als Lohn einen davon holen." Der Hund sagte: „Deinen Lohn hast du schon erhalten, denn du hast zwei Lämmer meines Herrn gefressen." Der Wolf sagte: „Ich möchte es aber tun, wenn es dir recht ist." – „Nein," sagte der Hund, „ich will es nicht: tust du es doch, so schwöre ich dir bei meinem Leben, daß du nicht lebendig davonkommst." Darauf entgegnete der Wolf: „Rate mir also, was ich tun soll, denn ich komme vor Hunger um." Der Hund sagte: „Schon lange ist eine Kellerwand im Keller meines Herrn eingefallen, weil die Nägel lose wurden: in dem Keller ist feines Brot in großer Menge, dazu gepökeltes Schweinefleisch und Fässer voller Wein. Geh also heute nacht dorthin und sättige dich gründlich." Der Wolf sagte: „Das sagst du aus Hinterlist, denn wenn ich dort hineingehe, wirst du es alsbald deinem Herrn und seinem Gesinde anzeigen, und man wird mich totschlagen." Der Hund gelobte ihm auf Treu und Glauben, er werde das nicht tun: „denn vom Hab und Gut meines Herren ist mir nichts in Obhut gegeben außer den Schafen, und deshalb werde ich dich nicht verraten."

Des Nachts erhob sich also der Wolf, ging in den Keller und fraß nach Herzenslust Brot und fettes Fleisch. Dann zapfte er Wein aus dem Faß, trank und wurde berauscht. Da sprach er bei sich: „Wenn sich die Bauern vollgefressen und -gesoffen haben, singen sie ihre Lieder; warum soll ich meine Lieder

non canto, cum sim satur? Cantare et tunc cepit. Et emittens semel uocem, audierunt canes et ceperunt latrare. Et emittens secundam, audierunt homines et dixerunt: Lupus est hic prope. Deinde terciam emittens uocem, dixerunt: In cellario est. Et adierunt et occiderunt eum.

Castigat hec fabula diuites, potentes ac seniores, ut suas mansionatas pascant.

Odo

I.

QUALITER ELEGERUNT SIBI REGEM LIGNA

Iuerunt ligna, ut ungerent super se regem. Dixerunt Oliue: Impera nobis. Que respondit: Numquid possum relinquere pinguedinem meam, qua Dii utuntur et homines, ut inter Ligna promouear? Venerunt ad arborem Ficus (*sic pro* Ficum), et dixerunt: Super nos regnum accipe. Respondit: Numquid possum deserere dulcedinem meam fructusque suauissimos, ut inter Ligna promouear? Venerunt ad Vitem, ut imperaret eis. Que respondit: Numquid possum deserere uinum quod letificat Deum et homines? Et noluit promoueri. Dixeruntque Ligna ad Rampnum: Impera nobis. Respondit Rampnus: Si uere me regem constituitis, uenite, et sub umbra mea quiescite; si non uultis, egrediatur ignis de Rampno, et deuoret cedros Libani.

Mistice. – Ligna significant homines siluestres, monachos, congregationem sine pastore. Veniunt ut eligant Oliuam, ali-

nicht singen, da ich voll bin?" Darauf fing er an, zu singen. Als er zum ersten Mal seine Stimme erhob, hörten ihn die Hunde und fingen an zu bellen. Als er zum zweiten Mal sang, hörten ihn die Menschen und sagten: „Hier ist ein Wolf in der Nähe." Und als er zum dritten Mal seine Stimme erhob, sagten sie: „Er ist im Keller." Und sie kamen und schlugen ihn tot.
Diese Fabel weist die Reichen, Mächtigen und Grundherren zurecht, auf daß sie ihr Hausgesinde ernähren.

Man beachte in diesem mittelalterlichen Latein u.a. *senior* = Seigneur; *mansionata* zur *maison* (engl. *mansion*), Landgut gehörend. – Die kasuistische Begründung des Hundes ist bemerkenswert.

Odo

Odo 1

WIE DIE BÄUME SICH EINEN KÖNIG WÄHLTEN

Es gingen die Bäume, einen König über sich zu salben. Sie sprachen zum Ölbaum: Gebiete uns. Er antwortete: Kann ich etwa meine Fettigkeit aufgeben, die Götter und Menschen benutzen, damit ich unter den Bäumen erhöht werde? Da kamen sie zum Feigenbaum und sprachen: Empfange die Herrschaft über uns. Er antwortete: Kann ich etwa meine Süße aufgeben und meine sehr süßen Früchte, um unter den Bäumen erhöht zu werden? Sie kamen zum Weinstock, daß er über sie herrsche. Dieser antwortete: Kann ich etwa meinen Wein verlassen, der Gott und Menschen erfreut? Und er wollte nicht erhoben werden. Und es sprachen die Bäume zum Dornbusch: Herrsche über uns. Der Dornbusch antwortete: Wenn ihr mich wahrhaftig zum König bestellt, kommt und ruhet unter meinem Schatten: wollet ihr's nicht, so gehe Feuer aus vom Dornbusch und verzehre die Zedern des Libanon.
Geheime Bedeutung. Die Bäume bedeuten Landvolk, Mönche, Gemeinden ohne einen Pastor. Sie kommen den Ölbaum zu

quem iustum, qui respuens dicit quod non uult relinquere pinguedinem caritatis et ad dignitatem promoueri.

Arbor Ficus significat iustum qui, contemplando frequenter, degustat quam suauis, quam dulcis est Dominus, et facit dulces fructus bone operationis, et quia in dignitatibus multe sunt amaritudines, multe turbationes, non uult dulcedinem suam pro dignitatibus commutare.
Vinea est uir iustus, qui gaudet spirituali hylaritate; qui dicit: Gaudium nostrum est testimonium consciencie nostre. Quoniam multe sunt amaritudines, multe turbationes in fastidio dignitatis, ideo nolunt promoueri.

Vnde Taurinensis Canonicus, cum respueret electionem, cito transiuit, et socio suo se aperuit. Quesitus quare non recepit episcopatum, respondit: Si fuissem de numero episcoporum, fuissem de numero dampnandorum.

Item, cum magister H. factus fuisset episcopus Meldensis, et uisitasset socios suos Parisios, dixit: Si haberem mortalem inimicum et desiderarem ei aliquid pessimum, orarem quod Deus faceret eum episcopum, et hoc pro maxima maledictione reputarem.
Tamen, cum sint columpne celi et cardines templi, Ecclesiam Dei gubernant, et sustentant, et qui iusti sunt nobilem fructum animarum faciunt in uitam eternam.

Rampnus inutilis libenter episcopatum recipit. Rampnus est frutex spinosus, carens umbra, et quandoque de se ignem ex nimia siccitate emittit. Sic impius qui nullam habet umbram refrigerii uel consolationis, dicit: Requiescite sub umbra mea. Multa enim bona promittit. Sed ignem auaricie, superbie, luxurie de se emittit, et sic ligna, id est subditos, per prauum exemplum comburit.

erwählen, einen Gerechten, der sich weigert und sagt, er wolle nicht das Öl der Nächstenliebe aufgeben und zu höherer Würde befördert werden.

Der Feigenbaum bedeutet einen Gerechten, der in häufiger Beschauung kostet, wie lieblich, wie süß der Herr ist, und der die süßen Früchte guter Werke hervorbringt; und weil Würde viele Bitternisse, viele Verstörungen mit sich bringt, will er nicht seine Süßigkeit gegen Würden eintauschen.

Der Weinstock ist ein Gerechter, der sich an geistiger Heiterkeit erfreut; der sagt: Unsere Freude ist das Zeugnis unseres Gewissens. Da viele Bitternisse, viele Verstörungen mit hoher Würde verbunden sind, darum wollen sie nicht befördert werden.

Weshalb denn auch ein Kanonikus von Turin, da er seine Wahl ablehnte, schnell dahinging und sich einem Freunde anvertraute. Auf die Frage, weshalb er das Bischofsamt nicht angenommen habe, antwortete er: Gehörte ich zur Zahl der Bischöfe, so gehörte ich zur Zahl der Verdammten.

Ebenso sagte der Magister H., als man ihn zum Bischof von Meaux gemacht hatte und er Freunde in Paris besuchte: Wenn ich einen Todfeind hätte und ihm das Allerschlimmste wünschte, so betete ich darum, daß Gott ihn zum Bischof machte, und das sähe ich als den ärgsten Fluch an.

Da es nun aber auch solche gibt, die Säulen des Himmels und Torangeln des Tempels sind, so sind es diese, die Gottes Kirche regieren und erhalten; und diejenigen, welche gerecht sind, bringen edle Frucht ihrer Seelen hervor für das ewige Leben.

Der wertlose Dornbusch nimmt gern das Amt des Bischofs an. Der Dornbusch ist ein stachliges Gestrüpp, gibt keinen Schatten, und läßt manchmal, da er so überaus verdorrt ist, Feuer von sich ausgehen. So sagt wohl ein Ruchloser, der keinen Schatten zur Kühlung oder Tröstung gibt: Ruhet unter meinem Schatten. Denn viel Gutes verspricht er, aber das Feuer der Habgier, der Hoffart, des Wohllebens läßt er von sich ausgehen, und durch sein böses Vorbild verbrennt er also die Bäume, das heißt seine Untertanen.

Ita Sichimite elegerunt Abimelech qui eos combussit.

Die biblische Fabel (Richter 9, 8-15) erzählte Jotham, einer der zwei überlebenden Söhne Gideons, als die Leute von Sichem seinen Bruder Abimelech, welcher 70 andere Brüder umgebracht hatte, zum König erheben wollten. Sie hatte also einen politischen Immediatzweck. Odo interpretiert sie „mystice", also allegorisch, ohne übrigens seine Quelle anzugeben. Wir dürfen annehmen, daß sich diese Fabel, wie so viele andere seiner Fabeln und Parabeln, mehr an Kleriker als an das Laienpublikum richtet.

Der Text des biblischen Zitats weicht in kleinen Einzelheiten vom heutigen

Ic.
QUALITER PULLI ELEGERUNT SIBI REGEM

Pulli celebrauerunt capitulum, ut eligerent sibi regem. Dixit unus sapiencior aliis: Eligamus Columbam, animal simplex, que nec laniat, nec ledit, nec deuorat. Fecerunt sic. Columba simplex inter Pullos conuersabatur. Dixerunt Pulli: Rex noster nichil ualet, quoniam non percutit, non laniat. Dixerunt alii: Deponamus eum. Quem igitur eligemus? Dixerunt ad inuicem: Eligamus Miluum. Factum est ita. Miluus, rex constitutus, uno die cum rostro et unguibus laniauit unum Pullum et deuorauit, postea alium et tercium, et sic per prauum regem afflictus est populus.

Sic plerique non sunt contenti benigno rege, simplice episcopo, innocenti abbate. Eligunt peruersum qui omnes destruit. Ideo necessarium est quandoque picare subditos et percutere, quandoque pungere, quandoque ungere, ne superbiant, nec ex nimia afflictione tristentur.

uno die – unum pullum: im mlat. gebräuchlicher Ersatz für den unbestimmten Artikel. Das barbarische ‚cum rostro et unguibus' ist ebenfalls oft zu finden.
Das Wort *picare*, vom Ed. aus dem sinnlosen *pericare* hergestellt, gibt keinen rechten Sinn, da *picare* „mit Pech beschmieren" bedeutet. Wahrscheinlich liegt

So wählten die Männer von Sichem den Abimelech, der sie verbrannte.

Vulgata-Text ab: sein Latein ist einfach, direkt und entspricht dem Mittellatein mittlerer Qualität, mit kurzen Sätzen und fast ohne Perioden.
Die kleine Anekdote vom ungenannten Magister H. von Meaux beweist Odos enge Verbindung mit Frankreich: gehörte er doch dem englisch-normannischen Landadel an, der beiderseits des Kanals sowie in beiden Sprachen zuhaus war. Ein Bischof von Meaux mit einem mit H. beginnenden Namen war für Odos Zeit nicht festzustellen; vgl. die ausführliche Erörterung bei Hervieux 4, pp. 22ff. Meaux, im Département Seine-et-Marne, also unweit von Paris, war schon i. J. 375 Sitz eines Bistums.

Odo 1c

WIE DIE HÜHNER SICH EINEN KÖNIG WÄHLTEN

Die Hühner hielten ein Kapitel, um sich einen König zu wählen. Sprach da eines, klüger als die anderen: Laßt uns die Taube wählen, ein schlichtes Tier, das nicht zerreißt, nicht verwundet, nicht verschlingt. So taten sie. Die schlichte Taube gesellte sich den Hühnern. Da sprachen die Hühner: Unser König taugt nichts, weil er nicht erschlägt, nicht zerreißt. Sprachen da andere: Laßt uns ihn absetzen. Wen werden wir dann erwählen? Sie sagten zueinander: Laßt uns die Weihe wählen. Das geschah. Die Weihe, zum König bestellt, zerriß eines Tages mit Schnabel und Krallen ein Huhn und fraß es, danach ein zweites und ein drittes, und so ward das Volk von einem bösen König geplagt.
So sind viele nicht zufrieden mit einem gütigen König, einem schlichten Bischof, einem harmlosen Abt. Sie wählen einen Schlechten, der alle vernichtet. Darum ist es manchmal notwendig, die Untertanen zu stechen und schlagen, manchmal sie anzustacheln und manchmal sie zu schmieren, damit sie weder zu hochmütig werden noch aus übergroßem Leid trauern.

franz. *piquer* zugrunde: Odo verwendet franz. Lehnworte sehr häufig.
Kapitel: Versammlung von Domherren.
Weihe: Hier nicht die Priesterweihe, sondern der gleichnamige Raubvogel.

Ie.

DE ABBATE, CIBO ET MONACHIS
Et applicatur malis presidentibus et successoribus peioribus

Quidam Abbas dedit Monachis suis tria fercula. Dixerunt Monachi: Iste parum dat nobis. Rogemus Deum quod cito moriatur, et siue ex hac causa, siue ex alia, cito mortuus est. Substitutus est alius qui tantum dedit duo fercula. Irati Monachi et contristati dixerunt: Nunc magis orandum est, quia unum ferculum subtractum est, Deus subtrahat ei uitam suam. Tandem mortuus est. Substitutus est tertius, qui duo subtraxit. Irati Monachi dixerunt: Iste pessimus est inter omnes, quia fame nos interficit. Rogemus Deum quod cito moriatur. Dixit unus Monachus: Rogo Deum quod det ei longam uitam et manu teneat eum nobis. Alii admirati querebant quare hoc diceret. Qui ait: Video quod primus fuit malus, secundus peior, iste pessimus. Timeo, cum mortuus fuerit, alius peior succedet qui penitus fame nos perimet.

Vnde solet dici: *Selde cumet se betere,* hoc est: Raro succedit melior.

II.

DE NISO ET COLUMBA ET DUCE
Applicatur minantibus solum et non facientibus iusticiam

Nisus semel rapuit unam Columbam et deuorauit. Alie Columbe acceperunt consilium cui conquererentur. Et dixerunt:

Odo 1e

DER ABT, DIE NAHRUNG UND DIE MÖNCHE

Ein Abt gab seinen Mönchen drei Mahlzeiten ⟨täglich⟩. Sprachen die Mönche: Der da gibt uns zu wenig. Wir wollen Gott bitten, daß er bald sterbe; und ob nun aus diesem oder einem anderen Grunde: er starb bald darauf. An seine Stelle kam ein anderer, der ihnen nur zwei Mahlzeiten gab. Zornig und voll Trauer sagten die Mönche: Jetzt müssen wir noch inständiger beten, weil man uns eine Mahlzeit genommen hat. Gott nehme ihm das Leben. Der starb auch schließlich. An seine Stelle trat ein dritter, der zwei Mahlzeiten abschaffte. Voll Wut sagten die Mönche: Das ist der schlechteste von allen, weil er uns durch Hunger umbringt. Bitten wir Gott, er möge bald sterben. Sprach ein Mönch: Ich bitte Gott, daß er ihm langes Leben schenke und ihn uns erhalte. Die anderen wunderten sich und fragten ihn, warum er dies sage. Er sprach: Ich sehe, der erste war schlecht, der zweite schlechter, dieser hier der schlimmste. Ich fürchte, daß, wenn er stirbt, ihm ein schlimmerer nachfolgt, der uns völlig Hungers sterben läßt. Daher pflegt man zu sagen: *Selde cumet se betere,* das ist: selten folgt ein Besserer nach.

Ferculum: eigtl. Gang, Gericht, aber hier wohl „Mahlzeit".
manu tenere zeigt deutlich den Einfluß von *maintenir*.
Selde cumet: dieses mittelengl. Sprichwort wird in manchen Hdschr. verschieden überliefert, besonders wenn der Kopist Englisch nicht verstand. In einem Ms. finden wir: *Sylden ys the latur prophete the bettur,* selten ist der spätere Prophet ein besserer.

Odo 2

SPERBER, TAUBE UND EULE

Ein Sperber raubte einmal eine Taube und fraß sie auf. Die anderen Tauben berieten sich, bei wem sie sich beklagen soll-

Duci. Est autem auis Dux cum magno capite et maior Aquila, et ideo Columbe conqueste sunt ei de Niso, quod faceret iusticiam, quoniam sociam suam interfecit. Audita querela, respondit Dux cum magna ingurgitatione: Cloc! Quo audito, dixerunt Columbe: Quam bene intonuit! Certe faciet sibi de Niso unum morsellum. Iterum uenit Nisus, et aliam Columbam rapuit. Accesserunt Columbe ad Ducem, postulantes quod faceret iusticiam. Et respondit: Cloc! Dixerunt Columbe: Ecce quam strenue comminatur; optime faciet iusticiam. Nisus terciam Columbam accepit. Columbe tercio uenerunt ad Ducem, ut uindictam acciperet. Et ipse respondit: Cloc! Audientes dixerunt: Quid est quod semper dicit Cloc, et nunquam iusticiam facit? Recedamus a regno suo, et infestemus eum sicut falsum et stultum. Hinc est quod Columbe et cetere Aues, quando Ducem uident, eum infestant.

Sic plerique, quando pauperes clamant quod reges et maiores faciant iusticiam de iniuriantibus, dicunt: Faciemus, faciemus, et sic dicunt unum cloc. Nunquam tamen faciunt. Hoc et ad falsos promissores refertur qui dicunt: Cloc, cloc, dabo, dabo; et nichil aliud habetur a talibus nisi unum cloc.

III.

DE CORNICE
Contra illos qui iactant se habere quod non habent

Cornix semel, uidens se turpem et nigram, conquesta est Aquile. Aquila dixit ei quod mutuo reciperet plumas de diuersis auibus. Fecit sic. Accepit de cauda Pauonis, de alis

ten. Nun gibt es einen Vogel, „Herzog" genannt, mit einem großen Kopf und größer als ein Adler, und darum beschwerten sich die Tauben bei ihm über den Sperber: er solle ihn zur Rechenschaft ziehen, weil er ihre Genossin getötet habe. Als der Herzog die Klage vernommen hatte, zog er gewaltig die Luft ein und antwortete „Cloc." Als dies die Tauben hörten, sprachen sie: Wie gut er doch gedonnert hat: Sicher wird er den Sperber auf einen Bissen verschlingen. Doch der Sperber kam zurück und raubte wieder eine Taube. Die Tauben gingen zum Herzog und verlangten Justiz. Und er antwortete „Cloc." Da sprachen die Tauben: Seht wie nachdrücklich er droht: sehr gut wird er Recht sprechen. – Der Sperber holte sich eine dritte Taube. Zum dritten Mal kamen die Tauben zum Herzog und verlangten Sühne; und er antwortete „Cloc." Als sie das hörten, sprachen sie: Was heißt das, daß er immer „Cloc" sagt, und niemals Recht spricht? Abfallen wollen wir von seiner Herrschaft und ihn befehden als einen Betrüger und Narren. Dies ist der Grund, warum Tauben und andere Vögel auf den Herzog losgehen, wenn sie ihn sehen.

So ist es auch, wenn Arme zu den Königen und Herren um Gerechtigkeit schreien: sie sagen, „Jawohl, wir werden's tun," und so sagen sie nichts als „Cloc." Niemals aber tun sie etwas. Dies geht auch auf jene, die betrügerische Versprechungen machen: die sagen „Cloc, cloc, ich werde geben, ja ich werde geben," aber nichts anderes bekommt man von ihnen als ein einziges „Cloc."

Der große Vogel (dux) ist wahrscheinlich die Eule.

Odo 3

DIE KRÄHE

Die Krähe sah, wie häßlich und schwarz sie ist und beklagte sich einmal beim Adler. Der Adler riet ihr, sich von verschiedenen Vögeln Federn auszuborgen. Dies tat sie. Sie holte sich

Columbe, et, sicut sibi placuit, de ceteris auibus. Cornix, uidens se ornatam, cepit deridere et inclamare contra alias aues. Venerunt igitur aues, et conquerebantur Aquile de superbia Cornicis. Respondit Aquila: Accipiat quelibet auis suam pennam, et sic humiliabitur. Quo facto, Cornix relicta est turpis et nuda.

Sic miser homo de ornatu suo superbit. Set accipiat Ouis lanam suam, Terra linum, Boues et Capri corium suum, Cirogrilli et Agni suas pelles, et remanebit miser homo nudus et turpis; et ita fiet saltem in die mortis, quando nihil secum afferet de omnibus bonis suis.

Diese Fabel fällt in die Kategorie „sich mit fremden Federn schmücken", „der Esel im Löwenfell" und ist so oft behandelt worden, daß es hier nicht möglich ist, allen ihren Verästelungen nachzugehen; vgl. hierzu Luria, L'Asino nella pelle del Leone; allerdings müssen manche Behauptungen dieser Arbeit mit Vorsicht aufgenommen werden.

IV.

DE BUSARDO ET DE NIDO ANCIPITRIS

Busardus in nido Accipitris proiecit unum ouum, et inde creatus est pullus. Alii pulli nobiles fimum fecerunt extra nidum. Sed pullus Busardi semper maculauit nidum suum. Quod aduertens Accipiter ait: Quis est qui nidum maculat? Tandem dixerunt ei pulli de pullo Busardi. Quod attendens Accipiter cepit filium Busardi, et extra nidum proiecit, dicens: *Ofeie hi the brothte of athele hi ne mychte*; hoc est: De ouo te eduxi; de natura non potui; et confractus est totus.

Sic Dominus habet suos pullos in nido Ecclesie, qui Ecclesiam non maculant, sed honorant. Sed Busardus, id est Dia-

Federn vom Pfauenschweif, von Taubenflügeln, und von anderen Vögeln wie's ihr gefiel. Da die Krähe sich so ausgeziert sah, begann sie, andere Vögel zu verhöhnen und zu beschimpfen. Drum kamen die Vögel und beklagten sich beim Adler über die Hoffart der Krähe. Der Adler antwortete: „Jeder Vogel nehme sich seine Federn wieder;" so ward sie gedemütigt. Danach blieb die Krähe häßlich und nackt.
So tut sich der elende Mensch mit seiner Zierde groß. Es nehme aber das Schaf seine Wolle zurück, die Erde das Linnen, Rinder und Ziegen ihr Leder, Dachse (?) und Schafe ihr Fell, und der armselige Mensch wird nackt und häßlich dastehen; und so wird es jedenfalls an seinem Todestag geschehen, wenn er nichts von all seiner Habe mit sich nehmen kann.

Für das selbstverständliche *linum*, Leinwand, will Hervieux seltsamerweise *limum* lesen, was aber (außer seiner gewöhnlichen Bedeutung als Kot, Dreck) nur ganz selten als „Lendenschurz eines Opferdieners" erscheint.
cirogrilli = chirogrilli, Bedeutung unbestimmt. Nicht im TLL; lt. DuCange: Ein unterirdisch lebendes Tier, das eigentlich Waldkatze genannt wird und einem Hunde ähnelt.

Odo 4

DER BUSSARD IM FALKENNEST

Der Bussard legte ein Ei im Nest des Falken, und daraus kam ein Junges. Die anderen Jungen, von edler Art, ließen ihren Kot außerhalb des Nestes fallen, aber das Bussardküken beschmutzte immer sein Nest. Der Falke bemerkte dies und sprach: Wer ist es, der das Nest beschmutzt? Da sagten es ihm seine Jungen vom Bussardküken. Als der Falke dies vernahm, packte er das Junge des Bussards und warf es aus dem Nest mit den Worten: „Of eie hi the brothte of athele hi ne mychte," das heißt, Vom Ei an habe ich dich aufgezogen, aber gegen deine Art vermochte ich nichts; und es wurde ganz zerschmettert.
Also hat der Herr seine Jungen im Nest der Kirche, die die Kirche nicht beschmutzen, sondern ihr Ehre machen. Aber der

bolus, habet suos pullos inter alios, et isti diuersis uiciis Ecclesiam maculant; et ideo Dominus extra nidum proiciet eos in puteum inferni, ubi pessime confringentur.

Hoc exemplum ualet contra curiales, qui sociis inuident et accusant, quod tales quandoque totam curiam maculant.

Das hier zitierte englische Sprichwort erscheint in diversen Handschriften in verschiedener Form – je nach dem Stand der Englischkenntnisse des Kopisten. Die wahrscheinlich echteste (weil gereimte) Form erscheint im Ms. Douce 101 (cf. Herv. ad loc.) wie folgt: Of on egge y the brought, bytt of thy kynde y

V.

DE TORTUCA ET AQUILA
Contra curiosos

Tortuca, manens in locis hu[mi]dis et profundis, rogauit Aquilam, quod portaret eam in altum. Desiderauit enim uidere campos, colles et montes et nemora. Aquila adquieuit, Tortucam in altum portauit, et dixit Tortuce: Vides iam que nunquam uidisti, montes et ualles et nemora. Dixit Tortuca: Bene uideo; mallem tamen esse in foramine meo. Et ait Aquila: Sufficit hec omnia tibi uidisse. Dimisit eam cadere, et tota confracta est.

Mistice. Aliquis uiuit in paupere tecto; desiderat ascendere et super pennas uentorum uolare; rogat Aquilam, id est Diabolum, quod aliquo modo ipsum exaltet; quandoque per fas et nephas *(sic)*, per falsitates ascendit, et sic Diabolus ipsum portat; quandoque intelligit statum suum periculosum et mallet esse in paupere tecto. Tum Diabolus in mortem facit eum cadere, in puteum gehenne, ubi totus confringitur.

> Sic [est] qui [stultus] scandit pernicibus alis;
> Incidit a scalis in loca plena malis.

Bussard, will sagen der Teufel, hat seine Jungen unter den anderen, und diese beschmutzen die Kirche mit Lastern aller Art; und darum wirft sie der Herr aus dem Nest heraus ins Höllenloch, wo sie übel zermalmt werden.

Dies Beispiel paßt auch auf Höflinge, die ihre Kollegen beneiden und beschuldigen, weil solche Menschen manchmal den ganzen Hof besudeln.

maye nought (of the egg I have thee brought, but of thy kind I could do nought.)
Übrigens begeht Odo den häufigen Fehler, *educare* mit *educere* gleichzusetzen; besser wäre: *ab ovo te educavi*.

Odo 5

SCHILDKRÖTE UND ADLER

Die Schildkröte, die in tiefen, feuchten Löchern lebt, bat den Adler, er möge sie hoch hinauf tragen. Sie wollte nämlich Felder, Hügel, Berge und Wälder sehen. Der Adler war einverstanden: er trug die Schildkröte hoch hinauf, und sprach zur Schildkröte: Nun siehst du, was du nie zuvor gesehen – Berge, Täler und Wälder. Sprach die Schildkröte: Ich sehe das wohl, allein ich wäre lieber in meinem Loch. Und der Adler sprach: Jetzt hast du genug gesehen. Er ließ sie fallen, und sie wurde gänzlich zerschmettert.

Geheimer Sinn. Jemand lebt in einem ärmlichen Hause; er wünscht sich, emporzusteigen und auf Windesflügeln zu fliegen; er ersucht den Adler, das ist der Teufel, ihn irgendwie zu erhöhen; manchmal steigt er, zurecht oder durch Frevel und Falschheit, und so trägt ihn der Teufel; manchmal begreift er dann das Gefährliche seines Standes und möchte lieber in seinem armen Hause sein. Dann läßt ihn der Teufel zu Tode fallen, ins Höllenloch, wo er gänzlich zerschmettert wird.

Wenn ein Tor in die Höhe sich hebt auf hurtigen Schwingen,
    stürzt in gar üblen Ort er von der Treppe herab.

Ähnlich schon Babrius 115 und Avian 2.

VI.

DE CICONIA ET LUPO
Contra crudeles dominos male remunerantes

Semel Lupus fere ex uno osse strangulabatur. Quesitus fuit medicus. Dixerunt seruientes: Ciconia habet longum rostrum et poterit os a gutture extrahere. Quesita est Ciconia; merces magna est promissa. Venit et os a gutture extraxit. Mercedem quesiuit. Lupus nichil dare uoluit, dicens: Nonne, quando caput tuum fuit in ore meo, potui te interficere? Nonne sufficit tibi quod permisi te uiuere?

Sic rustici et pauperes, quando seruiunt, nullam mercedem habere possunt. Dicit enim dominus: Homo meus es; nonne magnum est, si te non excorio, si te uiuere permitto?

VII.

DE QUADAM AVE SANCTI MARTINI
Contra audaces uerbo et non opere

Quedam auis dicitur sancti Martini in Hispania, paruula admodum reguli. Hec graciles habet tibias ad modum iunci et longas. Contigit quod, sole calente, circa festum sancti Martini, proiecit se iuxta arborem ad solem, et erexit tibias suas, dicens: Eia! si celum iam caderet ipsum sustinerem super tibias meas. Et cecidit folium unum iuxta, et auis exterrita euolat, dicens: O sancte Martine, cur non succurris avicule tue?

Tales sunt multi qui ad tempus credunt et in tempore temptacionis recedunt. Talis fuit Petrus, qui paratus fuit in mortem et in carcerem pro Christo ire. Sed cum uidit Dominum

Odo 6

STORCH UND WOLF

Einmal wäre der Wolf fast an einem Knochen erstickt. Man suchte nach einem Arzt. Diener meinten: „Der Storch hat einen langen Schnabel, er wird dir den Knochen aus dem Schlund ziehen können." Man holte den Storch, versprach ihm hohe Belohnung. Er kam auch und zog den Knochen aus dem Schlund. Dann fragte er nach seinem Lohn. Doch der Wolf wollte ihm nichts geben, er sprach: „Hätte ich dich, als dein Kopf in meinem Maule steckte, nicht töten können? Genügt's dir nicht, daß ich dich am Leben ließ?"
So können Bauern und Arme, sind sie unfrei, keinen Lohn erwarten. Denn ihr Herr sagt: „Mir gehörst du, Mann; ist's nicht schon viel, wenn ich, statt dich totzuprügeln, dich am Leben lasse?"

Odo 7

DER ST. MARTINSVOGEL

Ein Vöglein von der Größe eines Zaunkönigs nennt man in Spanien den St. Martinsvogel; der hat Beinchen, lang und dünn wie Binsen. Es trug sich einmal zu, daß um die Zeit des Martintags die Sonne warm schien; der Vogel warf sich neben einem Baum in den Sonnenschein und streckte seine Beine in die Höhe mit den Worten: Hei, fiele selbst der Himmel ein, ich stützte ihn wohl mit meinen Beinen. Da fiel ein Blatt neben ihm zu Boden; zutiefst erschreckt flog das Vöglein weg und rief: O heiliger Martine, warum stehst du deinem Vöglein nicht bei?
So sind viele, die manchmal glauben, aber zurückweichen, wenn Versuchung an sie herantritt. Ein solcher war Petrus, der für Christum in den Tod und den Kerker zu gehen bereit

suum male tractari, ad uocem ancille ait: Mulier, nescio quid dicis; non noui illum. Filii Effrem *(sic)*, intendentes et mittentes arcum, conuersi sunt in die belli. Adaptatur quibusdam militibus: quando caput est bene fricatum uino uel ceruisia, dicunt se posse stare contra tres francigenas et dellebare fortissimos. Sed, quando sunt ieiuni et uident lanceas et gladios circa se, dicunt: O sancte Martine, succurre tue auicule; *O sein Martin, eide vostre oiselin.*

Petrus: Math. 26, 35 und 69–75; Marc. 14, 66–72; Luc. 22, 55–62; Joh. 18, 25–27.
Ephraim: Wahrscheinlich Anspielung auf Richter 12 (Jephthas Kampf gegen den Stamm Ephraim).

VIII.

DE OCULIS CALVI LACRIMANTIBUS ET PERDICIBUS

Quidam Caluus, habens oculos lacrimantes, interficiebat Perdices. Et ait vna: Ecce quam bonus homo et sanctus! Et ait alia: Quare dicis eum bonum? Et respondit: Nonne uides qualiter lacrimatur? Et respondit altera: Nonne uides qualiter nos interficiet? Maledicte sint lacrime ipsius, quia lacrimando nos perimit!
Sic plerique episcopi, prelati, magnates, ut uidetur, bene orant, eleemosinas dant, lacrimantur; sed simplices et subditos excoriant et perimunt. Maledicte sint orationes et lacrime talium!

war; doch als er sah, daß man seinen Herrn mißhandelte, gab er der Magd zur Antwort: Weib, ich weiß nicht, was du sprichst; den Mann kenne ich nicht. Die Söhne Ephraims spannten schon den Bogen und schossen ihn ab, aber am Tage, da es zum Krieg kam, wandten sie sich zur Flucht. Auch auf manche Soldaten paßt dies: haben sie sich den Kopf wacker mit Wein oder Bier gewaschen, behaupten sie, sie könnten es mit drei Franzosen aufnehmen und deren Tapferste bezwingen. Wenn sie aber nüchtern sind und ringsumher Lanzen und Schwerter sehen, dann rufen sie: O heiliger Martine, hilf deinem Vöglein, *O sein Martin, eide vostre oiselin!*

O sein Martin: Um 1219, als Odo seine Fabeln verfaßte, sprachen also selbst englische Soldaten oder wenigstens Ritter noch Normannisch-Französisch. Hervieux' wahrscheinlich irrtümliches *nostre* haben wir durch *vostre* ersetzt.

Odo 8

DER TRIEFÄUGIGE GLATZKOPF UND DIE REBHÜHNER

Ein triefäugiger Glatzkopf tötete Rebhühner. Eines sprach: Seht, was für ein guter und rechtschaffener Mann das ist! Ein anderes sagte: Warum nennst du ihn gut? Es antwortete: Siehst du nicht wie er weint? Doch das andere entgegnete: Siehst du nicht, wie er uns umbringen wird? Verflucht seien seine Tränen, weil er weint, während er uns tötet!

So gibt es viele Bischöfe, Prälaten und große Herren, die scheinbar brav beten, Almosen verteilen und weinen: aber den gemeinen Mann und ihre Untertanen schinden sie und bringen sie um. Verflucht seien die Gebete und Tränen solcher Menschen!

Warum wird hervorgehoben, daß der Triefäugige (*lippus* wäre das klassische Wort) kahl ist? Zielt dies auf eine bestimmte Person, oder ist damit die Tonsur gemeint?

IX.

DE AVE QUI (*sic*) DICITUR FRANGENS OS, FREINOS

Quedam auis dicitur frangens os, *freinos*, quod cum rostro ossa frangit, pinguedinem et medullam comedit. Quando pro duricia os non potest confringere, portat eum (*sic*) in altum et super rupem permittit cadere; et si os confringitur.

Ita facit Diabolus: quando non potest uirum constantem confringere, eleuat ipsum in altitudinem dignitatis et tunc permittit cadere, quod totus confringitur; et quanto gradus alcior, tanto casus grauior. Profundius cadit lapis ab alto quam ab imo. Sic peruersi reges, peruersi episcopi et diuites profundius cadunt ab alto in inferno (*sic*) quam pauperes.

X.

DE AQUILA

Aquila, quando habet pullos, erigit capita sua ad solem. Pullum qui irreuerberatis radiis intuetur solem conseruat et nutrit; llum qui solem non potest respicere, extra nidum proicit.

Sic Dominus habet pullos in Ecclesia: illos qui sciunt Deum et ea que Dei sunt contemplari, nutrit et conseruat; illos qui nesciunt conspicere nisi terrena, proicit in tenebras exteriores.

Odo 9

DER „KNOCHENBRECHER" (FREINOS) GENANNTE VOGEL

Ein Vogel heißt Knochenbrecher, *freinos,* weil er mit seinem Schnabel Knochen bricht und Fett und das Mark frißt. Wenn er den Knochen nicht brechen kann, weil er zu hart ist, trägt er ihn hoch empor und läßt ihn auf einen Felsen fallen, und so wird der Knochen zertrümmert.

So tut's der Teufel: wenn er einen rechtschaffenen Mann nicht zerbrechen kann, erhebt er ihn zu hoher Würde und läßt ihn dann fallen: je höher sein Stand, desto tiefer sein Sturz. Aus der Höhe fällt ein Stein tiefer als aus der Niederung. So fallen böse Könige, böse Bischöfe und Reiche aus der Höhe tiefer in die Hölle als Arme.

Dies ist nicht eigentlich eine Fabel, sondern eine Parabel, basierend auf den mittelalterlichen Bestiarien. Die Moral erinnert an Claudian (In Rufin. 1, 22f): Ut lapsu graviore cadant tolluntur in altum. Vgl. auch Plinius *N.H.* 3, 7.

Odo 10

DER ADLER

Wenn der Adler Junge hat, erhebt er ihre Köpfe, so daß sie in die Sonne blicken. Ein Junges, das vor den Sonnenstrahlen nicht zurückprallt, behält er und füttert es; wenn eines nicht in die Sonne schauen kann, wirft er es aus dem Nest.

So hat der Herr seine Jungen in der Kirche: jene, die Gott kennen und es verstehen, Gottes Werke zu beschauen, nährt und erhält sie; diejenigen aber, die nur Irdisches sehen, wirft sie in die äußere Finsternis.

Zu *irreverberatus* (mittellat.) vgl. ut radios omnes tuoris nostri splendore reverberent (Apul. *de deo Socr. 11*). Vgl. auch Plinius *N.H.* 10, 3, die Quelle dieser Erzählung.

XI.

DE CICONIA ET UXORE

Siconia (*sic*) semel rixata est cum uxore sua et cum rostro oculum extraxit. Verecundata Ciconia, quod talem iniuriam intulerit, in aliam regionem uolare cepit. Obuiauit ei Coruus et quesiuit causam itineris. Ciconia dixit quod cum rostro oculum uxoris extraxit. Respondit Coruus: Nonne adhuc habes idem rostrum? Dixit Ciconia quod sic. Quare igitur fugis, quoniam, ubicunque fueris, semper rostrum tuum tecum portas?

Sic quidam fecerunt multa peccata, et in aliam regionem uel in claustrum fugiunt. Tamen semper rostrum suum, maliciam suam, materiam peccandi, Diabolum inclusum secum portant.

Celum, non animum, mutant,
et, cum peruersi fuerunt in seculo, peruersi uel magis peiores sunt in claustro. Matthæus, XXIII, v. 11: Ve, Scribe et Pharisei ypocrite, qui circuitis mare et aridam ut faciatis unum proselitum, et, cum fuerit factus, facitis eum filium gehenne duplo quam uos.

XIV.

DE FILIO BUFONIS ET SOTULARIBUS

Contigit quod animalia celebrauerunt concilium. Bufo misit illuc filium suum. Sed oblitus sotulares suos nouos, quesiuit Bufo aliquod animal uelox, qui (*sic*) posset ad concilium accelerare; uidebatur sibi quod Lepus bene curreret. Vocauit

Odo 11

DER STORCH UND SEIN WEIB

Der Storch hatte einmal Streit mit seinem Weib und stach ihr mit seinem Schnabel ein Auge aus. Der Storch schämte sich, weil er ihr eine solche Verletzung angetan, und schickte sich an, in ein anderes Land zu fliegen. Ihm begegnete ein Rabe und fragte ihn nach dem Grund seiner Reise. Der Storch berichtete ihm, wie er mit seinem Schnabel seinem Weib ein Auge ausgestochen habe. Da sprach der Rabe: Hast du nicht immer noch denselben Schnabel? „Ja", sagte der Storch. – Warum fliehst du dann, da du doch, wo immer du sein wirst, stets deinen Schnabel mit dir führst?
So haben manche gar viele Sünden begangen und flüchten in andere Länder oder ins Kloster. Stets aber tragen sie mit sich ihren Schnabel, ihre Bosheit, den Gegenstand der Sünde, nämlich den Teufel in sich.

Caelum, non animum mutant,

und waren sie böse in der Welt, so sind sie böse oder noch schlimmer im Kloster: Matthaeus 32, 11: Wehe euch heuchlerischen Schreibern und Pharisäern, die ihr über Meer und trockenes Land fahret, um einen Proselyten zu machen, und ist er's geworden, so macht ihr ihn zum Sohn der Hölle zweimal so sehr wie euch selbst.

Eine ähnliche Fabel bei Nicholas Bozon (3), Herv. 4 S. 257. – Die Stelle aus dem Evangelium ist Vers 15, nicht 11.
Caelum, non animum mutant qui trans mare currunt: Hor. *epist.* 1, 11, 27.

Odo 14

DER SOHN DER KRÖTE UND DIE SCHUHE

Es geschah, daß die Tiere ein Konzil hielten; dorthin schickte die Kröte ihren Sohn. Da er aber seine neuen Schuhe vergessen hatte, suchte die Kröte irgend ein schnellfüßiges Tier, das zum Konzil eilen könnte; es bedünkte ihr, daß der Hase ein

eum et, mercede constituta, dixit ei quod deferret sotulares nouos filio suo. Respondit Lepus: Quomodo potero discernere filium tuum in tali concilio? Dixit Bufo: Ille qui pulcherrimus est inter omnia animalia est filius meus. Dixit Lepus: Numquid Columba uel Pauo est filius tuus? Respondit: Nequaquam, quoniam Columba habet nigras carnes, Pauo turpes pedes. Dixit Lepus: Qualis est igitur filius tuus? Et dixit Bufo: Qui tale habet caput quale est meum, talem uentrem, tales tibias, tales pedes, ille pulcher filius meus. Illi deferas sotulares. Venit Lepus cum sotularibus et narrauit Leoni et ceteris bestiis qualiter Bufo pre ceteris filium suum commendauit. Et ait Leo: *Ki Crapout eime, Lune li semble.*

Si quis amat Ranam, Ranam putat esse Dianam.

XV.

DE CATO QUI SE FECIT MONACHUM

In quodam refectorio fuit quidam Murilegus, qui omnes Mures, excepto uno magno Rato, cepit et interfecit. Cogitauit Gatus qualiter Murem illum magnum deciperet et deuoraret. Tandem fecit sibi radi coronam; induit cucullam et fecit se monachum, inter alios monachos sedit et comedit. Videns hoc, Ratus gauisus est, credens quod nollet ei nocere. Saltauit igitur Ratus huc et illuc, et Gatus dissimulans oculos suos a uanitate auertit. Tandem secure Ratus appropinquauit ad Ga-

schneller Läufer sei. Sie rief ihn, versprach ihm eine Belohnung und ersuchte ihn, ihrem Sohn seine neuen Schuhe zu bringen. Der Hase fragte: Wie soll ich deinen Sohn in einer so großen Ratsversammlung erkennen? Die Kröte antwortete: Das schönste unter allen Tieren, das ist mein Sohn. Sprach der Hase: Ist wohl die Taube oder der Pfau dein Sohn? Sie antwortete: Mitnichten: hat doch die Taube schwarzes Fleisch und der Pfau häßliche Füße. Sprach der Hase: Wie also sieht dein Sohn aus? Die Kröte antwortete: Der, welcher so einen Kopf hat wie ich, einen solchen Bauch, solche Beine, solche Füße, der ist mein schöner Sohn. – Der Hase kam mit den Schuhen dort an und erzählte dem Löwen und den anderen Tieren, wie die Kröte ihren Sohn vor allen anderen gerühmt habe. Und der Löwe sprach: *Ki crapout eime, Lune li semble.*

Si quis amat Ranam, Ranam putat esse Dianam
Wer einen Frosch liebt, hält den Frosch für Diana

Vgl. hierzu Babrius 56 und Avian 14 (Äffin hält ihr Kind für das schönste). – *sotulares*: vgl. franz. *soulier*. – Der leoninische Hexameter gibt das franz. Sprichwort wieder.

Odo 15

DIE KATZE, DIE SICH FÜR EINEN MÖNCH AUSGAB

In einem Refektorium war eine Katze, die alle Mäuse fing und tötete, ausgenommen eine große Ratte. Die Katze überlegte, wie sie jene große Ratte überlisten und verschlingen könnte. Schließlich ließ sie sich den Scheitel ausrasieren, zog eine Kutte an und verkleidete sich so als Mönch: sie saß mit den anderen Mönchen und speiste mit ihnen. Als die Ratte dies sah, freute sie sich und glaubte, sie stelle ihr nicht mehr nach. So sprang denn die Ratte hierhin und dorthin, und die Katze verstellte sich und wandte ihre Augen von eitlen Dingen ab. Schließlich fühlte sich die Ratte sicher und kam nahe an die

tum. Gatus uero cum (*sic*) unguibus uiriliter Ratum cepit et firmiter tenuit. Dixit Ratus: Quare talem crudelitatem facis? Quare me non dimittis? Nonne monachus factus es? Dixit Gattus: Nunquam ita bene predicabis quod te dimittam, frater: quando volo, sum monachus; quando uolo, sum canonicus. Et deuorauit Ratum.

Sic plerique, quando non possunt optinere diuicias et aliud quod diligunt, ieiunant, fingunt se bonos et sanctos, cum sint papalardi et demones transfigurantes se in angelum lucis, et alii faciunt se monachos, ut sint cellerarii, priores, abbates, episcopi, et si faciunt se radi, ut capiant unum Ratum. Preterea, quando illicite habent quod desiderant, nunquam tantum predicabis quod Ratum suum dimittant.

Die Sprache zeigt alle Merkmale des Mittellateins (nicht des besten) sowie anglonormannische Einflüsse. *Murilegus* (Mäusefänger), im MA regelmäßig Synonym für „Katze" ist unklassisch; das sehr späte *murilegulus* hieß „Purpurschneckenfischer". *Ratus* ist ebenfalls m.alt.; *corona* = Scheitel ist wohl beeinflußt vom engl. crown, („Jack fell down and broke his crown") = Schädeloberfläche. *Comedit*: das schwachtönende *edere*, essen, fiel schon frühzeitig aus und wurde in mehreren rom. Sprachen durch *manducare* (kauen, *manger, mangiare*) ersetzt,

XVIII.

DE YDRO ET COCODRILLO EXEMPLUM

Quoddam animal dicitur Ydrus, et inuoluit se luto, ut melius possit labi, et tandem intrat in os Cocodrilli, quando dormit, et intrat in uentrem et mordet cor. Et sic perimit Cocodrillum. Ydrus significat filium Dei qui assumpsit lutum nostre carnis, ut facilius laberetur in os Diaboli, et sic intrauit et cor Diaboli mordens ipsum interfecit.

Katze heran. Die Katze aber packte die Ratte kräftig mit ihren Krallen und hielt sie fest. Da rief die Ratte: Was begehst du solche Grausamkeit? Warum läßt du mich nicht los? Bist du nicht ein Mönch geworden? – Sprach die Katze: Niemals wirst du so gut predigen, Bruder, daß ich dich losließe; wenn ich will, bin ich ein Mönch; wenn ich will, bin ich ein Kanonikus. Und sie fraß die Ratte.

So fasten auch viele, wenn sie Reichtum und was anders sie lieben, nicht bekommen können, und stellen sich brav und heilig, während sie doch Tugendheuchler sind und böse Geister, die sich in lichte Engel verwandeln; andere werden Mönche, um Kellermeister, Priore, Äbte und Bischöfe zu werden, und so lassen sie sich die Tonsur machen, um eine Ratte zu fangen. Wenn sie fernerhin auf unrechtmäßige Weise haben, was sie verlangten, wirst du nie so inständig predigen können, als daß sie ihre Ratte losließen.

außer im Span., wo *comedere* (eigtl. aufessen) zu *comer* wurde; es überrascht, dies bei einem anglo-normannischen Autor zu finden. Das Allerweltswort *facere* findet sich 6 Mal in diesem kurzen Stück. *Ita bene* statt *tam bene*; *viriliter* in gewandelter Bedeutung. *Papalardi*, vgl. franz. *papelard*.

„Bald Mönch, bald Kanonikus": die Pointe besteht darin, daß der Mönch tugendhaft, der Kanonikus aber habgierig ist.

Odo 18

EIN GLEICHNIS VON DER WASSERSCHLANGE
UND DEM KROKODIL

Ein Tier heißt Hydrus, Wasserschlange; sie bedeckt sich mit Schlamm, um besser gleiten zu können; und danach, wenn das Krokodil schläft, kriecht sie in sein Maul, und kriecht in den Bauch und zerbeißt das Herz; und so tötet sie das Krokodil. Die Wasserschlange bedeutet den Sohn Gottes, der den Schlamm unseres Fleisches angenommen hat, um leichter in des Teufels Maul zu rutschen; und so kam er hinein, zerbiß das Herz des Teufels und brachte ihn um.

XIX.
DE VULPE ET LUPO ET SITULA PUTEI

Vulpes casu cecidit per unam situlam in puteum. Venit Lupus et querebat quid faceret ibi. Que ait: Bone compater, hic habeo multos pisces et magnos; utinam mecum partem haberes! Et ait Ysemgrimus: Quomodo possem illuc descendere? Ait Vulpecula: Supra est una situla; pone te intus, et venies deorsum. Et erant ibi due situle; quando una ascendit, alia descendit. Lupus posuit se in situlam, que erat supra et descendit insum; Vulpecula in alia sicula (*sic*) ascendit sursum. Et quando obviaverunt sibi, ait Lupus: Bone compater, quo uadis? Et ait Vulpes: Satis comedi et ascendo. Tu, descende et inuenies mirabilia. Descendit miser Lupus nec inuenit aliquid nisi aquam. Venerunt mane rustici et extraxerunt Lupum, et usque ad mortem uerberauerunt.

Vulpecula significat Diabolum qui dicit homini: Descende ad me in puteum peccati et inuenies delicias et multa bona. Stultus adquiescit et descendit in puteum culpe, et ibi nullam inuenit refeccionem. Tandem ueniunt inimici et extrahunt impium, percuciunt et perimunt. Diabolus multa bona Ade promisit; sed multa mala persoluit.

Ein groteskes Gleichnis, sowohl zoologisch wie theologisch anfechtbar, aber ein gutes Beispiel für die Umwandlung von Fabel über Bestiarium zu homiletischer Anwendung.

Odo 19

FUCHS, WOLF UND BRUNNENEIMER

Der Fuchs fiel von ungefähr in einem Eimer in den Brunnen. Kam der Wolf und fragte ihn, was er dort täte. Der Fuchs sprach: Lieber Gevatter, hier habe ich viele große Fische; könntest du dich doch daran beteiligen! Da sprach Ysengrim: Wie kann ich da hinunterkommen? Sprach das Füchslein: Oben ist ein Eimer: steig hinein, und du wirst herunterkommen. Es waren dort aber zwei Eimer: wenn der eine aufstieg, senkte sich der andere. Der Wolf setzte sich in den oberen Eimer und senkte sich hinab: das Füchslein in dem anderen Eimer stieg empor. Und als sie einander ⟨auf halbem Weg⟩ begegneten, sagte der Wolf: Lieber Gevatter, wohin gehst du? Der Fuchs sprach: Ich habe genug gegessen und steige nun hoch; steig du nur hinab, und du sollst wunders was finden. Der arme Wolf ließ sich hinab und fand nichts als Wasser. Am Morgen kamen die Bauern, holten den Wolf heraus und schlugen ihn tot.

Das Füchslein bedeutete den Teufel, der zum Menschen spricht; steige herab zu mir in den Bronn der Sünde, und du sollst Köstliches und Güter aller Art finden. Der Tor läßt sich herbei und steigt in den Brunnen der Schuld, und dort findet er keine Erquickung. Schließlich kommen die Widersacher, ziehen den Frevler heraus, schlagen und töten ihn. Der Teufel hat dem Adam viel Gutes versprochen, aber viel Böses heimgezahlt.

Ähnlich Phaedrus 4, 9 (Fuchs und Ziege im Brunnen). Statt *insum* wäre besser das auch von Odo verwendete *deorsum* zu setzen. – *sicula* statt *situla*: das kurze „t" wurde oft mit „c" verwechselt.

XX.

DE LEONE ET LUPO ET VOLPE ET VENATORIBUS

Leo, Lupus et Vulpes condixerunt sibi ad inuicem quod uenarentur. Vulpes cepit anserem, Lupus arietem pinguem, Leo bouem macilentum. Debuerunt prandere. Dixit Leo Lupo quod predam partiretur. Dixit Lupus: Vnusquisque habeat quod cepit, Leo suum bouem, ego arietem, Vulpes anserem. Leo iratus erexit palmam, et cum unguibus extraxit totum corium de capite Lupi. Et dixit Leo Vulpi quod diuideret. Et ait Vulpes: Domine, uos comedatis de pingui ariete, quantum uolueritis, que teneras habet carnes, et postea de ansere, quantum uolueritis, tandem de boue temperate que duras habet carnes, et quod remanserit detis nobis qui homines uestri sumus. Ait Leo: Certe bene dicis. Quis te docuit ita bene partiri? Et ait Vulpes: Domine, ille rubens capellanus socii mei, demonstrato capite excoriato.

Sic Dominus percussit primum parentem pro peccato inobedientie, scilicet multis infirmitatibus, fame, siti, nuditate et tandem morte; quod rubens capellanus Ade deberet nos castigare, quod nunquam Deum offendere deberemus. In Parabolis: Castigato pestilente stultus sapientior erit. Quandoque uerberatur catulus coram leone, ut timeat et mansuescat. Sic Dominus ergo uerberauit triplicem leonem, ut nos, catuli miseri, timeamus et a peccato abstineamus. Verberauit, inquam, Sathan, uerberauit primum Adam, uerberauit secundum Adam, id est Christum. Vnde vox Christi ad patrem: In me transierunt ire tue; quoniam flagellis, cruci et clauis ipsum exposuit et proprio filio non pepercit. Adhuc nos miseri non timemus. Potest Dominus dicere:

> Micius inueni quam te genus omne ferarum.

Odo 20

LÖWE, WOLF UND FUCHS AUF DER JAGD

Löwe, Wolf und Fuchs kamen überein, zu teilen, was sie gemeinsam erjagen würden. Der Fuchs fing eine Gans, der Wolf einen fetten Widder, der Löwe einen mageren Ochsen. Sie wollten ans Essen, und der Löwe gebot dem Wolf, die Beute zu verteilen. Sprach der Wolf: Ein jeder soll das haben, was er gefangen hat, der Löwe seinen Ochsen, ich meinen Widder, der Fuchs die Gans. Der Löwe erzürnte, hob die Pranke und riß mit seinem Klauen dem Wolf die ganze Kopfhaut ab. Nun hieß der Löwe den Fuchs teilen. Der sprach: Herr, esset ihr von dem fetten Widder, soviel Ihr wollt, der zartes Fleisch hat; dann von der Gans, soviel Ihr wollt; sodann vom Ochsen, aber mit Mäßigung, da sein Fleisch zäh ist, und was übrig bleibt, gebet uns, die wir Eure Mannen sind. Da sagte der Löwe: Wohlgesprochen! Wer hat dich so gut teilen gelehrt? Und der Fuchs antwortete, indem er auf den geschundenen Kopf zeigte: Herr, jenes rote Barett meines Gesellen dort.

So hat der Herr unseren ersten Vorvater gestraft für die Sünde des Ungehorsams, und zwar mit vielerlei Schwächen, Hunger, Durst, Nacktheit und schließlich mit dem Tode, dieweil Adams rote Mütze uns züchtigen soll, daß wir nimmer Gott ein Anstoß seien. In den Sprüchen heißt es: ⟨19, 25⟩: Wenn der Freche gezüchtigt wird, wird der Einfältige klüger. Zuweilen wird das Junge vom Löwen gezüchtigt, um sich zu fürchten und brav zuwerden. So hat also der Herr den dreifachen Löwen gegeißelt, auf daß wir armselige Welpen uns fürchten und der Sünde enthalten. Er geißelte, sage ich, Satan, er geißelte den ersten Adam, er geißelte den zweiten Adam, das ist Christus. Daher Christus' Wort zum Vater! ‚Auf mich ist dein Zorn ergangen', weil er ihn den Geißeln, dem Kreuz und den Nägeln ausgesetzt und seinen eigenen Sohn nicht verschont hat. Und noch immer fürchten wir Elenden uns nicht. Wohl mag der Herr sagen: Sanfter als dich hab' ich jegliche Art wilder Tiere gefunden. Vermaledeit sei ein Junges, wel-

Maledictus talis catulus qui, tam magnis leonibus uerberatis, non timet et renuit castigari.

XXI et XXIa.

DE CASEO ET RATO ET CATO

Quidam habuit Caseum in archa, et uenit Rata. Incepit eum rodere. Cogitauit paterfamilias quid faceret. Tandem habito consilio, posuit intus Murilegum, et ille deuorauit Ratum et Caseum.
Sic plerique episcopi ponunt aliquam parochiam in custodia capellani qui deuorat parochiam. Tandem ponit archidiaconum qui deuorat parochiam et capellanum, hoc est caseum et ratum.

Ita quando Canes deuorant cadauer, Cornices super arbores expectant donec Canes satiati recesserint. Tunc ueniunt Cornices et ea que circa ossa remanent deuorant.

Certe ita quandoque contingit quod cardinales, legati, episcopi, archidiaconi deuorant capellanos et pauperes clericos. Postera ueniunt garciferi et nuncii, et deuorant si aliquid circa ossa sacerdotum remanet.

ches, wenn so große Löwen gezüchtigt werden, sich nicht fürchtet und es ablehnt, sich züchtigen zu lassen!

Auf mich ist dein Zorn: gesprochen vom Psalmisten (Ps. 87 iuxta LXX, 17) – *Micius inveni*: zu lesen ist *mitius*, siehe Bemerkung zu Odo 19. – Die Fabel vom „Löwenanteil" wurde sehr oft behandelt, vgl. u.a. Aesop H 260; Babrius 67; Phaedrus 1, 5. – „Sanfter als dich..." aus Ovid *epist.* 10, 1.

Odo 21 und 21a

KÄSE, RATTE UND KATZE

Jemand hatte Käse im Vorratsschrank; da kam eine Ratte und benagte den Käse. Der Hausherr überlegte, was zu tun sei, und schloß endlich eine Katze mit ein; und diese fraß sowohl die Ratte wie auch den Käse.
So vertrauen manche Bischöfe eine Pfarre einem Kaplan an, der die Pfarre auffrißt. Schließlich setzt er einen Erzdiakon ein, der sowohl die Pfarre wie den Kaplan verschlingt, also Käse und Ratte.

Insgleichen, wenn Hunde ein Aas fressen, warten die Krähen auf den Bäumen, bis die Hunde satt sind und fortgehen; dann kommen die Krähen und fressen, was noch an den Knochen geblieben ist.
So geschieht es denn auch manchmal, daß Kardinäle, Legaten, Bischöfe oder Erzdiakone die Kaplane und den armen Klerus verschlingen; aber dann kommen Bewaffnete und Gerichtsvollstrecker und fressen auf, was etwa noch an dem Gebein der Priester hängen blieb.

Zu Odo 21 a: Das seltene Wort ‚garciferi' bedeutet ‚Schildknappe' und ‚nuncius' ist nicht als ‚(päpstlicher) Nuntius' sondern als ‚Gerichtsvollstrecker' zu übersetzen, also: ‚es kommen Bewaffnete und Gerichtsvollstrecker', etc.
(vgl. J.F. Niermeyer, Mediae Latinitatis Lexicon Minus, s. vv. ‚garcifer' und ‚nuntius').

XXII.

DE LUPO QUI VOLUIT ESSE MONACHUS
Contra malam consuetudinem

Ysemgrinus (*sic*) semel uoluit esse monachus. Magis precibus optinuit quod Capitulum consensit; coronam, cucullam et cetera monachalia suscepit. Tandem posuerunt eum ad litteras; debuit addiscere *Pater noster*, et semper respondit *Agnus* uel *Aries*. Docuerunt eum ut respiceret ad Crucifixum, ad sacrificium, et ille semper direxit oculos ad arietes.

Sic plerique fiunt monachi. Semper tamen dicunt Aries, semper clamant bonum uinum, semper habent oculum ad pingue frustum, ad scutellam suam. Vnde solet dici: „If al that the Wolf vn to a preest worthe and be set vn to book psalmes to leere, yit his eye evere to the woodward". Similiter, si senem fatuum et insensatum uelis instruere, nunquam relinquid (*sic*) antiquum morem. Vetus retorta frangi potest, plicari non potest; uetus runcinus nunquam addiscit ambulare. Item quidam sunt ita asinine nature, quod nunquam uolunt antiquam consuetudinem dimittere. Vnde: Pectina asinum, ablue asinum, rade asinum, nunquam perduces asinum ad bonum equum. Jeremias: Si potest pardus mutare uarietatem suam, et ethiops pellem suam, et uos poteritis bona agere, cum didiceritis male; quoniam equus retinet in natura quod didicit in domitura. Difficile est consueta relinquere:

Sordibus imbuti nequeunt dimittere sordes.

Odo 22

DER WOLF WOLLTE EIN MÖNCH WERDEN

Ysengrim wollte einmal ein Mönch werden. Durch inständiges Bitten erlangte er die Erlaubnis des Kapitels und erhielt Tonsur, Kutte und andere Mönchsausrüstung. Danach wollten sie ihn das Lesen lehren: er sollte das Paternoster lernen, aber immer antwortete er *Agnus* und *Aries,* Lamm und Widder. Man lehrte ihn, zum Kruzifix und zur Messe hinzuschauen, aber er wandte seine Augen immer den Widdern zu.

Auf diese Weise werden manche zu Mönchen: immer sagen sie ‚Widder', immer rufen sie nach gutem Wein, immer haben sie ihr Auge auf fette Bissen und ihre Schüssel. Daher pflegt man zu sagen: „Würde der Wolf auch zum Priester und man setzte ihn vor ein Buch, um Pslamen zu lernen, stets schweifte doch sein Auge nach dem Walde."

Insgleichen, wollte man einen törichten und närrischen Greis belehren, so gibt er doch niemals seine alten Sitten auf. Ein altes Glas kann man zerbrechen, aber nicht biegen; ein alter Hobel lernt niemals laufen. Es sind auch manche von so eselhafter Art, daß sie niemals alte Gewohnheit aufgeben wollen. Drum heißt es: Kämme einen Esel, wasche einen Esel, rasiere einen Esel: nie wirst du ihn zu einem guten Pferd machen. Jeremias ⟨13, 23⟩: „Kann der Leopard seine Flecken verändern, oder der Äthiopier seine Haut? Dann könnt auch ihr Gutes tun, die ihr Böses gelernt habt"; denn ein Pferd bleibt von Natur, wie es gelernt hat in der Dressur. Schwierig ist es, Gewohnheit aufzugeben:

Wer im Unrate steckt, kann nicht auf Unrat verzichten.

Für das schwerverständliche, in sehr archaischem Englisch wiedergegebene Sprichwort des Corpus Christi (Oxford) Manuskripts: *thu Wolf hore hodi te preste tho thu hym seete Salmes to lere, ever beth his geres to the groue-ward.* – In dem Jeremias-Zitat kommt der Neger vor dem Leoparden: wie so oft, zitiert Odo aus dem Gedächtnis.

XXIII.

QUOD OVES SUNT CONQUESTE LEONI DE LUPO

Oues conqueste sunt Leoni de Lupo, eo quod furtiue et aperte socias suas deuorauit. Leo congregauit concilium; quesiuit a Porcis et animalibus qualiter conuersaretur inter illos. Dixerunt Porci: Domine, Lupus curialis est, liberalis est et largus. Hoc dixerunt, quod Lupus frequenter inuitauit Porcos ad Agnos et Arietes quos rapuit. Dixit Leo: Hoc non dicunt Oues; audiamus illas. Et ait una Ouis: Domine rex, Lupus rapuit mihi ambos parentes meos, deuorauit filium; uix ego euasi. Sic clamauerunt alie Oues. Ait Leo: Iudicium detur: suspendatur, et Porci similiter qui de tali preda scienter comederunt. Et factum est ita.

Lupi sunt diuites istius mundi qui rapiunt et excoriant oues Christi, id est pauperes, et dant porcis, id est aliter diuitibus ad induendum et comedendum pro fauore humano. Veniet Dominus ad iudicium; oues de talibus lupis conquerentur; porci forsitan talem lupum laudabunt, sed in uanum, et faciet Dominus suspendi lupos et porcos in inferno.

XXIIIa.

QUIDAM COMMENDAVIT XII OVES COMPATRI SUO LUPO

Contigit quod quidam Paterfamilias habuit XII Oues. Voluit peregrinari et commendauit Oues suas Ysemgrino, id est Lupo,

Odo 23

DIE SCHAFE BESCHWEREN SICH BEIM LÖWEN ÜBER DEN WOLF

Die Schafe beschwerten sich beim Löwen über den Wolf, weil er sowohl verstohlen wie ganz offen ihre Gesellen fräße. Der Löwe berief eine Ratsversammlung ein und befragte die Schweine wie auch andere Tiere, wie der Wolf mit ihnen umginge. Die Schweine sprachen: Herr, der Wolf ist ein Höfling, freigebig und großzügig. Dies sagten sie, weil der Wolf die Schweine oftmals einlud, an den von ihm gerissenen Lämmern und Widdern mitzufressen. Der Löwe sprach: Die Schafe sagen das nicht: wir wollen sie anhören. Da sprach ein Schaf: Herr König, der Wolf hat mir meine Eltern entrissen, meinen Sohn gefressen: kaum daß ich ihm entkommen konnte. Das riefen auch die anderen Schafe. Da sprach der Löwe: Das Urteil ergehe: man soll ihn hängen, und mit ihm die Schweine, die wissentlich an solcher Beute mitgefressen haben. Und so geschah es.
Die Wölfe sind die Reichen dieser Welt, die die Schafe Christi reißen und schinden (das sind die Armen); und sie geben den Schweinen, das ist anderen reichen Leuten, davon ab, sich es anzueignen und es zu fressen, der Menschengunst zuliebe. Der Herr wird zum Gericht kommen: die Schafe werden sich über derartige Wölfe beklagen, die Schweine werden vielleicht so einen Wolf preisen, aber vergebens, und der Herr wird die Wölfe und die Schweine in der Hölle aufhängen lassen.

Odo 23a

GEVATTER WOLF UND DIE SCHAFE

Ein Grundbesitzer hatte einmal 12 Schafe. Er wollte auf Pilgerfahrt gehen und gab seine Schafe in die Obhut seines Ge-

compatri suo. Et compater iurauit quod bene conseruaret eas.
Profectus est statim. Ysemgrinus interim cogitauit de Ouibus
et uno die comedit de una, altera die de alia, ita quod uix tres
inuenit Paterfamilias, quando reuersus est. Querebat a com-
patre quid factum fuerit de aliis Ouibus. Respondit Ysemgrimus (*sic*) quod mors ex temporalitate uenit super eas. Et
dixit Paterfamilias: Da mihi pelles; et inuenta sunt uestigia
dencium Lupi. Et ait Paterfamilias: Reus es mortis; et fecit
Lupum suspendi.

Ita Christus commisit oues suas sacerdotibus ad custodiam.
Sed plerique prauo exemplo uel per negligenciam oues Christi
perimunt; quoniam peruersus prelatus tot mortibus est dignus
quot prauitatis exempla ad subditos transmittit; quando ueniet
paterfamilias, huius modi personas, immo lupos faciet in inferno suspendi.

XXV.

DE VOLPE QUI (*sic*) CONFITEBATUR PECCATA
SUA GALLO

Vulpes semel fuit in gallinario. Superuenerunt homines cum
baculis et miserabiliter fustigauerunt Vulpem, quod uix per
foramen euasit. Recessit ut potuit, et super cumulum feni se
proiecit et gemere incepit. Petiit Capellanum quod ad eum
ueniret et peccata sua audiret. Venit igitur Chantecler, scilicet
Gallus, qui est capellanus bestiarum. Aliquantulum timens
mores Reinardi, a longe sedit. Reinardus peccata sua confite-
batur, et inter cetera rostrum suum apposuit uersus capellanum. Et ait capellanus: Quare appropinquas mihi? Et ait
Reinardus: Infirmitas magna me compellit hoc facere; parcatis
mihi. Iterum dixit alia peccata, et, ore aperto, posuit caput
uersus Gallum et cepit eum et deuorauit.

vatters Isengrim, das ist, des Wolfes. Der Gevatter schwor, er werde sie gut hüten. Der andere brach alsbald auf. Isengrim dachte inzwischen an die Schafe und fraß an einem Tage eines, anderentags ein anderes, so daß der Hausherr bei seiner Rückkehr kaum noch drei Schafe vorfand. Er fragte seinen Gevatter, was mit den Schafen geschehen sei. Isegrim antwortete, sie seien ganz unversehens gestorben. Der Hausherr sprach: „Gib mir ihre Felle", und da fand man die Spuren der Zähne. Da sprach der Hausherr: „Du bist des Todes schuldig", und ließ den Wolf hängen.

So hat Christus seine Schafe der Obhut seiner Priester anvertraut. Aber die meisten richten Christi Schafe durch böses Beispiel oder fahrlässigerweise zugrunde. Deshalb ist ein schlechter Prälat sovieler Tode schuldig als er böses Beispiel seinen Pfarrkindern gibt: wenn der Herr kommt, wird er solche Person, oder besser Wölfe, in der Hölle hängen lassen.

Odo 25

DER FUCHS BEICHTET DEM HAHN

Einmal war der Fuchs im Hühnerstall; da überraschten ihn Männer mit Knüppeln und schlugen ihn so elend zusammen, daß er nur mit Mühe durch ein Loch entschlüpfen konnte. Er machte sich fort so gut er konnte, warf sich auf einen Haufen Heu und begann zu ächzen. Er ließ den Kaplan zu sich bitten, um sein Sündenbekenntnis anzuhören. Es kam also Chantecler, nämlich der Hahn, der der Kaplan der Tiere ist. Dieser hatte etwas Angst vor Reinekes Art und setzte sich weit weg. Reineke beichtete seine Sünden und streckte dabei sein Maul zum Kaplan hin. Dieser sprach: Warum kommst du mir nahe? Reineke antwortete: Meine große Schwäche zwingt mich dazu: verzeihe mir. Er beichtete noch weitere Sünden, streckte seinen Kopf mit offenem Rachen nach dem Hahn aus, und schließlich ergriff und verschlang er ihn.

Tales sunt plerique monachi subditi, layci, qui fingunt se infirmos et debiles; semper tamen habent mentem ut capellanos et maiores suos deuorent.

XXVIII.
DE CONTENTIONE VESPE ET ARANEE

Dixit Vespa ad Araneam: Nichil uales. Semper habitas in foramine; plus uolarem per unum diem quam posses ire per decem. Et ait Aranea: Et ego firmabo. Quid firmabis? – Galonem uini. – Qui (*sic*) respondit: Bibamus primo, et qui defecerit uinum persoluet. Dixit Vespa: Bibamus in hac arbore. Et dixit Aranea: Nequaquam; sed preparaui ad opus tui unam cortinam albam et pulcram. Hic ambo sedeamus et bibamus. Vnde tele Aranearum cortine Lumbardice dicuntur. Vespa descendit super cortinam, id est telam Aranee. Et statim inuoluti sunt pedes eius et caput, et cepit cum alis se excutere et non potuit; et ait: Maledicta sit talis cortina, quia exire non possum! Certe, dixit Aranea, nunquam uiua euades. Et accessit et Vespam deuorauit.

Hec cortina est pulcra mulier, mundi amenitas, diuiciarum curiositas: qui (*sic*) dicuntur cortine Diaboli. Qui se inmittunt, a Diabolo deuorantur. Job xviii, v. 8: Misit in rete pedes suos, et in maculis eius ambulat.

Odo, oder der Kopist, zitierte fälschlich „Hiob 17". – Das Wort *cortina* – für Odo offenbar so ungewöhnlich, daß er es erklärt – findet sich bereits in der Vulgata, stammt von lat. *cohors* (Gehege) und ist verwandt mit griech. χόρτος, lat. hortus; Engl. *curtain* von MEngl. *curteyn*, a.franz. *curtine*, später *courtine*. –

So sind viele Mönche, Untertanen und Laien, die sich krank und schwach stellen; immer aber steht ihr Sinn danach, Kaplane und ihre Vorgesetzten zu verschlingen.

Odo 28

DER STREIT DER WESPE MIT DER SPINNE

Die Wespe sprach zur Spinne: Du bist ein Schwächling. Immer hockst du in deinem Loch: an *einem* Tage flöge ich wohl weiter als du in zehn Tagen laufen könntest. Da sprach die Spinne: Ich will dir's beweisen: was wettest du? – Eine Gallone Wein. – Die Spinne antwortete: Laß uns erst den Wein trinken, und wer aufgibt soll den Wein bezahlen. Die Wespe sprach: Laß uns auf diesem Baum trinken. Die Spinne sagte: Nicht doch: ich habe für dein Vorhaben einen schönen weißen Vorhang bereitet: dort wollen wir beide sitzen und trinken. (Daher nennt man Spinnweben auf Italienisch „cortinae"). Die Wespe ließ sich auf dem Gewebe, das heißt dem Spinnennetz, nieder. Sogleich verfingen sich ihre Beine und ihr Kopf, sie versuchte sich mit Flügelschlagen zu befreien, doch konnte es nicht, und sprach: Vermaledeit sei solches Gewebe, weil ich nicht heraus kann! – Ganz recht, sagte die Spinne, nie kommst du lebendig heraus. Und sie kam hinzu und fraß die Wespe.

Dieses Gespinst ist ein schönes Weib, die Lust der Welt, die Sucht nach Reichtümern: das nennt man des Teufels Gewebe. Wer sich darin verwickelt, den frißt der Teufel. Hiob 18, 8: Seine eigenen Füße haben ihn ins Netz gebracht, und in seinen Maschen wandelt er.

---

cortina ist „Lombardisch", : das „Italienisch" als Schriftsprache erschien erst ca. 50 Jahre nach Odo, und die Sprache der Lombardei stand dem Gallo-Romanischen näher als dem Toskanischen, speziell Florentiner Dialekt, den Dante zur Nationalsprache erhob.

XXVIIIa.

DE SC(A)RABONE

Scrabo semel uolauit per amigdalinas arbores florentes, per pomeria, per rosas, per lilia et alios flores. Tandem proiecit se in sterquilinium ubi erant stercora equorum et boum, et inuenit ibi uxorem suam que quesiuit unde ueniret. Et ait Scrabo: Circuiui terram, transuolaui eam, uidi flores amigdalarum, rosarum et liliorum; set nunquam uidi ita amenum locum et delectabilem, sicut est iste, demonstrato sterquilinio.

Sic plerique clerici, monachi, layci audiunt uitas sanctorum, transeunt per lilia conuallium, per rosas martyrum, per uiolas confessorum; sed nunquam uidetur eis ita placidum, ita amenum, sicut meretrix, sicut taberna, sicut exercicium causarum, quod totum est sterquilinium fetidum et congregacio peccatorum. Ideo dicitur in Ecclesiastico IX, v. 10: Omnis mulier que est fornicaria, quasi stercus in uia, conculcabitur. Maledictus et innaturalis talis scrabo, talis impius, cui plus sapit stercus peccati quam Christus, loca Diaboli, stercora hyrundinum qui excecant, quam uita et exempla sanctorum. Vt dicit Augustinus: Huius habent corruptum palatum cordis ex febre iniquitatis.

XXIX.

DE AQUILA ET CORVO MEDICO

Aquila semel oculos doluit et uocauit Coruum, qui dicitur phisicus auium. Consuluit quid contra dolorem oculorum fa-

Odo 28a

DER MISTKÄFER

Der Mistkäfer flog einmal vorbei an blühenden Mandelbäumen, Obstgärten, Rosen, Lilien und anderen Blumen. Schließlich flog er in den Düngerhaufen hinab, wo Pferde- und Rindermist lag; dort fand er seine Frau, die ihn fragte, woher er käme. Sprach der Mistkäfer: Ich flog um die ganze Welt und durch sie; ich habe Mandel-, Rosen- und Lilienblüten gesehen, aber nirgendwo habe ich einen so lieblichen und ergötzlichen Fleck gesehen wie diesen – und er zeigte auf den Misthaufen. So hören gar viele Kleriker, Mönche und Laien sich die Biographien der Heiligen an, sie gehen hindurch durch die Lilien der Niederungen, die Rosen der Märtyrer, die Veilchen der Bekenner; aber niemals ist ihnen etwas so angenehm und lieblich wie eine Hure, wie eine Kneipe, wie das Führen von Prozessen, was alles ein stinkender Misthaufen ist und Versammlung der Sünder. Daher heißt es in Ecclesiasticus 9: Jegliches Weib, welches hurt, soll zertreten werden wie der Kot auf der Straße. Vermaledeit und widernatürlich ist ein solcher Mistkäfer, ein solcher Gottloser, dem der Kot der Sünde besser mundet als Christus; dem besser gefallen die Wohnorte des Teufels, Schwalbendreck, der blind macht, als Leben und Vorbilder der Heiligen. Wie Augustinus sagte: Einen verdorbenen Gaumen des Herzens haben sie vom Fieber der Ungerechtigkeit.

Ecclesiasticus (nicht zu verwechseln mit Ecclesiastes), auch Jesus Sirach. – Das angebliche Augustin-Zitat war nicht festzustellen. Die Lilien im Tal, *lilia convallium*, stammt aus dem Hohelied Salomons (Canticum canticorum): 2, 1. Ego flos campi / et lilia convallium.

Odo 29

DER ADLER UND DIE KRÄHE ALS ARZT

Der Adler hatte ein Augenleiden und ließ die Krähe kommen, die als Arzt der Vögel gilt. Er fragte um Rat, was er gegen

ceret. Et ait Coruus: Afferam optimam herbam que oculos sanabit. Et ait Aquila: Si hoc feceris, optimam dabo mercedem. Coruus accepit cepe et spurgiam et simul distemperauit et posuit in oculis Aquile; et excecata est. Venit Coruus, et pullos Aquile deuorauit et ipsam Aquilam multis percussionibus infestauit. Et dixit Aquila: Maledicta sit tua medicina, quod iam nichil uideo, insuper pullos meos deuorasti. Et ait Coruus: Quamdiu uidisti, nullatenus de pullis tuis potui gustare et tamen hoc multum affectaui; et ideo desiderium meum est completum.

Mistice. – Aquila est prelatus qui habet oculos apertos, ut pullos suos, gregem sibi commissum, custodiat. Diabolus autem gregem Domini desiderat interficere et deuorare, et ideo, quamdiu prelatus habet oculos, desiderio suo frustratur. Diabolus autem facit emplastrum de congerie rerum temporalium et proicit in oculos prelatorum, quod celestia contemplari non possunt; totum studium illorum est circa grangias, oues et boues et redditus, et ita oculi spirituales sunt extincti. Et sic Diabolus pullos eorum rapit et deuorat, et ipsam aquilam hinc inde percuciendo infestat.

Hoc pactum uoluit inire Naas Ammonites cum uiris Jabes Galaath, ut erueret oculos suos dextros et sic dimitteret eos in pace. I Regum, X. Naas dicitur serpens; ad hoc nititur serpens antiquus, ut oculos spirituales a prelatis et clericis eruat, ne celestia, sed terrena que a sinistris sunt ualeant contemplari; et multi adquiescunt, multi sunt monachi ⟨monoculi⟩.

seine Augenschmerzen tun solle. Die Krähe sagte: Ich will dir ein vortreffliches Kräutlein bringen, das deine Augen heilen wird. Der Adler sagte: Wenn du das tust, sollst du großen Lohn empfangen. Die Krähe nahm Zwiebel und Wolfsmilch, mischte sie gründlich und legte sie dem Adler auf die Augen: und der wurde blind. Darauf kam die Krähe, fraß die Adlerjungen und setzte ihm selbst mit vielen Bissen zu. Der Adler sprach: Verflucht sei deine Medizin, weil ich nichts mehr sehen kann und du zudem meine Jungen gefressen hast. Die Krähe sagte: Solange du sehen konntest, gelang es mir niemals, den Geschmack deiner Jungen festzustellen, obwohl es mich sehr danach verlangte; jetzt aber ist mein Verlangen gestillt.

Geheimer Sinn. Der Adler ist ein Prälat, der seine Augen offen hält, um seine Jungen, die ihm anvertraute Gemeinde, zu bewachen. Der Teufel aber will die Herde des Herren umbringen und verschlingen; doch wird sein Verlangen vereitelt, solange der Prälat seine Augen hat. Der Teufel aber macht ein Pflaster aus einer Mischung weltlicher Dinge und wirft es den Prälaten über die Augen, so daß sie Himmlisches nicht erschauen können; ihr ganzes Sehen geht auf Zehentscheuern, auf Schafe, Rinder und Einkünfte, und so erlöschen ihre geistigen Augen. Und so raubt und verschlingt der Teufel ihre Jungen, und mißhandelt auch den Prälaten. Solchen Pakt wollte Nachasch der Ammoniter mit den Männern von Jabesch Gilead schließen, daß er ihnen das rechte Auge ausrisse, und sie ⟨um diesen Preis⟩ in Frieden entlasse: I Kön. 10. Nachasch bedeutet „Schlange"; dies ist das Bemühen der alten Schlange, daß sie Prälaten und Geistlichen die Augen des Geistes ausreiße, auf daß sie nichts Himmlisches betrachten sollen, sondern Irdisches, was zur Linken liegt; und viele lassen sich's gefallen, viele sind einäugig.

---

erueret oculos *suos*: die im mlat. (und noch bis in die Renaissance) häufige Verwechslung von Possessiv und Demonstrativ: es muß natürlich *eorum* heißen. Das Bibelzitat muß heißen: I Kön. 11, 8–10 (die Vulg. zählt die zwei Bücher Samuel als die zwei ersten Bücher „Könige"). Das letzte Wort – eine hübsche Fehlleistung – muß, wie Herv. bemerkt, *monoculi* gelesen werden.

XXX. et XXXa.

DE MILITE VENATORE
ET
DE LEONE QUI INVITAVIT BESTIAS

Quidam Miles dixit cuidam Literato: Quale gaudium erit in Paradyso? Et ait Literatus: Tale gaudium quod nec oculus uidit, nec auris audiuit, nec in cor hominis ascendit; que preparauit Deus diligentibus se, I Cor., II. Et ait laycus qui multum dilexit cum canibus et auibus uenari: Numquid erunt ibi canes et aues? Qui ait: Absit quod canes intrent in locum tam amenum! Et ait laycus: Certe, si ibi essent canes et aues, plus desiderarem illuc uenire. Respondit clericus:

Leo cum aliis bestiis semel celebrauit magnum conuiuium. Et uocauit quamplurimas bestias et dedit eis carnium diuersa genera et multas delicias. Festo celebrato, reuerse sunt bestie ad propria. Lupus inuenit in uia Porcam comedentem drascam. Et ait Porca: Vnde uenis, Ysemgrine? Qui ait: Venio de nobili conuiuio Leonis. Et tu, non fuisti ibi? Et ait Porca: Num fuerunt ibi pulchra fercula et multe delicie? Ait Lupus: Fuerunt utique multa et pulcra et bene preparata. Et ait Porca: Fuitne ibi drasca uel coticinum (*sic*)? Et ait Lupus: Maledicta, quid queris? Absit quod in tali conuiuio tam uilis cibus apponeretur!

Ita sunt plerique qui nihil reputant nisi drascam, nisi luxuriam suam, uel bonum uinum, uel delicias carnis. De hiis Osee C. III, v. 1: Diligit Dominus filios Israel, et ipsi respectant ad deos alienos et diligunt uinacia uuarum; hoc est diligunt drascam. Idem est drasca in ceruisia quod uinacium in uino. Diligunt uilia, diligunt peccata.

Odo 30 und 30a

DER RITTER, DER DIE JAGD LIEBTE,
UND
DER LÖWE, DER DIE TIERE EINLUD.

Ein Ritter fragte einmal einen Kleriker: „Welche Lust wird es im Paradiese geben?" Der Kleriker antwortete: „Solche Lust, wie sie kein Auge gesehen und kein Ohr vernommen hat, noch je eines Menschen Herz erfüllt hat; Gott hat sie bereitet denen, die ihn lieben, I Cor. II." – Der Laie, der die Jagd mit Hunden und Vögeln sehr liebte, fragte: „Gibt es dort auch Hunde und Vögel?" – Der Andere sprach: „Gott bewahre, daß Hunde einen so lieblichen Ort betreten!" Sprach der Laie: „Ei, gäbe es dort Hunde und Vögel, so möchte es mich stärker dorthin ziehen." Der Kleriker antwortete ihm:
Der Löwe feierte einmal ein großes Festmahl mit den anderen Tieren: er lud soviele Tiere wie möglich ein und setzte ihnen allerlei Fleisch und viele Leckerbissen vor. Nach Ablauf des Festmahls gingen die Tiere wieder nach Hause. Unterwegs traf der Wolf eine Sau, die Treber fraß. Die Sau sprach: „Woher kommst du, Isengrim?" der sagte: „Ich komme vom großartigen Festmahl des Löwen. Aber du warst nicht dort." Da sprach die Sau: „Gab es dort schöne Gerichte und viele Leckerbissen?" Der Wolf sprach: „Jawohl, reichlich, gut und vorzüglich zubereitet." Sprach die Sau: „Gab es dort auch Treber und Eicheln?" Da sagte der Wolf: „Verfluchte, was fragst du? Gott bewahre, daß man bei einem derartigen Festmahl so gemeine Gerichte auftrage."
So gibt es viele, die nichts schätzen als ihre Treber, ihr Wohlleben, oder guten Wein oder Fleischeslust. Hierzu Hosea 3, 1: Der Herr liebt die Kinder Israel, aber sie wenden sich anderen Göttern zu und lieben Rosinenkuchen; das heißt, sie lieben Treber. Die Hefe im Bier ist dasselbe wie der Bodensatz im Wein. Sie lieben Gemeines, sie lieben Sünden.

XXXI.

DE SCRABONIBUS ET RUSTICO

Quidam accepit Scrabones et ligauit ad aratrum cum bobus. Et ait quidam: Quare huiusmodi animalia ad aratrum ligasti? Et ait Rusticus: Quoniam totum iuuat quicquid non retro trahit. Stimulauit Scrabones frequenter; sed quando uenerunt ad busacias uaccarum, semper ibi moram fecerunt, nec Rustico aliquo modo obedierunt.

Tales sunt plerique quos Deus stimulat, flagellat; nunquam tamen a sordibus peccatorum se retrahunt. De quibus Amos, IIII, v. 10: Misi in uos mortem in uia Egypti, percussi in gladio iuuenes uestros, ascendere feci putredinem castrorum uestrorum in nares uestras, et non rediistis ad me, dicit Dominus.

XXXII.

DE APE ET SCRABONE

Apes semel inuitauerunt Scrabones ad prandium. Venerunt Scrabones, et mensa posita apposuerunt Apes mel et fauum. Scrabones parum comederunt et auolauerunt. Iterum Scrabones inuitauerunt Apes; mensa posita apposuerunt Apibus fimum boum. Apes noluerunt gustare et recesserunt.

Apes sunt doctores ecclesie, uiri contemplatiui, qui inuitant impios et apponunt fauum mellis, id est precepta domini et

Das vollständige Zitat lautet: (Nimm eine Ehebrecherin zur Frau und liebe sie), so wie der Herr die Kinder Israel liebt, ob sie gleich sich anderen Göttern zuwenden, etc. – Rosinenkuchen: diese wurden dem Ba'al am Erntedankfest geopfert.

Odo 31

DIE MISTKÄFER UND DER BAUER

Einer nahm Mistkäfer und spannte sie zusammen mit den Ochsen vor den Pflug. Sprach da einer: Warum hast du Tiere dieser Art an den Pflug geschirrt? Sprach der Bauer: Weil mich alles freut, was nicht rückwärts zieht. Oftmals stachelte er die Käfer an, aber jedesmal, wenn sie an Kuhfladen kamen, machten sie dort Halt und verweigerten dem Bauern den Gehorsam.
Also sind viele, die Gott antreibt und peitscht, doch weichen sie niemals vom Unrat der Sünden zurück. Hierüber Amos 4, 10: Ich habe den Tod gegen euch gesandt wie in Ägypten, eure Jünglinge durchbohrt mit dem Schwert ... den Gestank eurer Lager ließ ich in eure Nasen steigen, und doch seid ihr nicht zu mir zurückgekehrt, spricht der Herr.

Busaciae (vaccarum), wohl = busasum: stercus, coenum

Odo 32

BIENEN UND MISTKÄFER

Die Bienen luden einmal die Mistkäfer zum Essen ein. Diese kamen, man stellte Tische auf, und die Bienen setzten ihnen Honigwaben vor. Die Mistkäfer aßen nur wenig und flogen dann fort. Nun erwiderten die Mistkäfer die Einladung und setzten den Bienen Kuhfladen vor. Die Bienen wollten das nicht kosten, sondern flogen fort.
Die Bienen sind die Kirchenlehrer, Männer der Beschauung, die die Gottlosen einladen und ihnen Honigwaben vorsetzen,

legem ipsius, que sunt dulciora super mel et fauum. Sed impii
parum uel nichil gustant, et, si aliquem inuitant impii, stercora
boum, id est uerba immunda uel opera, ebrietates, gulositates
apponunt, ita quod iusti quandoque corrumpuntur, quoniam
corrumpunt bonos mores colloquia praua. Et plerosque in hoc
mundo oportet uel inebriari, uel ingurgitari, uel aliquod peruersum facere, ne aliquis auarius habeatur, ut similis aliis effi-
ciatur. Vnde Augustinus: Ego, ne uituperarer, uiciosior fie-
bam. Seneca: Cum hiis conuersare qui te meliorem facturi
sunt; illos admitte quos tu potes facere meliores.

XXXIII.

DE ASINO ET PORCO

Asinus frequenter uidit quod Porco in domo dabatur panis
et pulmentum, drasca et huiusmodi, et nichil laborabat nisi,
quando bene comederat, iuit dormitum. Cogitauit Asinus:
Porcus iste bene se habet, bene comedit et bibit, et nichil
laborat; ego tota die laboro et parum comedo; fingam me
infirmum. Fecit sic: in pace iacuit. Stimulauit eum Dominus
eius; surgere noluit, sed ingemuit. Ait Dominus uxori sue:
Asinus noster infirmatur. Dixit Domina: Ex quo ita est, de-
mus ei panem, farinam, et portemus ei aquam. Fecerunt sic.
Asinus parum comedit in principio, postea satis, et inpinguatus
est. Et dixit Asinus penes se: Modo habeo bonum seculum.
Item, quando Porcus fuit inpinguatus, fecit Dominus domus
uenire carnificem cum securi et cultello, ut Porcum interficiet
(*sic*). Carnifex cum securi percussit Porcum in capite quod
cecidit, cum cultello extraxit sanguinem de gutture. Quod
uidens Asinus exterritus est, timens ne ipsum interficerent,
cum inpinguatus esset; et ait penes se: Certe malo laborare

das ist, die Gebote des Herrn und sein Gesetz – Dinge süßer als Honigwaben. Aber die Gottlosen kosten wenig oder garnichts davon; wenn sie aber jemanden einladen, setzen sie ihm Kuhmist vor, das ist, schmutzige Worte und Taten, Trunkenheit und Gefräßigkeit, so daß die Gerechten mitunter verdorben werden, da üble Reden gute Sitten verderben. Und viele in dieser Welt müssen sich gar betrinken und gefräßig schlingen oder sonst etwas Unmoralisches tun, damit man sie nicht für zu geizig halte und sie es anderen gleichtun. Drum sagt auch Augustinus: Ich wurde lasterhafter, um mich nicht Vorwürfen auszusetzen. Seneca: Verkehre mit denen, die dich besser machen werden; lasse diejenigen zu dir kommen, die du besser machen kannst.

da üble Reden gute Sitten etc. Vgl. Paulus, Brief an die Kor. I, 15, 33

Odo 33

ESEL UND SCHWEIN

Der Esel sah, wie man dem Schwein im Hause oftmals Brot und Brei, Treber und dergleichen gab, und seine einzige Arbeit bestand darin, daß es nach reichlichem Fressen schlafen ging. Der Esel dachte bei sich: Jenes Schwein läßt sich's wohl sein, es ißt und trinkt gut und arbeitet nicht, während ich den ganzen Tag arbeite und wenig esse. Ich will mich krank stellen. Dies tat er: er blieb ruhig liegen. Sein Herr stachelte ihn an, er aber wollte nicht aufstehen und ächzte nur. Sprach der Herr zu seiner Frau: Unser Esel ist krank. Sprach die Hausfrau: Da dies so ist, wollen wir ihm Brot und Mehl geben und ihm Wasser bringen. Sie taten also. Der Esel fraß zuerst sehr wenig, dann ausreichend, und wurde fett. Und der Esel sprach bei sich: Jetzt geht es mir gut. Als aber nun das Schwein gemästet war, ließ der Herr den Metzger mit Beil und Messer kommen, um das Schwein zu schlachten. Der Metzger schlug das Schwein mit dem Beil über den Kopf, daß es umfiel, dann schnitt er ihm mit dem Messer die Gurgel

et uitam pristinam ducere quam sic interfici. Exiuit stabulum et saltauit ante Dominum suum. Quod uidens Dominus restituit eum pristino officio et bona morte mortuus est.

Porcus significat diuites qui bene se induunt et bene comedunt et nichil laborant. Hii sunt clerici, usurarii, porci Diaboli, in quos intrauit spiritus inmundus et misit eos in mare, id est in amaritudinem culpe et tandem in amaritudinem gehenne. Asinus, quem equitat Christus, est uir iustus, siue in studio, siue in claustro, siue in campo labori deditus, et melius est quod in labore portemus Christum in supernam Ierusalem quam, sicut porci Diaboli precipitemur in gehennam, quam securim dampnationis super caput recipere.

XXXV.
DE CONVIVIO LEONIS ET CATTI ET ALIORUM

Contigit quod animalia inuitata sunt a Leone ad magnum prandium. Fuit inuitatus Murilegus. Querebat Leo quid libencius comederet, uolens singulis satisfacere. Et ait: Rattos et mures. Cogitauit Leo ut, nisi omnes haberent de hoc ferculo, esset uilania. Tandem facit uenire ferculum generale de ratis, et Catus optime comedit. Alii murmurauerunt, dicentes: Fi, fi! quid apponitur nobis? Et totum prandium propter hoc maculatum est.

Sic plerique faciunt magnum conuiuium. Tandem sunt ibi quidam catti; nichil placet eis nisi habeant inmundicias ebrietatis, et gratia illorum conuiuatorum omnes tam uolentes

ab. Als der Esel dies sah, erschrak er sehr, da er fürchtete, man werde auch ihn schlachten, sobald er fett genug sei, und er sprach bei sich: Wahrhaftig, lieber will ich arbeiten und mein früheres Leben führen als so geschlachtet zu werden. Er lief aus dem Stall und sprang vor seinem Herrn umher. Als der Herr dies sah, setzte er ihn in seinen früheren Stand ein, und er starb eines guten Todes.

Das Schwein bedeutet die Reichen, die sich gut kleiden und gut essen und nicht arbeiten. Das sind Kleriker, Wucherer, Schweine des Teufels, in die der schmutzige Geist gefahren ist und sie ins Meer getrieben hat, das ist, in die Bitterkeit der Schuld und schließlich in die Bitterkeit der Hölle. Der Esel, auf dem ja Christus geritten ist, ist der Gerechte, welcher sich der Arbeit geweiht hat, sei es im Studium, sei es im Kloster, sei es auf dem Acker; und besser ist es, daß wir mit Arbeiten Christum ins himmlische Jerusalem tragen, als wie des Teufels Schweine in die Hölle gestürzt zu werden, als das Beil der Verdammnis über den Kopf zu kriegen.

Odo 35

DAS BANKETT DES LÖWEN

Es geschah, daß der Löwe die Tiere zu einem großen Bankett einlud. Die Katze wurde eingeladen. Der Löwe fragte sie, was sie am liebsten äße, denn er wollte ein jedes zufriedenstellen. Sie sagte: Ratten und Mäuse. Der Löwe dachte, es wäre unedel, wenn nicht alle auch dasselbe Gericht hätten. So ließ er denn insgemein einen Gang Ratten auftragen, und die Katze tat sich gütlich. Die anderen aber murrten und sprachen: Pfui, pfui! Was setzt man uns da vor? Und damit ward das ganze Festmahl verdorben.

So geben manche ein großes Festmahl, aber es sind auch Katzen dabei: nichts gefällt denen, wenn sie nicht die Unreinheit der Trunkenheit bekommen, und die Rücksicht auf solche

quam nolentes retinet usque ad noctem, ut omnes possit inebriare, uentrem implere potu et animam Diabulo.

vilania. Der Bedeutungswandel dieses von *villa*, Landgut stammenden und im Spätlatein „Bauersknecht" bedeutenden Wortes ist interessant. Es wandelte sich im Feudalsystem zu „Leibeigener" (franz. vilein, vilain, engl. villain).

XXXVIb.

DE SCACIS

Simile est de hiis diuitibus, quod sic in ludo Scatorum, quum ponuntur extra sacculum; quidam dicuntur reges, quidam milites, quidam duces, quidam pedones. Et ludunt homines de talibus; qui alium poterit uincere, probus dicitur. Item in bursa sine ordine collocantur.

Sic omnes hominum ueniunt de uno sacco, de utero matris. Postea ludit unus cum alio; unus aufert alii unum ludum, tandem matat. In fine colliguntur et iterum sine ordine in sacco ponuntur.

Sic in hoc mundo ludit unus cum alio; unus amittit, alius lucratur, alius matatur. Qui alium potest uincere, probus et inclitus dicitur. Sed tandem proiciuntur in eundum sacculum, scilicet corpora in terram, anime in gehennam, ubi nullus ordo, sed sempiternus horror inhabitat.

Das Schachspiel in einer der heutigen angenäherten Form wurde vor dem 11. Jhdt. in Europa eingeführt. Um die Mitte des Jhdts. wurde Klerikern sowohl das Würfel- wie das Schachspiel bei Strafe der Exkommunikation verboten, doch setzte sich das Verbot nicht durch. Odos Parabel zeigt auffallende Übereinstimmung mit einem Vierzeiler (Rubayyat) des Omar Chajjam, eines persischen Gelehrten, Mathematikers, Astronomen und Dichters (11. Jhdt.). Aus der klassischen englischen Übertragung Edw. Fitzgeralds, die zwischen

Festgenossen hält die anderen, ob sie wollen oder nicht, bis zur Nacht beisammen, damit alle sich besaufen, den Bauch mit Trinken vollschlagen und die Seele mit dem Teufel.

Man unterschied v. *regardant*, der an das Gut gebunden war, und v. *en gross*, persönliches und veräußerliches Eigentum des Grundherren. Später nahm *vilein*, *villain* (wohl beeinflußt durch *vilis*, niedrig) seine heutige Bedeutung „Schurke" an.

Odo 36b

DAS SCHACHSPIEL

Ähnlich ist es mit den Reichen wie mit dem Schachspiel, wenn sie aus dem Beutel herausgenommen werden: manche nennt man Könige, manche Ritter, manche Fußvolk. Mit denen spielen die Menschen, und wer einen anderen besiegen kann, gilt als tüchtig. Dann werden sie kunterbunt wieder in den Behälter gelegt.
So kommen alle Menschen aus einem Sack, nämlich dem Mutterschoß. Dann spielt einer mit dem anderen, der eine gewinnt dem anderen ein Spiel ab und setzt ihn schließlich matt. Zum Schluß werden sie eingesammelt und durcheinander in den Sack gesteckt.
So spielt in dieser Welt einer mit dem anderen: der eine verliert, der andere gewinnt, ein anderer wird mattgesetzt. Wer einen anderen besiegen kann, gilt als rechtschaffen und ruhmreich. Schließlich aber werden sie alle in dasselbe Säckchen getan, nämlich ihre Körper in die Erde, die Seelen in die Hölle, wo es keine Rangordnung gibt sondern nur ewigliches Grauen.

1859 und 1879 in 5 Auflagen erschien, übersetzen wir die diesbez. Strophe (kombiniert aus der 1. und der 4. Auflage) wie folgt:
      Ein Schachbrett ist es, schwarz-weiß ausgelegt,
    wir die Figuren. Drauf zu spielen pflegt
      Er, der uns hin- und herschiebt, mattsetzt, schlägt
        und jeden wieder in den Kasten legt.
Die schwarzen und weißen Felder sind natürlich Nacht und Tag.

XXXIX.

DE FRAUDIBUS VULPIS ET CATTI

Vulpes siue Reinardus obuiauit Tebergo, id est Cato, et dixit Reinardus: Quot fraudes uel artificia nouisti? Et ait Catus: Certe nescio nisi unum. Et ait Reinardus: Quod est illud? Respondit: Quando canes me insequuntur, scio repere super arbores et euadere. Et quesiuit Catus: Et tu, quot scis? Et respondit Reinardus: Scio XVII, et adhuc habeo saccum plenum. Veni mecum, et docebo te artificia mea, quod canes te non capient. Annuit Catus; ambo simul iuerunt. Venatores et canes insequebantur eos, et ait Catus: Audio canes; iam timeo. Et ait Reinardus: Noli timere; bene te instruam qualiter euades. Appropinquauerunt canes et uenatores. Certe, dixit Catus, amplius non uado tecum; uolo uti artificio meo. Et saltauit super arborem. Canes ipsum dimiserunt et Reinardum insecuti sunt et tandem ceperunt, quidam per tibias, quidam per uentrem, quidam per dorsum, quidam per capud. Et Catus in alto sedens clamauit: Reinarde, Reinarde, aperi sacculum tuum; certe omnes fraudes tue non ualent tibi.

Per Catum intelligimus simplices qui nesciunt nisi unicum artificium, scilicet salire in celum. Per Reinardum intelligimus aduocatos, causidicos, fraudulentos, qui habent XVII fraudes, insuper sacculum plenum. Veniunt uenatores et canes infernales et uenantur homines; sed iusti in celum saliunt; impii, fraudulenti a demonibus capiuntur, et tunc potest iustus dicere: Reinarde, Reinarde, aperi sacculum tuum; omnes fraudes tue non poterunt te liberare a dentibus et manibus demoniorum.

Odo 39

DIE RÄNKE DES FUCHSES UND DER KATZE

Der Fuchs, oder Reinhard, begegnete Tebergus, das ist die Katze, und Reinhard fragte: Wieviele Listen und Ränke weißt du? Die Katze sprach: Sicher weiß ich nur eines. – Was ist das?, fragte Reinhard. Sie antwortete: Wenn die Hunde mir nachstellen, kann ich auf die Bäume klettern und so entkommen. Und wieviele weißt du?, fragte die Katze. Reinhard antwortete: Ich weiß siebzehn Tricks, und mein Beutel ist immer noch voll. Komm mit mir, und ich will dich meine Listen lehren, daß die Hunde dich nicht fangen. – Die Katze stimmte zu, und beide gingen selbander. Jäger und Hunde verfolgten sie, und die Katze sagte: Ich höre Hunde und fürchte mich schon. Reinhard sprach: Hab keine Angst: ich will dich wohl lehren, wie du entkommen wirst. Die Hunde und die Jäger kamen näher. Nein, sprach die Katze, ich gehe nicht weiter mit dir: ich will meinen Trick benutzen. Und sie sprang auf einen Baum. Die Hunde ließen sie in Ruhe und setzten Reinhard nach, und schließlich packten sie ihn, der eine an den Beinen, der andere am Bauch, der am Rücken und jener am Kopf. Von oben rief die Katze: Reinhard, Reinhard, tu deinen Beutel auf: wahrhaftig, alle deine Ränke fruchten dir nicht.

Unter der Katze verstehen wir die Einfältigen, die nur einen Kunstgriff kennen, nämlich in den Himmel zu springen. Reinhard dagegen bedeutet die Advokaten, Sachwalter und Betrüger, die siebzehn Ränke kennen, und dazu einen vollen Beutel haben. Es kommen die Höllenjäger und -hunde und jagen die Menschen; doch die Gerechten springen in den Himmel, die Ruchlosen und Betrüger aber werden von den Teufeln gegriffen, und dann mag der Gerechte sagen: Reinhard, Reinhard, tu auf deinen Beutel: all deine Ränke werden dich vor den Zähnen und Klauen der Teufel nicht schützen.

XLI.
DE UPUPA ET PHILOMENA

Vpupa pulcra, uarietate colorum distincta et eximie cristata, dixit Philomene: Tota nocte cantas, super ramos duros saltas. Veni et quiescas in nido meo. Que adquieuit et in nidum Vpupe descendit; sed stercora fetencia inuenit, quod ibi morari non potuit, et auolauit dicens: Magis uolo super duros ramos saltare quam in tali fetore quiescere.

Vpupa que in stercoribus nidificat significat mulierem fornicariam, domicellum luxuriosum, qui quandocumque habent lectos ornatos et suaues cum stercore culpe fetidissimos. Philomela significat religiosos super duros ramos, id est austeritates religionis habitantes et Deum in choris nocturnis laudantes. Hii magis eligunt super tales ramos salire et exultare quam in fetore luxurie computrescere, sicut de monacho Cluniacensi contigit. Etenim hospita uenit de nocte ad ipsum, rogans quod rem secum haberet. Qui ait: Venias igitur ad hunc locum. Et posuit se super carbones uiuos; et illa uerbis nisa est ipsum extrahere. Sed ille noluit exire dicens: Hic faciamus quod desideras. Abbas, hanc contencionem uidens, incepit XV Psalmos *Ad Dominum*. Abbas autem, cum laboraret in extremis et quereretur ab eo de quo consuleret quod fieret abbas post illum, respondit: Qui fuit in igne et non comburebatur. Que verba audientes quasi delirum reputabant. Tandem exposuit eis de monacho predicto. Sic contigit in diebus nostris de quodam fratre predicatore in Hispania: quedam mulier dixit quod se interficiet, nisi cum ea rem haberet, et ille locum assignauit et magnum rogum accendit et intus se posuit, et mulieri dixit quod ignem intraret, si uellet secum delicias implere. Et sic mulier confusa recessit.

Odo 41
WIEDEHOPF UND NACHTIGALL

Ein hübscher Wiedehopf, schön bunt und mit einem prächtigen Schopf, sprach zur Nachtigall: Die ganze Nacht singst du und springst auf harten Zweigen herum. Komm und ruh dich in meinem Nest aus. Sie stimmte zu und stieg hinab in des Wiedehopfes Nest; dort aber fand sie stinkenden Dreck, also daß sie dort nicht verweilen mochte. Sie flog davon und sprach: Lieber will ich auf harten Ästen springen als in solchem Gestank mich auszuruhen.

Der Wiedehopf, der im Dreck nistet, bedeutet ein verhurtes Weib oder einen dem Wohlleben ergebenen Höfling, die schöne weiche Betten haben, aber sie stinken sehr vom Dreck der Sünde. Die Nachtigall bedeutet die Geistlichen, die auf harten Ästen, das heißt in harter Zucht der Religion, wohnen und Gott in nächtlichem Lobgesang preisen. Sie ziehen es vor, auf solchen Ästen zu hüpfen und freudig zu springen anstatt im Gestank der Wollust zu verrotten. So geschah es einem Mönch von Cluny: die Wirtin kam des Nachts zu ihm und wollte mit ihm etwas anstellen. Er sagte: Komm denn hierher; und er legte sich auf glühende Kohlen. Sie versuchte ihn zu bereden, herauszukommen, aber er wollte nicht heraus, sondern sagte: Hier wollen wir tun, wonach du verlangst. Als der Abt diesen Zwist sah, stimmte er die 15 Psalmen *Ad Dominum* an. Als dieser Abt aber im Sterben lag und man ihn fragte, wen er im Sinne habe, daß er ihm nachfolge, antwortete er: Den, der im Feuer war und nicht verbrannte. Seine Zuhörer glaubten, er deliriere: da erzählte er ihnen von besagtem Mönch.

So geschah es auch in unseren Tagen mit einem Prediger in Hispanien: eine Frau sagte, sie werde sich umbringen, wenn er nicht mit ihr etwas anfinge; er wies ihr den Platz an, indem er einen großen Scheiterhaufen entzündete und sich darein legte; und der Frau sagte er, sie möge ins Feuer kommen, wenn sie mit ihm ihre Lust stillen wollte. Da war die Frau ratlos und wich von ihm.

Die fünfzehn Psalmen, 119–133, bilden das *Canticum graduum*

XLIII.

DE LUPO SEPULTO

Contigit quod Lupus defunctus est. Leo bestias congregauit et exequias fecit celebrari. Lepus aquam benedictam portauit, Hericii cereos portauerunt, Hyrci campanas pulsauerunt, Melotes foueam fecerunt, Vulpes mortuum in pheretro portauerunt, Berengarius, scilicet Vrsus, missam celebrauit, Bos euangelium, Asinus epistolam legit. Missa celebrata et Ysemgrino sepulto, de bonis ipsius animalia splendide comederunt et consimile funus desiderauerunt.

Certe sic contigit frequenter quod, aliquo diuite raptore uel usurario mortuo, abbas uel prior conuentum bestiarum, id est bestialiter uiuentium, facit congregari. Plerumque enim contigit quod in magno conuentu nigrorum uel alborum non sunt nisi bestie, leones per superbiam, uulpes per fraudulenciam ursi per uoracitatem, hyrci fetentes per luxuriam, asini per segniciem, herici per asperitatem, lepores per metum, quod trepidauerunt ubi non erat timor, quoniam timent amittere temporalia ubi non est timendum, non timent amittere eterna ubi precipue timendum est, boues per terrarum laborem, quoniam plus laborant in terrenis quam celestibus. Hii non sunt boues Abrahe quos emit Deus, sed ursi Diaboli qui ad cenam glorie uenire recusant. Michæas, C. VII, v. 4: Qui optimus est in eis quasi paliurus et qui rectus quasi spina de sepe. Sic contingit quandoque, et ubi fuerit magna congregatio, uix unus iustus inuenietur et qui optimus est inter eos stimulat et pugnat ad modum paliuri, id est cardui et spine.

Zum Text: *Hii non sunt boves Abrahae*, etc. Wir setzen die in einem Ms. gefundene, von Hervieux für besser erklärte Lesart, statt des unklaren *Hii non sunt b. A. sed quos emit qui ad cenam glorie venire recusant*. Allerdings ist die ganze Stelle, wie auch Hervieux' Bezug auf *Gen.* 21, 27, nicht klar: die angeführte Stelle

Odo 43

DAS BEGRÄBNIS DES WOLFES

Es geschah, daß der Wolf starb. Der Löwe rief die Tiere zusammen, und ließ die Bestattung vornehmen. Der Hase trug das Weihwasser, die Igel die Kerzen, die Böcke läuteten die Glocken, die Dachse gruben das Grab, die Füchse trugen den Toten auf der Bahre, Berengar, das ist der Bär, zelebrierte die Messe, der Ochse las das Evangelium, der Esel die Epistel. Als die Messe zelebriert und Isengrim beerdigt war, veranstalteten die Tiere vom Nachlaß des Verstorbenen ein prächtiges Festmahl und wünschten sich bald ein ähnliches Begräbnis.
Wahrlich, so geschieht es oft, wenn irgend ein reicher Raffer und Wucherer gestorben ist, daß der Abt oder Prior eine Versammlung von Bestien, das heißt derer, die bestialisch leben, einberuft. Meistens nämlich trifft es zu, daß bei einer großen Versammlung Schwarzer oder Weißer nur Bestien sind – Löwen an Hochmut, Füchse an Trug, Bären an Gefräßigkeit, Böcke, die nach Wollust stinken, Esel an Trägheit, Igel an Rauhheit, Hasen an Angst, weil sie zitterten, wo kein Grund zur Furcht war (fürchten sie doch den Verlust irdischen Gutes, wo kein Grund zur Furcht besteht, fürchten aber nicht den Verlust der ewigen Seligkeit, um die man wahrlich bangen soll); auch sind sie Ochsen, weil sie die Erde bearbeiten, da sie mehr an irdischen denn an himmlischen Dingen arbeiten. Sie sind nicht die Rinder Abrahams, die Gott kaufte, sondern die Bären des Teufels, die sich weigern, zum Mahle der Glorie zu kommen. Micha 7, 4: Der Beste unter ihnen gleicht dem Dornstrauch, und der Gerechte dem Dorn an der Hecke. So kommt es auch, daß auf einer großen Versammlung kaum *ein* Gerechter zu finden ist, und wer selbst der Beste unter diesen ist, stachelt und streitet nach der Art des Dornbusches, das ist, wie Distel und Dorn.

<small>bezieht sich auf Abrahams Austausch von Geschenken – Schafen und Rindern – mit Abimelech. – Versammlung Schwarzer und Weißer: vielleicht auf die Kutten der Mönchsorden bezüglich.</small>

XLIV.
DE CANE STERCORANTE

Contigit quod Canis uoluit facere rusticitatem suam super congregacionem Cirporum, et unus Iuncus bene stimulauit posteriora ipsius. Et Canis recessit longius et super Iuncos latrauit. Dixit Iuncus: Melius uolo quod latres me a longe quam coinquines me de prope.
Sic melius est expellere stultos et peruersos a societate, licet latrent per detractionem, quam coinquinari per eorum societatem. In Ecclesiastico, C. XIII, v. 1: Qui tangit picem, coinquinatur ab ea.

XLV.
DE UNICORNE ET QUODAM HOMINE

Quidam Vnicornis sequutus est quemdam Hominem, qui, cum fugeret, inuenit arborem in qua erant poma pulcra. Subtus erat fouea serpentibus, bufonibus et reptilibus plena. Hanc arborem rodebant duo uermes, unus albus et alius niger. Homo ascendit arborem et pomis uescitur, frondibus delectatur, et non attendit quod duo uermes arborem rodunt. Que cecidit, et miser in puteum corruit.

Mistice. Vnicornis est mors, cui nemo potest resistere; arbor est mundus cuius poma sunt diuersa delectabilia, cibi, potus, pulcre mulieres et huiusmodi; frondes, pulcra uerba; duo uermes, arborem rodentes, sunt dies et nox que omnia consumunt. Miser homo improuidus delectatur in hiis pomis, et non attendit, donec corruat in puteum inferni, ubi sunt diuersa genera reptilium miserum hominem semper torquencium.

Stat male securus qui protinus est ruiturus.

Einhorn: Dieses zuerst von Ktesias erwähnte Fabeltier wurde infolge irriger Übersetzung des hebr. *re'em* (eine jetzt ausgestorbene Büffelart) als *monokeros* (LXX) bzw. *rhinoceros* oder *unicornis* (Vulg.) zum Symbol unbändiger Stärke, im Mittelalter jedoch zum Symbol der Reinheit, insbes. Zähmung von Kraft

Odo 44
DER HUND UND SEIN DRECK

Es wollte einmal ein Hund sein schmutziges Geschäft über einem Binsengebüsch verrichten; da stach ihn eine Binse tüchtig in den Hintern. Der Hund machte sich fort und bellte die Binsen von weitem an. Sprach die Binse: Mir ist lieber, daß du mich von weitem verbellst statt aus der Nähe besudelst. So ist es besser, Toren und Übeltäter aus der Gesellschaft zu verstoßen, auch wenn sie Beschimpfungen bellen, als sich durch Gemeinschaft mit ihnen zu besudeln. Ecclesiasticus 13, 1: Wer Pech anfaßt, besudelt sich.

Odo 45
DAS EINHORN UND DER MENSCH

Das Einhorn verfolgte einmal einen Menschen: der fand auf der Flucht einen Baum, an dem schöne Früchte hingen. Darunter war eine Grube voller Schlangen, Kröten und kriechendem Gewürm. An diesem Baum nagten zwei Würmer, ein weißer und ein schwarzer. Der Mensch steigt auf den Baum, ißt die Früchte, erfreut sich des Laubes und nimmt nicht wahr, daß zwei Würmer am Baum nagen. Der Baum fiel, und der Arme stürzte in die Grube.

Tieferer Sinn. Das Einhorn ist der Tod, dem niemand widerstehen kann; der Baum ist die Welt, deren Früchte allerlei Genüsse sind wie Speise, Trank, schöne Frauen und dergleichen; das Laub sind schöne Worte, die zwei Würmer, die am Baume nagen, sind Tag und Nacht, die alles aufzehren. Der arme Mensch, der nicht vorausschaut, ergötzt sich an diesen Früchten, bis er ins Höllenloch stürzt, wo mancherlei Schlangen sind, die den Elenden ewiglich martern.

Unsicher nur steht der, der bald zum Sturze bestimmt ist.

durch Liebe, oft auch ein Symbol für Christus. Es überrascht, es hier als *persona* des Todes zu finden. – Über das E. gibt es eine ausführliche Literatur, seine zoologischen, metaphorischen und heraldischen Aspekte behandelnd.

XLVI.
DE VULPE
Et applicatur male remuneranti

Vulpes semel uoluit aquam transire per nauem; promisit Nauclero mercedem. Nauclerus Vulpem in naui ultra flumen portauit; mercedem postulauit. Ait Vulpes: Bene dabo. Et minxit in cauda sua, et aspersit in oculos Naucleri, qui ait: Pessimam mercedem mihi tribuis.

Inde dicitur: Qui malo seruit seruicium suum perdit.

Puppe canis latus pro munere reddet hyatus.

XLVIIIb.
DE ARANEA ET MUSCA ET BURDONE

Aranea, quando uenit Musca in telam suam, fortiter exit et Muscam capit et interficit. Quando uenit Burdo uel Vespa sonitum faciens, Aranea in foramen suum fugit.
Sic est de episcopis quibusdam et prelatis: quando pauper et modicus incidit in rete episcoporum per delictum uel falsam accusationem, illum arripiunt ardenter et comedunt. Sed cum uenit diues et minatur, tunc abscondit se episcopus uel prelatus. Vnde Osee, C. XIII, v. 1: Loquente Effraïm *(sic)*, horror inuasit Israel; hoc est, comminante diuite, horror inuasit prelatum meticulosum.

Burdo hat hier nicht seine klass. Bedeutung ‚Maultier' noch die spätere ‚Pilgerstab', sondern ist hier ein (romanisches) Schallwort: Hummel, Brummbaß, vgl. franz. *bourdon*. – Das Hosea-Zitat ist verfremdet; neuere Übersetzungen lesen: Solange E. mit Zittern ⟨d.h. mit Gottesfurcht⟩ sprach, ward er geehrt in Israel; als er aber mit Ba'al sündigte, starb er.
Das Hosea-Zitat lautet nach dem hebr. Text wörtlich: Wenn Ephraim sprach, war Zittern, er erhöhte sich in Israel, doch als er durch Ba'al schuldig ward,

Odo 46

DER FUCHS
Bezüglich auf einen, der üblen Lohn gibt.

Ein Fuchs wollte einmal mit einem Boot über ein Gewässer setzen und versprach dem Schiffer ein Fährgeld. Der Schiffer setzte den Fuchs im Boot über den Fluß und verlangte seinen Lohn. Sprach der Fuchs: „Gern will ich ihn dir geben." Und er pißte auf seinen Schwanz und spritzte es dem Schiffer in die Augen, der ausrief: „Gar üblen Lohn zahlst du mir."
Daher heißt es: einem Bösen Dienst erweisen ist verlorene Liebesmüh'.

   Fährt man den Hund auf dem Schiff, so reißt er statt Zahlung den Mund auf.

Der an das Epimythion angehängte leoninische Hexameter hat keinen rechten Bezug auf die Fabel.

Odo 48b

SPINNE, FLIEGE UND HUMMEL

Gerät eine Fliege ins Netz der Spinne, so kommt diese tapfer hervor, nimmt die Fliege und tötet sie. Kommt aber Hummel oder Wespe mit lautem Gebrumm, so flüchtet die Spinne in ihr Loch. So geht es auch mit manchen Bischöfen und Prälaten: gerät ein Armer oder Geringer ins Netz der Bischöfe wegen eines Vergehens oder aufgrund einer falschen Beschuldigung, packen sie ihn hitzig an und fressen ihn. Kommt aber ein Reicher und droht ihnen, dann versteckt sich Bischof oder Prälat. Daher Hosea 13, 1: Als Ephraim sprach, ergriff Schaudern Israel; das heißt, wenn ein Reicher droht, ergreift Schrecken den furchtsamen Prälaten.

starb er. – Ephraim bedeutet das nördliche Reich, das zu Anfang mächtig war (das hebr. Wort *retheth* ist ein *hapax legomenon*, hat aber, wie man annimmt, dieselbe Bedeutung wie *retet* bei Jeremias 49, 24). Als dort der Ba'al-Dienst einriß, wurden die mächtigen Häuser der Könige Ahab und Jehu gestürzt – ein spiritueller „Tod", der schließlich zum nationalen Untergang führte. – Hosea wirkte während der 30 Jahre (750–720), die dem Fall Samarias vorausgingen.

XLIX. et XLIX a

DE VULPE

Vulpes, quando esurit, fingit se mortuam, et iacet in plano et linguam eicit. Venit Coruus uel Miluus credens predam inuenire; uenit ut capiat linguam, et capitur a Vulpe et deuoratur.

Sic Diabolus fingit se mortuum, quod nec auditur nec uidetur, et eicit linguam suam, hoc est omne illicitum delectabile et concupiscibile, scilicet pulcra mulier, cibus delicatus, uinum sapidum et huiusmodi; que cum illicite capit homo, capitur a Diabolo.

Similiter assatur caseus et ponitur in muscipula. Quem cum sentit Ratus, intrat in muscipulam, capit caseum et capitur a muscipula.

Sic est de omni illicito. Caseus assatur, quando mulier paratur, ornatur, ut stultos ratos alliciat et capiat: capis mulierem fornicando, caperis a Diabolo. Vnde glosa in Psalmis: Predam quam cupis in muscipula est; capis alienum et caperis a Diabolo.

LI.

DE FRAUDE VULPIS

Vulpes ita erat nota quod Oues optime se custodiebant, ita quod non exierunt terminos suos nec ab aspectu Canum qui eas custodiebant. Cogitauit Vulpes: Scio quid faciam; pellem ouinam induam et inter alias Oues me mittam, et tunc potero, cum tempus habuero, Agnos et Oues comedere. Et sic fecit. Similiter de plerisque religiosis qui habent alba uestimenta quod sint oues Christi. Hii sunt falsi prophete qui ueniunt in

Odo 49 und 49a

DER FUCHS

Wenn der Fuchs Hunger hat, stellt er sich tot, liegt am Boden und läßt seine Zunge heraushängen. Es kommen Rabe oder Weihe im Glauben, eine Beute zu finden, und wollen sich die Zunge holen: da greift sie der Fuchs und frißt sie.

Also stellt sich der Teufel tot, daß man ihn nicht hört noch sieht, und läßt seine Zunge heraushängen, das ist, allen verbotenen Genuß und jegliches Gelüste, als da ist ein schönes Weib, erlesene Speise, köstlicher Wein, und derlei; und wenn der Mensch verbotenerweise danach greift, holt ihn der Teufel. So röstet man wohl auch Käse und tut ihn in die Mausefalle. Wenn ihn die Ratte riecht, läuft sie in die Falle, schnappt den Käse und sitzt dann in der Falle.

So ist's mit allem Unerlaubten. Käse wird geröstet, wenn eine Frau sich herrichtet und schmückt, um die dummen Ratten zu locken und zu fangen: hol dir ein Weib, mit ihr zu huren, und es holt dich der Teufel. Daher eine Glosse zu den Psalmen: Die Beute, deren du begehrst, ist in einer Mausefalle: du fängst einen anderen, und dich fängt der Teufel.

Die ‚Glosse‘ war nicht festzustellen. – Predam *quam* cupis ist die im klassischen Latein nicht ungewöhnliche *attractio*, wobei das Subjekt, statt im Nominativ, im Kasus des Relativpronomen steht.

Odo 51

DIE LIST DES FUCHSES

Der Wolf war so berüchtigt, daß die Schafe sich gut vorsahen, dergestalt daß sie sich von ihrer Weide nicht entfernten noch den Hunden, die sie bewachten, aus den Augen gingen. Da dachte der Fuchs bei sich: ‚Ich weiß, was ich tun werde; ich will mir einen Schafspelz anziehen und mich unter die anderen Schafe mengen, und dann kann ich, wenn ich genügend Zeit habe, Lämmer und Schafe fressen.‘ Und er tat also.

uestimentis ouium, intrinsecus autem sunt lupi rapaces et
uulpes fraudulente. Hii sunt falsi monachi, falsi predicatores,
falsi religiosi, qui nichil aliud querunt a diuitibus nisi terras,
uineas, denarios, et uicinos suos super alios homines infestant.
Vnde mallem habere uicinum paganum uel iudeum quam
talem religiosum. Si crederem quod albe vestes me sancti-
ficarent, onerarem collum meum, quantum possem portare.

LIa.

DE FRAUDE COMITIS

Quidam solebat Comes stratam publicam spoliare. Homines
iam erant premuniti, et, quando a remotis ipsum uiderunt,
fugerunt, uel, quando potuerunt, se armauerunt et defende-
runt. At Comes predictus induit se et suos capis monachorum
Cisterciencium et uenit post consorcium mercatorum, qui
respicientes uiderunt illos indutos uestimentis ouium et dixerunt: Hic ueniunt boni homines, secure possumus incedere.
Et paulatim incedebant. Comes cum suis consecutus est eos,
et capas festinanter deposuerunt, in mercatores irruerunt et
penitus spoliauerunt.

Hoc idem faciunt quidam monachi, ueniunt ad diuitem infirmum, et, si possunt, sub specie securitatis omnibus bonis
ipsum spoliant.

Ähnlich steht es mit vielen Geistlichen, die weiße Gewänder tragen, weil sie ja die Schafe Christi seien. Dies sind die falschen Propheten, die im Schafskleid kommen, im Innern aber reißende Wölfe und hinterlistige Füchse sind. Dies sind die falschen Mönche, die falschen Prediger, die falschen Frommen, die von den Reichen nichts als Ländereien, Weinberge und Geld fordern und ihre Nachbarn mehr als alle anderen Menschen plagen. Daher hätte ich lieber einen Heiden oder Juden zum Nachbarn als einen solchen Frommen. Wenn ich glaubte, daß weiße Gewänder mich heilig machten, würde ich meinen Hals beladen, soviel er nur tragen kann.

<small>Der Sinn des letzten Satzes ist nicht recht deutlich; wahrscheinlich wäre „damit", d.h. mit weißen Kutten, zu ergänzen.</small>

Odo 51a
DIE LIST DES GRAFEN

Ein Graf pflegte Straßenraub zu begehen. Die Leute waren schon gewarnt, und wenn sie ihn von weitem sahen, flüchteten sie oder bewaffneten sich so gut sie konnten und verteidigten sich. Besagter Graf aber kleidete sich und sein Gefolge in Zisterzienser-Mönchskutten und kam hinter der Reisegesellschaft der Kaufleute her; als diese sich umblickten und jene im Schafskleide sahen, sprachen sie: ‚Hier kommen gute Leute, wir können sicher weiterziehen.' Und eine Weile zogen sie so dahin; dann aber holte der Graf mit seinen Mannen sie ein, sie warfen schnell ihre Kutten ab, stürzten sich auf die Kaufleute und raubten sie völlig aus.

Dasselbe tun manche Mönche: sie kommen zu einem Reichen, wenn er krank ist, und unter dem Anschein der Sicherheit berauben sie ihn, wenn sie können, all seiner Habe.

LII.

DE CONTENTIONE OVIS ALBE ET OVIS NIGRE, ASINI ET HIRCI

Ouis alba, Ouis nigra, Asinus et Hyrcus semel de religione contendebant. Ait alba: Ecce quam albam pellem porto; hoc significat mundiciam et innocenciam quam interius habeo; plus omnibus ualeo. Dixit nigra: Immo sum nigra exterius, sed interius formosa, quia mundo sum nigra, turpis et despicabilis; et ego similiter mundum turpem reputo et despicio. Ait Asinus: Immo ego sum sanctior, quia crucem in humeris porto, quia imitor Crucifixum et alcius aliis clamo. Ait Hyrcus: Sed ego, sanctior omnibus, utor cilicio quod sit de pilis caprarum, habeo barbam prolixam quam nunquam radi facio, ne appaream pulcher in mundo.

Mistice. Istis quatuor animalibus fere omne genus regularum designatur: per ouem albam omnes qui utuntur uestibus albis, ut Cistercienses, Premonstracenses *(sic)*, ordo Sancte Trinitatis et huiusmodi; per nigram ouem, omnes utentes nigris, ut nigri monachi et canonici; per asinum qui crucem in scapulis baiulat, omnes qui crucem pretendunt, ut Hospitalarii, Templarii et huiusmodi; per hyrcum barbatum, Grandimontenses et conuersi Cistercienses qui barbas habent prolixas et radi non permittunt. Isti quandoque inter se contendunt quis ordo melior sit. Sed oues albe et nigre, ni aliam habeant sanctitatem quam uestes albas et nigras, sunt de numero illorum *(sic)* ouium de quibus Psalmista: Sicut oues in inferno positi sunt; mors depascet eos. Similiter Templarius et Hospitalarius, ni aliam in corde et carne habeant crucem, scilicet ut cruciant

Odo 52

RANGSTREIT DES WEISSEN UND DES SCHWARZEN SCHAFES, DES ESELS UND DES ZIEGENBOCKS

Ein weißes und ein schwarzes Schaf, ein Esel und ein Bock, stritten einmal wegen der Religion. Sprach das weiße: ‚Seht was für ein weißes Fell ich trage: das bedeutet die Reinheit und Unschuld, die ich in mir habe; ich stehe allen voran.‘ Sprach das schwarze: ‚Wohl bin ich außen schwarz, aber im Innern bin ich schön, weil ich für die Welt schwarz, häßlich und verächtlich bin, und gleichermaßen achte ich die Welt für häßlich und verachte sie.‘ Sprach der Esel: ‚Ich jedoch bin heiliger, weil ich das Kreuz auf den Schultern trage, weil ich den Gekreuzigten nachahme und lauter rufe als die anderen.‘ Sprach der Bock: ‚Ich aber bin heiliger als alle, dieweil ich ein hären Gewand aus Ziegenhaar trage und einen langen Bart habe, den ich mir niemals rasieren lasse, um in der Welt nicht schön zu scheinen.‘

Tieferer Sinn: Diese vier Tiere bedeuten fast alle Mönchsorden: das weiße Schaf geht auf alle, die weiße Kutten tragen, wie die Zisterzienser, Prämonstratenser, den Orden der Heiligen Trinität, und andere dieser Art; das schwarze Schaf bedeutet alle, die sich schwarz kleiden, wie die schwarzen Mönche und Kanonikusse; der Esel, alle, die das Kreuz auf der Schulter tragen, alle, die das Kreuz vor sich tragen wie die Hospitaler, Templer und dergleichen; der bärtige Bock geht auf die Grandimontenser und die umgestalteten Zisterzienser, die lange Bärte tragen und das Rasieren nicht erlauben. Die alle streiten manchmal miteinander, welcher Orden der bessere sei. Aber wenn all die weißen und schwarzen Schafe keine andere Heiligkeit besitzen als weiße und schwarze Kleidung, so zählen sie zu den Schafen, von denen der Pslamist ⟨Ps. 48, 15⟩ sagt: ‚Wie Schafe werden sie ins Grab gelegt: der Tod wird sich an ihnen nähren.‘ Wenn gleichermaßen Templer und Hospitaler nicht ein anderes Kreuz im Herzen und im

carnem a uiciis luxurie et gule et mentem a concupiscenciis
auaricie et superbie, aliter sunt asini Diaboli, asini inferni,
qualemcumque crucem baiulent, quantumcumque alcius cla-
ment. Similiter barbati, qualemcumque barbam habeant, nunquam intrabunt in gloriam, nisi in corde habeant gratiam et
coram Deo et hominibus bonam uitam. Versus:

Si quem barbatum faciat sua barba beatum,
In mundi circo non esset sanctior hyrco.
Sanctum nulla facit nigra, candida uestis ouina
Nec quemquam iustum facit unquam crux asinina.

Odo erwähnt die neugegründeten Bettelorden (Franziskaner 1209, Dominika-
ner) zwar nicht, doch ist dies kein schlüssiger Beweis für einen *terminus ante
quem* seines Werkes, da er durch die Worte *et huiusmodi* andeutet, daß er eine
vollständige Aufzählung nicht beabsichtigte. – Die Verse am Schluß sind zwei
leoninische und zwei Endreim-Hexameter. Es liegt eine merkwürdige Übereinstimmung mit Anth. Gr. 11, 430 vor: Odo kann diese Verse des Lukianos
nicht gekannt haben, doch war ein Spruch, „Der Bart allein macht nicht den
Philosophen" wahrscheinlich ein Gemeinplatz. Das Distichon lautet
Εἰ τὸ τρέφειν πώγωνα δοκεῖς σοφίαν περιποιεῖν
καὶ τράγος εὐπώγων αἶψ' ὅλος ἐστὶ Πλάτων
Wenn einen Bart zu tragen dir Weisheit, meinst du, verschaffte,
wär' ein langbärtiger Bock bald schon dem Platon ganz gleich.
vgl. Theodoros Prodromos:
Ἀλλ' οὔτε τῷ πώγωνι δοῖμεν τὸν λόγον
οὔτε τράγους τάξαιμεν ἐν φιλοσόφοις
Doch nicht dem Barte laßt Verstand uns schreiben zu
noch ordnen Böcke ein in Philosophenschar

LIVa.

DE MURIBUS ET CATTO ET CETERA

Mures habuerunt semel consilium qualiter se a Gato possent
premunire. Et ait quidam Mus sapiens: Ligetur campanella
in collo Cati, et tunc poterimus ipsum quocumque perrexerit
audire et insidias eius precauere. Placuit omnibus hoc con-

Fleische haben, nämlich daß sie ihr Fleisch kreuzigen ⟨und befreien⟩ von den Lastern des Wohllebens und der Völlerei und ihren Sinn von den Begierden der Habsucht und der Hoffart, dann sind sie Esel des Teufels, Höllenesel, gleichviel, welches Kreuz sie tragen, gleichviel, wie laut sie schreien. So werden auch die Bärtigen, gleichviel was für einen Bart sie tragen, niemals in die ewige Glorie kommen, es sei denn, sie haben die Gnade im Herzen und führen ein gutes Leben vor Gott und Menschen. Verse:

Wäre ein Mann mit Bart *darum* von heiliger Art,
wär' auf der Erde Kreis heiliger nichts als die Geiß.

Kutte, ob schwarz oder weiß, läßt niemanden heilig erscheinen,
und zum Gerechten macht das Kreuz eines Esels noch keinen.

Das Bibelzitat ist 48, 15 nach der LXX Zählung sowie Iuxta Hebr. (Vulg.), 49, 14 nach neuerer Zählung.

Vgl. auch: (incl. auct.)

Philosophum non barba facit; si sic foret, ipsi
   Platoni similis foetidus hircus erat

(Philosophus: seit der Renaissance wurde die an sich kurze erste Silbe oft verängert)

Der Bart allein ist nicht des Philosophen Zeichen,
sonst möchte Platon sich ein Stinke-Bock vergleichen

Crux asinina. Der Esel hat einen dunklen Streifen längs des Rückens, den ein zweiter über den Schultern kreuzt. Nach einer Legende wurde dieses Kreuz dem Esel verliehen, als Jesus bei seinem triumphalen Einzug in Jerusalem auf einem Esel ritt.

Odo 54a

DIE MÄUSE UND DIE KATZE

Einst hielten die Mäuse Rat, wie sie sich vor der Katze schützen könnten. Eine kluge Maus sagte: „Man hänge der Katze eine Schelle um den Hals, dann können wir sie hören, wenn immer sie sich rührt, und uns vor ihren Nachstellungen

silium. Et ait Mus unus: Quis ligabit campanellam in collo
Cati? Respondit Mus unus: Certe non ego. Respondit alius:
Nec ego pro toto mundo ei uellem tantum appropinquare.

Sic plerumque contingit quod clerici, monachi insurgunt
contra episcopum, priorem, uel abbatem, dicentes: Vtinam
esset talis amotus, et alium episcopum uel abbatem habere-
mus! Et hoc placeret omnibus. Tandem dicunt: Quis oppo-
nit se contra episcopum? Quis accusabit eum? Alii sibi timentes dicunt: Non ego, nec ego. Et sic minores permittunt
maiores uiuere et preesse.

In dieser Form findet sich die sprichwörtlich gewordene Fabel (to bell the cat,
Der Katze die Schelle umhängen) hier zum ersten Mal, obwohl sie an Aesop
(H. 224), Babrius 104 und Avian 7 anklingt, wo einem bissigen Hund eine Glocke
umgehängt wird, die er als Auszeichnung betrachtet, bis man ihn eines besseren
belehrt. – Das Sprichwort erlangte historische Bedeutung durch Archibald

LVI.

DE MURE ET CATTO

Mus semel cecidit in spumam uini uel ceruisie, quando bul-
liuit. Catus transiens audiuit Murem pipantem eo quod exire
non potuit. Et ait Catus: Quare clamas? Respondit: Quia
exire non ualeo. Ait Catus: Quid dabis mihi, si te extraxero?
Ait Mus: Quicquid postulaueris Et ait Catus: Si te hac uice
liberauero, uenies ad me cum te uocauero? Et ait Mus: Firmiter hoc promitto. Ait Catus: Iura mihi. Et Mus iurauit.
Catus Murem extraxit et ire permisit. Semel Catus esuriuit et
uenit ad foramen Muris, et dixit ei quod ad ipsum exiret. Dixit
Mus: Non faciam. Ait Catus: Nonne iurasti mihi? Dixit:
Frater, ebria fui, quado iuraui.

schützen." Da fragte eine andere Maus: „Wer wird der Katze die Schelle um den Hals hängen?" – Sagte eine: „Ich bestimmt nicht." Und eine andere sprach: „Nicht um alles in der Welt möchte ich ihr so nahe kommen."

So geschieht es oftmals, daß Kleriker und Mönche sich gegen einen Bischof, Prior oder Abt empören und sagen: „Würde der doch abgesetzt und hätten wir doch einen anderen Bischof oder Abt!" Des wären sie alle wohl zufrieden, doch endlich heißt es: „Wer wird gegen den Bischof auftreten? Wer wird gegen ihn Klage erheben?" Da sagen die anderen voller Furcht: „Nicht ich, und ich auch nicht." Und so dulden die Geringeren, daß die Mächtigen leben bleiben und sie regieren.

Douglas, den 5. Earl von Angus. König Jakob III von Schottland (1451–1488) umgab sich mit Favoriten niederen Standes: die schottischen Edlen berieten sich, wer diese beseitigen und „der Katze die Schelle umhängen" werde. „Ich will es tun", sagte Douglas und ließ i. J. 1482 Robert Cochrane, den der König zum Grafen von Mar ernannt hatte, hängen. Seitdem war er als Angus-bell-the-cat bekannt.

Odo 56 und 56a

MAUS UND KATZE

Eine Maus fiel einmal in gärenden Wein- oder Bierschaum. Eine Katze kam vorbei und hörte die Maus quieken, weil sie nicht heraus konnte. Sprach die Katze: „Weshalb schreist du?" Sie antwortete: „Weil ich nicht heraus kann." Sprach die Katze: „Was willst du mir geben, wenn ich dich heraushole?" Sprach die Maus: „Was immer du verlangst." Da sprach die Katze: „Wenn ich dich diesmal befreie, wirst du zu mir kommen, wenn ich dich rufe?" Die Maus sprach: „Das verspreche ich fest." Sprach die Katze: „Schwör' es mir!" Und die Maus beschwor es. Die Katze holte die Maus heraus und ließ sie laufen. Danach ward die Katze einmal hungrig, ging vors Mauseloch und forderte sie auf, herauszukommen. Die Maus sagte Nein. Sprach die Katze: „Hast du mirs nicht geschworen?" Die sprach: „Bruder, ich war betrunken, als ich es schwor."

Sic plerique, quando infirmi uel in carcere uel in periculo, proponunt et promittunt uitam emendare, ieiunare uel huiusmodi. Sed cum periculum euaserunt, uotum implere non curant, dicentes: In periculo fui et ideo non teneor.

LVIa.

DE PULICE

Sic dicitur de Pulice, quem cepit Abbas dicens: Munc te teneo; sepe me punxisti, a sompno excitasti; nunquam te dimittam, sed statim interficiam. Dixit Pulex: Pater sancte, ex quo me interficere proponis, pone me in palma tua, ut libere ualeam peccata me confiteri. Cum confessus fuero, poteris me interficere. Abbas, pietate motus, posuit Pulicem in medio palme. Pulex statim exiliuit et per saltum euasit. Abbas Pulicem fortiter uocauit, sed redire noluit.
Sic plerique, in arcto positi, interea promittunt; sed, cum euaserunt, nihil persoluunt.

LXII. et LXII a.

DE RANA INFLATA

Rana uidit Bouem in prato incedentem. Cogitauit si posset esse ita magnus *(sic)* ut Bos ille, et uocauit filios dicens: Ecce quanta decencia et magnificentia, si possem ad magnitudinem Bouis peruenire! Et intumuit et inflatus *(sic)* est quantum potuit. Et ait filiis suis: Adhuc ita magnus sum ut ille Bos? Dixerunt filii: Nondum magnus es ut caput Bouis. Est ita,

So nehmen sich viele, wenn sie krank, im Gefängnis oder sonstiger Gefahr sind, vor und geloben, ihren Lebenswandel zu bessern, zu fasten, und desgleichen mehr. Sind sie aber der Not entronnen, so kümmern sie sich nicht um die Erfüllung ihres Gelübdes, indem sie sagen: „Ich war in einer Notlage und bin daher nicht gebunden."

Catus esuriuit: im klass. Latein bildet *esurio* kein Perfekt.

DER FLOH

So erzählt man auch von einem Floh: den fing ein Abt und sprach: „Jetzt hab ich dich; oft hast du mich gestochen und aus dem Schlaf geweckt: nie werde ich dich loslassen, sondern dich sogleich töten." Sprach der Floh: „Heiliger Vater, da du mich nun töten willst, so setze mich auf deine flache Hand, damit ich offen meine Sünden beichten kann. Wenn ich gebeichtet habe, magst du mich umbringen." Der Abt, fromm wie er war, setzte den Floh mitten auf seine Handfläche. Der hüpfte sofort davon und rettete sich durch seine Sprünge. Der Abt rief laut nach dem Floh, aber der wollte nicht zurück. So versprechen manche gar vieles, wenn sie in die Enge getrieben sind; sind sie aber entkommen, so halten sie nichts.

Odo 62 und 62a

DER FROSCH, DER SICH AUFBLIES

Ein Frosch sah einen Ochsen auf der Wiese gehen. Er dachte nach, ob er wohl so groß wie dieser Ochse werden könnte, rief seine Söhne und sagte: „Sehet, welche Anmut und Großartigkeit: könnte ich doch die Größe des Ochsen erreichen! Und er blähte und blies sich auf so sehr er nur konnte; dann sprach er zu seinen Söhnen: „Bin ich schon so groß wie jener Ochse?" Die sagten: „Du bist noch nicht einmal so groß wie der Kopf des Ochsen." – „So ist es", sprach der Frosch, „ich

dixit Rana; adhuc inflabor. Et in tantum intumuit quod medius crepuit.

Sic sunt plerique qui uident episcopos, abbates, archidiaconos, quasi boues cum magna pompa incedentes. Cogitant qualiter possent ita magni fieri, et in tantum conantur quod in anima uel corpore moriuntur.

Similiter layci uident alios laycos bene indutos, splendide comedere, magnos equos equitare, familiaritatem cum principibus habere; in tantum conantur eis equiparari quod moriuntur. Frater, si factus es talis bos magnus, lauda Dominum; si rana efficeris, id est pauper et modicus, esto contentus. Noli querere bos fieri. Disponat Dominus de sua republica secundum quod uoluerit: hunc humiliat et hunc exaltat. Ideo dicitur in Ecclesiastico V⟨I⟩: Non te extollas in cogitatione anime tue, ne forte elidatur uirtus tua per stulticiam.

LXIII.

DE MURE QUI VOLUIT MATRIMONIUM CONTRAHERE

Contra illos qui superbe agunt, alta cogitantes et sapientes et cetera

Mus semel uoluit matrimonium contrahere et cogitauit quod maritum acciperet fortissimum; et cogitauit penes se quid esset strenuissimum. Tandem uidebatur sibi quod Ventus, quia prosternit cedros, turres, domos. Misit nuncios Vento quod esset maritus eius. Dixit Ventus: Quare uult mecum contrahere? Dixerunt nuncii: Quia inter omnes creaturas es fortissima. Respondit Ventus: Imo castrum Narbonense forcius est me, quia iam plus quam per mille annos stetit aduersum me et scindit et confringit uires meas, et nunquam potui eum *(sic)* prosternere. Reuersi sunt nuncii et retulerunt responsum,

will mich weiter aufblasen." Und er blähte sich so auf, daß er endlich in der Mitte auseinanderplatzte.

So gibt es viele, die sehen, wie Bischöfe, Äbte und Erzdiakone gleichsam wie Ochsen mit großem Pomp einhergehen. Sie denken nach, wie sie wohl ebenso groß werden könnten und strengen sich bei dem Versuch so an, daß sie an Seele oder Leib absterben.

So sehen auch Laien andere Laien, wie sie gut gekleidet sind, herrlich speisen, auf hohen Rossen reiten, ja mit Fürsten vertraulich verkehren; dann strengen sie sich so sehr an, es ihnen gleich zu tun, daß sie sterben. Bruder, wardst du zu einem solchen großen Ochsen erschaffen, preise den Herrn; wardst du ein Frosch, das ist, arm und gering, so sollst du zufrieden sein. Trachte nicht ein Ochse zu werden. Der Herr verfüge über sein Reich nach seinem Willen: den erniedrigt, jenen erhebt er. Darum heißt es bei Ecclesiasticus 6, 2 ⟨Sirach⟩: Erhebe dich nicht im Trachten deines Herzens, daß nicht vielleicht deine Tugend von Torheit verdrängt wird.

Odo 63

DIE MAUS, DIE HEIRATEN WOLLTE

Eine Maus wollte einmal heiraten und sich den Stärksten zum Gatten nehmen; so überlegte sie, wer wohl der Stärkste sei. Der Wind schien ihr das zu sein, weil er Zedern, Türme und Häuser stürzt. Also schickte sie Boten zum Wind, er solle ihr Mann sein. Sprach der Wind; „Warum will sie mit mir die Ehe schließen?" Die Boten sagten: „Weil du als der Stärkste von allen erschaffen wardst." Der Wind antwortete: „Nicht doch: die Burg von Narbonne ist stärker als ich, weil sie mir schon über tausend Jahre widersteht und meine Kraft bricht und zunichte macht und ich sie niemals niederwerfen konnte."

et dixit Mus: Ex quo forcior est Turris, uolo quod sit maritus meus. Significabat hoc Turri, et ait Turris: Quare uult mecum contrahere? Et responsum: Quia res es fortissima et forcior Vento. Et ait Turris: Certe Mures sunt forciores me, quia tota die me perforant et frangunt, et faciunt uiam per me. Et ita, habito consilio, oportebat quod Mus Murem sibi associaret. Sic plerique ardua excogitant et mirabilia facere proponunt, et:

Parturiunt montes, et exit ridiculus Mus.

Es folgt eine lange Reihe von Beispielen aus der Bibel, in ermüdender Länge ausgesponnen und kaum mit der Fabel zusammenhängend. – Die Burg von Narbonne geht auf die Römerzeit zurück (118 v.Chr.), wurde nach Zerstörung durch die Sarazenen i. J. 719 wieder aufgebaut, i. J. 1870 endgültig abgetragen. – Das Horazzitat, welches Odo wohl aus dem Gedächtnis wiedergibt, ist metrisch falsch: statt *et exit* muß es heißen *nascetur*. Am Schluß stehen die folgenden mittelalterlichen Verse (der zweite ein leoninischer Hexameter):

LXV.

DE CICONIA ET SERPENTE
Quod principiis est obstandum et cetera

Ciconia uenit ad foramen Serpentis, et uocauit eum ut exiret. Respondit Serpens: Quis es tu, qui ausus es me infestare? Et ait: Ego sum Ciconia, et libenter tecum contenderem. Et ait Serpens: Misera, cum graciles habeas tibias et fragiles, collum gracile et longum, quomodo mecum pugnares, quoniam uici strenuissimum animal, scilicet Adam, primum hominem a Deo plasmatum, et uxorem eius, et multos homines in deserto peremi? Centum tales Ciconie non possent unicum hominem expugnare. Quomodo presumis mecum contendere? Et ait Ciconia: Tantum exeas foramen et uidebis. Serpens iratus,

Die Boten kamen mit der Antwort zurück; da sprach die Maus: „Da die Burg stärker ist, will ich sie zum Gatten haben." Sie teilte dies der Feste mit, und diese sprach: „Warum will sie mich heiraten?" Antwort: „Weil du das stärkste aller Dinge und stärker als der Wind bist." Da sprach die Burg: „Wahrlich, die Mäuse sind stärker als ich, weil sie mich täglich durchlöchern und zerbrechen und sich ihre Wege durch mich hindurch graben." Als sie dies alles erwogen, mußte sich die Maus einer Maus gesellen.

So wollen viele hoch hinaus und haben wunder was für Vorsätze, aber

> Berge kreißen: heraus kommt eine komische Maus

Alta cadunt, inflata crepant, tumefacta premuntur.
Hoc retine verbum: frangit Deus omne superbum
(*tumefacta* zurecht von Hervieux statt des unmetrischen *tumentia* oder *tumescentia* der Handschriften gesetzt)
Hohes verfällt, Geschwollenes platzt, Geblähtes zerdrückt man:
und vergiß dieses nicht: Gott alle Hoffart zerbricht.

Odo 65

STORCH UND SCHLANGE

Der Storch ging an die Höhle der Schlange und rief ihr zu, sie solle herauskommen. Die Schlange entgegnete: „Wer bist du, der du es wagst, mich zu befehden?" Er antwortete: „Ich bin der Storch und würde gern mit dir kämpfen." Da sprach die Schlange: „Elender, du mit deinen dünnen und zerbrechlichen Beinen, mit deinem langen dünnen Hals, wie möchtest du mit mir kämpfen, da ich doch das stärkste aller Geschöpfe, nämlich Adam, den ersten von Gott erschaffenen Menschen, besiegt habe, wie auch sein Weib, und da ich viele Menschen in der Wüste umgebracht habe? Hundert solche Störche würden nicht *einen* Menschen besiegen. Wie also nimmst du dir heraus, mit mir zu streiten?" – Sprach der Storch: „Komm nur heraus aus deinem Loch: du wirst schon sehen."

sibilando et os aperiando *(sic)*, foramen exiuit, quasi uellet Ciconiam totam deuorare. Ciconia statim dedit ei cum rostro super capud, et Serpens statim occubuit, dicens: Ecce iam me peremisti. Ait Ciconia: Certe, si Adam et ceteri homines scirent ubi est uita tua et fortutido, et hoc artificio usi essent, te in capite percussissent, nunquam a te uicti fuissent. Tali igitur arte utendum est.

> Principiis obsta; sero medicina paratur,
>   Cum mala per longas conualuere moras.

Cum sentis primos motus luxurie uel ire, statim resiste, statim allide paruulos ad petram; petra autem est Christus; hoc est, amore Christi primos motus interfice. Si permittes crescere donec totum corpus per ignem luxurie accendatur, non habebis uires extinguendi, quia tunc paruuli creuerunt in tantum quod efficiantur pugiles magni. Primo quasi stupe de facili soluuntur, et, si creuerint, efficientur uincula plaustri que rumpi non poterunt. Vnde Dominus antiquo Serpenti: Ponam inimicicias inter te et mulierem: ipsa conteret capud tuum. Mulier est beata Virgo, sancta ecclesia, quelibet fidelis anima, que caput Serpentis, quasi inicium suggestionis, debet conterere. Sic uincitur Serpens antiquus.

Die Schlange wurde wütend und kam zischend aus ihrem Loch heraus, ihr Maul weit offen als wollte sie den ganzen Storch verschlingen. Sogleich aber gab ihr der Storch mit seinem Schnabel einen über den Kopf, und die Schlange starb alsbald; sie sagte noch: „Siehe, schon hast du mich umgebracht." Sprach der Storch: „Wahrlich, hätten Adam und die anderen Menschen gewußt, wo der Sitz deines Lebens und deiner Kraft ist und hätten diesen Kunstgriff benutzt, so hätten sie dich aufs Haupt geschlagen und wären dir niemals unterlegen." Also muß man diese Taktik gebrauchen:

Tritt dem Anfang entgegen: zu spät wird Heilung bereitet,
wenn das Leiden zu stark wurde durch langen Verzug.

So du ein erstes Rühren von Wollust oder Zorn verspürst, leiste sofort Widerstand, schmettere die Kleinen gegen den Felsen; der Felsen aber ist Christus, das heißt, aus Liebe zu Christus töte sie. Läßt du sie anwachsen, bis dein ganzer Leib vom Feuer der Wollust in Brand steht, so hast du nicht mehr Kraft zum Löschen, weil die Kleinen dann so gewachsen sind, daß sie mächtige Kämpfer geworden sind. Zuerst kann man sie leicht losbinden, wie eine hänfene Schnur; wachsen sie aber, so werden sie wie Knoten am Karrengeschirr, die man nicht zerreißen kann. Drum sprach der Herr zur alten Schlange: „Feindschaft will ich setzen zwischen dich und das Weib, und sie wird dein Haupt zertreten."
Das Weib ist die Heilige Jungfrau, die heilige Kirche, und jedwede gläubige Seele, die das Haupt der Schlange, gleichsam den Beginn der Einflüsterung, zertreten soll. So wird die alte Schlange überwunden.

„schmettere die Kleinen gegen den Felsen", wahrscheinlich Anspielung auf Psalm 137, 9: Heil ihm, der deine ⟨Babylons⟩ Kleinen ergreift und gegen den Felsen schmettert.
„Feindschaft werde ich stiften": Genesis 3, 15

LXX.

DE CASEO ET CORVO
Contra uanam gloriam

Sicut narrat Ysopus,

Caseus in rostro Corui pendebat ab alto,

et Vulpes, cupiens caseum comedere, dixit Coruo: Quam bene cantabat pater tuus! Vellem audire uocem tuam. Coruus aperuit os suum et cantauit, et sic caseus cecidit, et Vulpes eum comedit.

Sic plerique portant caseum, hoc est nutrimentum, unde anima debet uiuere, scilicet pacienciam, graciam, caritatem. Sed uenit Diabolus et excitat illos ad opus uane glorie, ut cantent, se ipsos commendent, fimbrias suas magnificent; et sic, quia gloriam mundi, non gloriam que Dei est, querunt, pacienciam et omnes uirtutes amittunt. Sic Dauid, quia populum suum ad uanam gloriam munerauit, in magna parte amisit.

LXXa.

DE QUODAM ATHENIENSI

Mos erat apud Athenas, quod qui uoluit haberi pro philosopho, bene uerberaretur, et, si paciencier se haberet, pro philosopho haberetur. Quidam autem bene uerberabatur, et, antequam iudicatum esset quod philosophus haberetur, statim post uerbera exclamauit dicens: Bene sum dignus uocari philosophus; et respondit ei quidam: Frater, si tacuisses, philosophus esses.

David: Er verteilte die Beute von Ziklag auch an diejenigen seiner Leute, die am Kampf nicht teilgenommen hatten, sowie an die Ältesten in Judah (I Sam. 30, 21–31); er verteilte Gaben an das Volk (II Sam. 6, 19), doch kam es verschiedentlich zu Aufständen gegen ihn; aber dieser Vergleich ist wenig tref-

Odo 70 und 70a

SCHWEIGEN IST BESSER

Aesop erzählt uns dies:
Hoch am Baume hielt einen Käse im Schnabel der Rabe und der Fuchs, der den Käse fressen wollte, sagte zum Raben: „Wie schön sang doch dein Vater! Ich möchte deine Stimme hören." Der Rabe öffnete seinen Schnabel und sang, und dabei fiel der Käse herunter, und der Fuchs fraß ihn.

So tragen viele einen Käse, das heißt Nahrung, davon die Seele lebt, nämlich Geduld, Gnade und Nächstenliebe. Aber es kommt der Teufel und treibt sie zum Werk eitler Glorie, daß sie singen, sich berühmen, großartige Besätze an ihren Gewändern tragen; und weil sie so die Glorie dieser Welt und nicht diejenige Gottes suchen, verlieren sie die Geduld und alle Tugenden. So hat David, da er sein Volk aus eitler Ruhmsucht beschenkte, ⟨dessen Anhänglichkeit⟩ großenteils verloren.

Sodann: es war ein Brauch in Athen daß einer, der als Philosoph gelten wollte, tüchtig geprügelt wurde; und wenn er's geduldig ertrug, galt er als Philosoph. So wurde denn einer tüchtig geprügelt, und gleich nach dem Schlagen, noch ehe man beschlossen hatte, daß er nun ein Philosoph sei, rief er aus: „Nun verdiene ich, ein Philosoph zu heißen." Da entgegnete ihm jemand: „Bruder, hättest du geschwiegen, so wärst du ein Philosoph."

fend. – Hättest du geschwiegen: *O si tacuisses, philosophus mansisses*, ein bekanntes Sprichwort, welches nicht klassisch ist; diese Sentenz findet sich nach Walter, prov. nr. 29212 nur in Florilegien wie Singer (I 9); Phil. Patr. 3065; Wander s.v. Narr 933, 998; Herhold 244; vgl. auch Walter nr. 29210: Si taceat stultus, discretus creditur esse.

LXXI.

DE CICONIA ET CATTO

Melius est assimulari Ciconie, que anguillam sibi et pullis suis ad uescendum portauit. Quod uidens Catus qui libenter comedit pisces, licet non uelit humectare pedes, ait: O auis pulcherrima, rostrum habes rubeum et plumas albissimas; nunquid rostrum tuum ita rubeum est interius ut exterius? Ciconia noluit aliquid respondere, nec rostrum aperire, quia noluit anguillam dimittere. Iratus Murilegus uituperabat Ciconiam: Vel es surda uel muta. Non poteris respondere, miserrima? Nonne quandoque comedis serpentes que sunt animalia uenenosa et inmundissima? Quodlibet animal mundum munda diligit, et tu, turpia et inmunda. Igitur es inter ceteras aues inmundissima. Ciconia, nichil respondens, cum anguilla tenuit uiam suam.

Sic uir iustus nec in laudibus extollitur, nec in uituperiis deicitur. Dicant homines quod uoluerint; anguillam non dimittas; caritatem, pacienciam teneas, cum silentio procedas, et saluus eris.

LXXIIIb.

DE PATRE SENE ET FILIO SUO

Alius, habens patrem senem et tussientem, ait: Rusticus iste, cum tussi et excreationibus suis, tedium nobis infert. Proiciatis eum longius et ueterem pellem ouium ipsum induatis. Et pater, quia nichil aliud habuit ad induendum, fere mortuus est. Filius paruulus illius filii accepit pellem ueterem et suspendit in parieti. Quesiuit pater eius quid uellet facere de pelle. Respondit: Ad opus tui, cum senueris, reseruo, quia ita facis patri tuo, et a te addisco qualiter debeam me habere erga senectutem tuam.

Odo 71

STORCH UND KATZE

Man gleiche eher dem Storch: der trug einmal einen Aal im Schnabel als Nahrung für sich und seine Jungen. Ihn sah die Katze, die gern Fisch frißt, obwohl sie sich ungern die Beine naß macht, und sprach: „Ei du herrlich schöner Vogel, du hast einen roten Schnabel und ganz weiße Federn: ist dein Schnabel innen ebenso rot wie außen?" – Der Storch wollte nicht antworten noch seinen Schnabel auftun, um den Aal nicht zu verlieren. Die Katze ward böse und beschimpfte den Storch: „Bist du taub oder stumm? Kannst du nicht antworten, Elender? Frißt du nicht manchmal gar Schlangen, die giftige und höchst unreine Tiere sind? Jegliches reine Tier liebt Reines, du aber Widerliches und Unreines: deshalb bist du der Unreinste unter allen Vögeln." Der Storch entgegnete nichts und ging mit dem Aal seines Wegs.
So läßt sich der Gerechte weder durch Lob überheblich machen noch durch Beschimpfungen bedrücken. Laß die Leute reden was sie wollen, aber laß deinen Aal nicht los: behalte Nächstenliebe und Geduld, geh schweigend weiter, und du wirst sicher sein.

Der Storch kannte offenbar die Fabel vom Raben, Fuchs und Käse!

Odo 73b

DER ALTE VATER UND SEIN SOHN

Es hatte einer einen alten Vater, der immer hustete; da sprach er: „Dieser alte Kerl mit seinem Husten und Spucken geht uns auf die Nerven. Zieht ihm ein altes Schaffell an und werft ihn hinaus!" Und weil der Vater keine andere Kleidung hatte, starb er vor Kälte. Der kleine Sohn des Mannes nahm das Fell und hing es an die Wand. Sein Vater fragte ihn, was er mit dem Fell wollte. Er antwortete: „Ich heb' es zu deinem Gebrauch auf, wenn du alt geworden bist, weil du so an deinem Vater handelst und ich von dir lerne, wie ich mich verhalten soll, wenn du alt bist."

In Ecclesiastico, VIII: Ne spernas hominem in senectute sua; etenim ex nobis senescunt.

LXXV.

DE MUSCA ET FORMICA
Contra eos qui, postquam sumpserunt corpus dominicum, dant et exponunt se peccatis

Musca semel contendebat cum Formica, dicens se esse nobiliorem et mundiorem: Quia uescor frequenter de scutellis episcoporum et regum et aliorum diuitum, bibo de ciphis illorum, imo in faciem regis quandoque insilio. Tu autem habitas in terra et grana recondis, donec sint putrida. Respondit Formica: Nobilior et mundior sum quam tu, quoniam pro tua immundicia omnes habent te odio, infestant et fugant. Quoniam licet quandoque de scutellis diuitum comedas, quandoque tamen de uillissimo sputo, diuersis putrefactionibus, de stercoribus boum et aliorum animalium te sacias. Ego autem tantum uescor de grano purissimo. Igitur manifestum est te esse sordidiorem, imo inter omnia uolatilia sordidissima *(sic)*. Data est sententia pro Formica.

Per muscam, quandoque que mundis quandoque sordidis utitur, intelliguntur quidam sacerdotes, qui ad [exemplum] apostolorum qui dicuntur reges terre et aliorum sanctorum preciosa cibaria, scilicet Eucaristiam et sanguinem Christi, se collocant, et postea uilissimis stercoribus luxurie et gule et aliorum uiciorum se mortifere reficiunt. Ascendunt in celum, descendunt usque ad abissum. Ezechiel: Polluerunt sanctuaria mea; inter sanctum et prophanum non habuerunt distanciam et inter pollutum et mundum non intellexerunt, et coinquinabar in medio illorum. Ecce quod ipse Deus, qui inquinari non potest, dicit se coinquinari ab illis, quia, quantum in ipsis est, ipsum coinquinant.

Ecclesiasticus 8: Verachte nicht den Menschen in seinem Alter, denn auch wir werden Greise.

Odo 75
FLIEGE UND AMEISE

Einst stritt die Fliege mit der Ameise und behauptete, sie sei edler und reiner, „denn ich esse oft aus den Schüsseln von Bischöfen, Königen und anderen reichen Leuten, trinke aus ihren Bechern, ja, manchmal hüpfe ich sogar dem König ins Gesicht. Du aber lebst unter der Erde und versteckst Korn, bis es faul wird." Die Ameise entgegnete: „Ich bin edler und reiner als du, weil du wegen deiner Unreinlichkeit allen verhaßt bist, so daß sie dir nachstellen und dich verscheuchen. Magst du immerhin manchmal aus den Schüsseln der Reichen essen, so sättigst du dich doch oft genug an eklem Speichel, allerlei Verwestem, am Kot von Rindern und anderen Tieren. Ich aber ernähre mich nur vom reinsten Korn. Drum ist es offenbar, daß du schmutziger, ja unter allem, das fliegt, die Schmutzigste bist." – Man gab der Ameise recht.

Unter der Fliege, die sich manchmal an Reinem, manchmal an Schmutzigem sättigt, versteht man gewisse Priester, als welche sich nach dem Vorbild der Apostel, die Herrscher der Erde heißen, und anderer Heiliger sich köstlicher Speise nähern, nämlich dem Eucharist und dem Blute Christi, danach aber sich am niedrigsten Dreck, Wohlleben, Völlerei und anderen Lastern, die zum Tode führen, erquicken. Hinauf zum Himmel, herunter in den Abgrund steigen sie. Ezechiel ⟨22, 26⟩: Meine Heiligtümer haben sie befleckt, zwischen Heiligem und Profanem haben sie keinen Unterschied gemacht, den Unterschied von Reinem und Unreinen haben sie nicht erkannt ... und in ihrer Mitte ward ich entheiligt. – Siehe da: Gott selbst, der doch nicht unrein werden kann, sagt, daß er von ihnen verunreinigt werde, weil sie, sofern Er in ihnen ist, sie ihn verunreinigen.

(Eine längere Fortsetzung wurde weggelassen)

LXXVII.

DE PHILOMELA ET SAGITTARIO

Sagittarius quidam, auiculam paruam nomine Philomelam capiens, cum vellet eam occidere, vox data est Philomele, et ait: Quid tibi proderit, si me occideris? Nequaquam tuum ventrem implere valebis; sed, si me dimittere velles, tria tibi mandata darem, que, si diligencius conseruares, magnam inde utilitatem consequi valeres. Ille vero, ad eius loquelam stupefactus, promisit quod eam dimitteret, si hec sibi mandata proferret. Et illa ait: Nunquam rem, que apprehendi non potest, apprehendere studeas; de re perdita et irrecuperabili nunquam doleas; verbum incredibile nunquam credas. Hec ita custodi, et bene tibi erit. Ille, ut promiserat, eam dimisit: Philomela igitur, per aera volitans, dixit: Ve! tibi, o homo; quam malum consilium habuisti et quam magnum thesaurum hodie perdidisti! Est enim in visceribus meis margarita, que structionis ouum sua vincit magnitudine. Quod ille audiens valde contristatus est quod eam dimiserit, et eam apprehendere conabatur dicens: Veni in domum meam et omnem humanitatem exhibebo et honorifice te dimittam. Cui Philomela: Nunc pro certo cognoui te fatuum esse. Nam ex istis que tibi dixi, nullum fructum habuisti, quia et de me perdita et irrecuperabili doles, et me temptasti capere, cum me nequias apprehendere, et insuper margaritam tam grandem in visceribus meis esse credidisti, cum ego tota ad magnitudinem oui structionis non valeam pertingere.

Sic igitur stulti sunt, qui confidunt in ydolis, quia plasmatos a se adorant et custoditos a se custodiire se putant.

Odo 77

NACHTIGALL UND SCHÜTZE

Ein Schütze fing einst ein klein Vöglein, Philomela genannt. Da er es töten wollte, ward Philomela die Sprache verliehen, und sie sprach: „Was wird's dir frommen, wenn du mich tötest? Mitnichten kannst du dir mit mir deinen Bauch füllen; doch willst du mich freilassen, so gebe ich dir drei Sprüche: beherzigest du sie, so sollen sie dir großen Nutzen bringen." Der Mann staunte, daß sie sprechen konnte und versprach, sie freizulassen, wenn sie ihm die drei Sprüche gäbe. Und sie sprach: „Suche niemals zu fangen, was du nicht fangen kannst; traure nicht um das, was unwiederbringlich verloren ist; glaube nicht einem Wort, das unglaublich ist. Beherzige dies, und du wirst wohlfahren."
Er ließ sie frei, wie er versprochen, und Philomela flog durch die Lüfte und rief: „Wehe dir, Mensch: wie übel warst du doch beraten und welch großen Schatz hast du heute verloren! In meinem Inneren ist nämlich eine Perle, die ein Straußenei an Größe übertrifft."
Da er dies hörte, war er gar traurig, daß er sie hatte fahren lassen, und versuchte sie mit diesen Worten wieder einzufangen: „Komm doch in mein Haus: ich will mich gar liebreich gegen dich bezeigen und dich in Ehren entlassen." Ihm entgegnete Philomela: „Nun weiß ich sicher, daß du ein Narr bist. Denn aus dem, was ich dir sagte, hast du keinen Nutzen gezogen, da du um mich, die du unwiederbringlich verloren hast, trauerst; da du versucht hast, mich wieder einzufangen, ob du's gleich nicht vermagst; und da du zudem noch glaubst, ich habe eine so große Perle in meinen Eingeweiden, da ich selbst, so groß ich bin, die Größe eines Straußeneis nicht erreichen kann."
So sind auch diejenigen Narren, die an Götzen glauben, indem sie das Gebilde ihrer Hand anbeten und vermeinen, daß das sie schütze, was sie selber behüten müssen.

Avian. imit. fab.

Avian. imit. fab. 17

QUOMODO LUPUS FIT MONACHUS

Lupus, poenitentiam agens de multa rapina omnium caprarum et diuersorum animalium, habitum monachalem suscepit et se sanctum simulavit. Obuium *(sic)* ergo habuit vulpem que statim signa timoris ostendit ante lupum. Tunc ait lupus:

> Quid metuis, frater? olim ratione timebas,
> sed modo quod metuis regula nostra vetat,

Statim autem respondit vulpes:
> Ut tibi credatur, geris insignem cuculatum,
> sed licet ante parum, nunc tibi credo minus.

Moralitas. Lupus cucullatus hipocrita est. Vnde in euangelio: Attendite a falsis prophetis qui veniunt ad vos in vestimentis ovium, intrinsecus autem sunt lupi rapaces. Vulpes vero virum discretum significat, qui de facili non fallitur. Vnde:

> Grandior in tauro virtus, sed parvula vulpis
> plenius angusta sub brevitate sapit.

Avian. imit. fab. 43

DE SACERDOTE HORRIBILITER CANTANTE

Quidam sacerdos optime se cantare putabat, licet multum horribiliter sonaret. Quadam autem die fuit quedam Mulier

Avian. imit. fab.

Av. imit. fab. 17

DER WOLF ALS MÖNCH

Da es den Wolf reute, daß er so viele Ziegen und andere Tiere geraubt, legte er eine Mönchskutte an und gab sich als fromm aus. Da kam ihm der Fuchs entgegen und gab sogleich zu erkennen, daß er sich vor dem Wolf fürchtete. Da sprach der Wolf:
Bruder, was fürchtest du mich? Einst hast du zu Recht mich gefürchtet,
aber die Regel verwehrt das mir, wovor es dir bangt.
Gleich aber antwortete der Fuchs:
Daß man dir glauben soll, zeigst du an durch das Tragen der Kutte:
traut' ich dir wenig zuvor, tu ich's noch weniger jetzt.
Moral. Der Wolf in der Kutte ist ein Heuchler. Drum heißt es im Evangelium: Hütet euch vor den falschen Propheten, die in Schafskleidung zu euch kommen, im Innern aber reißende Wölfe sind. Der Fuchs aber bedeutet den Vorsichtigen, der sich nicht leichtlich täuschen läßt. Daher:
Größer ist Stärke des Stiers, doch mag auch so klein noch der Fuchs sein,
ist er, gering von Gestalt, mehr doch begabt mit Verstand.

sed modo quod metuis: quod *scripsi pro* quid.
Sed licet ante parum: *sed* scripsi pro *nam* (suadente Hervieux).
cuculatus *sive* cucullatus. Evangelium: Matth. 7, 15
ergo hat im m.lat. oft nicht mehr begründende Kraft sondern dient lediglich zur Weiterführung einer Erzählung (ähnlich auch *autem*).

Av. imit. fab. 43

DER PRIESTER, DER SCHRECKLICH SCHLECHT SANG

Ein Priester glaubte, er sänge sehr gut, dabei aber klang es ganz abscheulich. Da war nun eines Tages eine Frau in der

in ecclesia; audiens illum Sacerdotem alte cantantem, cepit
deuote et alte flere. Sacerdos autem estimauit, quod suauitate
vocis sue esset mota ad deuocionem, vt ergo fleret, et aduc
alcius cantabat. Et iterum alcius tunc flebat. Et sic terna vice
exaltauit cantum suum, vt illa magis deuota efficeretur. Tunc
Sacerdos dixit mirando cur illa fleret. Et illa ait: O domine,
ego sum illa infelix Mulier [huius], cuius asinum lupus heri
in campum abstulit et deuorauit, cui ego non poteram resistere, quamuis asinus maxime clamaret. Quando ergo audio
vos cantare, statim ad memoriam reduco qualiter asinus meus
resonabat propter similitudinem vocis vestre. Quo audito,
Sacerdos erubuit maxime, et vnde quesiuit gloriam et placen-
tiam hominum, scilicet in cantu suo, inde tulit confusionem
et ignominiam.

Nicolai Bozon
Exempla quaedam,
e Gallica lingua in latinam translata

I.

LEO, LUPUS, VULPIS ET ASINUS

Lupus et Asinus et Vulpis semel erant citati ad curiam Leonis, qui dixit Lupo quid faceret ibi? Et respondit: Domine,
inquit, quia osculatus sum quamdam ovem venientem de
longinqua peregrinacione. Et dixit Leo: Bene! statim redeas
domi! Bene sciunt omnes homines quod natura tua est osculari oves errantes et custodire que non habent pastorem.
Deinde dixit Vulpi: Et tu, Reginalde, prudens in conciliis,
quare es tu in tantum vexatus? – Domine, dixit ille, auca super

Kirche, und als sie diesen Priester laut singen hörte, begann sie wie aus Frömmigkeit laut zu weinen. Der Priester aber glaubte, daß die Schönheit seiner Stimme sie so fromm gerührt habe, daß sie weinte, und sang noch lauter. Sie wiederum weinte noch lauter. So erhob er denn zum dritten Mal seine Stimme, auf daß sie noch frommer würde. Da wunderte sich der Priester, weshalb sie wohl weinte und fragte sie, und sie antwortete: Herr, ich bin ein unglückliches Weib, dessen Esel gestern der Wolf auf dem Feld wegschleppte und verschlang, und ich konnte es ihm nicht wehren, ob gleich mein Esel ganz laut brüllte. Wenn ich Euch nun singen höre, fällt mir sogleich wieder ein, wie mein Esel schrie, wegen der Ähnlichkeit Eurer Stimme. – Als der Priester dies hörte, wurde er ganz rot, denn das, womit er sich Ruhm und das Wohlgefallen der Leute erwerben wollte, nämlich sein Singen, brachte ihm Schmach und Schande ein.

Schon die Anrede „vos" bezeugt den spät-mittelalterlichen Ursprung dieser Schnurre. – huius – cuius: sie war nicht die Mutter des Eselbesitzers, sondern es war die ihre (asinus meus), so daß wir *huius* als Dittographie gestrichen haben.

Nicolaus Bozon

Aus den Exempla des Nicolaus Bozon 1
LÖWE, WOLF, FUCHS UND ESEL

Der Wolf, der Esel und der Fuchs wurden einmal zum Hof des Löwen vorgeladen. Der fragte den Wolf, weshalb er hier sei. Der antwortete: „Herr, weil ich ein Schaf geküßt habe, das von langer Pilgerfahrt kam." Sprach der Löwe: „Gut so: du magst gleich heimgehen. Weiß doch jedermann, daß es deine Art ist, irrende Schafe zu küssen und die zu hüten, die keinen Hirten haben." Dann sprach er zum Fuchs: „Und du, Reginald, klug im Rate, warum wird dir so zugesetzt?" –

me conquesta est quod, post confescionem suam michi factam, nimiam sibi dedi penitenciam, et citatus sum ad veniendum huc ad respondendum de delicto. – Vere, dixit Leo, modicum habuerunt facere. Redeas domi, quia officium tuum est dare penitenciam post confescionem. Post hec quesivit ab Asino, dicens: Domine Baldewine, quid fecisti tu, et quare huc venisti? Respondit ille: Domine, miserere mei pro amore Dei! Transiens per sata, sumpsi buccellam de avenis unius hominis, et pro tanto sum constrictus ad curiam vestram comparare. Respondit Leo: Malo tempore velles tu destruere probum hominem! Et dixit clientibus et scutiferis suis: Primo fortiter verberetur Asinus et postea flagellis conscindetur!

Ita enim est modo in mundo et in Ecclesia de prelatis et baillivis, parcentibus illis qui sunt magni et potentes, et opprimunt simplices et asininos homines pluries sine ratione.

IV.

BUBO, PULLUS SUUS ET ACCIPITER

– Bubo (anglice *an howle*) rogavit Accipitrem ut pullum suum nutriret et in bonis moribus educaret, quod sibi concedens jussit illum adducere et nido suo inter pullos suos ponere. Cui dixit Accipiter quod in omnibus pullis suis conformaret et illorum educacionem adisceret diligenter. Qui respondit se paratum in omnibus suis parere mandatis. Tandem Accipiter, pro cibo querendo, patriam intravit, et rediens nocte nidum suum turpiter invenit fedatum. Querenti sibi quis sic nidum maculavit, responsum est quod pullus Bubonis illum fedavit.

„Herr," sprach dieser, „eine Gans hat mich verklagt, weil ich ihr, nachdem sie mir gebeichtet hatte, eine übermäßige Pönitenz auferlegt hätte, und derhalbe wurde ich vorgeladen, um mich wegen dieses Vergehens zu verantworten." – „Wahrlich," sprach der Löwe, „recht unbedeutenden Anlaß hatten sie. Gehe heim, denn es ist deines Amtes, nach der Beichte eine Buße aufzuerlegen." Dann fragte er den Esel: „Herr Balduin, was hast du getan und warum bist du gekommen?" Der antwortete: „Herr, erbarme dich meiner um Gotteswillen! Als ich durch ein Feld ging, nahm ich mir einen Mundvoll vom Hafer eines Menschen, und wegen dieser großen Übeltat ward ich gezwungen, an Eurem Hof zu erscheinen." Der Löwe entgegnete: „Zu übler Stunde wolltest du einen braven Mann ruinieren?" Und er sprach zu seinem Gefolge und seiner Leibwache: „Erst soll man den Esel tüchtig prügeln, und ihn dann totpeitschen."

So gehts auch manchmal in der Welt und in der Kirche mit Prälaten und königlichen Beamten: sie schonen die Großen und Mächtigen, aber unterdrücken oftmals ohne Grund die Einfältigen und Eselhaften.

Nicolaus Bozon 4

DER UHU, SEIN JUNGES UND DER FALKE

Der Uhu (auf Englisch: an owl) bat den Falken, sein Junges zu verpflegen und in guten Manieren zu erziehen. Der willigte ein und hieß ihn, sein Junges herzubringen und mit den seinen ins Nest zu setzen. Der Falke sagte dem Uhujungen, er solle sich in allem seinen Jungen anpassen und aufmerksam das lernen, wozu diese erzogen würden. Der junge Uhu antwortete, er sei bereit, allen seinen Geboten zu gehorchen. Der Falke flog auf der Suche nach Nahrung übers Land, und als er des Nachts zurückkam, fand er sein Nest häßlich beschmutzt. Als er fragte, wer so das Nest besudelt habe, antwortete man ihm, das Uhujunge habe es getan. „Ah," sprach

A! dixit Accipiter: *Hyt ys a fowle brydde that fylyzth hys owne neste*.
Ita est de pluribus natura ignobilibus: scilicet rota fortune dignitati sublimatis vel in religione existentibus, quod frequenter ostendunt factis unde processerunt, quia ad educacionem primariam sepe revertuntur.

XIV.

LEPUS ET LUPUS

Lepus, cum canes latrare audierit et venatorem cornu sonare, fugam capit, cum aliud refugium non habeat nisi velocitatem pedum suorum, quia nec propter donaria vel promissa parcerent sibi canes, si illos expectaret, etc. Faciant sic juvenes nostri: cum mulierculas ducentes coreas viderint et audierint venatorem cornu sonantem, id est ministrallum fistula canentem, vel aliud genus melodie facientem, statim fugiant ne capiantur et morti tradantur, juxta consilium Apostoli dicentis: Fugite fornicacionem, et non solum factis, sed omnem occasionem. Ab omni specie mala abstinete vos. Non dicit: Pugna, sed: Fuge, sciens quod difficile est de manibus eorum fugere seu evadere, nisi quis fugam voluerit capere; sicut dicit Salomon: Vincula manus ejus, id est mulieris.

Fabula ad hoc de Lupo qui, obvians Lepori, dixit: Quid facis tu? Ubi moraris? Unde servis? Quare inter alia animalia non vivis? Tu semper latitas, quasi miser et vecors corde. – Non, dixit alius. Tecum pugnare volo, et in hoc ostendam audaciam meam. – A! dixit Lupus, magnam mercedem tibi dabo, si quod promiseris implere volueris. Ad quem Lepus: Videas me hic paratum. Et cum hoc cepit fugere. – A! quid est hoc?

der Falke, „it is a foul bird that fouls its own nest" – es ist ein schmutziger Vogel, der das eigene Nest beschmutzt.
So geht's mit vielen, die von Natur gemein sind: wenn das Glücksrad sie zu hohen Würden oder Kirchenämtern erhoben hat, zeigen sie oft durch ihr Benehmen, woher sie kommen, indem sie oft zu ihrer Kinderstube zurückkehren.

Nicolaus Bozon 14

HASE UND WOLF

Wenn der Hase die Hunde bellen und das Jagdhorn schallen hört, ergreift er die Flucht; hat er doch keine andere Rettung als seiner Füße Schnelligkeit, denn würde er die Hunde abwarten, so würden sie ihn weder gegen Geschenke noch Versprechungen verschonen, etc. (sic).
Möchten doch unsere jungen Leute so handeln: wenn sie Mägdlein tanzen sehen oder das Jagdhorn hören, das heißt, den Spielmann, wenn er die Flöte bläst oder sonstige Musik macht, sollten sie sogleich flüchten, auf daß sie nicht gefangen werden und dem Tod anheimfallen, wie es der Apostel rät: „Fliehet die Unzucht und nicht nur die Tat selbst, sondern jegliche Gelegenheit dazu. Des Bösen aller Art enthaltet euch."
Er sagt nicht, „Kämpfe," sondern „Fliehe!": denn er weiß, daß es schwierig ist, ihren Händen zu entflüchten oder zu entgehen, es sei denn, man flüchtet. So sagt auch Salomon ⟨Eccl. 7, 26⟩: „Ihre Hände (nämlich die des Weibes) sind Fesseln."
Hierzu erzählt die Fabel: Der Wolf traf den Hasen und sprach: „Was machst du? Wo wohnst du? Wo stehst du in Diensten? Warum lebst du nicht mit anderen Tieren zusammen? Immer versteckst du dich, weil du ein elender Feigling bist." – „Nein," sprach der andere, „ich will mit dir kämpfen und dir so meinen Mut beweisen." – „Ah," sprach der Wolf, „großen Lohn will ich dir geben, wenn du dein Versprechen hältst." Der Hase sprach zu ihm: „Hier magst du mich bereit sehen," und damit ergriff er die Flucht. „He," rief der Wolf, „was ist das?

dixit Lupus; pugnas tu fugiendo? – Ita, dixit, alius. Tali modo multos leporarios vici et victoriam optinui.

Ideo unusquisque, volens contra peccatum victoriam optinere, fugiat consorcia feminarum, etc.

Dialogus creaturarum

Dialog. creat. XXVI

DE RUTA ET ANIMALIBUS

Ruta, ut dicitur de virtutibus herbarum, inter cæteras virtutes, quas habet, hanc in se retinet, quia bibita vel comesta mirabiliter contradicit veneno et omnibus morsibus venenosis, cum fuerit contrita cum allio, sale et nucibus. Propter hanc virtutem, quam contra venenum habet, animalia cuncta venenosa convenerunt simul ad ipsum dicentes: tolle te de medio, obsecramus, et non intromittas te inter nos et genus humanum, quia modis omnibus venena nostra cupimus seminare inter homines eosque delere, propter quod nos persequuntur et mactant. Quibus ruta: verba vestra iniqua sunt et dolosa, de vobis namque dicitur Psalm. XIII°: venenum aspidum sub labiis eorum. Maligni, quare nitimini delere hominem, quem Deus in principio creavit et dominum omnium constituit? Ex quo enim dicitis, quod ego habeo gratiam et virtutem contra vos vestraque venena, de cætero gratia Dei in me non vacua erit, sed semper in me manebit, quoniam contraria semper vobis ero, ne hoc facinus consummetis. Et addidit: boni

Kämpfst du dadurch, daß du wegläufst?" – "Ja," sprach der, "auf diese Weise habe ich schon viele Hasenjäger besiegt und den Sieg davongetragen."

Daher soll ein jeglicher, so er der Sünde obsiegen will, die Gesellschaft von Weibern fliehen, etc.

ministrallis: zurückgehend auf *minister*, Diener, dann spez. zur Unterhaltung; vgl. engl. *minstrel*, frz. *ménestrel*.

ab omni specie mala: im klass. Lat. wäre dies „Jedes bösen Anscheines enthaltet euch", doch könnte analog der schon im klass. Latein vorkommenden Wendung *omne genus poma* (Petron), wo der Nom. (bzw. Akk.) statt des Gen. partit. gesetzt wird, *ab omni specia malorum* gemeint sein.

Dialogus creaturarum

Dial. creat. 26

DIE RAUTE UND DIE TIERE

Wie man über die guten Eigenschaften der Raute sagt, hat sie außer anderen Nutzanwendungen noch diese: daß sie auf wunderbare Weise ein Gegengift gegen alle Gifte ist, die man getrunken oder gegessen hat, und auch gegen alle giftigen Bisse, wenn man sie mit Knoblauch, Salz und Nüssen anreibt. Wegen dieser guten Wirkung als Gegengift, die sie besitzt, kamen alle giftigen Tiere zusammen zu ihr und sagten: Hebe dich hinweg, wir bitten dich, und stelle dich nicht zwischen uns und die Menschheit, weil wir auf jegliche Art unser Gift den Menschen beibringen und sie ausrotten wollen, da sie uns verfolgen und umbringen. Die Raute antwortete: Eure Worte sind unrecht und tückisch; sagt doch über euch der 13. Psalm: Natterngift ist auf ihren Lippen. Ihr Bösewichte, weshalb strebt ihr, den Menschen auszurotten, den doch Gott im Anbeginn erschuf und zum Herren über alle einsetzte? Denn was ihr da sagt, daß mir die Gnade ward, gegen euch und eure Gifte wertvoll zu sein, so wird Dankbarkeit gegen Gott in mir nicht vergehen, sondern immer bestehen, indem ich stets wider euch sein will, auf daß ihr diese Übeltat nicht vollenden

debent prævalere malis, ne possint nocere. Ita agere debent rectores et provide semper obviare malis et contradicere ac eos punire. Quia dicit Seneca: bonis nocet, qui malis parcit, non enim parcere debet judex malefactoribus, quia judex, qui non corrigit peccantem, peccare imperat. Unde Ambrosius: cum uni indulgetur indigno, plurimi ad proditionis peccatum provocantur. Prout refert Valerius libro V⁰ de Bruto Romanorum primo consule, qui filios suos comprehensos pro tribunali sedens virgis cæsos et post ad palum ligatos percuti securi jussit, quia dominationem Tarquinii a se expulsam reducere volebant. Maluit enim orbatus filiis manere quam publicæ vindictæ deesse. Cui simile refert Augustinus de civitate Dei V[to], quod, cum quidam imperator Romanorum mandasset sub poena mortis, ne aliquis contra aciem inimicorum pugnaret, filius ejus ab hostibus provocatus multotiens cum contra eos pugnasset et patris mandata fregisset, quamvis patriam defendisset et hostes vicisset, tamen pater, ut justitiam servaret, ipsum mandavit interfici.

Die Raute wird schon bei Plinius (N.H. 19, 156) erwähnt, allerdings nur als Zutat zu Honigwein (mulsus). – Mittelalterliches Denken sieht keine Inkongruenz in der Bibelkenntnis einer Pflanze (vgl. Einleitung). – Valerius ist Val.

XXVIII.

DE ABROTANO ET LEPORE

Abrotanus dicit Horatius lignum et cætera infixa extrahit sua proprietate cum anxungia. Unde quidam lepus claudicans humiliter venit ad eum, habebat enim spinam infixam in pede, dicens: o medice animarum et corporum, miserere mei et sana me. Hoc dicens pedem dextrum illi ostendebat, abrota-

könnt. Und sie fügte hinzu: die Guten müssen über die Bösen die Oberhand haben.

So müssen die Herrscher handeln und weitblickend immer sich den Bösen entgegenstellen, sie widerlegen und bestrafen. Sagt doch Seneca: Den Guten schadet, wer die Bösen schont, darum darf der Richter die Übeltäter nicht schonen, weil ein Richter, der den Sünder nicht züchtigt, Sünde gebietet. Daher sagt Ambrosius: Wird einem Unwürdigen Nachsicht erwiesen, so werden dadurch sehr viele zur Sünde des Abfalls herausgefordert. Wie denn auch Valerius im fünften Buch über Brutus, den ersten Konsul Roms, berichtet: man ergriff seine Söhne und führte sie vor seinen Richterstuhl, und er ließ sie erst mit Ruten streichen und sie dann an einen Pfahl binden und mit dem Beil erschlagen, weil sie die Herrschaft des Tarquinius, den er vertrieben hatte, wiederherstellen wollten. Er wollte also lieber kinderlos bleiben als es an öffentlicher Strafgerichtsbarkeit fehlen lassen. Ähnlich berichtet Augustin im 5. Kapitel seines Gottesstaates: es habe einmal ein römischer Feldherr bei Todesstrafe verboten, das feindliche Heer zu bekämpfen; sein Sohn, vom Feind herausgefordert, habe oftmals mit ihm gekämpft und damit seines Vaters Gebot übertreten; und obwohl er sein Vaterland verteidigt und den Feind besiegt hatte, befahl sein Vater, ihn hinzurichten, damit das Recht gewahrt bleibe.

Maximus: er schrieb unter Tiberius; sein Werk, Factorum et dictorum memorabilia, Denkwürdige Taten und Aussprüche, war im Altertum wie im Mittelalter ein beliebtes Buch für den Rhetorik- und Schulunterricht.

Dial. creat. 28

VON DER STABWURZ UND DEM HASEN

Die Stabwurz, sagt Horaz, zieht kraft ihrer Wirkung Holz- und andere Splitter unter Anwendung von Wagenschmiere heraus. Daher kam einst ein hinkender Hase demütig zu ihr, denn er hatte einen Dorn im Fuß stecken, und sprach: O Arzt der Seelen und Leiber, erbarme dich meiner und heile mich.

nus autem pietate commotus super vulnus ejus se posuit et spinam inde eduxit eumque curavit, lepus vero non immemor beneficii quotidie lagenam aquæ super humeros suos portabat et abrotanum ad radicem balneabat et porrigebat aquam, ut abrotanum viride et friscum permaneret, dicens: semper ad benefactores simus boni servitores. Non enim sic faciunt maligni et ingrati, imo, quod cito beneficia recepta sunt, oblivioni tradunt. Unde Salomon interrogatus, quid inter homines facilius se nesciret, respondit: beneficium. Et propterea dicit Catho: beneficii accepti memor esto. Idem: exiguum munus cum dat tibi pauper amicus, accipito placide et plene laudare memento. Reddere ergo debes beneficium amico cum usuris, si potes, alioquin in memoria frequenter non habebis beneficium tibi collatum ab amicis, ut benefactorem inde collaudes. Quia dicit Seneca: satis magna est usura pro beneficio memoria. Idem: ingratus est enim, qui beneficium reddit sine usura. Legitur in Ecclesiastica Historia, quod quædam leæna, habens speluncam juxta cellam beati Macharii, invenit catulos suos cæcos, quos ante pedes ejus portavit, et intelligens vir sanctus, quod pro catulis benigne supplicaret, ipse orando illuminavit eos. Quæ non ingratam se reputari voluit, quia pelles omnium bestiarum, quas capiebat, sæpe quasi pro mercede ad ostium cellæ ejus deportabat. Item quædam bestia alia ad cellam beati Macharii cum filio cæco nato, nutu sanitatem orans, accessit. Qui intelligens oravit pro filio et statim vidit et cum gratiarum actione recessit et post paululum rediit cum omnibus filiis suis onustis ex pellibus ovium, offerens Dei viro quasi pro munere, et inclinato capite recessit ei gratias agens.

Sprach's und zeigte ihr seinen rechten Fuß; die Stabwurz aber legte sich mitleidig auf seine Verletzung, zog den Dorn heraus und heilte den Hasen. Der Hase aber gedachte ihrer Wohltat und brachte ihr jeden Tag auf seiner Schulter einen Krug Wassers; damit begoß er die Stabwurz bis zur Wurzel und versorgte sie mit Wasser, auf daß sie grün und frisch bliebe. Dabei sprach er: Wer uns Gutes hat getan, dem steht uns zu dienen an.

Nicht also handeln Böse und Undankbare: im Gegenteil, sobald man ihnen eine Wohltat erweist, vergessen sie ihrer. Daher antwortete Salomon auf die Frage, was die Menschen am leichtesten vergäßen: Eine Wohltat. Derhalbe sagt Catho: Sei empfangener Wohltat eingedenk; und ferner:

Hat dir ein armer Freund auch geringe Gabe gegeben,
nimm sie freundlich entgegen und sieh, daß du reichlich sie
lobest.

Dem Freunde sollst du also, wenn du kannst, eine Wohltat mit Zinsen vergelten; sonst möchtest du oft des Guten, das dir Freunde erwiesen haben, nicht gedenken, statt den Wohltäter deshalb zu loben. So sagt denn auch Seneca: Gedenken ist hinreichender Zins für eine Wohltat. Derselbe sagt: Undankbar ist, wer eine Wohltat ohne Zinsen nur erwidert. Man liest in der Kirchengeschichte, daß eine Löwin, die ihre Höhle nahe der Klause des Hl. Macharius hatte, sah, daß ihre Jungen blind waren. Da legte sie ihm diese vor die Füße, und der Heilige begriff, daß sie in Demut für ihre Jungen bittstellig war; so betete er und gab ihnen die Sehkraft. Sie aber wollte nicht als undankbar gelten und brachte darum gleichsam als Lohn die Felle aller Tiere, die sie fing, an seine Tür. – Noch ein anderes wildes Tier kam zur Klause des Hl. Macharius mit einem blindgeborenen Jungen und bat mit Gebärden um Heilung. Er verstand dies, betete für das Junge, und alsbald konnte es sehen. Da schied das Muttertier mit Dankbezeugungen und kam nach einer Weile mit allen seinen Jungen wieder. Sie waren mit Schafspelzen beladen, die sie dem Manne Gottes gleichsam zum Lohn anbot, und schied geneigten Hauptes und dankbar.

Der Name der Pflanze schwankt: (h)abrotonum. Die Verweisung auf Horaz ist unrichtig: er erwähnt die Pflanze lediglich (Ep. 2, 1, 114) als ein Heilkraut, das nur Befugte verschreiben. Dagegen beschreibt Plinius (N.H. 21, 160-162) eingehend die Wirkungen dieser Panazee, die u.a. Husten, den Bruch, Entzündungen heilt, ein Aphrodisiakum sei, ferner ein Gegengift, und auch „Fremdkörper aus dem Fleisch zieht." Die Wagenschmiere (axungia ist die gebräuchlichere Form) ist nirgends erwähnt. Columella (12, 35) erwähnt die Pflanze nur als eine unter mehreren Weinwürzen. – Semper ad benefactores...: Reim-

XXX.

DE VERBENA ET LUPO

Macer dicit, quod, si quando visitas infirmum, portaveris verbenam et quæsiveris ab eo, quomodo est sibi, si ipse respondet: bene est mihi, bene evadet, et si dixerit: male, non est spes liberationis. Unde fuit quidam lupus medicus nominatissimus, qui quendam ægrotum medicabat, dans ei spem evadendi cito. Vulpes autem agnoscens virtutem verbenæ, ut lupum deciperet, ad visitandum languidum processit secum portans ramusculum verbenæ et ipsum interrogavit, qualiter se haberet. Cui infirmus: male est mihi. Vulpes autem secura effecta est de morte ægroti et ad lupum medicum perrexit dicens: quid dicis, medice, de languido illo? Cui lupus: cito liberabitur. Est enim quasi in convalescentia secundum motum pulsus et urinæ. Vulpes autem subridens ait: falleris, medice, nesciens artem medicinæ; non enim evadere potest ullo modo, quia sententia mortis data est ei. Lupus autem contradicebat, altricantibus simul pignus in præsentia multorum miserunt. Interea post dies octo infirmus ille migravit de seculo et lupus confusus spoliatus mansit dicens: pignus mittere de incertis non est sensus, sed desensus[1]. Ergo cave et tu noli te obligare neque dicere ea, quæ pro certo nescieris, ne decipiaris. Prout dicit Socrates inquirenti cuidam, quomodo

---

[1] Andere: amentio [amentia].

sentenz. Catho: „Dionysius" Cato: die *Dicta Catonis*, auf älteste römische Spruchweisheit zurückgehend, bestehen aus 1. kurzen Betragensregeln (in Prosa), 2. Disticha, 3. Monosticha. Sie waren schon im 4. Jhdt. außerordentlich verbreitet, erhielten christliche Zusätze, wurden wahrscheinlich in der Karolingerzeit neu ediert und bildeten das beliebteste Schulbuch. Das erste hier angeführte Zitat steht in den *dicta*, das zweite ist Nr. 20 des ersten Buches. – inclinato capite recessit ei gratias agens: kannte Chr. Morgenstern diese Stelle, als er schrieb, „Drum schied er dankbar und ergeben?"

Dialogus creaturarum 30

DIE VERBENE UND DER WOLF

Macer sagt, daß, wenn einer beim Krankenbesuch eine Verbene bei sich trägt und den Kranken fragt, wie es ihm gehe, und dieser sagt, „Gut," daß es dann gut mit ihm ablaufen werde; sage er aber, „Schlecht," so besteht keine Hoffnung auf Genesung.

So geschah es, daß einmal ein Wolf, ein hochangesehener Arzt, einen Kranken behandelte und ihm Hoffnung gab, bald gesund zu werden. Der Fuchs aber kannte die Kraft der Verbene und wollte den Wolf hereinlegen; so besuchte er den Kranken, trug dabei ein Zweiglein Verbene bei sich und fragte ihn, wie es ihm ginge. Der Kranke sagte: „Mir geht's schlecht." Der Fuchs war nun sicher, daß der Patient sterben würde; er ging zum Wolf und sprach: „Was sagst du, Arzt, über jenen Kranken?" Der Wolf sagte: „Er wird bald gesund sein. Er ist nämlich, nach Puls und Urin zu urteilen, fast schon auf dem Wege der Genesung." Der Fuchs lächelte und sprach: „Du irrst, Doktor, und verstehst nichts von Medizin: der kann auf keine Weise loskommen, weil über ihn das Todesurteil verhängt ist." Der Wolf widersprach, sie stritten miteinander und schlossen im Beisein vieler anderer eine Wette ab. Inzwischen verließ der Kranke nach acht Tagen diese Welt; der Wolf war bestürzt, hatte den Verlust und sprach: „Über Ungewisses zu wetten macht keinen Sinn, sondern ist Unsinn."

Also sieh dich vor, und verbinde dich nicht, noch sage das, was du nicht genau weißt, damit du nicht hereingelegt wirst. Wie denn auch Sokrates einem auf die Frage, wie er am besten

optime possit verum dicere. Respondit: si nihil dixeris nisi quod bene scieris. Et ut dixit philosophus: si dicere metuas, unde pœniteas, semper tacere melius est. Sed multi ea, quæ dicunt, sive bona sive mala cupiunt defendere ac pro viribus altricando litigare. Unde cum quædam mulier assueta litigare cum viro transiret per pratum, dicebat vir, quod esset falcatum, et illa, quod erat tonsum. Ex his sumpta occasione processit vir de verbis ad verbera et ei linguam amputavit. Cum autem non posset loqui, digitis quasi forficibus ostendebat pratum esse tonsum. Consimile dicitur de alia quadam, quæ litigans cum viro suo eum vocavit pediculosum. Ille autem commotus eam correxit et verberavit, sed cum nollet se emendare, venit postea coram vicinis, ut eam confunderet, et projecit eam in aquam conculcans et suffocans eam. Cum autem loqui non posset, elevatis manibus pediculorum attritionem cum pollicibus repræsentabat. Quapropter Ecclesiast. XXVIII: multi ceciderunt in ore gladii, sed non sic, quasi qui interierunt per linguam suam.

Macer: Aemilius Macer, Dichter aus Verona, starb i. J. 16 v. Chr. in Asien, schrieb ein Gedicht (nur Bruchstücke erhalten) über Tiere und Medizinalpflanzen. – Die Verbene, auch Eisenkraut genannt, spielte eine bedeutende Rolle in römischen religiösen Zeremonien, z.B. wenn in Pestzeiten ein *lectisternium* abgehalten wurde; auch Gesandte, die den Feind zur Wiedergutmachung aufforderten, trugen die Verbene (Plinius N.H. 21, 5). Über die magischen Eigen-

DE UPUPA ET PAPAGO

Upupa quædam avis est, ut dicit Isid. Ethim. XII: upupam Græci appellant eo, quod stercora humana consideret et fœ-

die Wahrheit sprechen könnte, antwortete: „Wenn du nichts sagst außer dem, was du genau weißt." So sagte auch ein Philosoph: Wenn du dich fürchtest, etwas zu sagen, das dich gereuen könnte, ist es immer besser, zu schweigen. Es wollen aber viele alles, was sie sagen, Gutes oder Schlechtes, verteidigen und sich mit aller Kraft auf Wortstreit und Prozesse einlassen. – So ging einmal eine Frau, die mit ihrem Mann zu streiten pflegte, mit ihm über eine Wiese; der Mann sagte, sie sei mit der Sichel gemäht worden, die Frau behauptete, man habe sie abgeschoren. Dies war der Anlaß, daß der Mann von Worten zu Prügeln überging und ihr schließlich die Zunge abschnitt; doch da sie nun nicht mehr sprechen konnte, schnippelte sie mit den Fingern wie mit einer Schere, um zu zeigen, die Wiese sei doch geschoren worden. Ganz ähnlich erzählt man von einem anderen Weibe, die sich mit ihrem Mann zankte und ihn einen Lausekerl nannte. Er wurde wütend, strafte und prügelte sie, aber als sie sich durchaus nicht bessern wollte, ging er danach ⟨mit ihr⟩ vor die Nachbarn, um sie zu beschämen, warf sie dann ins Wasser und trat sie mit Füßen, um sie zu ertränken. Und da sie schon nicht mehr reden konnte, hob sie ihre Hände empor und machte mit den Daumen nach, wie man eine Laus knickt.

Drum heißt es in Ecclesiasticus 28: Viele sind durchs Schwert umgekommen, aber nicht so viele, wie durch ihre Zunge umgekommen sind.

schaften der Pflanze, siehe ibid. 25, 105–107). *quomodo est sibi* aber bald danach korrekt, mit Konjunktiv, *qualiter se haberet*. – Verwechslung von *sibi* und *ei* ist m.alt. quae pro certo nesciveris: korrekter wäre: quae non pro certo sciveris. – *altricare* (-i) statt *altercare*. Nebeneinander der korrekte Abl. *digitis ostendebat* und der Barbarismus *cum pollicibus*.

Dialog. creatur. 59

WIEDEHOPF UND PAPAGEI

Der Wiedehopf ist ein Vogel, den die Griechen, wie Isidorus sagt, so nennen (upupa, epops), weil er Menschenkot beschaut

tenti pascatur fimo, avis spurcissima, cristis exstantibus galeata, semper in sepulchris et humano stercore commorans, cujus sanguine qui se unxerit, dormitum pergens dæmones suffocantes se videbit. Hæc, propter quod est pulchra et placide cristata pennisque variata, sublimare se cœpit, intuens papagum penes regem morari in cavea deaurata, qui et splendide pascebatur de cibo regis, et ait: placida sum ut papagus, tamen magno labore cibum mihi quæro, iste autem papagus sine sudore honorifice manet et ad libitum saturatur, certe volo ad regem ire et in cavea canere et ut pagagus epulari et gaudere cum domino. Dum autem ad regem advolaret et rex claudens eam in cavea collocaret, cœpit plurimum amaricari videns se captam et in potestate alterius. Unde præ tristitia et dolore parum vixit et duravit dicens: libertati comparari potest nil nec æstimari. Sic enim multi loquuntur de religiosis dicentes: isti fratres bene se habent, optime saturantur, cantant et sine magno labore degunt. Unde cum probare volunt, intuentes se sub regula conclusos et in potestate alterius, pœnitet eos non habentes libertatem propriam. Unde philosophus: non bene pro toto libertas venditur auro. Narrat Valerius VI⁰, quod Leonidas nobilis Spartanorum cum trecentis civibus pugnavit contra Xerxem, regem Persarum pro libertate patriæ et alacri voce exhortatus est suos dicens: sic prandete commilitones mei, tamquam apud inferos cœnaturi.

und sich von stinkendem Dreck ernährt, ein höchst schmutziger Vogel mit einem Kamm von Federn. Er hält sich immer auf Gräbern und bei Menschenkot auf, und reibt sich einer mit seinem Blut ein, so wird er, wenn er schlafen geht, Dämonen sehen, die ihn erwürgen.

Weil er nun schön aussieht und einen gar hübschen Kamm von bunten Federn trägt, begann er sich zu überheben. Beim König sah er einen Papagei, der in einem goldenen Käfig wohnte und auch herrlich von des Königs Speisen beköstigt wurde; da sprach er: Gefällig so wie der Papagei sehe ich aus, doch muß ich mir mit großer Mühe meine Nahrung suchen; jener Papagei aber führt ohne Schweiß ein herrlich Leben und wird satt, wie's ihm beliebt. Wahrlich, ich will zum König gehen und im Käfig singen und wie der Papagei schmausen und mit dem Herrn fröhlich sein.

Als er also zum König flog und dieser ihn im güldenen Käfig einschloß, ward ihm gar bitter weh zumute, da er sich gefangen und in eines anderen Macht sah. Drum lebte er vor Trauer und Schmerz nur kurze Zeit, dieweil er sprach: Mit der Freiheit kann sich nichts vergleichen, noch wie sie geschätzt werden.

So sprechen nämlich viele von den Mönchen und sagen: Den Brüdern geht es gut, sie werden fein satt, singen und verbringen die Zeit ohne viel Arbeit. Wenn sie daher beweisen wollen, daß sie bei näherer Betrachtung nach ihrer Ordensregel abgeschlossen und in andermanns Gewalt leben, reut es sie, daß sie keine eigene Freiheit besitzen. Drum sagt auch der Philosoph:

Nicht für alles Gold verkauft man günstig die Freiheit.[1]

Es erzählt Valerius im 6. Buch, daß Leonidas, ein Edelmann von Sparta, mit 300 Mitbürgern gegen Xerxes, den Perserkönig, für die Freiheit seines Vaterlandes kämpfte, und mit lauter Stimme die Seinen also ermahnte: Frühstückt so, Kameraden, wie Männer, die in der Unterwelt zu Nacht speisen

---

1 Das komplette Zitat, aus dem Göttinger Florilegium und Romulus 54 (Hervieux 2.412) fährt fort:
hoc caeleste bonum praeterit orbis opes

Cui omnes intrepidi paruerunt, et cum non esset spes evadendi, ita eos animavit, quod omnia patienter sustinerent potius quam servire Persis et libertatem propriam amitterc. Item refert Orosius lib. VI°: quod Demetrius rex Ponti et Armeniæ, cum obsideret eum filius suus nec desisteret vellet ab obsidione, contristatus ad interiora domus suæ descendit et omnibus uxoribus suis et filiabus et meretricibus venenum dedit et ipse postea præ desperatione sumpsit. Sed cum nec statim vitam finiret, cuidam de hostibus per murum intranti jugulandum se exhibuit, antequam hostibus subjaceret et proprium arbitrium amitteret. Item refert Orosius, quod, cum quidam obsessi fuissent a Scipione Africano et Romanis et vidissent se non posse resistere, cum caperentur, ne de bonis eorum gauderent Romani, clauserunt portas civitatis suæ et se ac omnia sua et urbem incendio cremaverunt, antequam hostibus libertatem super se traderent. Legitur in historiis scholasticis, quod tempore Abrahæ quidam rex Babiloniæ nomine Belus invasit Siriam in aliqua parte et statim mortuus est. Sed uxor ejus Semiramis cupiditate regnandi, ut posset regnare, proprio filio nomine Nino nupsit, qui post totam Siriam cepit et fecit civitatem magnam itinere dierum trium et suo nomine Nino appellata est Ninive. Qui habuit etiam filium ex propria matre nomine Babilio, qui et Babiloniam ampliavit.

werden. Unerschrocken gehorchten sie ihm, und als es keine Hoffnung auf Rettung mehr gab, feuerte er sie so an, daß sie lieber alles geduldig ertrugen als den Persern dienstbar zu werden und ihre Freiheit einzubüßen. Insgleichen berichtet Orosius im 6. Buch, daß Demetrius, der König von Pontus und Armenien, als ihn sein Sohn belagerte und die Belagerung nicht aufgeben wollte, betrübt ins Innere seines Hauses hinabstieg und allen seinen Frauen und Töchtern und Konkubinen Gift gab und es aus Verzweiflung dann selbst nahm. Aber da er nicht sogleich sein Leben beendete, bot er sich einem Feinde, der durch die Mauer eindrang, zum Halsabschneiden dar, ehe er sich den Feinden unterwürfe und seinen freien Willen verlöre.

Gleichermaßen berichtet Orosius[1], daß welche, die von Scipio Africanus und den Römern belagert wurden und sahen, daß sie nicht Widerstand leisten könnten, folgendes taten: damit die Römer nach Einnahme der Stadt sich nicht an ihrem Besitztum erfreuen sollten, schlossen sie die Stadttore und verbrannten sich selbst, all ihre Habe und die ganze Stadt lieber, als dem Feinde freie Herrschaft über sich einzuräumen. Man liest auch in den scholastischen Geschichten, daß zur Zeit Abrahams ein babylonischer König namens Belus in Syrien einfiel und alsbald verstarb. Seine Frau Semiramis aber war von solcher Herrschgier erfüllt, daß sie aus Herrschsucht ihren eigenen Sohn Ninus heiratete, der danach ganz Syrien einnahm und eine große Stadt gründete, durch die man drei Tagereisen lang zog und die man nach seinem Namen Ninive benannte. Von seiner eigenen Mutter hatte er auch einen Sohn namens Babilius, der auch Babylonien vergrößerte.

---

[1] Diese Geschichte ist bei Orosius nicht zu finden.

Speculum sapientiae

NIHIL SIBI HOMO EST SINE SAPIENTIA
De aquila et sole, cap. 2

In lucidioris aëris sublimitate aquila conscendens solis fixo contuitu mira venustate inspecta mox eum tali quaestione pulsavit dixitque: tu quid es, vas admirabile, tam decorum? At ille respondit: nescio. Tunc illa magis mirata nimirum, quod in lucis fonte hujus ignorantiæ tenebras invenisset, adjunxit: et quomodo cum in splendoribus tuis cætera videantur tui tu nescius te non vides? Cui dixit: quippe sapientiæ sum non expers; sola enim illa sui gaudent notitia, quae sunt in se ipsa per sapientiam conversiva. Ad haec aquila sic arguens sic dixit: quomodo igitur prodita est tibi tantae virtualitatis causalitas ac tantæ soliditatis perpetuositas? Ex quo namque te ignoras, tu tibi nihil es. Nil quidem prudentia fatuo, rutilantia caeco et eloquentia surdo. Tunc Tytan respondit: etsi nihil mihi sum, tamen ei sum, cujus sunt omnia, quod est quoddam maximum vas sapienti. Ipse enim sapiens cum solus se cognoscendo sit suus cunctorum, quæ sibi non sunt, intellectu carentium sapientia constitutus est dominus. Homo namque participio sapientiæ ex divina imagine decoratus ab ipso quidem primordio universis rebus mundi visibilibus est præfectus. Nimirum sapientis sunt omnia, cui tantum valet metallorum gemmarumque validitas et subsidiaria medicinarum servit potestas. Quamobrem pretiosior est sapientia cunctis opibus et omnia, quae desiderantur huic non valent comparari. Qui-

Speculum sapientiae

Speculum Sapientiae 1, 2

ADLER UND SONNE

Aufsteigend in die Höhe hellerer Lüfte, betrachtete der Adler stetigen Blicks der Sonne wunderbare Schönheit und sprach sie alsbald bittend mit folgender Frage an: Was bist du, bewundernswertes Geschöpf, das so schön ist? – Sie sprach: Ich weiß es nicht. – Da verwunderte sich der Adler noch mehr, da er in des Lichtes Quell solcher Unwissenheit Dunkel gefunden, und sprach: Wie kommt es, da doch alles durch deinen Strahlenglanz sichtbar wird, daß du deiner selbst unkundig dich nicht siehst? – Sie sprach: Weil ich in der Weisheit nicht bewandert bin; nur solche Dinge nämlich genießen Kenntnis ihrer selbst, die durch Weisheit auf sich selbst gerichtet wurden. – Hierauf brachte der Adler folgendes Argument vor: Woher denn ward dir dann verliehen solcher Macht Ursächlichkeit und solcher Festigkeit ewige Dauer? Denn da du dich selbst nicht kennst, bist du nichts. Nützt doch Klugheit nicht dem Toren, schimmernder Glanz dem Blinden noch Beredsamkeit dem Tauben.

Da entgegnete Titan: Ob ich gleich für mich nicht existiere, existiere ich doch für Ihn, dem alles gehört, was für den Weisen das größte Gerät ist. Denn da der Weise dadurch, daß er sich erkennt, Herr über alles ist, was ihm nicht gehört, so wird er durch seine Weisheit zum Herrn bestellt über jene, die der Weisheit entbehren. Denn da der Mensch im Ebenbilde Gottes mit einem Anteil an der Weisheit begabt wurde, so ist er von Anbeginn über alles Sichtbare in der Welt gestellt worden. Ja, alles gehört dem Weisen, dem der Metalle und Edelsteine Kräfte wert sind und als Hilfsmittel der Arzneien dienen. Darum ist Weisheit kostbarer als aller Reichtum, und nichts, wonach man verlangt, verdient mit ihr verglichen zu werden.

bus auditis mox illa dilectione sapientiæ inflammata petivit a sole, ut, quid sapientia esset, luce diffinitionis ostenderet. Cui libenter annuens inquit: sapientia quidem est illa mentis veritas, qua summum bonum, quod est Deus, recta fide conspicitur et casta dilectione tenetur. Hac enim qui dotatus est, jam mundi dominus ac possessor est suus. Quibus diligenter notatis in propria gaudens illa reversa est.

DIC VOCE TENUI ET AGE REM ACTU GRANDI.
De leone et asino

Leonem socius asinus antecedens cum de longe luporum turmam adspiceret, mox palatinam vocem stans cœpit emittere, ut granditate ventosa sic pusillanimem grex inimicus timeret. At vero cum hostes a clamore hunc asinum esse cognoscerent, fixi fortiter cœperunt ridere scientes, quidem tanto sonitui pectoris minime cordis respondere virtutem. Tunc leo percepta voce statim cucurrit ad socium atque dixit: amice quid tibi est, quod clamasti? Cui ille: mi frater, grex luporum apparuit, quem grandi voce perterrui, nec se movit, sed mox ad odorem tuum non sine mea admiratione disparuit. Ad hæc leo prudentialiter subridens inquit: si nosti, nequam lupus est et callidus, clamorem deridet tantumque timet virtutem, latratum canis irrisione subsannat, dummodo morsum effugiat. Nimirum expertus miles tubam bellicam non paves-

Als der Adler dies vernahm, entbrannte er alsbald in Liebe zur Weisheit und bat die Sonne, ihm im Lichte einer Definition zu zeigen, was Weisheit sei. Gern stimmte sie zu und antwortete: Weisheit ist jene geistige Wahrheit, mit der man das höchste Gut, nämlich Gott, im rechten Glauben wahrnimmt und mit keuscher Liebe festhält. Wer damit begnadet ist, ist wahrlich Herr der Welt und Besitzer seiner selbst. – Der Adler merkte sich dies gut und kehrte freudig in sein Gebiet zurück.

Hier, wie auch bei anderen Fabeln dieser Sammlung, versucht die Übersetzung, den gespreizten und gekünstelten Stil des Originals wiederzugeben.

Speculum Sapientiae 1, 16

SPRICH LEISE UND HANDLE KRÄFTIG

Ein Esel, der eines Löwen Geselle war, ging ihm voraus. Da sah er von weitem ein Rudel Wölfe. Gleich blieb er stehen und ließ laut und gebieterisch seine Stimme erschallen, auf daß die Feindeshorde den Furchtsamen wegen seiner windigen Großtuerei fürchten möchte. Als aber die Feinde an seinem Gebrüll erkannten, daß er ein Esel war, blieben sie fest entschlossen und lachten nur: wußten sie doch, daß solchem Stimmgetöse die Tapferkeit keineswegs entspräche. Der Löwe hatte aber die Stimme seines Gefährten vernommen, eilte sogleich zu ihm und fragte: „Was ist dir, Freund, daß du so geschrien hast?" Der sprach: „Bruder, ein Wolfsrudel war erschienen, das ich mit lauter Stimme in Schrecken setzte; sie bewegten sich nicht, bis sie dich witterten, und dann verschwanden sie, voller Bewunderung für mich."

Darauf lächelte der Löwe, klug wie er war, und sprach: „Weißt du wohl, daß der Wolf bösartig und schlau ist? Über Lärm macht er sich nur lustig, nur vor Mut hat er Angst; Hundegebell verlacht und verhöhnt er, sofern er nur dem Biß entgeht.

cit sed gladium, et eruditus philosophus nubes tonitruum non veretur, sed fulgur. Quid enim est clamor nisi pectoris evacuati ventus effusus? Nempe vacua magis sonant ventosaque concrepant. Propter hoc, carissime, qui clamoribus nititur, minime a sapiente timetur, quoniam hic ventosus et vacuus sine virtutis fore soliditate notatur. Clamore siquidem iracundiæ flamma in clibano cordis accenditur, de qua statim fumus resolvitur et obscurata ratione virtutis splendor fuscatur. Ex lumine namque rationis oritur virtus. Hoc igitur prudenter dumtaxat efficitur, quod inanis apparentiæ spreta voce rei granditate finitur. Nimirum regularis cœlestis motus est actus virtuosus, quamobrem grandi virtute sine sono completur. Quo dicto de clamorosa voce verecundatus asinus a leonis societate discessit.

CONTRA FURES, QUI IBI PLURIES COMPREHENDUNTUR, UBI LATERE CREDIDERUNT
De noctua, quae conqueritur contra lucem

Cum multum de nocte noctua in furti facinore desudasset, radio præventa diali, minus intuens sed plus timens, cœpit de luce conqueri et maledicere sic diei: o caliginosam lucem, obscuram diem, accusationem apertam, dubitationem letiferam, ut quid prævenisti me? Cur tam cito venisti? Ecce quidem jam non video, ubi condar; jam visa ab inimicalibus

Hat denn nicht auch ein erfahrener Soldat keine Angst vor
der Kriegsdrommete, sondern nur vor dem Schwert? Hat ein
Naturgelehrter Furcht vor Donnergewölk und nicht vielmehr
vor dem Blitz? Was ist Geschrei denn anderes als aus der Brust
entleerter Wind? Klingt doch was hohl ist, lauter, und was
windig ist, macht Lärm.

Derhalbe, Liebster, fürchtet der Vernünftige keineswegs einen, der sich auf Geschrei verläßt, weil so einer als leerer Windbeutel gilt, der keine tapfere Festigkeit besitzt. Durch Geschrei
wird gleichsam die Zornesflamme im durchlöcherten Gefäß
des Herzens entzündet: gleich wird da Rauch frei, strömt
heraus, die Vernunft wird benebelt und der Glanz der Mannhaftigkeit wird verdunkelt. Mannhaftigkeit entsteht nämlich
aus dem Licht der Vernunft. Dies trifft ganz besonders dort
zu, wo leerer Schein und laute Stimme durch die Größe des
Vorganges zunichte werden. Ist nicht der Himmelskörper
regelmäßige Bewegung ein großartiger Vorgang, der sich
gerade wegen seiner Größe geräuschlos vollzieht?"

Als der Löwe dies gesagt hatte, schämte sich der Esel ob seines
Geschreis und verließ seinen Gefährten.

Speculum Sapientiae 3, 17

GEGEN DIEBE, DIE OFTMALS DORT
GEFANGEN WERDEN, WO SIE SICH
VERBORGEN GLAUBTEN

Die Eule, die sich über das Licht beschwert

Als die Eule sich bei Nacht mit Raubesuntat abgemüht hatte,
wurde sie vom Strahlen des Tageslichtes überrascht: sie sah
weniger, fürchtete sich mehr, und begann sich über das Licht
zu beklagen und den Tag so zu beschimpfen: O düsteres Licht,
dunkler Tag, offenbare Anklage, todbringendes Zögern, warum hast du mich überrascht? Siehe, ich kann schon nicht
sehen, wo ich mich bergen mag; bald werden mich meine
Feinde, die Vögel, überwältigen.

avibus confundar. Cui mox adversatrix lux sic respondit: nimirum quod tibi, nequam, odiosa sum, gaudeo, sed magis quod caliginosa sum, jubilo, attamen maxime quod damnosa exsulto. In nocte enim vides, ut noceas cæteris quiescentibus, inquietaris ut rapias, universis dormientibus vigilas, ut occidas. Inquietasti noctem, sprevisti diem, odisti lucem, pervertisti ordinem naturalem. Revera ceteræ aves, cum surgo, surgunt, cum advenio, jucundantur, cum appareo, ad invenienda pascua ventilantur. Tu vero surgente die quiescis, ut lateas, apparente die dispares, ne pereas, ac vigilanter dormis, ut per noctem malefaciendo discurras. Quare, illuminatrix cunctorum, sum tibi tenebra odiosa, cunctis gratissima ac tibi mortifera, cum universis sim secura? nisi quod profecto oculus tuus nequam est, cor malevolum, conscientia scelerosa. Non miror, si contuitus tuus frangit saphirum, qui attactus fugat venenum, quoniam internum habes spiritum venenosum, qui impugnat virtutem, fugit lucem et odit splendorem. Attamen quod mansuetæ aves inimicantur tibi, evidens argumentum malitiæ tuæ est, contra quam non omnis dumtaxat armatur lex, sed, siquidem æquitatis ipsa amica, tota etiam insurgit natura. Quibus taliter diffinitis adversus eam jam insurgentibus avibus mox dilaniata est mansuetudinis inimica.

Gleich antwortete ihr ihr Feind, das Licht: Es freut mich wahrhaftig, du Böse, daß du mich hassest; noch mehr juble ⟨ich, daß ich für dich⟩ düster bin, am meisten aber frohlocke ich, daß ich dir schädlich bin. Denn bei Nacht kannst du sehen, um anderen, die ruhen, zu schaden; du ruhst nicht, damit du rauben kannst, du wachst, wenn alles schläft, damit du morden kannst. Beunruhigt hast du die Nacht, verachtet hast du den Tag, du hassest das Licht, verkehrt hast du die Ordnung der Natur. Denn wahrlich: wenn ich aufgehe, stehen die anderen Vögel auf, wenn ich komme, sind sie fröhlich, wenn ich erscheine, schwingen sie sich auf Nahrungssuche in die Lüfte. Du aber ruhst aus, wenn der Tag beginnt, um dich zu verstecken; wenn das Tageslicht erscheint, verschwindest du, um nicht umzukommen, und wachsam schläfst du, um dann zur Nacht auf Übeltaten auszugehen. Warum bin ich, der alles erhellt, dir finster und verhaßt, warum bin ich allen anderen höchst willkommen, dir aber tödlich, wo ich doch allen anderen Sicherheit biete? Nur deshalb, weil dein Auge arg ist, dein Herz böswillig, dein Gewissen verbrecherisch. Es wundert mich nicht, daß dein Blick den Saphir zum Bersten bringt, der, wenn man ihn berührt, Gift austreibt, da du in dir einen giftigen Geist trägst, welcher der Tugend widerstreitet, das Licht flieht und Strahlendes haßt. Daß fernerhin die friedlichen Vögel dir feindlich sind, ist ein offenbarer Beweis deiner Schlechtigkeit, wogegen nicht nur jegliches Gesetz bewaffnet einschreitet, sondern auch die ganze Natur sich erhebt, sintemalen sie der Rechtlichkeit Freundin ist.

Als dies solchermaßen definiert war, standen alle Vögel gegen die Eule auf, und bald war die Feindin der Friedfertigkeit zerrupft.

Stilistisches: das schlechte *ut quid* steht neben *cur*. Die ganze Fabel zeigt rhetorische Schulung: man beachte die Oxymora caliginosa lux, obscura dies; die dreiteiligen Kola: gaudeo – jubilo – exsulto; die emphatische Voranstellung des Verbs: inquietasti – sprevisti – odisti – pervertisti. Im dreiteiligen Kolon impugnat – fugit – odit ist das dritte Glied entgegen korrektem Brauch durch et verbunden. – Das Deponens *inimicari* stammt aus dem Kirchenlatein.

PROVERBIUM OSTENSIVUM DIFFERENTIÆ INTER AVARUM ET LIBERALEM

De aranea et verme faciente sericum, cap. 18

De medullis propriis fila serica vigili circuitu verme condente laborans prope similiter, sed dissimili ratione et tantam opificis studiositatem prospectans aranea dixit: ut quid, frater mi, tam temetipsum torquens evisceras pro non tuo? At ille: tu autem te, ut quid? Et illa: ego quidem laboro pro meo. Mox ille: quid est tuum? Cui aranea dixit: bonum meum est, præda certe, quam capio hoc in retiaculum incidentem. Ad hæc ille: quæ namque est præda? Et illa: præda mea est musca. Quibus auditis vermis locutus est dicens: nimirum, soror mea, detestanda mihi videtur ars fraudulentiæ, cassus labor dementiæ ac repudianda præda miseriæ. Nondum nosti, ut video, quid sit verum proprium bonum. Hoc est enim intrinsecum, non extrinsecum tantumque illud quod possessore non volente perditur. Igitur in hoc, in quo sponte ipsum adeptus reliquerit, est unusquisque invictus. Is namque veraciter vincitur, qui a bono proprio spoliatur. Bonum autem extrinsecum census est, ut quod nolente possessore abraditur et false præstantioris judicatur esse potentiæ. Sic enim bonum proprium virtus sola fore dignoscitur, quoniam hæc est cordis et quæ quidem te, nisi eam relinqueris, non relinquet. In ea dumtaxat, nisi velit possessor, non vincitur, quantumcunque aut intus aut foris molestias patiatur. Revera hæc est possessio mea, qua invictus, liber, dives, quietus, tutissimus, et cæterorum bonorum non

Speculum Sapientiae 3, 18

EINE PARABEL, SO DEN UNTERSCHIED ZWISCHEN GEIZ UND FREIGEBIGKEIT ANZEIGET

Die Spinne und der Seidenwurm

Die Spinne sah, wie der Seidenwurm in emsigem Lauf aus seinem Leibe Seidenfäden spann und nahm den großen Fleiß des Werkmannes wahr; sie selbst arbeitete ja in ziemlich ähnlicher Weise, wenn auch aus anderem Grunde; so sprach sie: Weshalb, Bruder, quälst du dich so und reißt dir die Eingeweide heraus, nicht zum eigenen Nutzen? Er sprach: Und warum tust du's? Sie sagte: Ich arbeite wenigstens, daß es mir selber fromme. Darauf sprach er: Und was ist es, das dir frommt? Die Spinne antwortete: Was mir gut tut ist ja die Beute, die ich fange, wenn sie in dieses Netz gerät. – Sprach er: Was ist denn deine Beute? Sie sagte: Fliegen. Daraufhin sagte der Wurm dieses: Wahrlich, Schwester, abscheulich dünkt mich Kunst des Truges, vergeblich Werk des Wahns, und elende und verächtliche Beute. Wie ich sehe, hast du noch nicht erkannt, was wirklich dein Bestes ist. Das nämlich ist etwas Innerliches, nicht etwas Äußerliches, was gegen den Willen seines Besitzers verloren gehen kann. Darum ist ein jeglicher unüberwindlich in Bezug auf das, worin er, hat er's durch eigene Mühe erlangt, beharrt. Denn besiegt wird wahrlich nur der, der seines eigenen Gutes beraubt wird. Ein äußerlich Gut ist nun der Reichtum, der seinem Besitzer wider Willen geraubt werden kann und fälschlich als Überlegenheit betrachtet wird. So erkennt man denn, daß das beste Eigentum allein die Tugend sein kann, weil sie im Herzen wohnt und dich nicht verläßt, wenn du sie nicht verlässest. Hierin nämlich kann ihr Besitzer nicht überwunden werden, es sei denn, er wolle es, soviele Unbilden er auch daheim oder in der Fremde erdulden mag. Wahrlich, dies ist mein Eigentum, durch das ich unbesiegbar, frei, reich, zufrieden und ganz

cupitor sed possessor exundantis ipsius bonitatis in bonis innumerabilibus me ipsum effundo. Bonum enim diffusivum est sui ipsius. Igitur bonum meum est liberalitatis verissima virtus, qua, cum communico propria, mihi hoc magis approprio, quam cum aliena possideo; cum distribuero colligo, et dum expendo, recondo ea. Nimirum ut cunctis proficiat cœlum, rapidissimo cursu volvitur, virtuosa lumina sidera fundunt, aër torridus concrescit in pluviam et ubique tam commoda germinat terra. Ea quidem non sibi sed aliis germificat natura liberalis, gignit metalla, scaturiunt fontes, fructificant arbores, mellificant apes et cara vellera ferunt oves. Tota igitur naturæ ars, labor et studium ad beneficium exhibendum ex virtute liberalitatis concurrunt. Hoc igitur agendo sequor illam et ex medullis carioribus beneficia impendere conor. Quibus auditis illiberalis aranea, confusa a doctore liberalitatis, obmutuit.

DE PORCO ET VULPE

Speciose porcus a suo domino enutritus cum impinguatus recumberet, ad eum veniens vulpes salutavit et dixit: quomodo est tibi, frater? At ille respondit: quid petis? nonne hoc cer-

sicher bin; und nicht als einer, der andere Güter begehrt, sondern als Besitzer des Guten im Überfluß ergieße ich mich in zahllosen Werken der Güte selbst. Denn Güte gießt sich selber aus. Daher ist mein Gut die wahre Tugend, Freigebigkeit, durch die ich, indem ich das Meine verteile, es mir mehr zu eigen mache als wenn ich fremdes Gut besäße: wenn ich verteile, sammle ich ein, und wenn ich etwas ausgebe, so erspare ich es. Zu aller Nutzen rollt ja der Himmel in schnellem Lauf, strahlen die heilbringenden Gestirne ihr Licht, verdichtet sich erhitzte Luft zu Regen, und sproßt überall die gefällige Erde. Dies alles läßt die freigebige Natur nun nicht für sich selbst, sondern für andere zum Keimen bringen: sie bringt Metalle hervor, es springen Quellen, Bäume tragen Frucht, Honig bereiten die Bienen, und teures Vlies tragen die Schafe. So tun sich also die ganze Kunstfertigkeit der Natur, ihr Werk und Bemühen zusammen, um die aus der Tugend der Freigebigkeit stammenden Wohltaten anzuzeigen. Indem ich so handle, folge ich ihr, und trachte, aus meiner Brust denen, die mir teurer sind, Gutes zu tun.
Als die karge Spinne dies vernahm, war sie vom Lehrer der Freigebigkeit widerlegt, und schwieg.

Ad textum: v. 8 *scripsi* ille *pro* illa; 24: *scripsi* exundantis *pro* exundantia.
Der erste Satz zeigt wieder einmal den gewundenen Stil des Verf. – ut quid: schlechter mittelalt. Gebrauch statt *cur* oder *quare*.
v. 17: *scripsi* nolente *pro* volente. – a bono spoliatur statt des bloßen Abl. priv. Die Gliederung der einzelnen Sätze zeigt gute rhetorische Bildung, und die Naturbeschreibung entbehrt nicht einer gewissen Eleganz.

Speculum sapientiae IV, 2

GEGEN WOLLÜSTIGE GENIESSER
SCHWEIN UND FUCHS

Ein Schwein wurde von seinem Herrn prächtig gefüttert, und als es einmal fett gemästet dalag, kam der Fuchs, begrüßte es und sagte: „Wie geht es dir, Bruder?" Es antwor-

nis, quod lætus, satiatus, incrassatus, nunquam fatigatus, sed delectatus requiesco? Nam inveni hominem secundum cor meum, qui facto mane mihi in abundantia cibum anteponit, nunquam esurire permittit, imo ad esum me interdum pigritantem apponit, luti suavissimum lectum stravit atque dulci manu blanditur pruritum recumbentis. Non solum pati morsum me unquam a canibus ad debilitationem, cum vagor, sustinuit, sed nec latratum pavescere me permisit. Quid plura? eo procurante semper vivo in croceis. Ut quid ergo tu sic tota die vaga et famelica circuis et cum tali amico ad habitandum non venis? Quibus vulpes auditis super insensatum ridens subjunxit: bene verum est, quod crassities tondet sensum, tollit motum et continuatæ subvertunt deliciæ intellectum. Propter quod parum vidisti nec unquam rectitudinaliter judicasti. Nimirum iste homo piscator factus est super terram, cibali dulcedine ornat hamum, ut ad mortem suaviter trahat incautum; ille magnes factus est hominis plurimum attractivus, qui cum risu occidit, attractum cibis deducit ad suspendium et ut venator callidus dulci fistula vocat ad laqueum; replet namque ventrem tuum, ut decoctum te sapidius comedat, dat furfur, ut pinguedinem faciat, accommodat brodium, ut carnem assumat. O si intrasses domum ejus et diligentius conspexisses, profecto ex infumatis inibi pendentibus aliis, quos ita nutriverat, ab eo paratum tibi incendium cognovisses. Bonis cibis te ducit ad mortem et in sempiternas tristitias tibi delicias has convertet. Absit a me talis amicus, qui subornat amori odium et æternæ mortis sub mundi deliciis condit hamum. Abominor cibum ejus blandientem, repudio manum,

tete: „Was fragst du? Kannst du nicht sehen, wie ich fröhlich, satt und fett, niemals ermüdet, sondern wonniglich daliege? Habe ich doch einen Menschen nach meinem Herzen gefunden, der mir schon frühmorgens reichlich Futter vorsetzt, mich niemals hungern läßt, ja mich manchmal, wenn ich zu faul bin, an den Freßtrog bringt, mir ein weiches Lager von Schlamm bereitet hat und mich, wenn ich daliege, mit sanfter Hand freundlich kratzt. Nicht allein, daß er es nie duldete, daß mich Hunde durch ihren Biß schwächten, wenn ich umhergehe: er läßt mich nicht einmal ihr Gebell fürchten. Was weiter: dank seiner Fürsorge lebe ich immer in Freude und Sicherheit. Warum schweifst du also den ganzen Tag hungrig umher und kommst nicht, um mit solch einem Freund zu leben?"

Der Fuchs hörte dies, mußte über soviel Dummheit lachen und sprach: „Es stimmt wahrhaftig, daß Korpulenz verdummt, Bewegung verhindert und daß andauerndes Schwelgen den Verstand verdirbt. Deswegen hast du die Lage nicht richtig erkannt und niemals richtig geurteilt. In Wirklichkeit ist dieser Mann ein Fischer auf dem Festland, mit süßer Speise ziert er seinen Angelhaken, um dich unversehens und sanft in den Tod zu ziehen. Jener ist ein menschlicher Magnet von größter Anziehungskraft, der mit Lächeln tötet, der dich, wenn dich das Futter angelockt hat, aufhängt und wie ein schlauer Vogelsteller dich mit süßem Flöten in die Schlinge lockt. Ja, er füllt dir den Bauch, damit du besser schmeckst, wenn du gesotten bist: Kleie gibt er dir, um dich zu mästen, Brühe setzt er dir vor, um dein Fleisch zu bekommen. Oh wärest du in sein Haus gegangen und hättest dich sorgfältig umgeschaut: dann hättest du sicher an den anderen, die er wie dich gemästet und dann geräuchert und aufgehängt hat, erkannt, was er mit dir vorhat. Mit gutem Essen lockt er dich zum Tode und wird deinen jetzigen Genuß in ewige Trauer verwandeln. Fern bleibe mir ein solcher Freund, der unter Liebe Haß verbirgt und ewigen Todes Haken unter den Genüssen dieser Welt versteckt. Ich verabscheue seine schmeichlerische Speise, zurück weise ich seine Hand, deshalb ver-

extunc totum ejus sperno solatium, nolo certe, ut risu me conducat ad luctum nec suis falsis deliciis a me separet pellis vitale consortium. Calicem Pharaonis eligo, non ferculorum canistrum, sperno paleam, non flagellum, sagittam Jonathæ intra me diligo et Joabi refugio basium. Quibus sic probatis mox fugit.

achte ich auch seinen Trost, denn ich will wahrlich nicht, daß er mit Lächeln mich zur Trauer führt und mit seinen falschen Freuden mich von der lebenswichtigen Gemeinschaft meines Felles trennt. Ich erwähle mir den Kelch Pharaohs, und nicht den Tragkorb; ich verachte die Spreu, nicht den Dreschflegel; Jonathans Pfeil habe ich gern in mir, doch fliehe Joabs Kuß." Als er dies so bewiesen hatte, machte er sich schnell davon.

brodium: Brühe (deutschen Ursprungs)
Pharaohs Becher: vgl. Gen. 40; Jonathans Pfeil: I Sam. 20, 20–22 und 36–38; Joabs Kuß: II Sam. 20, 9

APPENDIX I

Jüdische Fabeln

Weder im Altertum noch im Mittelalter gab es viele Fabeln jüdischen Ursprungs. Dagegen kombinierten und adaptierten sie mit Geschick Fabeln westlichen wie auch orientalischen Ursprungs. Schon von R. Jochanan ben Sakkai (der i. J. 70 mit Erlaubnis Vespasians aus dem belagerten Jerusalem entkam) wird berichtet, daß er Fuchsfabeln als Gleichnisse benutzte; im 2. Jhdt. verwendeten R. Josua ben Chananja und R. Akiba äsopische Fabeln zu politischer Belehrung. Von R. Me'ir (2. Jhdt.) wird berichtet, daß er 300 Fabeln verfaßt habe, doch sind nur 3 seiner Fuchsfabeln erhalten. Auch dem etwa gleichzeitigen R. bar Kappara wurden 300 Fuchsfabeln zugeschrieben; daneben sind uns noch mehrere Fabeldichter namentlich bekannt.

In nachtalmudischer Zeit entstanden ganze Fabelsammlungen (Ben Sira; Kalonymos ben Kalonymos). Sehr beliebt war die Fabelsammlung des in Spanien lebenden hebräischen Dichters Joseph ibn Zabara (ca. 1200), betitelt *Sefer sha'ashuim* (Buch des Ergötzens). Seine Fabeln sind den indischen Bidpai-Fabeln nachgebildet; in der hier wiedergegebenen Fabel zeigt sich einmal die im Mittelalter bei Arabern, Christen und Juden der oberen Schichten herrschende zynische Bewertung der Weiber; sodann weist das Werk die typische Verschachtelung innerhalb einer Rahmenerzählung auf, wie wir sie im *Directorium* finden, aber lange bevor die ursprünglich indische Sammlung *Kalila ve-Dimna* aus der hebräischen Version eines (uns unbekannten) R. Joël, von dem vormaligen Juden Johann von Capua als *Directorium vitae humanae* dem Abendland zugänglich gemacht wurde.

Unsere Übersetzung beruht auf der englischen Ausgabe *Book of Delight* von Israel Abrahams (Jewish Publication Society of America, Philadelphia 1912).

In Talmud und Midrasch sind nur noch ca. 30 Fabeln erhalten.

Der Fuchs und der Leopard

Es lebte einst ein Leopard zufrieden und im Überfluß, denn er fand immer reichlich Nahrung für sein Weib und Kind. Ganz in der Nähe wohnte ein ihm befreundeter Fuchs. Der Fuchs sagte sich im Innern, daß sein Leben nur solange gesichert sei, als der Leopard andere Beute fangen könne, und ersann daher einen Weg, sich dieser gefährlichen Freundschaft zu entledigen. ‚Ehe Böses kommt', sagt der Weise, ‚ist es gut, Rat zu suchen.'

„Ich will ihn beseitigen", dachte der Fuchs. „Führen will ich ihn auf den Pfad des Todes, denn die Weisen sagen, ‚Kommt

einer, dich zu erschlagen, so komme ihm zuvor und erschlage ihn'."

Am nächsten Tag ging der Fuchs zum Leoparden und sprach: „Ich kenne einen Ort voller Gärten und Lilien, wo Rehe und ihre Kitze herumhüpfen und alles schön ist." Der Leopard ging mit ihm, dieses Paradies zu sehen, und freute sich über die Maßen.

„Ei", dachte der Fuchs, „manches Lächeln endet in Tränen". Aber der Leopard war entzückt und wollte an diesen herrlichen Wohnort ziehen. „Erst aber", sprach er, „will ich mich mit meiner Frau beraten, meiner Lebensgefährtin, der Braut meiner Jugend".

Der Fuchs war recht bestürzt: kannte er doch zur Genüge die Klugheit und Schlauheit des Leopardenweibchens. „Nein", sagte er, „trau deinem Weibe nicht! Weiberrat ist bös und töricht, ihr Herz ist hart wie Marmor; sie ist eine Plage im Haus. Ja, frage sie um Rat und tu dann das Gegenteil!"

Der Leopard sagte seinem Weib, er sei entschlossen, umzuziehen. „Hüte dich vor dem Fuchs", rief sie aus. „Es gibt zwei kleine Tiere, die bei weitem die ränkevollsten sind – die Schlange und der Fuchs. Hast du nicht gehört, wie der Fuchs den Löwen fesselte und ihn dann tückisch erschlug?" Der Leopard antwortete: „Wie wagte er's denn, nahe genug an den Löwen heranzukommen, um das zu tun?" Da sprach das Leopardenweibchen:

„Der Löwe liebte den Fuchs, aber der Fuchs vertraute ihm nicht und plante seinen Tod. Eines Tages kam der Fuchs zum Löwen und winselte, er habe Kopfschmerz. ‚Ich habe vernommen', sagte der Fuchs, ‚daß Ärzte bei Kopfweh anraten, den Patienten an Händen und Füßen zu fesseln'. – Der Löwe ließ sich herbei und fesselte den Fuchs mit einer Schnur. ‚Ach', rief der Fuchs freudig aus, ‚mein Kopfweh ist weg'. Daraufhin band ihn der Löwe los.

Nach einiger Zeit litt der Löwe an Kopfschmerzen. In großer Not eilte er zum Fuchs, wie der Vogel in die Schlinge, und

rief: ‚Binde mich, Bruder, damit ich auch so geheilt werde wie du.'
Der Fuchs nahm frische Weidenruten und fesselte den Löwen. Dann holte er große Steine, warf sie dem Löwen aufs Haupt und zerschmetterte es.
„Deshalb, lieber Mann", schloß das Leopardenweibchen, „traue nicht dem Fuchs, denn ich fürchte ihn und seine Ränke. Wenn der Ort, von dem er spricht, so schön ist, warum nimmt er ihn dann nicht für sich selbst in Beschlag?" – „Nein", sprach der Leopard, „du schwätzest dummes Zeug. Oft habe ich meinen Freund erprobt, und im Silber seiner Liebe sind keine Schlacken."
Obwohl der Leopard nicht auf die Warnung seines Weibes hören wollte, machte sie ihn doch nachdenklich. Er erzählte dem Fuchs seine Bedenken und sagte, daß seine Frau sich weigere, mit ihm zu kommen. „Aha", sagte der Fuchs, „ich fürchte, es wird dir ergehen, wie dem Silberschmied: laß mich dir seine Geschichte erzählen, und du wirst einsehen, wie dumm es ist, auf eines Weibes Rat zu hören.
Zu Babylon war ein sehr geschickter Silberschmied an der Arbeit, da sprach sein Weib: ‚Höre auf mich, und ich will dich reich und geehrt machen. Unser Herr, der König, hat nur eine Tochter: die liebt er wie sein eigenes Leben. Verfertige für sie eine Silberstatue, sie darstellend, und ich will sie ihr als Geschenk überbringen.' Bald war die Statue fertig, und als die Prinzessin sie sah, freute sie sich. Sie schenkte der Frau des Künstlers einen Mantel und Ohrringe, die sie triumphierend ihrem Manne zeigte. – ‚Aber wo bleiben Reichtum und Ehrung?' fragte er. ‚Die Statue war viel wertvoller als das, was du zurückgebracht hast.'
Am nächsten Tage sah der König die Statue in der Hand seiner Tochter, und sein Zorn entbrannte. ‚Ist es nicht ein Gebot, daß niemand ein Bildnis machen darf? Haut ihm die rechte Hand ab!'
Der Befehl des Königs wurde vollzogen, und jeden Tag weinte der Schmied und rief aus: ‚Mein Beispiel, Ehemänner, sei euch Warnung: gehorcht nicht der Stimme eurer Weiber!'"

Der Leopard schauderte, als er dies vernahm, aber der Fuchs fuhr fort:
„Ein Holzfäller in Damaskus zerkleinerte Baumstämme; sein Weib saß dabei und spann. ‚Mein verstorbener Vater', sagte sie, ‚war ein besserer Arbeiter als du. Er konnte mit beiden Händen Holz hacken: wurde seine Rechte müde, so nahm er die Linke.' – ‚Nein', sprach er, ‚kein Holzhacker tut das: er gebraucht seine rechte Hand, es sei denn, er ist Linkshänder'. – ‚Ach, Lieber', bat sie ihn, ‚tu doch wie's mein Vater tat'. Der dumme Kerl hob seine linke Hand zum Holzhacken, aber traf statt dessen seinen rechten Daumen. Ohne ein weiteres Wort schlug er die Axt seiner Frau auf den Kopf und sie starb. Die Tat wurde ruchbar, man ergriff den Holzfäller und steinigte ihn für sein Verbrechen.
„Daher", fuhr der Fuchs fort, „sage ich dir, alle Weiber sind trügerische Seelenfänger. Laß mich dir noch mehr von ihren Tücken erzählen:
Ein weiser und gut beratener Araberkönig saß eines Tages mit seinen Beratern, die sich in lautem Lobpreis der Weiber ergingen und ihre Tugend und Klugheit rühmten.
‚Hört schon auf', sprach der König. ‚Seit die Welt begann, hat es noch kein gutes Weib gegeben. Sie lieben zu ihrem eigenen Vorteil.' – Die Weisen erhoben Vorstellungen. ‚Oh König, du bist vorschnell. Es gibt Weiber, klug, treu und makellos, die ihre Männer lieben und ihre Kinder pflegen.' – ‚Gut', sprach der König, ‚da habt ihr meine Stadt: durchsuchet sie und findet mir so ein gutes Weib, von dem ihr redet!'
Sie machten sich auf die Suche und fanden ein Weib, keusch und klug, schön wie der Mond und hell wie die Sonne, die Frau eines reichen Händlers; und die Räte berichteten dies dem König. Er ließ den Gatten kommen und empfing ihn gnädig.
‚Ein Wort in dein Ohr', sagte der König. ‚Ich habe eine gute und begehrenswerte Tochter, die mein einziges Kind ist. Ich will sie keinem König noch Prinzen geben, sondern möchte einen einfachen, treuen Mann finden, der sie liebt und in Ehren hält. So einer bist du, und du sollst sie haben. Aber du bist ver-

heiratet: erschlage dein Weib heute nacht, und morgen sollst du meine Tochter heiraten.'

‚Ich bin's nicht wert', flehte der Mann, ‚auch nur deine Herden zu hüten, geschweige denn deine Tochter zu heiraten'. Doch der König wollte keine Weigerung dulden. – ‚Aber wie soll ich mein Weib umbringen? Seit fünfzehn Jahren ißt sie mein Brot und trinkt aus meinem Becher. Sie ist die Freude meines Herzens, und ihre Liebe und Hochachtung für mich wächst Tag um Tag.' – ‚Töte sie', sprach der König, ‚und werde danach ein König!' Der Mann verließ den hohen Herrn, niedergeschlagen und bekümmert; er überdachte des Königs Versuchung, die ihn doch ein wenig bedrückte. Daheim sah er sein Weib mit seinen beiden kleinen Kindern. Er rief: ‚Lieber mein Weib als ein Königreich! Verflucht seien alle Könige, die Männer in Versuchung führen, Kummer zu kosten, und ihn Freude nennen!'

Der König erwartete ihn vergeblich und sandte schließlich Boten zu seinem Laden. Da er sah, daß des Mannes Liebe seine Begehrlichkeit überwunden hatte, sagte er höhnisch zu ihm: ‚Du bist kein Mann: du hast ein Weiberherz.'

Am Abend schickte der König heimlich nach der Frau. Sie kam, und der König pries ihre Schönheit und ihre Weisheit. Sein Herz, sagte er, sei in Liebe zu ihr entbrannt, aber er könne nicht die Frau eines Anderen heiraten. ‚Erschlage heute Nacht deinen Mann', sagte er, ‚und werde morgen meine Königin!' Lächelnd stimmte die Frau zu; und der König gab ihr ein Schwert, aber eines aus Zinn, denn er kannte die Schwäche des Weibertrachtens. ‚Schlag nur einmal zu', sagte er, ‚das Schwert ist scharf, und du brauchst keinen zweiten Streich'. Sie setzte ihrem Mann eine gute Mahlzeit vor, nebst Wein, um ihn trunken zu machen. Als er nun schlief, packte sie das Schwert und schlug ihn auf den Kopf, aber das Zinn verbog sich, und er erwachte. Mit einiger Mühe beruhigte sie ihn, und er schlief wieder ein.

Am nächsten Morgen ließ sie der König kommen und fragte, ob sie seinem Gebot gehorcht hätte. ‚Ja', sprach sie, ‚aber du hast deine eigene Absicht vereitelt'.

Darauf versammelte der König seine Weisen und gebot ihr, alles, was sie versucht hätte, zu erzählen; und auch den Mann ließ er kommen und seine Geschichte erzählen. ‚Habe ich euch nicht gesagt, ihr solltet aufhören, Weiber zu preisen?' fragte der König triumphierend.

Dies alles", sprach der Fuchs zum Leoparden, „habe ich dir erzählt, auf daß du wissest, wie wenig man Weibern trauen darf. Im Leben betrügen sie ihre Männer, und selbst wenn sie tot sind, verraten sie sie." – Der Leopard fragte: „Was könnte mir mein Weib doch Böses antun, wenn ich tot bin?" – „Hör zu", sprach der Fuchs, „und ich will dir eine Missetat erzählen, noch abscheulicher als alles, was ich dir bis jetzt berichtet habe.

Wenn die Könige von Rom einen hängen ließen, enthielten sie ihm bis zum zehnten Tage die Bestattung vor. Damit Freunde und Verwandte die Leiche des Hingerichteten nicht stehlen könnten, mußte ein hoher Offizier des Nachts am Baum Wache stehen. Sollte der Leichnam gestohlen werden, so wurde statt seiner der Offizier gehängt.

Ein hoher Edelmann empörte sich einmal gegen den König und wurde an einem Baum gehängt. Der wachhabende Offizier erschrak, als er um Mitternacht einen gellenden Angstschrei hörte, bestieg sein Pferd und ritt auf die Stimme zu, um zu sehen, was vorgehe. Er kam an ein offenes Grab, wo man niederes Volk bestattete, und sah eine Frau, die um ihren verstorbenen Mann laut weinte und jammerte. Er sandte sie mit Trostworten heim und begleitete sie bis ans Stadttor, dann ging er wieder auf seinen Posten.

Dies wiederholte sich in der folgenden Nacht; und als der Offizier sie mit sanften Worten beruhigte, erwachte Liebe in ihrem Herzen, und der tote Gatte war vergessen. Und während sie Liebesworte tauschten, näherten sie sich dem Baum – aber siehe da: der Leichnam, den der Offizier bewachen sollte, war fort.

‚Mach dich fort', sagte er, ‚und ich will fliehen, oder ich muß meine Tändelei mit meinem Leben bezahlen!' – ‚Fürchtet euch nicht, Herr', sprach sie, ‚wir können meinen Mann aus dem

Grabe holen und ihn statt des gestohlenen Leichnams aufhängen.' – ‚Aber ich fürchte den Fürsten des Todes. Ich kann nicht einen Mann aus dem Grabe reißen', rief er aus. – ‚Dann tu ich's allein', sagte die Frau. ‚Ich werde ihn ausgraben: das Gesetz erlaubt doch, einen Toten aus dem Grab zu holen, um einen Lebenden aus dem Grab zu halten.' – ‚Wehe', rief der Offizier, nachdem sie die gräßliche Tat vollführt hatte, ‚die Leiche, die ich bewachen sollte, war kahlköpfig, dein Mann aber hat dichtes Haar: man wird die Unterschiebung entdecken.' – ‚Nicht doch', sprach die Frau ‚ich mache ihn schon kahl', und unter Verwünschungen riß sie ihm die Haare aus, und sie hängten ihn an den Baum. Einige Tage danach heiratete das Paar."

. . . .

Die Knochen des Leoparden klapperten, während er zuhörte. Zornig sprach er zu seiner Frau: „Komm, steht auf und folge mir, oder ich schlage dich tot!" Sie gingen also beide mit ihren Jungen, der Fuchs führte sie, sie erreichten den versprochenen Ort und lagerten sich am Wasser. Der Fuchs verabschiedete sich von ihnen, und sein Kopf lachte seinen Schwanz an.

Es vergingen sieben Tage, da kam die Regenzeit; und in tiefer Nacht schwoll der Fluß und ertränkte die Leopardenfamilie auf ihrer Lagerstätte.

„Wehe mir", stöhnte der Leopard, „daß ich nicht auf mein Weib gehört habe!"

Und er starb vor seiner Zeit.

Berakhoth Fol. 61b

Aus dem Talmud

Die Rabbanan lehrten: Einst hatte die ruchlose Regierung einen Befehl erlassen, daß die Israeliten sich nicht mit der Tora befassen sollen. Da kam Papos b. Jehuda und traf R. Aqiba, wie er öffentlich Versammlungen abhielt und sich mit der Tora befaßte. Da sprach er zu ihm: Aqiba, fürchtest du

dich denn nicht vor der ruchlosen Regierung? Dieser erwiderte: Ich will dir ein Gleichnis vortragen, womit dies zu vergleichen ist. Ein Fuchs ging einst am Ufer eines Flusses, und als er Fische sich von Ort zu Ort versammeln sah, sprach er zu ihnen: Wovor fürchtet ihr euch? Sie erwiderten: Vor den Netzen, die die Menschenkinder nach uns auswerfen. Da sprach er zu ihnen: So möge es euch belieben aufs Land zu kommen, und wir, ich und ihr, wollen beisammen wohnen, wie einst meine Vorfahren mit euren Vorfahren beisammen gewohnt haben. Darauf erwiderten ihm jene: Bist du es, von dem man sagt, er sei der klügste unter den Tieren? Du bist nicht klug, sondern dumm; wenn wir schon in der Stätte unseres Lebens fürchten, um wieviel mehr in der Stätte unseres Todes! So auch wir; wenn es schon jetzt so ist, wo wir sitzen und uns mit der Tora befassen, von der es heißt: „denn sie ist dein Leben und die Verlängerung deiner Tage", um wievielmehr erst, wenn wir gehen und uns ihr entziehen.

Aus *Mishlé shu'alim* (Fuchs-Fabeln) des R. Berachja ha-Nakdan (hebräische Reimprosa) übersetzt von Harry C. Schnur:

Nr. 43

Wolf, Hund und Herde

Ein Mann soll treu zu seinem Glauben stehen und
vom Vertrage nicht abgehen.

Ein Wolf, den Furcht vor dem Hunde bedrohte, kam zur Herde mit einem Brote. Das trägt er im Maul hin zu den Schafen, wie sie in ihrem Pferche schlafen. Der Hund ward beim Kommen des Wolfes wach, worauf der listig dies zu ihm sprach: „Wisse – was mein ist, ist auch dein: laß', was ich bringe, gesegnet dir sein. Und nicht mit diesem Brot allein will ich allzeit dein Helfer sein: ich will dir beistehn in jeder Not – vorläufig aber iß dies Brot." Da sprach der Hund: „Umsonst hast du mühsam den Weg durchmessen: von deinem Brot will ich nicht essen, denn Brot des Truges ist es in meinen Augen, und deine Worte sollen nichts taugen. Nicht zum Guten bietest aus deinem Zelt du Brot mir an, sondern du

hast es nur deshalb getan, mir den Mund zu stopfen, so daß
meine Stimme ich nicht erhebe, wenn du im Grimme die
Schafe zerreißest; du glaubtest, zur Zeit biete sich dir die
Gelegenheit. Doch fern sei mir, zu löschen meiner Ehre Licht:
mein Herr vertraut mir, und ihn verrate ich nicht. Meinen
Herrn und mein Haus halte ich lieb und wert, denn von klein
auf hat er mich wie ein Vater ernährt: bereuen sollst du dein
schmeichelnd Bemühn", – und der Hund schärfte seine
Zunge gegen ihn, und der Hirte erhob sich zornig und
stürzte hinzu, und er und der Hund vertrieben im Nu den
Wolf, der mit Haß im Herzen entfloh.

Dies Beispiel aber belehre uns so: Jeder Mann soll Hüter seiner Seele sein, sonst schlüg' er wohl krumme Wege ein. *Ein*
Gesetz soll in Mund und Herz er führen, kein Sold, kein Lohn
soll ihn verführen, daß er etwa verleugne, was er glaube, daß
seinen Nächsten er beraube, daß er durch List und Lüge ihn
mit der Ferse schlüge. Nicht Korn und nicht gekelterter Wein
– der Hund soll ihm Beispiel und Vorbild sein: denn Bestechung hatte bei ihm versagt, und ein Weiser hat folgendes
gesagt: „Halte fest an Glauben und Pflicht unverrückt: am
reichsten ist, wer bösen Trieb unterdrückt."

Das gleiche Motiv bei Phaedrus 1. 23; Romulus 29: an letztgenannter Stelle
(rec. vetus) findet sich merkwürdigerweise stellenweise ebenfalls (beabsichtigter?) Endreim: quin potius contra te *latrabo*, dominum ac familiam *suscitabo*,
et te furem adesse *nuntiabo*.

Vgl. hierzu auch: Cod. Sangall. 628 saec. XV (Königshofer Weltchronik) p. 161:

Wider die geitzigen

Ein dib gab einem hund des nachts ein brod. do erkant der
hund die meynung seines hertzen vnd sprach, das klein brod
wil mich berauben des großen. Ich hab lieber das teglich
brot dan das mechtigste das man mir bereit zu Vnzeiten, vnd
verschmehet das brod vnd jaget den dib do mit sollen wir
versteen das von unser ere nicht sullen wagen durch kleines
gutes willen das große verlieren.

Die Überschrift paßt nicht zu dieser Fabel.

APPENDIX II

Romulus-Handschriften und ihre Überlieferung

Die Romulus-Handschriften, von Hervieux in mühevoller Kleinarbeit bis auf wenige und nicht belangreiche Abschriften zusammengetragen, werden (nach Thiele) in zwei Hauptrezensionen eingeteilt.
Es sei noch bemerkt, daß der „Ur-Romulus" verloren ist; der uns vorliegende Cod. B wurde von Hervieux und anderen als „Romulus vulgaris" bezeichnet. Im Lauf der Jahrhunderte sind durch Streichungen, Interpolationen sowie Einschub neuer Fabeln starke Divergenzen entstanden, nicht nur zwischen den Hauptrezensionen, sondern auch innerhalb der einzelnen Handschriftenfamilien.
Man unterscheidet also die *recensio gallicana* und die *recensio vetus*.

I. Die *rec. gallicana*, eng verbunden mit der *rec. Ademari*, umfaßt:
1. den cod. Burneianus (B), eine der 2 ältesten Hdschr. (10. Jhdt.), Brit. Mus. cod. lat. 59, enthaltend 81 Fabeln. Hinzu kommen 45 *Romuli vulgaris breviatae fabulae* (Corpus Christi, Oxford, Nr. 86).
2. Le Mans Nr. 86 (M), 13. Jhdt., 81 Fabeln.
3. Cod. Ashburnhamianus (F, da auch Florentinus genannt). Nr. 1555 der Bibl. Mediceo-Laurentiana, 13. Jhdt., enthält 81 Fabeln.
4. Steinhöwels Ausgabe (S), Ulm 1476, nach verlorener Vorlage, lat. u. deutsch, zusammen mit „Gualterus" und *fabulae extravagantes*.
5. Corp. Christi Oxf. Nr. 42 (O), 14. Jhdt., 81 Fabeln in drei Büchern.
6. Münchener Hof- u. Staatsbibl. cod. lat. 756 (Cri), von Petrus Crinitus 1495 nach einer jetzt verlorenen Handschrift angefertigt; fast identisch mit B und G.
7. Gudianus (G), Wolfenbüttel, von M. Gude nach verlorener Hs. des 12. Jhdts. abgeschrieben.
8. (Ad) Cod. Vossianus 15, Leiden, geschrieben vom Mönch Ademar (Adhémar) von Chavannes um 1025.

II. *Recensio vetus*
1. (V) Cod. Vindobonensis lat. 303. 14. Jhdt., 79 Fabeln sowie *Aesopus de statua sua* und Rufus-Brief.
2. (E) Königl. Bibl. Berlin Nr. 87, 14. od. 15. Jhdt. 61 Romulus-Fabeln zusammen mit den metrischen Versionen des Anonymus Neveleti (Gualterus).
3. (Vi) Wien, cod. Vind. lat. 901, 13. Jhdt., 50 Romulus-Fabeln sowie 36 Fabeln von Avienus (sic).
4. (W) Cod. Wissemburgensis, ebenfalls von hohem Alter (10. Jhdt.) mit 57 Fabeln in 5 Büchern. Dazu (W²), die an dieser Hdschr. von einem Gelehrten des 11. Jhdts. vorgenommen, auf einem guten Text beruhenden Korrekturen. Cod. W (obwohl durch schlechte Korrekturen einer zeitgenössischen zweiten Hand entstellt) sowie W² zeigen ihrerseits eine so enge Verwandtschaft mit den 3 Wiener bzw. Berliner codd., daß die Annahme einer gemeinsamen Quelle – eben des von Thiele postulierten Ur-Romulus – wahrscheinlich ist.

Appendices

Diese Zusammenstellung berücksichtigt nur die vornehmlichsten Handschriften. Über sehr zahlreiche andere, sowie Übersetzungen des Romulus in viele Sprachen (einschl. Chinesisch) unterrichtet Hervieux mit der ihm eigenen Gründlichkeit.

APPENDIX III

Bewertung, Stil und Prosodie des Gualterus Anglicus

Noch J.C.Scaliger lobt die Eleganz der Form, besonders auch das gänzliche Fehlen der Elision. Heinrich Bebel dagegen verwarf die Gedichte als völlig amusisch; Nevelet, der die Gedichte des Anonymus 1610 herausgab, nannte ihn „einen Affen des Phaedrus", und Kaspar Barth (1587-1658) bezeichnet ihn als *valde ineptus et barbarus*. Gellert und Lessing waren weniger streng; auch Schwabe (1806) will den Versen trotz mancher Barbarismen, gekünstelter Wortspiele und gezwungener Vermeidung der Elision (gerade das, was Scaliger gelobt hatte!) nicht alle Eleganz absprechen. Hervieux schließlich spricht den Gedichten jeden literarischen Wert ab.

Wenn auch zugegeben werden soll, daß gemessen an der damaligen Zeit, da korrekte Prosodie weitgehend vergessen war, Walters Verse als metrische Progymnasmata nicht ohne Wert sind, so begegnet uns doch auf Schritt und Tritt eine irritierende Affektiertheit und Künstelei. Abgesehen davon, daß das elegische Distichon, wie wir schon bei Avian gesehen haben, ein ungeeignetes Vehikel für die im plaudernden Volkston gehaltene Fabel ist – die Grammatiker weisen ihr mit Recht das *genus humile dicendi* zu – wirken viele Eigenarten Walters störend.

Fast ausnahmslos wird im Präsens erzählt; kurze, abgehackte Sätze werden meist parataktisch angeordnet oder auf gezwungene Weise kontrastiert:

2. est lupus, est agnus; sitit hic, sitit ille (dachte Walter hier an das bekannte, an Adam und Eva gerichtete Palindrom, Sumitis a vetitis: sitit is, sitit Eva, sitimus – wir dürsten, nämlich nach Erlösung?); 6: cervus adest, cervum rapiunt; 18: mus redit, hunc reperit, cernit loca, vincula rodit; 3: trahitur ille, sed illa trahit; 25: terra tumet, tumor ille gemit; 26: silva sonat, fugiunt lepores, palus obviat, haerent; 50: est pater, huic genitus; 3: hic iacet, ambo iacent; 32: se ferit, illa illa redit; 9: haec abit, illa manet, haec cursitat, illa quiescit; 23: hic silet, illa manet, hic tonat, ille fugit; 24: hic abit, illa parit; 38: hic petit, illa negat; 41: petit hunc, timet ille; hic redit in silvas, et redit ille domum; 45: ille silet ... illa canit; 48: haec dat et illa bibit; 59: hic petit, ille refert; 60: hic vir et ille senex. Bemerkenswert unschön 21: rege carens, nec regis inops, sine lege nec exlex / absque iugo gessit (Längung *in caes.*) Attica terra iugum. Von anderem abgesehen, konnte nur jemand ohne Gehör für Verse einen Hexameterschluß wie sine lege nec exlex schreiben!

Störend wirken ferner zu oft forciertes Polyptoton, Paronomasie (annominatio) sowie zu häufige Alliteration:

3. pes coit ergo pedi, sed mens a mente recedit; mergitur, ut secum murem demergat, amico / naufragium faciens naufragat ipsa fides; 7. tanta caloris

hiems (Oxymoron); 8: *mendicat medicum multa*; 9: *pro cane mota, canis suscipit aede canem*; *obsecrat haec aurem, nec minus aure domum*; 12: *rusticus urbanum mus murem suscipit, aedem / commodat et mentem, menteque mensa minus*; *ille tamen febrit, teste tremore timor*; 15: *vulpe gerente famem, corvum gerit arbor, et escam / ore gerens corvus*; 17: *ludam*; *lude, places*. *sic ludi tempore viso / ut ludo placeat, ludit et instat hero*; 19: *morbi mole iactet milvus matremque*, etc.; 21a: *aufer caedis opus, redde quietis opes*; 25: *cum timeat tellus monstrat se monstra daturam*; 30: *non ero securus, dum sit tibi tanta securis*; *qui me laesit, idem laedet, si laedere possit*; 33: *cum bibat illa cibos, solum bibit illa dolorem*; 35: *quem fore pavonem pavonis penna fatetur / pavonum generi* etc.; 36: *mula rapit cursum, nam mulam mulio cogit / mulae musca nocet*, etc., 39: in V. 9–11 drei Formen von prodesse und einmal obesse; 45: *nec prece nec pretio* (beides wurde preze und prezio gesprochen – ein abgeschmacktes Wortspiel, das sich noch öfter findet. Z.B. bei Georg Sabinus (1508–1550), im *Hodoeporicon itineris Italisi*: iratumque virum pretio precibusque fatigant / cum pretio vanas respuit ille preces); 46: *cur nocui? nocet ecce mihi nocuisse nocivo*; 50: *nam facienda fugit et fugienda facit*; 51: *fortem fortis amet, nam fortem fortior angit*; 56 (besonders abscheulich!): *id minimum minimoque minus ditaret egenum / quod minimum minimo credis, avare, minus*; *et talia passim*.

Walters Prosodie ist von einigen Ausnahmen abgesehen, nachklassischen Maßstäben entsprechend ziemlich korrekt. Verbalendung, auch Gerundium auf -o ist im allgemeinen kurz gemessen – eine schon in spätklassischer Zeit zu findende Erscheinung; siehe te volŏ, sed nolŏ munus habere tuum; 51: aspera planŏ, secŏ, longa, foranda forŏ; ibid. ridĕŏ.

Sehr oft wird kurze Silbe in Caesura gelängt, sowohl im Hexameter (z.B. 60: aut mota fallit aut armis temperat ictus) wie auch im Pentameter (62: cautius ut vulnús exitiale ferat), was zwar beides schon im klassischen Latein vorkommt, aber bei Walter zu häufig ist.

Diese relative metrische Korrektheit Walters beweist daß das barbarische Latein der an seine Fabeln angehängten *moralitates* (Hervieux II 354 ff.) nicht von ihm stammen kann. Diese zeigen eine Fülle falscher Quantitäten: *rarŏ, longĕ, vipĕra, in finĕ, testĕ, putĕs*; leoninische Hexameter, die Walter meistens vermeidet (z.B. *falsidicus testis est undique pessima pestis*); ferner abscheuliche Pentameter wie

in laqueum frauda/tor cadit ipse suum
discere velle fave/ret moriturus homo
et male finirē pessima vita facit

und schließlich auch Hiatus: *qui totum cupit, hic totum/amittere debet*.

Alexander Neckam

Über Alexanders interessante Lebensgeschichte – er war der Milchbruder König Richards I. und ein vielseitiger Gelehrter, der u.a. als erster den magnetischen Kompaß beschrieb – siehe Nachschlagewerke. Dem fatalen Gleichklang Neckam-Nequam (Nichtsnutz) konnte er selbst im Tode nicht entgehen.

Die Mönche von Wigorn, wo er starb, setzten ihm ein Epitaph aus schlechten leoninischen Hexametern, deren letzter latutet:
Dictus erat Nequam vitam duxit tamen aequam.
Auch Neckam's Verse sind nicht fehlerfrei. Er längt kurze Silben zu oft *in caesura*, einmal mittelalterlich-fehlerhaft: *(animalia) et quo progenitá sint patre, pigra probant* (11). Falsche Quantität: (18 pass.) *Prognē* (*Procnē*, Schwalbe), dagegen richtig (40) *prognĕ*. – Nach mittelalterlichem Brauch (noch bei Valla zu finden) wird *sibi* und *ei* oft verwechselt. Verbales -o, wie bei Walter, oft gekürzt, auch im Gerund; dagegen langes und kurzes -o nebeneinander (49): *nil faciō nisi quod fures fugŏ nocte*; im selben Gedicht *moneō* und *censeō*; 32: *debeō celabŏ, poterō*. – Falsche Vokativlängung (in Pentam. Zäsur) 24: *nunc, inquit, medicē, quod medicaris habes*. Kurzer Vokal vor *sc* (was allerdings schon bei Horaz vorkommt): *nunc, lupe, scire potes*. Fehlerhafter Vers in 24 (von Hervieux übersehen) *nolueramque mea feritate cum viribus uti* kommt wohl auf Rechnung des Kopisten und ist durch die Hendiadys *feritate ac viribus* leicht zu heilen. – Viele Hexameter sind schwerfällig und unschön mit viersilbigem Ende: *ne latitantem; hunc stimulabat; non Potuisti; prohibent alienis*. Fünfsilbige Worte am Schluß sind häufig; ein Vers endet sogar *consanguinearum*.
Recht gekünstelt ist (1) *ossea labra* für *rostrum* (Schnabel). Ibid. *extimeat* (nur *extimesco* ist klassisch). Doppelte Negation *cum vi negativa* (9): *ausus nec quartam tangere nullus erat* (dies mag wiederum ein Kopistenversehen sein, denn *nam* statt *nec* hülfe. Auf der Suche nach kurzen Silben, die ein Hexameterschreiber braucht, ist in 18 ein sinnloses *-que* eingefügt: *et monet evelli nocituraque semina lini*. – Indikativ statt Konjunktiv wie in 16: *rogat cur riserat* entspricht mittelalterlichem Brauch ebenso der Pleonasmus (21) *inquirit qua mage plus doleat* (wo das archaische *mage* besonders störend wirkt).
Natürlich gilt auch für Alexander das über Walter, und Avian, Gesagte: diese Versform ist für die Gattung ungeeignet. Neckams Verse verdienen jedoch vor denen seines Zeitgenossen Walter den Vorzug.

APPENDIX IV

FUCHS UND RABE (KRÄHE)

Es ist interessant, hier einige Romulus-Fassungen dieser Fabel, auf die sich die metrischen Versionen des Gualterus Anglicus und Alexander Neckams stützen wiederzugeben.
Die erste Fassung der Fabel, die sich in zahlreichen Literaturen findet, hat Aesop (H 204). Hier stiehlt die Krähe ein Stück Fleisch (nicht Käse), und die Schlußrede des Fuchses lautet: „Hättest du auch noch Verstand, so fehlte es dir an nichts, um König über alle zu sein." Die kurze, eigentlich überflüssige Moral lautet: „Die Geschichte paßt gut auf einen Toren." Bei Babrius ist das Objekt ein Käse, und der Fuchs spricht am Ende: „Stumm bist du also nicht; du hast eine Stimme, du hast alles, außer Verstand." Keine Moral.
Phaedrus gab dem Stoff die Fassung, die noch durch späte Romulus-Bearbei-

tungen hindurchschimmert – der Käse, das Fenster, und die im Promythium enthaltene Moral, „Qui se laudari gaudet, etc." Avian, soweit er uns vorliegt, hat diese Fabel nicht behandelt.

Die Fassung des Babrius hat auf beide Aesop-Sammlungen eingewirkt. Die coll. Vindobonensis hat die folgenden in der Augustana nicht enthaltenen Wendungen:Vindob. χαυνωθεὶς τοῖς ἐπαίνοις Babr. ἐπαίνῳ ἐχαυνώθη, und ferner die wörtlich in Versform übernommene Schlußrede:

ἔχεις, κόραξ, ἅπαντα, νοῦς δέ σοι (Vat. σε) λείπει.

Auch die Aug. (A, Monac.) hat die Variante

ὦ κόραξ, ἔχεις τὰ πάντα, νοῦν μόνον κτῆσαι, cf. Vind. (P) νοῦν κτῆσαι μόνον.

In unseren Anmerkungen zu den verschiedenen Romulus-Fassungen (wir folgten der Reihenfolge bei Hervieux, ohne Thieles Gruppierungen zu berücksichtigen) haben wir uns auf das Notwendigste beschränkt; es sei auf Thieles eingehende Untersuchung von Stil und Sprache (Einleitung XCII–CXV) verwiesen.

(Text s. unten Nr. 12, S.363!)

Einen Käse hieß ein Rab' unlängst mit sich gehen,
ihn zu fressen, hat er sich hohen Platz ersehen,
doch ganz in der Nähe blieb auch ein Füchslein stehen,
Und es sprach diese Worte, den Raben zu hintergehen:

Rabe allerschönster du, wer kann dir wohl gleichen?
Deinen Federn, die so schön? Könntest du's erreichen,
daß der Stimme schöner Klang sanft den Sinn erweiche,
unter den Vögeln wär dann wohl keiner, der dir sich vergleiche.

Ruhmbegierig ließ der Rab' seine Stimm' erklingen,
gleich vergaß den Käse er und begann zu singen.
Auf der Wache stand der Fuchs, lauernd auf die Beute,
Fängt und frißt den fallenden Käse, was herzlich ihn freute.

Als der Rabe sah, daß er schändlich war betrogen,
klagte er gar jämmerlich, daß man ihn belogen.

Moral
Dumme sind gemeint, die gern Schmeicheleien hören
und sich vor Tücke nicht schützen: die kann man leichtlich
betören.

Wenn Verlust von Hab und Gut du darauf bedauerst,
sag mir an, was frommt es dir, daß du kläglich trauerst?
Wärst du klug, so wärst der List du zuvorgekommen,
Und der Falle, in die du gefallen bist, wärst du entkommen.

Daß die „Moral" mitten in der Strophe beginnt, kommt in dieser Sammlung von 34 Nummern nur noch einmal vor.

Cod. Sangall. 628 saec. XV (Königshofer Weltchronik) p. 162
WIDER DIE DIE HERREN GELOBT WERDEN

Eyn rab trug ein keß in seinem mund, do kam ein fuchs mit hungrigem hertzen vnd sprach, her, ich wil euer knecht vnd diener sein wan kein geflügel in diser welt ist das euch gleichen mag an gesang vnd an gefider, dorumb bit ich euch allerliebster herre mein das ir singet, antwort der rab das sol sein vnd als er anhub zu singen do empfil im der keß, dabey sol man mercken wer sich selb nit erkent vnd im selber nit glaubt der muß oft vnd vil gespottung vnd schand leyden.

1. Phaedrus solutus (Adhémar) 15

CORVUS ET VULPIS

Corvus cum de fenestra raptasset caseum, et comesse vellet, celsa resedit in arbore. Vulpis hunc cum fuisset intuita, sic alloqui coepit: O quis tuarum, corve, pennarum vigor est! Si vocem haberes latiorem, nulla avium prior adesset tibi. Ille dum vult ostendere vocem latiorem, emisit caseum; quem celeriter dolosa vulpis avide dentibus rapuit. Tunc demum corvus ingemuit, quia dolo esset deceptus, ut ignavus.
Qui se laudari verbis subdolis gaudent, ferunt poenas turpi poenitentia indiscretas.

(Phaedr. solutus): *pennarum vigor.* Alle anderen Hss. haben, Phaedrus folgend, *nitor. fuisset intuita*: Formen von *fui* statt *sum* mit Part. perf. schon nachklassisch. – *ut ignavus* könnte eine spätere Glosse sein. *Poenas indiscretas* ist schwierig; „ohne Unterschied?"

2. Romulus vulgaris 14

QUI SE LAUDARI GAUDENT VERBIS SUBDOLIS, DECEPTI PENITENT; DE QUIBUS SIMILIS EST FABULA

Cum de fenestra corvus caseum raperet, alta consedit in arbore. Vulpis ut haec vidit, e contra sic ait corvo: O corvus, quis similis tibi? et pennarum tuarum quam magnus est nitor! Qualis decor tuus esset, si vocem habuisses claram; nulla prior avis esset. At ille, dum vult placere et vocem suam ostendere, validius sursum clamavit et ore patefacto oblitus caseum deiecit, quem celeriter vulpis dolosa avidis rapuit dentibus. Tunc corvus ingemuit, et stupore detentus deceptum se poenituit. Sed post inrecuperabile factum damnum quid iuvat poenitere?

(Rom. vulg.): *raperet* statt *rapuisset*: häufige Verwechslung von Impf. und Plusqupft. *e contra* (auch *econtra*) ist spätlat. *quam magnus* statt *quantus* schon im klass. Latein. *habuisses* statt *haberes*: siehe oben zu *raperet*. *inrecuperabile factum damnum*: *damnum* wird von Thiele athetiert; vielleicht ist mit Hdschr. G (Gudianus, Kopie aus d. 17. Jhdt. nach Ms. des 10.–12. Jhdt.) *irreparabile damnum* zu lesen. *O corvus*: der Vokativ ging im m.lat. früh verloren.

3. Romuli vulgaris breviatae fabulae 13

QUOD QUI ADULATORUM VERBIS CREDUNT, BONUM QUOD HABENT AMITTUNT

Cum de fenestra corvus caseum raperet, alta consedit in arbore. Vulpes ut haec vidit, contra sic ait: O corve, quis similis tibi! et pennarum tuarum magnus est nitor. Nulla avis prior te fuisset, si claram vocem haberes. At ille, dum vult placere et vocem suam ostendere, validius sursum clamavit et ore patefacto oblitus caseum deiecit, quem celeriter vulpes avidis dentibus rapuit.

vgl. diesbez. Bemerkungen zu Romulus vulgaris 14

4. Monachii Romuleae et extravagantes fabulae 8
DE CORVO ET DE VULPE

Qui se laudari gaudet verbis subdolis, deceptus penitebit. De quibus similis est fabula.

Cum de fenestra corvus occasione caseum rapuisset, alta sedit in arbore. Vulpes ut hunc vidit de contra sic ait: O corve, quis similis tibi, et quae pulchritudo pennarum tuarum! Quam magnus esset nitor decoris tui, si vocem haberes claram! At illi dum placeret et vocem suam ostenderet, validius clamavit et, ore patefacto, oblitus caseum decidit in terram. Quem celeriter vulpis dolosa avidis rapuit dentibus. Tunc corvus ingemuit, ac stupore deceptus penituit se post damnum.

Quid autem haec fabula monet cunctos, nisi verbis subdolis non attendere?

avidis *scripsi pro* avidius, quod plane menda typographica esse videatur.

(Cod. Cri, Bibl. Reg. Monac. 5337): *occasione*: wohl kaum (wie Thiele meint) durch Dittographie mit folgendem *caseum* entstanden. Im klass. Lat. ist der bloße Abl. ohne Verb wie *occ. data, capta* (bei günstiger Gelegenheit) nicht gebräuchlich. Im m.lat. zeigt *occasio* einen Bedeutungswechsel: Hinterhältigkeit, böse Absicht, was hier vielleicht vorliegt. *quam magnus* statt *quantus* schon klass. Die Fabel hat sowohl Promythium wie Epimythium: dieses ausnahmsweise in Frageform.

5. Bernae Romuleae et diversae fabulae 3
VULPES ET CORVUS

Corvus, tenens caseum in rostro, rogatus est a vulpe cantare, cum vocem melodiosam haberet, ut dixit. Qui parum cantavit. Tunc ait: Altius pro Deo cantetis. Quo canente altius, caseus cecidit et vulpes comedit.

Et docet hoc non credere blandis verbis hominum.

(Bern. Romulus): *Rogare* mit Infin. einmal bei Catull, und schon früh volkssprachlich. *parum* hier = ein wenig. *Pro Deo*, bei Gott: christl. Einfluß. *cantetis*: Anrede im Plural, m.alterl.

6. Romulus Vindobonensis 15 (cod. 303)
QUI DOLOSE LAUDATUR DECIPITUR

Cum de fenestra caseum raperet corvus, alta consedit in arbore. Vulpis ut hunc vidit, econtra sic ait corvo: O corve, quis similis tui? Et pennarum tuarum quam magnus est nitor! O qualis decor tuus est! Et si vocem haberes claram, nulla avis te prior. At ille, dum vocem suam ostendere vellet, validius sursum coepit clamare. Sic, ore patefacto, caseum amisit, quem celeriter cadentem vulpis dolosa suscepit, rapuit et aufugit. Ille penitentia ductus, licet non prodesset, penituit.

Thiele *ad loc.* bezeichnet *penitentia ductus* als „törichte Interpolation".

Eng verwandt mit Nr. 3

Vindobonae Rom. fab. (cod. 901) 14
DE VULPE ET CORVO

Gleichlautend mit vorhergehender Fabel, mit folgenden Abweichungen: *Sic* vor *ait* fehlt; *similis tibi* statt *tui*; qualis decor tuus esset, si vocem habuisses claram; at ille vocem ostendere volens, validius sursum clamare coepit, sicque ore pat. etc. rapuit fehlt. – Ille pen. ductus, licet non profuisset, doluit.

7. Romulus Florentinus 15
QUI SE LAUDARI GAUDENT VERBIS SUBDOLIS, DECEPTI PENITENT.
DE QUIBUS SIMILIS EST FABULA

Cum de fenestra caseum rapuisset, corvus alta consedit in arbore. Vulpes ut hunc vidit, e contra sic ait corvo: O corve, quis similis tibi, et pennarum tuarum quam magnus est nitor! Qualis esset decor tuus, si vocem habuisses claram! Nulla prior avis te fuisset. At ille dum vult placere vulpi et vocem

suam ostendere, validius sursum clamavit, et ore patefacto
oblitus caseum amisit, quem celeriter vulpes dolosa rapuit
dentibus. Tunc corvus stupore deceptus penitet, sed post
factum quis penitet?

(Rom. Flor.): Zweite Hälfte des Promythiums verändert. *Habuisses.. fuisset*
siehe Anmerk. zu 2. Der letzte Satz, „sed post factum quis penitet?" ist ganz
sinnlos, da Reue immer *post factum* folgt.

8. Romulus Nilantii, Digbey ms. (Bodleian) 172, Nr. 14

DE CORVO QUI CASIUM (sic) DE FENESTRA
FERTUR RAPUISSE ET ALTAM
ASCENDISSE ARBOREM

Testatur subsequens fabula, quod multi in fine penitent qui
falsis adulationibus facile assentiunt.
Quodam iam dudum tempore corvus casium de fenestra ra-
puisse fertur, cum quo altam conscendit arborem. Cumque
illam (sic) disponeret comedere corvus, subdola vulpes ad
radices arboris haec videns stetit, cogitansque in semetipso
(sic) quo modo fraudulenter caseum (sic) a corvo eriperet, ita
dixisse fertur: O corve, quis tibi similis? et pennarum tuarum
quam nitor magnus est! et si tam praeclaram vocem haberes,
nulla alia avis praecelleret te. At ille, dum placere vulpi vellet
et vocem claram se habere iactanter demonstrare cuperet,
aperto rostro clamare altius parans, sui oblitus casei, caseum
perdidit, quem cadentem desuper celeriter vulpes dolosa avidis
dentibus rapuit. Tunc corvus ingemiscens, stupore nimio deceptus, falsis adulationibus credidisse penitet. Sed postquam
homo perdiderit quicquid amat, quid penitentia illi proficit?

(Rom. Nilantii): Das Lemma unterscheidet sich von allen anderen; Promythium
und Epimythium. Der Text zeigt ein gewisses Streben nach eleganter Perioden-
bildung. Absoluter Gebrauch von *paeniteo*, statt des unpers. *paenitet*, schon
klassisch. Der Anfang *quodam iam dudum tempore* („Es war einmal...) findet sich
interessanterweise ähnlich in Nr. 9 *hoc factum tempore prisco* und in 12 *nupei*
was die enge Verwandtschaft dieser metrischen bzw. rhythmischen Versionen
mit Nr. 8 beweist.

9. Ex Romulo Nilantii ortae metricae fabulae, sec. Bibl. Bodleianae cod. ms. lat. B.N. 111, Nr. 12

DE CORVO ET CASEO

Credenti falsus in fine ast displicet olli.

Fabula nunc meminit hoc factum tempore prisco:
caseus in summa quidam stans luce fenestrae,
quem corvus piceus volitans tunc prendere rostris
fertur, et arboris ascendit iam culmina summae.
Quum corvus cupidis optaret mandere labris,
subdola tunc vulpis cernens ad arboris imum
dulciferam corvi volitentia (sic) guttura praedam,
10 convertens cogitat fallax iam qualiter ore
corvino caderet dulcis tunc caseus alto.
Fraudiferis vulpis laudans est fatibus orsa:
O similis volucrum est tibi quis nunc, corve coruscans?
quamque tuae fulgent inter avium agmina pennae!
Si poteris odas vocis cantare canoras,
pennigeris avis en te nec praecelleret una.
Dum corvus vulpi fallenti crederet ille
atque parat tremulo modulari carmina rostro,
ac patulo mellicam (sic) perduxit gutture vocem,
20 oblitusque suae decantans munera praedae,
telluri cecidit carus tunc caseus ille,
atque illum gaudens vulpis iam dente tenaci
tunc rapuitque, citis conscendens gressibus altam
silvam, ac fusciferis praedam cum se abdit in antris.
Ingemuit corvus deceptus famine falso;
falsidicae credens vulpi se penitet illum.
Sic homo, quicquid amat falsis si perdet iniquis
peniteatque dolens, si tunc nil proficit illi.

6. mandere *scripsi pro* mandare, manifesto scribae vel chalcographi errore.
1. Hervieux' Vorschlag statt credenti falsis infime ast displicet olli: der Sinn klar, aber der Vers bleibt verderbt.

14. intér. Herv. schreibt zu Unrecht: „Syllabe allongée par la césure", denn hier steht das Wort *nicht* in caesura.

Daß dieses Gedicht direkt vom Rom. Nil. abhängig ist, zeigen verbale Entsprechungen wie *quicquid amat* und *proficit*.

Das Gedicht ist ein elendes Machwerk, mehrfach mit den Verlegenheitsworten *tunc* und *nunc* sowie *iam* gepolstert, ebenso *en*; mehrfacher Versschluß auf Formen von *ille* (einmal das archaische *olli*); *mellicam* (19) statt *mellitam* steht *contra metrum*; 23: wieder ein überflüssiges *-que*; ein sehr seltenes Wort, *dulcifer* (9), das sehr späte *fraudifer* (12), das anderweitig nicht belegte, obwohl an sich korrekt gebildete *fuscifer* (24) sollen Gelehrsamkeit zeigen. *Telluri* (21) wohl analog *humi* gebildet. *Famen* (25) m.alt. von *fari*, Rede; ebenso wohl *fatibus* (12). *Ad arboris imum* (8) statt *ad imam arborem*. 17: *dum crederet ... atque parat*. 24: *cum se*, Barbarismus. 27f.: *si perdet ... peniteatque*.

Das ganze Gedicht ist geschwätzig und völlig unpoetisch.

10. Romulus Anglicus (Franz. Nationalbibl. codd. lat. 347b et c), Nr. 17

DE CORVO ET VULPE

Corvus, de fenestra quadam frustum casei recentis rapiens, asportavit et, ad nemus veniens, in quercu resedit, caseum rostro tenens. Quem cum vulpis stans sub arbore conspexisset, moliebatur insidias, quibus ipsum caseo defraudaret. Tunc ipsum commendans ait: O miram pulchritudinem huius avis! Decenti statura corporis et nitore pennarum non esset ei comparabilis ulla avis, si vocis venustas responderet decori. Hoc audiens corvus, et laudis gloriam cupiens ampliorem, canere gestiebat. Sed, dum aperto rostro inciperet crocitare, caseus in terram cecidit iuxta vulpem, qui (sic) illum cum gaudio suscipiens, dixit corvo: Mihi cantasti optime, sed non tibi; habeo quod optabam; animo non curo utrum cantes an plores. Sic evenit frequenter gloria inanis cupidis, qui bona sua imprudenter dilapidant et amittunt, fictis adulantium laudibus delectati.

(Rom. Angl.): *ipsum* im m.alt. Lat. regelmäßig für Personalpron.; vgl. aber *ei* in derselben Fabel. Die Formen *vulpes* und *vulpis*, obwohl die erste korrekt ist, schon im späten Altertum häufig verwechselt (App. Probi: vulpes, non vulpis); Gebrauch als Maskulinum im m.alt. Lat. nicht selten. Die ironische Schlußrede des Fuchses weicht von allen anderen stark ab; ebenso das Epimythium.

11. Romuli Anglici cunctis exortae fabulae, ex Bibl. Burgundicae cod. ms. lat. 536, Nr. 14

DE CORVO ET VULPE

Corvus perfidie (sic) pinguem caseum in villa furatus erat; et ad nemus reversus in summa quercu resedit, et laetas crocitationes iteravit. Contigit autem, ut eo auditu (sic) vulpes ad arborem in qua sedit accederet, visura quid tantis crocitationibus sibi vellet corvus. Videns ergo illum super caseum exultantem, eum benivole salutavit, et ait illi: In tota vita mea non vidi avem tibi similem in decore, quia pennae tuae plus nitent quam cauda pavonis. Et oculi tui radiant ut stellae, et rostri tui gratiam quis posset describere? Si ergo vox tua dulcis esset et sonora, non video quomodo aliqua avis possit tibi similis inveniri, quae scilicet tanto sit ornata decore. His igitur vulpeculae laudibus corvus deceptus, ut vulpi placere possit et ampliores laudes promereri, cantare coepit, oblitus casei quem rostro tenebat. Dum ergo rostrum a caseo solvit, ille male servatus ad ima decidit et in potestatem vulpis venit.
Moralitas. Sic solet contingere levibus et minus providis hominibus, qui falsis adulationibus aures accommodant et vanis laudibus inhiant; dum minus respiciunt, in damna sua seducti veniunt.

Hier ist die Fabel in behaglichen Plauderton gekleidet; das Latein ist im allgemeinen sehr korrekt (sogar *oblitus* mit Gen., im Ggstz zu anderen Versionen); der Baum ist spezifisch als Eiche genannt. Unklar ist vielleicht, wie der Rabe krächzen kann, ohne seinen Schnabel zu öffnen und den Käse zu verlieren. Die Moralitas hat gereimte Kola.

12. Ex Rom. Nil. ortae fabulae rhythmicae, Brit. Mus. cod. ms. lat. add. 11619. Nr. 14

Quidam corvus caseum nuper capiebat,
quo vesci desiderans locum requirebat
celsum; sed vulpecula cominus sistebat,
et, corvum fraudare volens, haec verba ferebat:

O corve pulcherrime, tibi quis aequetur
in pennarum specie? Si sola daretur
vocis modulatio qua mens demulcetur,
inter aves nullus similis tibi comparietur.

Corvus volens inclitam vocem iactitare,
10 mox oblitus casei, coepit cantitare.
Instat vulpes caseum vigil explorare;
apprendens lapsum se gliscit eo satiare.

Ut se corvus caseo vidit defraudatum
querulus ingemuit se ludificatum.

Moralitas
Istud signat fatuos, qui per adulatum
falluntur facile, nolendo cavere reatum.

Sed postquam substantiam totam perdidisti,
Dic, quis tibi proderit luctus quem luxisti?
Si prudens extiteris, dolum praecavisti,
20 nec rueres, inquam, captus qua fraude ruisti.

7. modulatio *scripsi pro* medullacio. 8. nulla *potius quam* nullus *ponendum erat* Compario (8) und *luxisti* (18) – von *luctare* (?) – sind Neologismen. – Die Form des Gedichtes ist die sog. Vagantenstrophe – drei sechshebige Zeilen sowie ein Hexameter, alle mit demselben Reim; die Vagantenstrophe benutzt gewöhnlich ein klassisches Zitat (Ovid u.a.) als sog. *autoritas*. – Das Gedicht ist frisch und lebendig.

Man beachte das poetische Wort *gliscit*.

Vincent von Beauvais (Vincentius Bellovacensis), Speculum historiale Lib. IV, C. III
  CONTRA VANE GLORIOSOS, SUPERBOS,
    PRAESUMPTUOSOS, CONTEMPTORES

Item contra illos, qui laudati verbis subdolis gaudent et postea penitent, hanc fabulam fingit: Cum de fenestra corvus occa-

sione caseum raperet, altam arborem supersedit. Vulpes ut hunc vidit, de contra sic ait: O corve, quis similis tibi et pennarum tuarum quam magnus est nitor! Qualis decor esset, si vocem claram habuisses! Nulla prior avis fuisset. At ille, dum placere voluit et vocem suam validius ostendere, sursum clamavit et ore patefacto caseum oblitus deicit, quem celeriter dolosa vulpes avidius rapuit. Tunc stupens corvus ingemuit ac deceptus penituit.

Der Text schließt sich eng an den Münchener Romulus an; vgl. die auffallende Übereinstimmung von *occasione*, das in anderen Versionen nicht erscheint. – Im ersten Satz wäre vielleicht *laudari* zu lesen, übereinstimmend mit Phaedrus und den meisten Romulus-Hss. *de contra*; in anderen Fassungen *e contra* (*econtra*)s – *Supersedeo* wird im klass. Latein, wenn es den wörtlichen Sinn „auf etwa. sitzen" hat, nur mit Dat. oder Abl. konstruiert. esset – habuisses – fuisset: die übliche Verwechslung der Tempora.

ZEITTAFEL

Romulus-Corpus	abgeschlossen ca. 500 n. Chr. seitdem vielfach erweitert
Romulus anglo-latinus	11./12. Jhdt. Engl. Übers. (verloren) bald nach 1100, französ. Version Marie de France 12. Jhdt.
Gualterus Anglicus	vor 1177
Alex. Neckam (Nequam)	1157–1207
Fuchsfabeln (Mishlé shu'alim) Berachja ha-Naqdan	1190
Odo von Cherington	1. Hälfte d. 13. Jhdts.
Nicholas Bozon	1320/1350
Speculum Sapientiae („Cyrillus")	13. Jhdt.
Dialogus Creaturarum (Nicolaus Pergamenus)	Mitte d. 14. Jhdts.

Kalila-ve-Dimna   seit 6. Jhdt. n. Chr. in
                                             syrischen und ande-
                                             ren Übersetzungen
                                             bekannt, lateinische
                                             Übersetzung unter
                                             dem Titel Directo-
                                             rium Humanae Vitae
                                             (Johann von Capua)
                                             1270
Raymond de Béziers   1313
Baldo   vor 1313
Latein. Fabelkompendium (Verf. un-   ca. 1512
bekannt)

Tierepen

Ecbasis cuiusdam captivi, per tropolo-   ca. 940
giam
Ysengrimus (Nivard)   ca. 1148
Reinhart (Heinrich de Glîchezaere)   ca. 1170
Reinaert   1250

NACHWORT

Zu unserem großen Bedauern war es dem Herausgeber und Übersetzer der vorliegenden Sammlung lateinischer Fabeln des Mittelalters nicht mehr vergönnt, das Erscheinen des Buches zu erleben. Prof. Dr. Dr. Harry C. Schnur (geb. 24. 2. 1907) wurde auf einer Reise in den Fernen Osten am 21. 2. 1979 in Hongkong unerwartet aus seinem rastlos tätigen, arbeitsreichen Leben abberufen.

In tiefer Verehrung des verstorbenen Gelehrten hat sich der Unterzeichnete die größte Mühe gegeben, die Korrekturen bei der Drucklegung ohne den „spiritus rector" sachgerecht und gewissenhaft zu bewältigen, wobei von Frau Rhoda Schnur-Dorner und Herrn Prof. Karl-Ludwig Weitzel manche dankenswerte Hilfe geleistet wurde.
Aus Gründen der Pietät wurden gewisse Eigenheiten, die das Manuskript aufwies, unverändert belassen, auch wenn sie einem kleinlichen, auf bloße Äußerlichkeiten bedachten Rezensenten vielleicht Anlaß zu Kritik geben könnten. So hat der polyglotte Gelehrte z. B. mit Interpunktion sehr frei geschaltet und sich in seinen Anmerkungen vielfach (besonders in textkritischen Fragen) lateinisch ausgedrückt und neben deutschen auch lateinische Kürzel verwendet.
Eigenheiten der deutschen Wortwahl und des deutschen Satzbaus, wie auch der Versgestaltung, sind ganz bewußte und meist hervorragend geglückte Versuche, den Stil (und besonders auch die Schwächen!) der lateinischen Vorlage phantasiereich nachzugestalten. Die auf den ersten Blick verwirrende und oft inkonsequente Schreibweise des mittelalterlichen Latein wird auf S. 20 eigens begründet. Es hätte dem Buch zum Schaden gereicht, die lateinische Orthographie etwa im Sinne des „klassischen" antiken Latein zu vereinheitlichen; denn im Detail werden durch die handschriftengetreue Wiedergabe unzäh-

lige Vorformen und Entwicklungsstufen der Weiterbildung des Lateinischen zu den modernen romanischen Sprachen hin sichtbar – für den Philologen eine wahre Fundgrube, für den bloßen Schullateiner freilich zunächst etwas Ungewohntes, aber doch eine erfrischende Gelegenheit, sich in mittellateinische Texte „einzulesen", zumal der Inhalt in der Regel ja nicht „schwer" ist.

Dr. Max Faltner